Tutela Provisória

TUTELA DE URGÊNCIA E TUTELA DE EVIDÊNCIA

Tutela Provisória

TUTELA DE URGÊNCIA E TUTELA DE EVIDÊNCIA

2017 · **2ª Edição** · **Revista e Ampliada**

Artur César de Souza

TUTELA PROVISÓRIA
TUTELA DE URGÊNCIA E TUTELA DE EVIDÊNCIA
© ALMEDINA, 2017

AUTOR: Artur César de Souza
DIAGRAMAÇÃO: Almedina
DESIGN DE CAPA: FBA.

ISBN: 978-858-49-3194-1

Dados Internacionais de Catalogação na Publicação (CIP)
(Câmara Brasileira do Livro, SP, Brasil)

Souza, Artur César de
Tutela provisória : tutela de urgência e tutela
de evidência / Artur César de Souza. – 2. ed. rev. e ampl. – São Paulo :
Almedina, 2017.
Bibliografia.
ISBN: 978-85-8493-194-1
1. Processo civil 2. Tutela de evidência
3. Tutela de urgência 4. Tutela provisória I. Título

17-00730 CDU-347.919.6

Índices para catálogo sistemático:

1. Tutelas : Direito processual civil 347.919.6

Este livro segue as regras do novo Acordo Ortográfico da Língua Portuguesa (1990).

Todos os direitos reservados. Nenhuma parte deste livro, protegido por copyright, pode ser reproduzida, armazenada ou transmitida de alguma forma ou por algum meio, seja eletrônico ou mecânico, inclusive fotocópia, gravação ou qualquer sistema de armazenagem de informações, sem a permissão expressa e por escrito da editora.

Janeiro, 2017

EDITORA: Almedina Brasil
Rua José Maria Lisboa, 860, Conj.131 e 132, Jardim Paulista | 01423-001 São Paulo | Brasil
editora@almedina.com.br
www.almedina.com.br

Em memória do meu pai, Artur de Souza.

À minha mãe, Maria Ap. de Souza.

À minha amada esposa Geovania e aos meus queridos filhos, Isis e João Henrique pelo apoio e compreensão.

À minha querida neta, Mali.

Agradeço também ao Engenheiro Carlos Pinto, à Sofia Barraca e Carolina Santiago pelo apoio, confiança e pela oportunidade de divulgação deste trabalho na Editora Almedina, bem como a Alexandre Grigoleto, Karen Abuin e Carlos Ferreira pela inestimável colaboração na elaboração e divulgação da obra.

PREFÁCIO

Em carta dirigida ao tribuno e jurisconsulto Aliomar Baleeiro, o tributarista e não menos jurisconsulto Rubens Gomes de Souza revelava suas aflições para com a então iminente aprovação do Código Tributário. Estávamos em meados da década de 1960. Gomes de Souza confessava ao amigo que os comentários já estavam prontos e que estava ansioso para publicá-los. A amizade entre Aliomar e Gomes de Souza se solidificou com a discussão e confecção de nosso código fiscal; Aliomar atuando no Congresso, Gomes de Sousa atuando na Academia.

Comentários construídos ao longo da construção de textos normativos fundantes de nossos arranjos institucionais, influenciados pelos debates no Congresso (seu espaço natural, em uma sociedade democrática)[1] indicam, em sua plenitude de aproximação entre a percepção abstrata e a atuação fática, temperadas por disputadas por espaço político e decisional, o que de mais significativo há no que a literatura jurídica entende por *doutrina*.

A expressão – *doutrina* – foi pelos juristas sequestrada dos comentadores dos problemas da fé e do Direito Canônico[2], circunstância historiográfica e linguística que também comprova as afinidades conceituais que há entre

---

[1] Cf. KRAMER, Larry D., *The People Themselves* – Popular Constitutionalism and Judicial Review, Oxford: Oxford University Press, 2004.

[2] Por todo, BERMAN, Harold J., *Law and Revolution – The Formation of the Western Legal Tradition*, Cambridge: Harvard University Press, 1983, pp. 84 e ss.

Direito e Teologia[3]. É nesse sentido, de construção discursiva que expõe, esmiúça e explicita termos emblemáticos ou normativos, que a concepção de *doutrina* se aplica, absolutamente, ao livro que o leitor tem em mãos, de autoria de Artur César de Sousa.

Processualista que leu, estudou e anotou todos os processualistas (por razões de feliz e importantíssima influência e herança familiar que os mais próximos de Artur todos conhecemos, e de quem temos muitas saudades), magistrado cujas decisões comprovam profundo conhecimento da jurisprudência, matizado por um dom que lhe é natural e espontâneo (seu senso de justiça), professor que empolga os alunos, nos quais desperta o interesse pela matéria ensinada, pelo que é um mestre na acepção mais completa da expressão, Artur também se desponta, em seus livros de Processo Civil, um doutrinador perspicaz e influente. O leitor tem em mãos um verdadeiro livro de doutrina, escrito por um jurisprudente, na feliz expressão do Conselheiro Ribas, para quem o jurisprudente é aquele que reúne à ciência do direito a perícia na sua aplicação[4].

No presente tomo, Artur cuida das tutelas de urgência no contexto do novo Código de Processo Civil. Artur inicialmente explora a relação fundamental que há entre *tempo* e direito, em seu sentido pragmático e economicista, sem desperdiçar espaço com reflexões metafísicas que tratariam, nesse campo, da memória, do perdão, da promessa e do questionamento[5]. O *tempo* é um valor jurídico, prestigiado em uma sociedade capitalista, na qual os negócios não podem se submeter à inércia e à típica indecisão de feição macunaímica. A chamada *fuga à justiça*, metáfora que Artur problematiza, teria como causa, justamente, alguma falta de atenção do legisla-

---

[3] Esse tema também é explorado, ainda que sob uma ótica menos operacional, por BERMAN, Harold J., *Law and Revolution – II – The Impacto of Protestant Reformations on the Western Legal Tradition*, Cambridge: Harvard University Press, 2003.

[4] Cf. RIBAS, Conselheiro Joaquim, *Direito Civil Brasileiro*, Rio de Janeiro: Editora Rio, 1977, p. 26. No original: *"Aquele que apenas conhece as leis, mas não sabe interpretá-las, chama-se leguleio; o que as conhece e interpreta exatamente, mas não as aplica, denomina-se jurisperito; o que apenas possui a mera prática de aplicá-las, sem sabe-las bem interpretar, nem conhecer a sua teoria científica, chama-se rábula; o jurisconsulto ou jurisprudente é o que reúne a ciência do direito à perícia na sua aplicação"*.

[5] Para essa exploração, que é filosófica, e não pragmática, conferir OST, François, *O tempo do direito*, Bauru: EDUSC, 2005. Tradução de Élcio Fernandes.

dor e do julgador para com esse ingrediente importantíssimo no cálculo das opções racionais, no sentido economicista dessa locução.

Os comentários de Artur propositadamente se preocupam com os efeitos negativos do *estado de ansiedade* decorrente da expectativa do *êxito na demanda*. Intuitivamente, Artur também se revela como conhecedor do tema da análise econômica do direito, em sua feição processual, ao propagar entre nós o conceito de *dano marginal,* tomado das lições de Ítalo Andolina. O autor aqui prefaciado não é indiferente ao problema dos custos dos direitos. Com base em Maurizio de Paolis, que escreveu no contexto italiano, Artur chamou a atenção para os custos que as demandas impõem aos contribuintes, situação que também é por nós vivida no Brasil. Entende-se que o autor está preocupado com os custos e benefícios da atividade processual, na medida em que aproximou a tutela de evidência à *racionalização econômica do sistema vigente,* de onde pode emergir uma *"(...) plena valorização da rápida e eficaz prestação jurisdicional".*

Enfatizando que o *tempo é um elemento essencial do processo,* afirmação que etimologicamente escorou na própria noção de *processo,* Artur concluiu que o processo não pode ser pensado fora de seu *tempo.* Isto é, a extensão de uma demanda é fator nuclear nos cálculos que as antecedem, bom como é indicativo definidor de seu sucesso. O tema da *razoável duração do processo* é ponto nuclear para as reflexões e interpretações do livro que se apresenta. Ainda que o conceito seja *"aberto e indeterminado"* nas palavras do autor, este *"(...) não pode ser delimitado por prazos inconsistentes e infundados previstos aleatoriamente no âmbito das relações infraconstitucionais".* Para Artur, *"o novo CPC incorpora em seu conteúdo normativo o princípio da razoável duração do processo deixando claro que essa duração deve observar a máxima da razoabilidade do transcurso do tempo".* Porém, e Artur compreende a realidade dos fatos, *"(...) o princípio da celeridade processual não é um princípio absoluto, pois por vezes deve ceder a outros princípios ou direitos e garantias fundamentais que também garantem o justo processo".* É o magistrado acostumado com a lide diária quem opina, como conhecedor das agonias dos jurisdicionados.

O triunfo tardio bem menos indica a proeminência de um antagonista, porquanto a demora da palavra definitiva do Estado-Juiz faz as vezes da chave da bolsa do mau litigante. Estudos relativos aos efeitos da demora processual no ânimo das partes dão conta dessa realidade processual, e sua inserção nas opções da vida real. As diferenças que a doutrina norte-ame-

TUTELA PROVISÓRIA

ricana explora entre o *enforcement of judgements* e o *enforcement of injunctions*[6] é de algum modo um indicativo dessa angústia.

Os códigos são produtos de suas épocas. Esse truísmo é comprovado no paralelo entre textos normativos e situações-tipo da cartilha histórica, em sua expressão weberiana. Em seus aspectos estruturais parece não haver muita diferença entre as disposições do Livro III das Ordenações Afonsinas, para com o mesmo Livro III das Ordenações Manuelinas, e destes para com o Livro III das Ordenações Filipinas.

Saltando-se para as disposições do Regulamento 737, de 28 de novembro de 1850, que tratava do *juízo no processo comercial,* persistia-se em um mesmo sentido de tempo infinito, ainda que o regulamento adiantasse institutos contemporâneos, a exemplo da tentativa de conciliação, como condição para processamento do contencioso[7].

A regra subsiste, de certa forma, no § 3º do art. 308 do novo CPC, situação explorada por Artur no item 28.9 do livro que o leitor tem em mãos. As percepções sobre o Regulamento 737 são ambíguas. Segundo Frederico Marques, citado por Cândido Rangel Dinamarco, para uns, o Regulamento 737 era considerado obra de gênio; para outros, *"(...) o atestado da ignorância dos juristas de então"*[8]...

De igual modo, alguns códigos estaduais da Primeira República, o Código de Processo de 1939 e o texto original do Código Buzaid (1973) são pautados por uma percepção alongada de tempo, como se em tempos distantes, o tempo fosse vivido sob uma distinta forma, o que sabemos efetivamente uma falácia historicista e presenteísta. O fomento da vida

---

[6] Cf. HAZARD JR., Geoffrey e TARUFFO, Michele, *American Civil Procedure – an Introduction,* New Haven and London: Yale University Press, 1993, pp. 194 e ss.

[7] Art. 23. Nenhuma causa commercial será proposta em Juizo contencioso, sem que préviamente se tenhan tentado o meio da conciliação, ou por acto judicial, ou por comparecimento yoluntario das partes. Exceptuam-se: § 1º As causas procedentes de papeis de credito commerciaes, que se acharem endossados (**art. 23 do Titulo unico Codigo**). § 2º As causas em que as panes não podem transigir (cit. art. 23), como os curadores fisçaes dos fallidos durante o processo da declaração da quebra (**art. 838 Codigo**), os administradores dos negociantes fallidos (**art. 856 Codigo**), ou fallecidos (**arts. 309 e 310 Codigo**), os procuradores publicos, tutores, curadores e testamenteiros.§ 3º Os actos de declaração da quebra (cit. art. 23). § 4º As causas arbitraes, as de simples officio do Juiz, as execuções, comprehendidas as preferencias e emhargos de terceiro; e em geral só é necessaria a conciliação para a acção principal, e não para as preparatorias ou incidentes (Tit, 7º Codigo).

[8] Cf. DINAMARCO, Cândido Rangel, *Direito Processual Civil,* São Paulo: Bushatsky, 1975, p. 7.

PREFÁCIO

negocial, que o capitalismo tardio brasileiro presenciou com intensidade no início da década de 1990, exigiu uma nova ordem processual.

Uma sociedade de massa carecia de um processo de massa, com cautelas provisórias imediatas, também de massa, situação que plasmou a agenda das grandes reformas processuais brasileiras do fim do século XX. O impacto da cibernética, e mais precisamente da rede mundial de computadores, deve ser associado a essa realidade. A exigência de indicação do endereço eletrônico do réu, prevista no inciso II do art. 319 do novo CPC é da afirmação acima, muito mais do que uma mera constatação. Assim, o simples cotejo do art. 282 do CPC de 1973 com o referido art. 319 do novo digesto instrumental parece ser revelador desse novo tempo, e desse novo processo.

Artur contempla as exigências da constitucionalização do processo (que segue em todos os ramos do direito, inclusive no Direito Privado), afirmando que *"a efetividade da tutela jurisdicional corresponde a um ponto de interligação entre tutela jurisdicional e as garantias fundamentais previstas na Constituição Federal"*[9]. Humaniza-se o processo civil, na medida em que regras de procedimento ajustam-se a orientações constitucionais[10]; as interpretações que Artur expõe em seu livro seguem essa linha. Nesse passo do trabalho, é o pesquisador solitário quem se torna visível: Artur vem produzindo com muito foco em temas de direito processual civil, com horas desprendidas no despovoado ambiente de bibliotecas distantes. A profusão de autores citados, especialmente peninsulares, capacitam o Artur aqui prefaciado como um construtor de pontes entre o direito processual estrangeiro e nossa prática procedimental diária.

Artur não deixa de insistir nos aspectos práticos do processo, a exemplo do tema da *governança da prova*. Percebe-se também a defesa da integridade das decisões de primeiro grau. A multiplicação de juízos superiores e de instâncias de revisão, parece ser uma das razões do abatimento das decisões proferidas *a quo*. Artur é partícipe de uma nova cultura proces-

---

[9] Esse núcleo conceitual é o centro da dogmática alemã do pós-guerra. Nesse sentido, o empolgante ensaio de Cristoph Möllers, *Legalität, Legitimität und Legitimation des Bundesverfassungsgerichts*, in MÖLLERS, Cristoph, *Das entgrenzte Gericht – Eine kritische Bilanz nach sechzig Jahren Bundesverfassungsgericht*, Berlim: Suhrkamp Verlag, 2011, pp. 281-423.

[10] Entre outros, ZAGREBELKY, Gustavo, *Historia y Constitución*, Madrid: Editorial Trotta, 2005. Tradução do italiano para o espanhol de Miguel Carbonell. Conferir também PRIETO, Luis Sanchis, *Apuntes de Teoría del Derecho*, Madrid: Editorial Trotta, 2007.

sual, para a qual, em suas palavras, *"à exigência de fazer rápido se avizinha com a mesma igualdade a exigência de fazer bem"*.

O núcleo do livro explora o universo convergente entre as tutelas de urgência e as tutelas de evidência, à luz da introdução de um *"sincretismo entre o processo cautelar e o processo de conexão exauriente"*, pretendido pelo novo CPC, nas palavras do autor aqui prefaciado. A distinção entre esses dois arranjos tutelares – de urgência e de evidência – é o primeiro objetivo do trabalho, segundo as palavras de Artur, para quem o ponto de convergência final seria a explicitação da *"tutela provisória antecipada e cautelar prevista no contemporâneo processo civil brasileiro"*.

O autor atingiu o objetivo anunciado. Focalizou a tutela provisória como forma de enfrentamento do *problema da morosidade processual*. Urgência e evidência são conceitos exaustivamente explorados no libro. Tendo como elemento de definição algum critério de *verdade*, que Artur determina como *"um valor processual"*, a angústia do demandante – que, de resto, afeta o agente da decisão, o Juiz – deve ser temperada por indícios sólidos de certeza jurídica. A prática diária do processo não é assunto para diletantes.

Ainda que *prova* e *evidência* contemplem sentidos semânticos muito próximos (e do direito anglo-saxônico traduz-se *evidence* por prova), o autor bem os define e diferencia: para Artur, *"(...) a prova tem por objetivo a constatação da verdade dos fatos que dão suporte à aplicação da norma jurídica"*; a evidência, por outro lado, prossegue, pretende *"(...) produzir uma certeza da conjuntura jurídica e fática a ser dirimida no processo"*. Essa distinção tende a ser definitiva.

Um dos pontos altos do livro se mostra nas considerações sobre o instituto dos *capítulos de sentença*, o qual, segundo Artur, permite que o Juiz *"(...) prolate decisão parcial de mérito em relação a pedidos incontroversos, dividindo a sentença em capítulos"*. Mais à frente, retomando polêmica em torno do perigo da demora na prestação jurisdicional e a fumaça do bom direito, a propósito da inserção dessas condições no conjunto do mérito da demanda cautelar, Artur retomou Galeno Lacerda, Donaldo Armelin, Calmon de Passos, entre outros, para explorar dissemelhanças entre pedido e causa de pedir.

A partir dessas reflexões o autor explorou a dinâmica do art. 303 do novo CPC, que perfila à teoria da substanciação, a qual exige convergência entre causa próxima e causa remota, isto é, entre os fundamentos jurídicos do pedido e os fatos determinantes da relação jurídica disputada.

PREFÁCIO

O leitor tem em mãos um verdadeiro livro de doutrina processual. Essa obra inscreve definitivamente seu autor, Artur César de Sousa, na galeria dos expoentes dos grandes processualistas paranaenses, da qual fazem parte Egas Dirceu Moniz de Aragão, Manoel Antonio Teixeira Filho, Luiz Guilherme Marinoni e Luiz Rodrigues Wambier.

O livro de Artur, sobre a tutela provisória, é um ato de esperança e ao mesmo tempo um ato de ciência. É um ato de ciência porque seu autor retoma abordagem científica do processo, hoje quase perdida e dissolvida com os cursos de mnemônica jurídico-processual que inundaram o mercado editorial. E é também um ato de esperança no processo, que é visto como um instrumento de realização de uma sociedade mais justa, instrumentalizando-a para o enfrentamento da aflição que transcorre na tardança da solução dos conflitos levado à juízo.

O leitor tem em mãos um verdadeiro livro de doutrina, na trilha da grandeza da tradição escolástica, na qual pretendia-se a conciliação entre razão e fé, entre ciência e esperança.

Brasília, outono de 2015.

ARNALDO SAMPAIO DE MORAES GODOY

Livre-docente em Teoria Geral do Estado pela Faculdade de Direito da Universidade de São Paulo-USP
Doutor e Mestre em Filosofia do Direito e do Estado pela Pontifícia Universidade Católica de São Paulo-PUC-SP
Consultor-Geral da União

PREFÁCIO DA 2ª EDIÇÃO

Primeiramente, não poderia deixar de agradecer ao colega e amigo, Artur César de Souza, a honra com a qual fui distinguido quando convidado para prefaciar esta segunda edição de sua brilhante obra doutrinária.

Ao meu sentir, a preocupação maior do magistrado, quando imbuído de seu nobre mister de dizer o direito, reside na efetividade da prestação jurisdicional, dimensionada na exata medida da necessária duração do processo, contraposta à utilidade da decisão que resolveu o conflito, pois de nada ou pouco vale uma solução ineficaz.

Desta forma, o legislador trouxe para o magistrado, com o novel diploma processual, um importante e valioso instrumento de efetividade e concretização da jurisdição, cujos contornos práticos de aplicabilidade, além dos aspectos técnicos inerentes, são ricamente abordados sob a lente de um magistrado exemplar, pois o Juiz Artur, além de seus consagrados méritos acadêmicos, confirmados por uma produção científica de riqueza ímpar, sempre norteou sua missão maior de julgador, pela efetiva solução dos litígios, aplicando na jurisdição, com eficácia, simplicidade e praticidade, todo seu rico conhecimento jurídico, mas sem distanciar-se do anseio maior do jurisdicionado, ou seja, de ter seu problema resolvido com a materialização de um julgado atento aos fatos, à prova produzida e ao melhor direito.

Adentrando, diretamente à obra ora prefaciada, passo a algumas considerações extraídas de atenta leitura da mesma, ressaltando alguns aspectos que entendi relevantes e peculiares nesta 2ª Edição que, como não poderia deixar e ocorrer e era esperado, veio a enriquecer ainda mais o trabalho em sua primeira versão.

Seguramente um dos temas mais polêmicos do Novo Código de Processo Civil brasileiro, o perfil da tutela provisória traz debate para os bancos acadêmicos e para a prática judicante. Ainda que tímidas, as disposições legais sobre o assunto, principalmente dispostas no Livro V da Parte Geral (art. 294-311 da Lei 13.105/15), suscitam divergências cuja justificativa somente se revela após séria e intensa reflexão histórica, doutrinária e jurisprudencial. O leitor perceberá, sem demora, que a obra de Artur César de Souza, traz, com peculiar acuidade, esse panorama completo.

Já na sua segunda edição, a estrutura geral da obra – didática e caracterizada por uma ampla pesquisa jurisprudencial – mantém a integridade e a fluidez do texto sem se esquivar dos temas mais polêmicos. São diversos capítulos destinados a um estudo profundo do quadro dogmático da tutela provisória: desde considerações gerais acerca das tutelas de urgência e evidência até a estrutura das tutelas antecipatória antecedente e cautelar antecedente. A nova edição amplia o debate acerca da tutela de evidência e traz uma nova reflexão, em capítulo próprio, acerca da tutela provisória contra a Fazenda Pública.

A obra é pautada, desde a sua primeira edição, por um estudo comparado entre as disposições do Novo Código de Processo (de 2015) e as previsões dos diplomas processuais anteriores, especialmente o CPC/73, cujas marcantes influências históricas se fazem presente no texto legal. Trata-se, com efeito, de estudo indispensável para aqueles que buscam compreender os fundamentos da tutela provisória no direito brasileiro e, até mesmo, no direito estrangeiro.

O dilema do tempo do processo é equacionado a partir da efetividade da tutela jurisdicional, tema que não se desapega do estudo posterior da razoável duração do processo – assuntos tratados nos capítulos iniciais do livro. Nas palavras do próprio autor: "Na realidade, o justo processo corresponde a um ponto de interligação temporal entre a efetividade da tutela jurisdicional em prol do autor e a observância das garantias fundamentais previstas na Constituição Federal, especialmente a do contraditório e da ampla defesa em favor do réu". Essa percepção conjugada da justiça do caso concreto e da observância das garantias fundamentais do indivíduo revela uma postura de comprometimento do autor não apenas com a realização do texto constitucional, mas também com os mais elevados valores humanos.

PREFÁCIO DA 2ª EDIÇÃO

Sobre a razoável duração do processo, Artur César de Souza destaca que não basta a mera indicação da complexidade da causa para justificar a demora do julgamento, Aponta, com base no escólio de Maurizio De Paolis, critério firme para considerar quando a complexidade da causa pode justificar a demora (p. 47). Nesse sentido, contribui de forma determinante para a densificação do que se compreende como razoável duração – proposição de conteúdo inegavelmente aberto.

Como adiantado, até mesmo temas polêmicos são enfrentados. Assim, por exemplo, o autor traz postura favorável à concessão de tutela provisória antecipatória e cautelar de ofício pelo juiz da causa. Mas ressalva: "É importante salientar que o juiz deverá ser cuidadoso e prudente para a concessão de medidas de ofício, principalmente pelo alto grau de periculosidade que detém a efetivação de medidas urgentes, inclusive com a possibilidade de o autor ser obrigado a ressarcir os danos causados ao requerido pela efetivação da medida" (p. 211).

Não se pode desconsiderar, por outro lado, que a efetividade da tutela jurisdicional freqüentemente exigirá uma postura ativa da magistratura, de modo a assegurar, sem delongas aquilo que se pretende através do processo. A tutela provisória, seja pela urgência, seja pela evidência, proporciona mais um instrumento de concretização do direito material e autoriza, muitas vezes, a imediata fruição do bem da vida contestado.

Nesse cenário, o comando judicial que veicula a tutela provisória, nos termos do art. 301 do CPC/15 ganha muito em meios de efetivação. E uma vez mais, a pena do autor traz relevantes considerações: "O novo CPC permitiu uma maior desenvoltura do juiz no momento da efetivação da medida provisória com base na urgência ou na evidência, podendo o magistrado utilizar de todos os meios possíveis e admitidos existentes para o cumprimento definitivo ou provisório da decisão judicial. O juiz poderá utilizar dos atos operativos previstos para o cumprimento da sentença no Código, como, por exemplo: penhora, arresto, seqüestro de bens, indisponibilidade de bens, inclusive com apreensão de depósitos bancários, ameaça de prisão em caso de alimentos, imposição de multa, busca e apreensão, remoção de pessoas e coisas, desfazimento de obras, intervenção judicial em atividade empresarial ou similar, impedimento de atividade nociva, inclusive podendo requisitar força policial". Trata-se de uma verdadeira amplificação da tutela específica antes prevista no art. 461 e art. 461-A do CPC/73 e que agora, com respaldo na efetivação da tutela provisória (art. 301 c/c art. 497, CPC/15) pode ser empregada em praticamente todos os conflitos civis para melhor atender aos anseios do jurisdicionado que, de algum modo, busca o amparo do Poder Judiciário para que haja o reconhecimento e a concretização de um direito ameaçado ou violado.

Concluindo, mais uma vez o leitor tem em mãos uma valiosa obra jurídica, enriquecida e atualizada.

Porto Alegre, 09 de janeiro de 2017.

João Batista Pinto Silveira

Desembargador Federal do TRF4

ABREVIATURAS

AC TC – Acórdão Tribunal Constitucional
Ac. – Acórdão
ACO – Ação Civil Ordinária
ACP – Ação Civil Pública
ADI-MC – Medida Cautelar em Ação Direta de Inconstitucionalidade
ADIN – Ação Direta de Inconstitucionalidade
ADPF – Arguição de Descumprimento de Preceito Fundamental
AG – Agravo
AgR – Agravo Regimental
AGRCR – Agravo Regimental em Carta Rogatória
AgREsp – Agravo em Recurso Especial
AgRg na APn – Agravo Regimental na Ação Penal
AgRg no Ag – Agravo Regimental no Agravo
AgRg no AREsp – Agravo Regimental no Agravo em Recurso Especial
AgRg no CC – Agravo no Conflito de Competência
AgR-ED-EI – Agravo Regimental nos Embargos de Declaração na Exceção de Incompetência
AgRg no RMS – Agravo Regimental no Recurso em Mandado de Segurança
AgRg nos EREsp – Agravo Regimental nos Embargos em Recurso Especial
AGU – Advocacia Geral da União
AI – Agravo de Instrumento
ALI – American Law Institute
AR – Ação Rescisória
ARE – Recurso Extraordinário com Agravo

Art. – Artigo
BACENJUD – Banco Central do Brasil Judiciário
BGB – Código Civil Alemão
C. Pr. Civil – Código de Processo Civil
C.C. – Código Civil
C.C.B. – Código Civil Brasileiro
C.c.b. – Código Civil Brasileiro
CEDH – Convenção Européia sobre Direitos Humanos
C.D.C. – Código de Defesa do Consumidor
C.F. – Constituição Federal
C.J.F. – Conselho da Justiça Federal
C.N.J. – Conselho Nacional de Justiça
C.P.C. – Código de Processo Civil
C.P.P. – Código de Processo Penal
Cass. – Cassação
CC – Código Civil
CC – Conflito de Competência
CDA – Certidão de Dívida Ativa
CDC – Código de Defesa do Consumidor
CEF – Caixa Econômica Federal
CEJ – Centro de Estudos Judiciários
Com. – Comentários
CONFEA – Conselho Federal de Engenharia e Agronomia
Conv. Eur. Dir. – Convênio Europeu dos Direitos dos Homens
Uomo
CPC – Código de Processo Civil
CPCC – Código de Processo Civil Comentado
CPMF – Contribuição Provisória sobre Movimentação Financeira
CRC – Conselho Regional de Contabilidade
CREAA – Conselho Regional de Engenharia e Agronomia e Arquitetura
CRM – Conselho Regional de Medicina
CRP – Constituição da República Portuguesa
C. Rep – Constituição da República
CSLL – Contribuição Social sobre Lucro Líquido
CTN – Código Tributário Nacional
D – Digesto
D.E. – Diário Eletrônico

ABREVIATURAS

Dec. – Decreto
DF – Distrito Federal
DI – Direito Internacional
Disp. Trans. – Disposições Transitórias
DIVULG – Divulgação
DJ – Diário da Justiça
DJe – Diário da Justiça Eletrônico
DNA – ácido desoxirribonucléico
DOU – Diário da Justiça da União
DR – Diário da República
EAD – Ensino à Distância
EC – Emenda Constitucional
ECA – Estatuto da Criança e do adolescente
ED – Embargos de Declaração
EDcl – Embargos de Declaração
EDcl nos EDcl no AgRg na MC. – Embargos de Declaração nos Embargos de Declaração no Agravo Regimental na Medida Cautelar
EDcl nos EDcl no RHC – Embargos de Declaração nos Embargos de Declaração no Recurso em Habeas Corpus
EDcl nos EDcl nos EDcl no AgRg na ExSusp – Embargos de Declaração nos Embargos de Declaração nos Embargos de Declaração no Agravo Regimental na Exceção de Suspeição
EDcl nos EDcl nos EDcl nos EDcl no AgRg no REsp – Embargos de declaração nos Embargos de Declaração nos Embargos de Declaração nos Embargos de Declaração no Agravo Regimental no Recurso Especial
EDeclCComp – Embargos de Declaração em Conflito de Competência
EDcl no CC – *Embargos de Declaração no Conflito de Competência*
ED-ED-AgR – Embargos de Declaração em Embargos de Declaração em Agravo Regimental
EMENT – Ementário
EOA – Estatuto da Ordem dos Advogados
FGTS – Fundo de Garantia por Tempo de Serviço
FUNAI – Fundação Nacional do Índio
HC – Habeas Corpus
INC. – Inciso
INCRA – Instituto Nacional de Colonização e Reforma Agrária

INFOJUD – Sistemas de Informação ao Judiciário
INSS – Instituto Nacional de Seguridade Social
IRPJ – Imposto de Renda Pessoa Jurídica
J. – julgamento
L. – Lei
LACP – Lei da Ação Civil Pública
LC – Lei Complementar
LDi – Lei de Divórcio
LICC – Lei de Introdução ao Código Civil brasileiro
LOMAN – Lei Orgânica da Magistratura Nacional
LOPJ – Lei Orgânica do Poder Judiciária
M.P. – Ministério Público
MC-REF – Referendo Medida Cautelar
MI – Mandado de Injunção
MIN. – Ministro
MP – Medida Provisória
MPF – Ministério Público Federal
MRE/MF – Ministério das Relações Exteriores/Ministério da Fazenda
MS – Mandado de Segurança
N. – número
OAB – Ordem dos Advogados do Brasil
ONG – Organização não Governamental
ONU – Organização das Nações Unidas
ORTN – Obrigações Reajustáveis do Tesouro Nacional
PET – Petição
PIS/PASEP – Programa de Integração Social/Programa de Formação do Patrimônio do Servidor Público
PIDCP – Pacto Internacional sobre Direitos Civis e Políticos
PROJUDI – Processo Judicial
PUBLIC – Publicação
QO – Questão de Ordem
RO – Recurso Ordinário
Rcl – Reclamação
RE – Recurso Extraordinário
RHC – Recurso em Habeas Corpus
Rel. – Relação
Rel. – Relator

ABREVIATURAS

RENAJUD – Sistema de Restrições Judiciais sobre Veículos Automotores
REsp – Recurso Especial
Rev. – Revista
RHC – Recurso em Habeas Corpus
RI/STF – Regimento Interno do Supremo Tribunal Federal
RMS – Recurso em Mandado de Segurança
RPV – Requisição de Pequeno Valor
RSTJ – Revista do Superior Tribunal de Justiça
RT – Revista dos Tribunais
RTJ – Revista Trimestral de Jurisprudência
S.T.F. – Supremo Tribunal Federal
S.T.J. – Superior Tribunal de Justiça
SE – Sentença Estrangeira
SEC – Sentença Estrangeira Contestada
SENT. – Sentença
SIMP – Simpósio
SISTCON – Sistema de Conciliação
STC – Supremo Tribunal Constitucional
STEDH – Sentença do Tribunal Europeu de Direitos Humanos
T.R.Fs. – Tribunais Regionais Federais
T.S.M. – Tribunal Superior Militar
TEDH – Tribunal Europeu de Direitos Humanos
TFR – Tribunal Federal de Recurso
TJ/RS – Tribunal de Justiça do Rio Grande do Sul
TRF 1ª – Tribunal Regional Federal da 1ª Região
TRF4 – Tribunal Regional Federal da 4ª Região
TRT – Tribunal Regional do Trabalho
TSE – Tribunal Superior Eleitoral
TST – Tribunal Superior do Trabalho
UERJ – Universidade Estadual do Rio de Janeiro
UNCITRAL – United Nations Commission on International Trade Law
UNIDROIT – International Institute for the Unification
UTI – Unidade de Terapia Intensiva
VOL – Volume
ZPO – Código de Processo Civil Alemão

SUMÁRIO

1. O TEMPO E O PROCESSO	33
2. RAZOÁVEL DURAÇÃO DO PROCESSO	39
3. DA TUTELA JURISDICIONAL	53
4. DA TUTELA PROVISÓRIA	61
5. DA TUTELA DE EVIDÊNCIA	65
5.1. Considerações Gerais	65
5.2. Tutela de evidência, verdade, prova e certeza jurídica	70
5.3. Crítica às Hipóteses Legais de Tutela de Evidência	76
5.4. Tutela de Evidência – Racionalização Econômica do Sistema Vigente	78
5.5. Tutela de Evidência – Independe do *periculum in mora*	80
5.6. Tutela de Evidência – Concessão *ex officio*	82
5.7. Tutela de Evidência – Hipóteses legais	86
5.7.1. Abuso de Direito de Defesa ou Manifesto Propósito Protelatório da Parte	86
5.7.2. Pedidos Incontroversos – *julgamento parcial do mérito*	92
5.7.3. Inexistência de Prova Capaz de Gerar Dúvida Objetiva	96
5.7.4. Julgamento de Casos Repetitivos e Súmula Vinculante	100
5.7.5. Pedido Reipersecutório	103

TUTELA PROVISÓRIA

6. DA TUTELA DE URGÊNCIA 105
   6.1. Diferenciação entre Tutela Satisfativa e Tutela Cautelar 109

7. FUNDAMENTO DA TUTELA PROVISÓRIA
   – *URGÊNCIA E EVIDÊNCIA* 121

8. EXTENSÃO E LIMITES PARA A CONCESSÃO DE TUTELA
   PROVISÓRIA – PRETENSÃO DECLARATÓRIA E CONSTITUTIVA 125

9. TUTELA PROVISÓRIA DE URGÊNCIA SATISFATIVA
   OU CAUTELAR – *ANTECEDENTE OU INCIDENTAL* 133

10. TUTELA PROVISÓRIA ANTECIPADA – PAGAMENTO
    DE CUSTAS E HONORÁRIOS 139

11. EFICÁCIA DA TUTELA PROVISÓRIA ANTECIPADA
    OU INCIDENTAL 141

12. ATIPICIDADE DAS MEDIDAS PARA EFETIVAÇÃO DA TUTELA
    PROVISÓRIA 145

13. PRINCÍPIO DA MOTIVAÇÃO DA TUTELA PROVISÓRIA 149

14. RECURSO CABÍVEL CONTRA O DEFERIMENTO
    OU INDEFERIMENTO DA TUTELA PROVISÓRIA 157

15. JUÍZO COMPETENTE PARA CONHECER DA TUTELA PROVISÓRIA 161

16. PROCESSO ÚNICO PARA DIVERSOS PEDIDOS – *SINCRETISMO* 165

17. REQUISITOS DA TUTELA PROVISÓRIA COM BASE NA URGÊNCIA 169
    17.1. Probabilidade ou plausibilidade do direito 170
    17.2. Perigo na demora da prestação da tutela jurisdicional 176

18. DA IRREPARABILIDADE DO DANO 185
    18.1. Doutrina de Satta 186
    18.2. Doutrina de Montesano 186
    18.3. Doutrina de Andrioli 187

SUMÁRIO

19. DA CONTRACAUTELA NA TUTELA DE URGÊNCIA 191

20. DA CAUÇÃO SUBSTITUTIVA 197

21. LIMINAR 199

22. IRREVERSIBILIDADE DOS EFEITOS DA TUTELA 205

23. CONCESSÃO *EX-OFFICIO* DE TUTELA PROVISÓRIA
ANTECIPADA (SATISFATIVA) OU CAUTELAR 211

24. RESPONSABILIDADE CIVIL PELOS DANOS – EFETIVAÇÃO
DA MEDIDA DE URGÊNCIA 219
- 24.1. Sentença desfavorável 223
- 24.2. Falta de meios necessários para a citação do requerido 223
- 24.3. Cessação da eficácia da medida 224
- 24.4. Reconhecimento da prescrição ou da decadência 225
- 24.5. Responsabilidade *objetiva* 226
- 24.6. Liquidação da Indenização nos próprios Autos 228
- 24.7. Procedimento de Cobrança dos Danos – Cumprimento
Provisório de Sentença 230

25. TUTELA PROVISÓRIA ANTECIPADA OU SATISFATIVA
COM BASE NA URGÊNCIA 233

26. ADITAMENTO DA PETIÇÃO INICIAL – INSERÇÃO DO PEDIDO
PRINCIPAL 237
- 26.1. Marco Inicial da Contagem do Prazo para o Aditamento da Inicial 239
- 26.2. Juntada de Novos Documentos 240
- 26.3. Citação e Intimação do Réu sobre a Concessão da Medida
Antecipada 241
- 26.4. Consequências Jurídicas do não Aditamento da Petição Inicial 241
- 26.5. Indeferimento da Tutela Provisória Antecipada
– Consequências Jurídicas 243

27. ESTABILIDADE E ULTRATIVIDADE DA TUTELA PROVISÓRIA
ANTECIPADA SATISFATIVA 245
- 27.1. Revisão da Estabilidade ou Ultratividade da Tutela Provisória
Antecipada 259

TUTELA PROVISÓRIA

27.2.	Prazo Decadencial para Reforma ou Invalidação da Tutela Antecipada	262

28. TUTELA PROVISÓRIA – CAUTELAR ANTECEDENTE   267

28.1.	Discricionariedade do juiz para a efetivação da tutela provisória de natureza cautelar	271
28.2.	Sincretismo entre o pedido cautelar e o pedido final satisfativo	277
28.3.	Requisitos da Petição Inicial	279
	28.3.1. Indicação da *lide*	280
	28.3.2. *Periculum in mora* e *Fumus boni iuris*	281
28.4.	Princípio da *Fungibilidade* entre o Pedido Cautelar e o Pedido de Natureza Satisfativa	285
28.5.	Tutela Cautelar – citação do réu e prazo para contestar	286
28.6.	Tutela Cautelar – Revelia	290
28.7.	Contestação e Procedimento Comum	293
28.8.	Efetivação da Tutela Cautelar – Prazo para Apresentação do Pedido Principal	295
28.9.	Apresentação do Pedido Principal – Designação de Audiência de Conciliação ou Mediação	298
28.10.	Tutela Cautelar – Hipóteses de Cessação da Eficácia	302
28.11.	Decisão que Decreta a Ineficácia da Tutela Cautelar – Coisa Julgada Formal ou Material	306
28.12.	Tutela Cautelar – Efeitos do reconhecimento da prescrição e decadência	307
28.13.	Tutela Cautelar, Litisconsórcio e Intervenção de Terceiro	316
28.14.	As medidas cautelares são apenas aquelas especificas no novo C.P.C.?	324
28.15.	Tutela Cautelar – Fraude à Execução	325
28.16.	Quando se encerra a relação jurídica referente à tutela jurisdicional cautelar?	325
28.17.	É cabível tutela jurisdicional cautelar com referência à Ação Rescisória?	327

29. TUTELA PROVISÓRIA CONTRA A FAZENDA PÚBLICA   331

30. DIREITO COMPARADO   355

30.1	Código de Processo Civil italiano	355

30.2. Código de Processo Civil português — 362

30.3. Código de Processo Civil alemão — 368

30.4. Código de Processo Civil espanhol — 368

ANEXO – DISPOSIÇÃO SOBRE TUTELA PROVISÓRIA NO NOVO C.P.C. — 379

REFERÊNCIAS BIBLIOGRÁFICAS — 385

1.
O tempo e o Processo

A Corte Europeia de Direitos Humanos, no julgamento ocorrido em 1987, condenou o Estado Italiano a indenizar uma parte pelos danos morais decorrentes do *estado de ansiedade* pelo êxito da demanda. Eis o teor da decisão:

> *Excede os termos razoáveis de duração, prescritos no art. 6º, 1, da Convenção Europeia para a Salvaguarda dos Direitos do Homem e das Liberdades Fundamentais, o processo não particularmente complexo, tanto em matéria de fato, quanto em matéria de direito, e que ainda não foi concluído depois de 10 anos e 4 meses de seu início;*
>
> *O motivo no sentido de que o processo italiano é inspirado pelo princípio dispositivo não se põe em contraste com a Convenção, e também não dispensa o juiz do dever de atender aos limites de duração prescritos no art. 6º, 1, da Convenção Europeia para a Salvaguarda dos Direitos do Homem e das Liberdades Fundamentais;*
>
> *Com a finalidade de valorar a contribuição da parte à causa dos atrasos que determinaram a excessiva duração do processo, nem todos aqueles devidos a atos do defensor são imputados à parte.*
>
> *O Estado italiano é responsável pelas delongas dos trabalhos periciais, como consequência da falta de exercício dos poderes de que o juiz dispõe, inclusive no tocante à inobservância dos prazos por ele deferidos.*
>
> *O Estado italiano é obrigado a pagar à requerente, em face da excessiva duração do processo no qual é ela autora, a soma de 8.000.000 liras, determinada equitati-*

*vamente ao ressarcimento, seja do dano material advindo das despesas efetuadas e das perdas sofridas, seja do dano moral derivante do estado de prolongada **ansiedade pelo êxito da demanda**".*[11]

A Corte Europeia de Direitos Humanos entendeu que o tempo de duração do processo deve basear-se na circunstância de cada causa e de acordo com os critérios estabelecidos pela jurisprudência da Corte, levando em conta, ainda, *a ansiedade pelo êxito da demanda.*

Portanto, segundo a Corte Europeia, um dos aspectos relevantes da demora processual, inclusive para a fixação das perdas e danos, diz respeito *à* *ansiedade pelo êxito da demanda.*

Por sua vez, essa *ansiedade pelo êxito da* demanda, representada pelo conflito que diz respeito ao tempo necessário para definir um processo judicial e para se chegar a uma decisão justa, bem como o efeito negativo da decisão na resposta judicial, tem sido uma constante preocupação de diversos doutrinadores nacionais e estrangeiros, especialmente por parte do Prof. italiano Ítalo Andolina. Duas de suas obras, surgidas na América Latina, nos apresentam o problema dos efeitos diacrônicos do processo e das alternativas para resolvê-lo que oferece o direito processual. Em setembro de 2008, o professor Juan José Monroy Palacios publicou em Lima a tradução de *'Cognizione' ed 'Esecuzione forzata' nel Sistema della Tutela Giurisdizionale',* editada em Milão, em 1983. A *Revista de Processo* do Instituto Brasileiro de Direito Processual, em agosto de 2007, divulgou a monografia *Crisi del giudicato e nuovi strumenti alternativi di tutela giurisdizionale. La (nuova) tutela provvisoria di merito e le garanzie costituzionali del giusto processo.*[12]

Provém de Andolina a expressão *'dano marginal',* que corresponde ao tempo que se necessita para chegar a uma decisão, provocado por situações de espera, na qual se coloca quem solicita uma resposta jurisdicional que ponha fim à incerteza sobre um determinado direito.[13]

Andolina parte do estudo da posição contrastante que assume as partes no processo. O autor pretende reivindicar um determinado bem da vida o

---

[11] Cruz e Tucci, José Rogério. *Tempo e processo.* São Paulo: Ed. R.T., 1997. p. 69 e70.

[12] Oteiza, Eduardo. Las medidas antecipativas frente al dilema sobre la efectividad del proceso judicial en el pensamiento de italo andolina. *In: Il tempo e il processo – scritti scelti di italo andolina a cura di Giovanni Raiti,* Vol. I. Torino: G. Giappichelli Editore, pág. 23.

[13] Oteiza, E., op. cit., loc. cit.

mais rapidamente possível. O demandado, ao contrário, além de buscar tentar conservar para si o bem litigioso, pretende poder utilizar amplamente todas suas defesas, sem maiores limitações ao tempo que elas requerem para seu exercício. Por um lado, o autor reclama uma solução urgente e a proteção do direito para se chegar velozmente ao evento conclusivo do processo. O autor reclama para si uma decisão tempestiva. Por outro lado, o demandado, em termos abstratos e gerais, pretende manter o *status quo*, a estabilidade da situação prévia à decisão de mérito.[14]

O tempo, na verdade, sempre foi considerado um ônus que as partes devem suportar, porém o grande desafio está em distribuí-lo entre as partes. Com muita precisão aduziu Carnelutti que *"el valor que el tiempo tiene en el proceso es inmenso y, en gran parte desconocido', pois, 'el hecho, en último análisis, no es otra cosa que tiempo, precisamente porque el tiempo, a su vez, en último análisis, no es sino cambio. Por tanto, que el juez opere sobre el hecho, quiere decir que opera sobre il tiempo".*[15]

Para os italianos, a necessidade de se propugnar por um tempo razoável na solução da demanda agrega a imprescindível vinculação do art. 24 da Constituição Italiana ao art. 6º da Convenção Europeia dos Direitos do Homem e das Liberdades Fundamentais, já que este último postula o direito a um juízo equitativo que seja resolvido *dans un délais raisonnable*. Diz, ali, que quando a duração do processo dilata-se, quando existe o perigo efetivo de que o pronunciamento final chegue demasiado tarde e não sirva já para nada, é justamente então onde há que se garantir a utilidade da decisão final por meio de medidas antecipatórias e cautelares.[16]

O *tempo*, supérfluo recordar, *é um elemento essencial do processo*. Na realidade, o próprio conceito de processo, esculpido na sua etimologia, evoca a dimensão *diacrônica*, ou seja, o percurso temporal ao longo do qual, e dentro do qual, se desdobram e se organizam os *fatos* do processo (atos, atividades, comportamentos), os seguimentos que nisso compõem a tecelagem,

---

[14] OTEIZA, E., idem, pág. 23 e 24.
[15] RIBEIRO, Darci Guimarães. *Da tutela jurisdicional às formas de tutela*. Porto Alegre: Editora Livraria do Advogado, 2010. p. 61.
[16] OTEIZA, E., op. cit., p. 26.

TUTELA PROVISÓRIA

todos concatenados entre si e todos coerentemente buscando a produção do resultado jurisdicional.[17]

O processo, portanto, não pode ser pensado fora do *tempo*.

Conforme leciona Andolina: *"a dimensão temporal – consubstanciada à própria ideia de processo – justifica, e impõem, iniludível escolhas organizacionais, um 'governo' complexo do processo centrado sobre a observância de precisas formas, ao mesmo tempo instrumentais e essenciais:*

– instrumentais (se considerado) na prospectiva do resultado final do processo;

– e (não menos) essenciais, na medida em que garantem e asseguram a imediata percepção do agir, tornando assim possível a ordenação e tempestiva consecução dos atos, progredindo o processo em direção ao êxito do seu resultado natural".[18]

De tal maneira, em definitivo, o *tempo* não é somente um dos componentes estruturais do processo; mas é, antes de tudo, o fundamento axiológico dessa governança, a justificação da especificidade de sua disciplina. Disso resulta que o governo do processo não pode deixar de levar em conta o tempo, visto no seu despregar-se do interior do processo.[19]

Na realidade, o justo processo corresponde a um ponto de interligação temporal entre a efetividade da tutela jurisdicional em prol do autor e a observância das garantias fundamentais previstas na Constituição Federal, especialmente a do contraditório e a da ampla defesa, em favor do réu.

Disso resulta que a norma processual deve levar em consideração, na sistematização de uma decisão justa e equo, o *tempo do processo*.

Trata-se de uma opção de política legislativa intercalada com *temperie* (*lato sensu*) cultural do tempo, a qual resultou numa série de progressivas aplicações técnico-operativas, a saber: a) a *concentração das atividades processuais*, atuando graças uma divisão prefigurada do processo em distintas e predeterminadas fases (preparatória, instrutória e decisória) governadas pelo regime de preclusão; b) a potencialização do papel do juiz em relação à governança do processo (em geral) e à governança da prova (em particular); c) a valorização do julgamento em primeiro grau de jurisdição: potencialmente destinado inserir aquele *baricentro* do inteiro julgamento

---

[17] ANDOLINA, Italo Augusto. Il tempo e il processo. *In. Il tempo e il proceso – scritti scelti di italo andolina a cura di Giovanni Raiti*, Vol. I., Torino: G. Giappichelli Editore, pág. 33.

[18] ANDOLINA, I., A., idem, p. 34.

[19] ANDOLINA, I., A., idem, ibidem.

de mérito (com subsequente redefinição das relações entre primeiro e segundo grau de jurisdição e antecipação pelo primeiro grau da executividade *ex lege* do *dictum* judicial); d) a introdução da regra da *monocraticidade* do juiz de primeiro grau.[20]

Nessa nova perspectiva do processo, exige-se que se faça rápido, ao mesmo tempo que se faça de acordo com o 'justo processo' postulado pelas Constituições Republicanas.

À exigência de fazer rápido se avizinha com a mesma igualdade a exigência de fazer bem.

Essa nova cultura processual centra-se sobre o comportamento participativo e leal das partes, sobre o denominado contraditório leal, e sobre a colaboração entre 'juiz-parte' com o fim de fixar o tempo de julgamento e a aquisição de provas.

O fenômeno mais significativo de referida 'linha de tendência' observa-se, ainda, pelo crescente aumento da tutela provisória de mérito, vinculada à sumariedade do plano cognitivo, condicionada à cláusula *rebus sic stantibus*, e, portanto, suscetível de perene modificação e ou revogabilidade; inidônea à formação do julgado, e todavia dotada de uma elevada taxa de efetividade na medida em que é provida de imediata força executiva e de *ultratividade* de efeitos.[21]

Por essa via está-se delineando, e ganhando cada vez mais corpo, um modelo *alternativo* de tutela jurisdicional: não mais centrada no julgado final e na cognição plena; não mais finalizando ao acertamento incontroverso da coisa deduzida em juízo. Um processo sumário, que não ambiciona ao acertamento da verdade, mas se aquieta a um juízo de verossimilhança ou de probabilidade; é todavia capaz de conseguir, em breve tempo, um resultado judicial *efetivo*, idôneo a incidir com força executiva sobre os diversos aspectos dos interesses em conflito.[22] Deve-se registrar, em termos gerais, que os dois conceitos 'verossimilhança' e 'probabilidade' são considerados distintos, seja no plano jurídico, seja no plano epistemológico, pressupondo, em cada um deles, operações gnosiológicas bem diversas entre eles. É pacífico, de fato, que na valoração de 'verossimilhança' falta aquele procedimento lógico-inferencial que caracteriza o convenci-

---

[20] ANDOLINA, I. A., idem, p. 36.
[21] ANDOLINA, I. A., idem, p. 43.
[22] ANDOLINA, I. A., idem, ibid.

TUTELA PROVISÓRIA

mento fundado na 'probabilidade'. Inserida no contexto processual, esta consideração leva à conclusão de que o juiz pode considerar verossímil uma determinada alegação factual sem passar pela concreta verificação probatória, mas simplesmente avaliando se a alegação ingressa ou não na área de operatividade de uma determinada máxima de experiência. Com isso, exclui-se que verossimilhança e probabilidade possam ser inseridas no mesmo plano, ainda quando se afronta o problema da qualidade da cognição sumária.[23]

Ao estudar o direito de ação como uma das chaves do modelo constitucional do processo, Andolina e Vignera antecipam que as medidas cautelares são também, ideologicamente e culturalmente falando, uma parte essencial do direito a um processo justo, como forma de resguardar a efetividade do sistema em seu conjunto. Andolina, em seu estudo *Profili della nuova tutela cautelare*, considera que o direito de ação engloba necessariamente em seu interior o direito de ver preservada a utilidade e integridade do resultado jurisdicional, durante o tempo que demande a substanciação do processo, e o de obter resoluções interinais, segundo diversas técnicas de conservação e de antecipação.[24]

---

[23] CARRATTA, Antonio. *La tutela sommaria in Europa – studi*. Napoli: Jovene Editore, 2002. p. 30.
[24] OTEIZA, E., op. cit., p. 25.

2.
Razoável Duração do Processo

O princípio da duração razoável do processo deixou de ser um valor supra--positivo, meramente programático, passando a ser incorporado como conteúdo de preceitos normativos positivados nos Estados Constitucionais, como nas cartas de direitos fundamentais dos Estados Democráticos isolados ou cooperativos.

Na Europa Ocidental e na América, o direito a um processo sem dilações injustificadas encontra-se evidenciado em diversos textos legislativos.

A Constituição Espanhola de 1978, em seu art. 24.2, estabelece: *Asimismo, todos tienen derecho al Juez ordinario predeterminado por la ley, a la defensa y a la asistencia de letrado, a ser informados de la acusación formulada contra ellos, a un proceso público **sin dilaciones indebidas** y con todas las garantías, a utilizar los medios de prueba pertinentes para su defensa, a no declarar contra sí mismos, a no confesarse culpables y a la presunción de inocencia.*

O art. 8º, 1, da Convenção Americana sobre Direitos Humanos assinada em San José da Costa Rica, em 22 de novembro de 1969, preceitua que: *"Toda pessoa tem direito a ser ouvida com as devidas garantias **e dentro de um prazo razoável** por um juiz ou tribunal competente, independente e imparcial, instituído por lei anterior, na defesa de qualquer acusação penal contra ele formulada, ou para a determinação de seus direitos e obrigações de ordem civil, trabalhista, fiscal ou de qualquer outra natureza".*

O art. 6º, 1, da Convenção Europeia para Salvaguarda dos Direitos do Homem e das Liberdades Fundamentais, subscrita em Roma, no dia 4 de novembro de 1950, prescreve que: *"Toda pessoa tem direito a que sua causa seja examinada eqüitativa e publicamente 'num prazo razoável', por um tribunal independente e imparcial instituído por lei, que decidirá sobre seus direitos e obrigações civis ou sobre o fundamento de qualquer acusação em matéria penal contra ela dirigida".*

A Convenção Europeia de 1950 é o marco inicial supra-nacional que deu consistência a uma positivação importante sobre o *direito ao processo sem dilações indevidas.*

A doutrina também passou a valorizar esse princípio supra-nacional, ao reconhecer como preocupante realidade, nas palavras de José Antonio Tomé Garcia: *"os atrasos ou delongas que se produzem no processo por inobservância dos prazos estabelecidos, por injustificados prolongamentos das etapas mortas que separam a realização de um ato processual de outro, sem subordinação a um lapso temporal previamente fixado, e, sempre, sem que aludidas dilações dependam da vontade das partes ou de seus mandatários".*[25]

Essa nova postura supra-nacional de positivação de direitos humanos, fez com que as Cortes Internacionais passassem a estabelecer alguns critérios sobre a necessidade de se observar *um prazo razoável* para o direito à tutela jurisdicional efetiva. A Corte Europeia dos Direitos Humanos apresentou alguns critérios, que, segundo cada caso concreto, devem ser observados para se avaliar o tempo razoável de um determinado processo, a saber: a) somente será possível verificar a ocorrência de uma indevida dilação processual a partir da análise da complexidade de determinado assunto; b) do comportamento dos litigantes, de seus procuradores ou da acusação e da defesa no processo penal; c) da atuação do órgão jurisdicional.[26]

Na realidade, o conceito de *razoável duração do processo* é um conceito *aberto e indeterminado,* que não pode ser delimitado por prazos inconsistentes e infundados previstos aleatoriamente no âmbito das legislações infra-constitucionais.

Na lição de Plácido Fernandez-Viagas Bartolome, analisando o conceito de *razoabilidade, "ese es precisamente su sentido, desde luego, pero para su ade-*

---

[25] GARCIA, José Antonio Tomé. *Proteccióno procesal de los derechos humanos ante los tribunales ordinarios.* Madrid: Montecorvo, 1987. p. 119.

[26] SANCHES-CRUZAT. M. Bandres. *El tribunal europeu de los derechos del hombre.* Barcelona: Bosch, 1983. P. 91.

cuada utilización sería necesario el establecimento previo de un marco o contexto que impida la total discrecionalidad en la materia y, en consecuencia, la inseguridad".[27]

O Tribunal Europeu de Direitos Humanos, por exemplo, passou a avaliar, em suas decisões concernentes ao *prazo razoável de duração do processo*, mais do que simplesmente prazos estipulados por legislações de cada Estado membro, observando, principalmente, aspectos concernentes às características específicas de cada processo em que teria ocorrido eventual mácula ao princípio, como, por exemplo, nas causas penais, o tempo de prisão do réu, a qualidade do demandante nas questões cíveis de natureza indenizatória (deficiente físico, portador de aids...).[28]

No mesmo sentido é o seguinte precedente do Tribunal Constitucional da Espanha: *"O art. 24.2. não constitucionalizou os direitos aos prazos, na verdade, constitucionalizou, configurando-o como um direito fundamental, o direito a toda pessoa a que sua causa seja resolvida dentro de um tempo razoável. Este conceito é indeterminado ou aberto, que deve ser dotado de um conteúdo concreto em cada caso, atendendo a critérios objetivos congruentes com seu enunciado genérico...".[29]*

O art. **4º do novo** C.P.C. brasileiro incorporou expressamente na legislação processual ordinária o direito e a garantia previstos no artigo 5º, inciso LXXVII, da Constituição Federal da República Federativa do Brasil: *"a todos, no âmbito judicial e administrativo, são assegurados a razoável duração do processo e os meios que garantam a celeridade de sua tramitação". (Incluído pela Emenda Constitucional nº 45, de 2004).*

Idêntica garantia encontra-se prevista no artigo 2º do C.P.C. português: *"A proteção jurídica através dos tribunais implica o direito de obter, em prazo razoável, uma decisão judicial que aprecie, com força de caso julgado, a pretensão regularmente deduzida em juízo, bem como a possibilidade de fazer executar".*

As partes, portanto, têm direito de obter em prazo razoável a solução integral do mérito, incluída a atividade satisfativa.

Com essa perspectiva principiológica, o legislador pretende resgatar a importância e a credibilidade do processo civil como método de instrumentalização e efetivação do direito material, uma vez que o processo judicial, em razão de sua demora e falta de celeridade, especialmente o processo de

---

[27] BARTOLME, Plácido Fernandez-Viagas. *El derecho a un proceso sin dilaciones indebidas.* Madrid: Civitas, 1994. p. 46.

[28] MARGUÉNAUD, Jean-Pierre. *La Cour européenne des droits de l'homme.* Pariz: Daloz, 1997. p. 94.

[29] BARTOLOME, P. F. V., op. cit., p. 44.

conhecimento, vinha perdendo terreno para as outras formas de solução de conflitos. Diante da morosidade processual, observa-se um fenômeno chamado de 'fuga da justiça', que significa uma fuga para outros métodos de resolução de conflitos, mais eficientes e de razoável duração.

Que o processo deva ter uma duração 'razoável' é princípio de primeira importância, pois é fácil compreender como em muitos casos uma decisão, apesar de favorável, proferida muito tarde em relação ao momento em que a parte tenha postulado em juízo, pode resultar concretamente inútil ou pouco útil.[30]

Porém, a celeridade processual não decorre de uma simples previsão normativa, sem que se ataque com firmeza os diversos fenômenos que contribuem para a lentidão dos processos, a saber: a) endêmicas carências organizativas dos aparatos judiciários, sob o aspecto da racional distribuição no território nacional de recursos humanos e dos meios materiais, fenômeno que aproxima o Poder Judiciário às outras formas de administração do Estado brasileiro; b) legislação supra-abundante e caótica; c) elevada taxa de litigiosidade, sobretudo em determinados setores judiciários e em particular áreas geográficas, localizadas, sobretudo, em regiões de grande concentração de massas.

É importante salientar que a falta de celeridade processual não atinge apenas os interesses individuais inseridos no âmbito da relação jurídica processual, pois essa lentidão acaba por gerar efeitos perniciosos igualmente no desenvolvimento social e econômico de uma nação.

Segundo Maurizio De Paolis, sob a base de uma série de relatórios anuais provenientes do Banco Mundial, um dos principais 'freios' do desenvolvimento produtivo na Itália identifica-se à *lentidão dos processos* que produz uma forte incerteza nas trocas comerciais e desencoraja os investidores nacionais e estrangeiros, representando um fortíssimo encolhimento em todos os outros indicadores internacionais. Segundo o autor italiano, em 1º de janeiro de 2010, a Itália figurava em 5º lugar, com 7.150 processos pendentes dentre os países com maior número de recursos promovidos perante a Corte Europeia de Direitos do Homem de Estrasburgo, perdendo apenas para Rússia, Turquia, Ucrânia e Romênia. Esses recursos

---

[30] BALENA, Giampiero. *Istituzioni di diritto processuale civile – i princìpi*. Primo Volume. Seconda Edizione. Bari: Cacucci Editore, 2012. p. 66.

apresentados perante a Corte Europeia tinham duas grandes questões, sendo principal *a excessiva duração dos processos.* [31]

Porém, não se pode considerar o formalismo processual como algo que terá sempre um conteúdo negativo.[32] Há necessidade de se fazer uma distinção entre o conteúdo normativo de cada ordenamento jurídico para se avaliar a razoável duração do processo.

Deve-se levar em consideração nessa questão da *razoável duração do processo* que toda causa tem um tempo 'fisiológico' próprio, que, evidentemente, é delineado pela particularidade da controvérsia e da objetiva urgência que tenham as partes da imediata eficácia da decisão.

O ordenamento jurídico brasileiro é caracterizado como um sistema normativo particularmente complexo como o é o sistema jurídico italiano.

O papel do juiz, como artífice do direito *vivo,* encontra uma maior relevância, superando assim a histórica diferenciação entre ordenamentos jurídicos da *common law,* com um direito não codificado e com um juiz 'forte', e os ordenamentos jurídicos da *civil law,* com um direito codificado e com um juiz, por assim dizer, 'fraco'.[33]

O papel interpretativo do juiz não depende somente da quantidade e da ineficiência qualidade das disposições normativas a serem aplicadas em sede de contencioso judiciário; de fato, depende também de outros importantes fatores como a complexidade de um ordenamento jurídico dividido entre legislações provenientes da União, Estados e Municípios, sem contar ainda os inúmeros acordos internacionais e as incontáveis resoluções, portarias, decretos, medidas provisórias etc, as quais determinam uma multiplicação das disposições normativas, sobretudo a nível quantitativo e um pouco menos pelo aspecto qualitativo. Para se ter uma ideia dessa multiplicidade de regras normativas, o novo C.P.C. apresenta nada menos do que 1.072 artigos. A fragmentação da produção legislativa contribui de maneira determinante a provocar um consistente 'calo' na efetividade da

---

[31] "Não faltam críticas às indicações fornecidas pelo Banco Mundial que tem sempre considerado de maneira fortemente crítica o formalismo processual totalmente estranho à cultura e à mentalidade dos juristas ligados à tradição do *common law* própria dos países anglosaxões. (DE PAOLIS, Maurizio. *Eccessiva durata del processo: risarcimento del dano.* II ed. Republica de San Marino, 2012. p. 33 e 35).

[32] Cf. Kiern. *Justice between simplification and formalism, a discussion and critique of the world sponsored lex mundi project on efficency of civil procedure.* Freigurg, 2006.

[33] DE PAOLIS, M., op. cit., p. 42.

norma. Isso, sem dúvida, aumenta sobremaneira o trabalho artesanal do magistrado nas causas individualizadas, especialmente pelo fato de que o exercício da atividade jurisdicional significa o último anel de uma longa cadeia de conteúdo normativo.[34]

Além do mais, o papel do magistrado não é simplesmente descortinar uma norma já posta pelo legislador diante desse emaranhado de leis e regulamentos. Conforme bem anota De Paolis: *"Os juízes devem estar atentos ao seu novo papel no ordenamento judiciário. De fato, a questão dos tempos processuais excessivamente longos pode ser resolvida igualmente por meio do conteúdo das sentenças pronunciadas e mediante a modernidade, a clareza e a coerência dos endereços jurisprudenciais. Ao lado do papel de garantista dos direitos já reconhecidos, o magistrado está transformando o motor de sua constante evolução, para adequá-lo ao novo contesto social em constante e tempestuosa evolução até se transformar em uma fonte inexaurível de novas posições subjetivas meritórias de tutela, sobretudo se disser respeito à liberdade, à segurança, e ao justo processo. Isso contribui para por em crise a tradicional regra:o legislador dita a regra, o juiz a aplica. De fato, o juiz chamado a decidir uma controvérsia judiciária, antes mesmo de aplicar uma determinada norma, deve encontrá-la, ou melhor, descobri-la, operando uma verdadeira e própria escavação em um magma estratificado de disposições descoordenadas, até surgir um específico dado normativo... Não poucas vezes, para resolver a controvérsia, o juiz é chamado a colmatar as lacunas normativas buscando regras de testos muitas vezes ambíguos. Talvez o magistrado é constrangido a aplicar a casos concretos, objeto de disputa judiciária, leis que contenham verdadeiros e próprios ditames de caracteres programáticos, fazendo funcionar na vida real afirmações normativas adotadas no âmbito dos debates políticos e, frequentemente a nível midiático. Em outras circunstâncias, o juiz é constrangido a adaptar tecidos normativos obsoletos a disposições, por vezes introduzidas em um particular momento contingencial, provenientes de um contexto social e econômico conotado por um desenvolvimento em veloz transformação...Consequentemente, o ordenamento jurídico não pode conceber-se como uma entidade preconstituída, nem, muito menos, como um organismo complexo que possa desenvolver-se naturalmente de maneira autônoma, mas sim se deve entender como uma entidade que se forma e se desenvolve mediante uma assídua e coerente obra de interpretação".*[35]

---

[34] DE PAOLIS, M., idem, p. 42.
[35] DE PAOLIS, M., idem, p. 51.

Diante dessa conjuntura normativa, o juiz deve estar atento à construção de uma decisão que possa ao mesmo tempo ser célere e justa. Para isso, deve proceder a um *balanceamento* entre a exigência de *qualidade* dos sistemas judiciários e a *duração do processo*, sem deixar de levar em consideração a responsabilidade pela particular situação da exigência de *justiça* da decisão a ser pronunciada.[36]

Deve-se ter em mente que a celeridade processual não é um fim em si mesmo, nem é sinônimo de decisão *justa*.

Além do mais, a simples exigência da *celeridade processual,* como um fim em si mesmo, pode gerar mácula ao processo *justo e équo.*

Devem os operadores do direito, de modo particular os magistrados em geral, levar em conta que o rápido desenvolvimento da relação jurídica processual, por si só, pode gerar incertezas num contexto normativo muito complexo, ou pode fazer prevalecer interpretações demasiadamente restritivas e formalistas, contribuindo, sobremaneira, para a insegurança e insatisfação social quanto à atividade jurisdicional exercida pelo Poder Judiciário.

O novo C.P.C. incorpora em seu conteúdo normativo o *princípio da razoável duração do processo,* deixando claro que essa duração deve observar a *máxima* da *razoabilidade* do transcurso do tempo.

Por sua vez, o termo 'razoabilidade' vem ganhando terreno no mundo jurídico como conceito indeterminado.

Se se indagar o que significa "razoável duração do processo", a resposta mais prudente seria: "depende do caso".

Pode-se dizer, num primeiro momento, que 'razoável' seria aquilo *justificado e não arbitrário.*

O termo 'razoável' aparece nos textos internacionais como 'medida de tempo': proporção entre o tempo e o processo (artigos 5º, §3º e 6º, §1º do Convênio Europeu de Direitos Humanos de 4 de novembro de 1950), e (artigo 7º, §5º, da Convenção Americana de Direitos Humanos de 1969).

O Tribunal Europeu de Direitos Humanos indica uma série de critérios objetivos para estabelecer a existência ou não de prazo razoável, podendo ser citadas, dentre essas exigências, as seguintes: a) natureza e circunstâncias do litígio; b) complexidade e média geral dos litígios com o mesmo objeto; c) conduta do demandante e do órgão judicial; d) consequências

---

[36] DE PAOLIS, M., idem, p. 34.

para os litigantes em razão da demora. Esses critérios podem ser observados nas seguintes decisões: Sts Wemhift (27 de junho de 1968); König (28 de julho de 1978); Foti y otros (10 de dezembro de 1982); Zimmermann y Steiner (13 de julho de 1983); Lechner y Hess (23 de abril de 1987); Erkner y Hofaur (23 de abril de 1987).

A somatória de fatores, portanto, será um importante critério para avaliar se determinado processo teve ou não uma razoável duração, uma vez que se está diante de um conceito indeterminado.

Assim, a razoável duração do processo deve ser avaliada pela *justiça do processo*, entendida como o resultado final da resposta do juiz à demanda da parte e sua efetiva concretização.

O novo C.P.C. garante o direito a uma razoável duração do processo, tanto para a solução integral da lide, como para a satisfação integral do direito material reconhecido.

Assim, a razoável duração do processo diz respeito às atividades satisfativas exercidas pelo juiz no processo, que podem decorrer de uma antecipação provisória de tutela (tutela de urgência) quanto da execução definitiva da tutela prestada.

A preocupação pela rápida duração do processo deve ser constante e ser avaliada em todo o arco do procedimento, inclusive quanto ao número de partes que podem compor a demanda, ou quanto à possibilidade de intervenção de terceiro que deve ocorrer durante a relação jurídica processual. Sobre o tema, eis o seguinte precedente do S.T.J.:

> 1. *"A denunciação da lide, como modalidade de intervenção de terceiros, busca atender aos princípios da economia e da presteza na entrega da prestação jurisdicional, não devendo ser prestigiada quando susceptível de pôr em risco tais princípios" (REsp 216.657/SP, 4ª Turma, Rel. Min. Sálvio de Figueiredo Teixeira, DJ de 16.11.1999).*
> 2. *Recurso especial não provido".*
> *(REsp 1187943/GO, Rel. Ministra ELIANA CALMON, SEGUNDA TURMA, julgado em 25/05/2010, DJe 07/06/2010)*

É importante salientar, também, que o princípio da celeridade processual não é um principio absoluto, podendo, por vezes, ceder espaço para outros princípios, direitos ou garantias fundamentais que visam igualmente a garantir um justo processo. É o caso, por exemplo, da suspensão dos recursos de apelação, enquanto se aguarda decisão a ser proferida no

RAZOÁVEL DURAÇÃO DO PROCESSO

instituto de recursos repetitivos, seja perante o S.T.J. ou perante o S.T.F. Nessa hipótese, a celeridade processual deverá ceder lugar à igualdade de decisões e à segurança jurídica. Nesse sentido, é o seguinte precedente do S.T.J.:

1. A submissão de matéria jurídica sob o rito prescrito no artigo 543-C, do Código de Processo Civil, inserido pela Lei n.º 11.672, de 8 de maio de 2008, justifica a suspensão do julgamento de recursos de apelação interpostos nos Tribunais.

2. A suspensão dos julgamentos das apelações que versam sobre a mesma questão jurídica submetida ao regime dos recursos repetitivos atende a exegese teleológico-sistêmica prevista, uma vez que decidida a irresignação paradigmática, a tese fixada retorna à Instância a quo para que os recursos sobrestados se adequem à tese firmada no STJ (art. 543-C, § 7.º, I e II, do CPC).

3. É que o novel instituto tem como ratio essendi evitar o confronto das decisões emanadas dos Tribunais da Federação com a jurisprudência do Superior Tribunal de Justiça, mercê de a um só tempo privilegiar os princípios da isonomia e da segurança jurídica.

4. A ponderação de valores, técnica hoje prevalecente no pós-positivismo, impõe a duração razoável dos processos ao mesmo tempo em que consagra, sob essa ótica, a promessa calcada no princípio da isonomia, por isso que para causas com idênticas questões jurídicas, as soluções judiciais devem ser iguais.

5. Ubi eadem ratio ibi eadem dispositio, na uniformização de jurisprudência, a cisão funcional impõe que a tese fixada no incidente seja de adoção obrigatória no julgado cindido, por isso que a tese repetitiva adotada pelo Tribunal competente para conferir a última exegese à legislação infraconstitucional também é, com maior razão, de adoção obrigatória pelos Tribunais locais.

(...).

(REsp 1111743/DF, Rel. Ministra NANCY ANDRIGHI, Rel. p/ Acórdão Ministro LUIZ FUX, CORTE ESPECIAL, julgado em 25/02/2010, DJe 21/06/2010)

Por sua vez, o Supremo Tribunal Federal já entendeu que a questão da *razoável duração do processo* não é uma questão que fere diretamente a Constituição Federal, mas que a atinge de forma reflexa. Nesse sentido, é o seguinte precedente do S.T.F.:

1. A jurisprudência do Supremo Tribunal Federal é pacífica em não admitir recurso extraordinário para debater matéria referente a ofensa aos postu-

lados constitucionais da ampla defesa, do contraditório, do devido processo legal e da prestação jurisdicional, pois, se existente, seria meramente reflexa ou indireta.

Min. ELLEN GRACIE, Segunda Turma, julgado em 04/05/2010, DJe-091 DIVULG 20-05-2010 PUBLIC 21-05-2010 EMENT VOL-02402-08 PP-01809)

O legislador no novo C.P.C. brasileiro, porém, poderia ter avançado um pouco mais, para não somente reconhecer o direito e a garantia fundamental à celeridade processual, como também impor eventuais sanções ou tutelas específicas pelo descumprimento desse dever estatal legal e Constitucional. Havia, de certa forma, uma consequência jurídica (sanção processual) imposta ao S.T.F. e ao S.T.J., caso o recurso extraordinário ou o recurso especial afetado para julgamento de casos repetitivos não fosse julgado no prazo de 1 (um) ano. Essa consequência encontrava-se delineada no §5º do art. 1.037 do novo C.P.C., *in verbis: Não ocorrendo o julgamento no prazo de 1 (um) ano a contar da publicação da decisão de que trata o inciso I do caput, cessam automaticamente, em todo o território nacional, a afetação e a suspensão dos processos, que retomarão seu curso normal.* Contudo, esse parágrafo foi expressamente revogado pela Lei n. 13.256, de 2016.

Na Itália, por exemplo, visando a dar efetiva salvaguarda à Convenção dos Direitos do Homem e do Cidadão, no que concerne à duração razoável do processo, foi editada a Lei n. 89, de 24 de março de 2001, prevendo uma *equânime reparação* em favor do sujeito que tenha sofrido um dano patrimonial ou não patrimonial em razão da violação do prazo razoável previsto, inicialmente, no art. 6º, §1º, do Tratado dos Direitos do Homem e, a *posteriori*, no art. 111 da Constituição Italiana. Por isso, conforme afirma De Paolis, *"De fato, o princípio do justo processo, identificável no direito de toda pessoa ao exame imparcial e público do julgamento, ou em um tempo razoável dentro do qual deve ser proferida a decisão da causa, encontrou uma especial sistematização no interior da Carta constitucional por meio da reestruturação do art. 111 da Constituição, segundo o qual, 'a lei assegura a razoável duração de todo processo'. Consequentemente, a Lei n. 89/2001 assegura uma 'cobertura' de grande relevo e particularmente sólida, enquanto salvaguarda uma tutela de direito de natureza constitucional"*.[37]

---

[37] DE PAOLIS, M., idem, p. 126.

É bem verdade que a Lei italiana n. 89/2001 perseguiu também o objetivo de diminuir o enorme número de recursos pendentes perante a Corte Europeia de Direitos do Homem de Estrasburgo. Além do mais, o juízo da Corte Europeia, após ter dado uma inicial atenção à morosidade existente no processo penal italiano, rapidamente passou a admitir pesadas condenações ressarcitórias acerca da duração irrazoável do processo civil, do processo previdenciário e, do processo de pensões diante da Corte de Contas como juiz contábil investido na função de juízo único de pensões.

A Lei italiana n. 89/2001 representa um grande avanço legislativo de salvaguarda concreta e eficaz dos mais comezinhos direitos fundamentais do cidadão, como no caso o do *justo processo*.

A Itália, portanto, com essa atitude de soberania nacional, respeita o empenho assumido mediante a subscrição da Convenção sobre os Direitos do Homem.

Diante dessa legislação, os juízes italianos deverão esforçar-se para encontrar no ordenamento interno italiano todos os critérios e as regras indispensáveis para a formulação de um juízo concreto sobre a *'irrazoável duração do processo'*.[38]

A Lei italiana n. 89/2001 já de início apresenta um requisito para a questão da razoável duração do processo, ao afirmar que a razoável duração do processo deve ser assegurada pela lei. O significado textual da referida norma confirma a vontade do legislador italiano de introduzir uma verdadeira e própria *reserva legal*. Além disso, deve ser observado como critério a complexidade do caso singular, o comportamento das partes e do juiz.

Efetivamente, a noção de razoável duração do processo não apresenta uma característica objetiva absoluta e não se presta a uma predeterminação certa, enquanto for condicionada a parâmetros factuais, estreitamente ligados à singular fattispécie, que não permitem estabelecer rígidos prazos fixos de decadência temporal e predefinidos esquemas valorativos.[39]

É bem verdade que a Itália já está passando por graves problemas, especialmente pelo fato de que está havendo também atraso processual na análise do pedido de ressarcimento com base no art. 89/2001. Sobre isso,

---

[38] DE PAOLIS, M., idem, p. 128.

[39] Cf. Cass. Civile, sezione I, 4 febbraio 2003, n. 1600; Cass. Civile, sezione I, 14 gennaio 2003, n. 363; Casso, Civile, sezione I, 27 dicembre 2002, n. 18332.

TUTELA PROVISÓRIA

afirma De Paolis: *"Assim, pela dificuldade que apresentamos, as Cortes de apelo, nos últimos anos, estão presenciando o lamentável fenômeno denominado Pinto-bis, ou seja, o pedido de reparação de danos também pelo retardo na conclusão do procedimento disciplinado pela Lei n. 89/2001, todas as vezes que o julgamento não esteja concluído no prazo de quatro meses. Infelizmente, se deve assinalar também casos de Pinto –ter e de Pinto –quater...".*[40] Isso tem causado um grande rombo nas contas públicas italianas em razão da ressarcibilidade do dano pela *irrazoável duração do processo*. Nos últimos anos, este tipo de demanda custou aos contribuintes italianos em torno de 64 milhões de euros, sendo que 25 milhões de euros somente para o ano de 2008 e outros 13 milhões de euros na data de 16 de fevereiro de 2009. Para se ter uma ideia, em 2002, o custo devido pela lei Pinto foi igual a 1,8 milhões de euros. [41]

Por isso, a razoável duração do processo deve ser avaliada *in concreto*.

O art. 2º, inc. II, da Lei italiana n. 89, de 24 de março de 2001, estabelece critérios taxativos, impondo ao juiz verificar a existência da violação em relação à complexidade da fattispécie, ao comportamento das partes em causa e do juiz do procedimento, ou de qualquer outra autoridade que participe do processo, ou, de qualquer modo, contribua para sua definição, utilizando-se, talvez, um parâmetro de referência com base em um modelo de duração média, afirmado na jurisprudência da Corte Europeia de Direitos do Homem , o que não se resolve na simples síntese do tipo mecanicista do cadenciamento dos prazo processuais, assim como previsto em abstrato pelo Código de Processo Civil italiano.[42]

Saliente-se que a simples referência à complexidade do pedido, sem outras anotações sobre o transcurso da relação jurídica processual, não é suficiente para evidenciar uma particular complexidade do caso, expressa pela consistência dos temas sobre os quais o juiz deve desenvolver uma atividade instrutória e decisória e não permite a individualização de específicas circunstâncias que tenham solicitado uma instrução mais longa e complexa sob o aspecto quantitativo ou qualitativo, justificando de maneira concreta, a maior duração do processo (Cass. Civile, sezione, I, 13 ottobre 2005, n. 19881). Também a mera referência aos acertamentos *médico-legais*, para avaliar a complexidade do caso, em ausência de qualquer alegação

[40] DE PAOLIS, M. op. cit., p. 131.
[41] De Paolis, M., idem, p. 132.
[42] De Paolis, M., idem, p. 135.

referente à tipologia da controvérsia e ao seu objeto, ou à falta de adequada ilustração sobre a incidência dos referidos acertamentos sobre a complexa duração do processo, constitui uma motivação de tudo insuficiente enquanto não idônea a apresentar razões da decisão assumida pelo juiz (Cass. Civile, sezione, I, 7 marzo 2007, n. 5212).

O juízo sobre a complexidade dos casos deve ater-se: *"a) à matéria; b) ao tipo de procedimento aplicado; c) à novidade ou seriedade das questões discutidas; d) ao número de partes; e) ao número de demanda formulada; f) à tipologia (quantitativa e qualitativa) da investigação levada a cabo; g) à necessidade de reenvio para fins instrutórios ou ao lapso de tempo ocorrido entre o reenvio e audiência sucessiva; h) à presença de sub-procedimentos sumários; i) à quantidade de documentos produzidos para exame dos magistrados e dos advogados; j) aos acertamentos técnicos desenvolvidos; l) às provas produzidas"*.[43]

O novo C.P.C. brasileiro apresentou um instrumental importante para reduzir o tempo do processo, dando preferência para julgamento aos processos mais antigos conclusos ao magistrado.

A redação originária do 'caput' do art. 12 do novo C.P.C. assim estabelecia: *Os juízes e os tribunais **deverão obedecer** à ordem cronológica de conclusão para proferir sentença ou acórdão.*

Indubitavelmente, essa imposição legal direcionada ao juiz do processo era extremamente salutar, uma vez que nada mais *justo* do que se dar prioridade ao julgamento de processo que se encontra há mais tempo concluso para a decisão. Isso evitaria que os juízes deixassem de lado processos complexos, preferindo apenas proferir sentenças em processos simples ou meramente repetitivos, com o intuito principal de inflar (muitas vezes distorcidamente) as estatísticas de produção de sentença.

Porém, lamentavelmente, a Lei n. 13.256, de 2016, deu nova redação ao 'caput' do art. 12 do novo C.P.C., o qual passou a ter a seguinte normatização: *Os juízes e os tribunais atenderão, **preferencialmente**, à ordem cronológica de conclusão para proferir sentença ou acórdão.*

Portanto, a partir da Lei 13.256, de 2016, os juízes não mais terão a obrigação de julgar de acordo com a ordem cronológica de conclusão dos processos, pois tal sistemática de julgamento passou a ser meramente *preferencial*, ou seja, ficou ao critério discricionário do juiz.

---

[43] De Paolis, M., idem, p. 139.

3.
Da Tutela Jurisdicional

O princípio da *ubiquidade* previsto na Constituição Federal brasileira, em seu art. 5º, inc. XXXV, determina que a lei não poderá excluir da apreciação do Poder Judiciário lesão ou ameaça de lesão a direitos.

Diante desse princípio, o Estado-Juiz compromete-se perante seus concidadãos a tutelar (proteger) eventual direito que se encontra sob ameaça ou que já tenha sido lesionado.

Muito embora o Estado-Juiz tenha monopolizado a resolução de eventuais conflitos de interesses, o certo é que o nosso ordenamento jurídico também permite que a pessoa proteja seu direito subjetivo ou qualquer forma de atuar lícito mediante uma tutela jurídica.

São exemplos de tutela jurídica, ou seja, de proteção de direitos sem intervenção Estatal, a legítima defesa da posse e o direito de retenção.

Contudo, quando o ordenamento jurídico não mais autoriza essa proteção própria dos direitos, não resta outra alternativa ao titular do direito do que se valer do Estado-Juiz para a prestação da tutela jurisdicional.

Porém, de nada adianta a simples previsão formal Constitucional de um postulado do livre acesso à Justiça se não se oferece instrumental adequado para que o Estado-Juiz possa qualitativa e quantitativamente proteger o direito ameaçado ou violado, ou seja, outorgar uma decisão judicial justa.

São diversas as situações pelas quais se fala de justiça, sendo que muitas vezes a justiça está intimamente ligada à decisão judicial e é entendida como a essência de tais decisões. Na realidade, quem pensa numa decisão proferida por um órgão jurisdicional não pensa em qualquer decisão, casual ou arbitrária, tanto menos injusta, mas pensa que o juiz decide, 'segundo a justiça', as controvérsias que venham a ele apresentadas. A obviedade dessas considerações esconde, todavia, uma série de problemas complicados. Por um lado, é notório que existem numerosos critérios gerais de justiça substancial. Aristóteles, por exemplo, distinguia entre justiça distributiva e justiça corretiva, sendo que a sucessiva história da cultura jurídica e política ocidental é rica em definição dos critérios de justiça mais diversos: a cada um do mesmo modo, a cada um segundo as suas necessidades, a cada um segundo os seus méritos, a cada um segundo os sentidos e assim por diante. Segundo Michele Taruffo, esses princípios de justiça não parecem facilmente aplicáveis (e talvez não são aplicados de fato) à decisão judicial.[44]

Não obstante a extrema dificuldade em se definir um critério de 'justiça substancial' como essência da decisão judicial, o certo é que não há tamanha problematização em relação à análise dos critérios de justiça no âmbito procedimental, individuando-se no procedimento a condição necessária para a concretização de um justo processo procedimental. Sem dúvida, torna-se mais simples a definição da essência de um 'justo processo' do que a de uma 'justa decisão'.

Michelle Taruffo, por sua vez, apresenta uma teoria da decisão justa que se funda sobre o pressuposto de que não existe um singular e único critério idôneo a constituir o ponto de referência para a valoração atinente à justiça da decisão judicial. Além disso, é necessário um conjunto de três critérios específicos: *"somente da sua combinação poderá surgir um esquema de valoração que permite determinar se e quando a decisão é justa. A justiça da decisão assume a forma de um algarismo que compreende e interliga três ordens de valores. Os três critérios aos quais se alude são os seguintes: a) a correção da escolha e da interpretação da norma jurídica aplicável ao caso; b) acertamento dos fatos relevantes do caso; c) emprego de um procedimento válido e justo para chegar à decisão.*[45]

---

[44] TARUFFO, Michelle. Idee per una teoria della decisione giusta. *In: Notiziario giuridico telematico. www.notiziario giuridico.it/micheletaruffo.html*

[45] TARUFFO, M., idem, ibidem.

No presente trabalho, pretende-se delimitar a questão ao último critério apresentado por Michele Taruffo, no caso, ao emprego de um procedimento válido e justo para se chegar à decisão justa.

Dentre os elementos que possam compor o emprego de um procedimento válido e justo, encontra-se a prestação, num prazo razoável e pertinente, da tutela jurisdicional.

É intuitivo que uma tutela jurisdicional prestada tardiamente ou em tempo não razoável pode, sim, ser considerada *injusta e não efetiva*.

A ampla e crescente necessidade de uma tutela jurisdicional efetiva, e, portanto, tempestiva (em uma igualmente crescente dificuldade do juízo de mérito em perseguir o resultado específico e próprio num tempo razoável) coloca em crise *'l'impianto tradizionale'*.[46]

Visando combater à morosidade processual e, portanto, dar mais efetividade à tutela jurisdicional prestada no processo, duas são as soluções substancialmente e concretamente praticadas: *"a) uma primeira solução coloca-se no interior da tutela de mérito, e prevê percurso procedimental de cognição sumária finalizada com a formação de um título executivo judicial, inidôneo à coisa julgada; b) uma segunda solução coloca-se no interior da tutela cautelar: e prevê a formação de medidas antecipatórias não necessariamente instrumentais ao julgamento de mérito"*.[47]

Daí por que a necessidade de se estabelecerem diferentes tipos de tutela que possam oferecer adequação e efetividade ao exercício da atividade jurisdicional.

De forma sintética, indicam-se os seguintes tipos de tutelas jurisdicionais: 1) quanto à *satisfatividade*: a) satisfativa, b) não satisfativa; 2) quanto à *natureza*: a) cautelar, b) cognitiva, c) executiva; d) mandamental e e) executiva *lato sensu*; 3) quanto à *efetividade*: a) simples, b) diferenciada; 4) quanto ao *momento*: a) provisória, b) final; 4) quanto à *urgência*: a) urgente, b) não urgente.

Não se pode esquecer que a noção de processo é finalística, sendo que a sua classificação obedece aos fins jurisdicionais que se pretendem alcançar através da sucessão de atos. Assim, o processo tem a mesma natureza

---

[46] ANDOLINA, Italo Augusto. crisi del giudicato e nuovi strumenti alternativi di tutela giurisdizionale. La (nuova) tutla provvisoria di merito e le garanzie costituzionali del giusto processo, *In: Revista de Processo*, São Paulo, Ano 32, n. 150, ago/2007. p. 72.

[47] ANDOLINA, I. A., idem, ibidem.

TUTELA PROVISÓRIA

da espécie de jurisdição que se colimar. Em consequência, à 'a tutela de cognição corresponde o processo de conhecimento, à de execução o processo de execução e à de assecuração o processo cautelar.[48]

Dentre a classificação apontada, está a que diz respeito ao momento da prestação da tutela jurisdicional, podendo ser antecipada ou final.

O legislador do novo C.P.C. estabeleceu um capítulo próprio para a concessão de tutelas provisórias, sejam elas de urgência ou de evidência.

Dentre as tutelas de urgência encontram-se a tutela antecipada e a tutela cautelar.

Em relação à tutela cautelar, quando do encaminhamento do projeto do novo C.P.C. ao Senado Federal, havia vozes na doutrina proclamando a extinção da tutela cautelar, uma vez que a existência ou melhoria da concessão provisória de tutela satisfativa seria suficiente para atender todas as pretensões de urgências que visassem à proteção da esfera do direito material de forma provisória e liminarmente.

Contudo, conforme já teve oportunidade de advertir Donaldo Armelin, ainda sob a égide da Constituição Federal de 1969: *"a tutela jurisdicional cautelar não desaparecerá com a melhoria do instrumento de prestação da tutela jurisdicional satisfativa. Resta saber, contudo, se o tipo de tutela jurisdicional em exame se encontra devidamente embutido no arcabouço constitucional vigente, de modo a dali não poder ser retirado pelo Legislador Ordinário, sem lesão a essa estrutura. O respaldo contido na Lei Maior quanto à prestação da tutela jurisdicional centra-se no artigo 153, §4º, onde se lê que a lei não poderá excluir da apreciação do Poder Judiciário qualquer lesão de direito individual. O ingresso em juízo poderá ser condicionado a que se exauram previamente as vias administrativas, 'desde que não exigida garantia de instância, nem ultrapassado o prazo de cento e oitenta dias para a decisão sobre o pedido'. Ora, o texto constitucional alude à lesão, real ou alegada, como insusceptível de ser arredada da apreciação do Judiciário pelo Legislador Ordinário. Haverá lugar aqui para a tutela jurisdicional cautelar na qual não se pretende reparar a lesão, mas prevenir graves danos e as conseqüências irreparáveis destes, ou manter o equilíbrio entre os litigantes? À evidência deve ser dada à 'lesão' constante do texto constitucional uma exegese ampliativa de modo a permitir sejam ali albergadas outras formas de tutela jurisdicional, que não pressupõem uma violação do direito, como sucede com a tutela jurisdicional declaratória stricto sensu ou meramente constitutiva. Da mesma forma, está ali engastada*

---

[48] FUX, Luiz. *Curso de direito processual civil.* 2ª ed. Rio de Janeiro: Editora Forense, 2004.

a fruição à tutela jurisdicional cautelar. Esta existe precipuamente para assegurar a eficácia à prestação da tutela jurisdicional satisfativa, que, sob pena de sua emasculação, deve ser dotada de meios próprios para garantir a plenitude de seus efeitos. Portanto, ainda que não estivesse subsumida na proteção ensejada pelo prealudido dispositivo constitucional, estaria ela inserida nos poderes implícitos, que, como sói acontecer com outros Poderes da soberania nacional, existem em favor do Judiciário.

Destarte, não cabe ao Legislador Ordinário suprimir a tutela jurisdicional cautelar, que, mesmo que não viesse regrada a nível de lei ordinária, seria perfeitamente viável e, pois, deferível com base nos poderes implícitos do Judiciário. Efetivamente, como é cediço em matéria constitucional, a atribuição de poderes implica também na outorga de meios para tornar eficazes esses poderes".[49]

Diante da exigência constitucional de outorgas de meios para tornar eficazes os poderes que foram concedidos ao Judiciário, em prol da tutela do direito material, há necessidade de o legislador ordinário prever tutelas que possam ser efetivas qualitativas e quantitativamente. Por isso, necessita-se atribuir à tutela uma elasticidade intrínseca e uma atipicidade de conteúdo, próprias dos remédios da *common law*, sublinhando a particular relevância que assume o escopo funcional do 'agir em juízo' 'para a tutela' de um direito ou de um interesse substancial. Essa, coerentemente, valoriza o significado de garantia das próprias formas de tutela, cujo relevo constitucional prescinde de qualquer reenvio aos conceitos normativos ordinários. Por isso, consubstanciado nos princípios de que a lei não poderá excluir da apreciação do Poder Judiciário lesão ou ameaça de lesão a direitos, e de que a prestação jurisdicional deve ser célere e justa, reserva-se à lei ordinária a função de disciplinar casos, modalidades e efeitos de específicas e singulares formas de tutela jurisdicional para atender os escopos de garantia previstos na Constituição Federal.[50]

Por isso, não prevaleceram as vozes doutrinárias que pregavam a extinção da tutela jurisdicional cautelar, seja pelo fato de que o legislador expressamente a inseriu no novo C.P.C. brasileiro, seja pelo fato de que a medida cautelar é sim uma espécie de tutela provisória de urgência que tem sua

---

[49] ARMELIN, Donaldo. A tutela jurisdicional cautelar. *In: Revista da Procuradoria Geral do Estado de São Paulo*, São Paulo, n. 23, jun. 1985. p. 118 e 119.

[50] COMOGLIO, Luigi Paolo; FERRI, Corrado; TARUFFO, Michele. *Lezioni sul processo civile – il processo ordinário di cognizione*. Bologna: Il Mulino, 2006. p. 68.

aplicabilidade própria para atender, em caráter não satisfativo, a eficácia da prestação jurisdicional em prol do pedido principal.

Em uma monografia publicada na Argentina e intitulada *El modelo costitucional y transnacional del proceso civil italiano*, Andolina destacou a evolução ocorrida na Itália em relação à interpretação sobre o alcance das medidas cautelares e sua vinculação com o art. 24 da Constituição italiana, que garante a todo homem o direito ao acesso à Justiça. Afirma Andolina: *"que o direito a uma tutela jurisdicional efetiva implica também ao direito à concessão, onde for necessário, da tutela jurisdicional-cautelar. Isso significa dizer que cada sujeito que proponha um pedido de tutela jurisdicional tem direito não somente a uma decisão de mérito final, senão também, à espera de uma decisão final, e sempre que a duração do processo ponha em perigo ou possa causar um prejuízo grave ao bem da vida ao redor do qual as partes litigam, a uma medida cautelar..."*.[51]

A correspondência entre medida cautelar e o devido processo significa um avanço qualitativo enquanto se destaca que as mesmas abandonam seu caráter meramente instrumental para passar a integrar uma parte substancial da garantia de acesso à Justiça.[52]

O novo C.P.C., ao mesmo tempo em que extingue o Livro III do C.P.C. de 1973 (aliás, o primeiro código de processo civil do mundo a dedicar um livro especial para a disciplina cautelar, elevando a ação cautelar ao nível da ação de conhecimento e da ação execução), regulamenta no seu Livro V a outorga de *Tutela Provisória* de urgência (cautelar ou satisfativa) e de evidência.

Sobre a tutela provisória de mérito no direito italiano, anota Ítalo Augusto Andolina: *"O fenômeno da tutela provisória de mérito é representado significativamente por aqueles provimentos que, realizados com êxito num procedimento simplificado (portanto, sumário), resultam dotados de força executiva ultrativa, independentemente da sua eficácia como coisa julgada. Precursores desses procedimentos são aqueles 'temporários e urgentes'... no interesse da prole e dos cônjuges' que o presidente do tribunal pode realizar dentro do julgamento do juízo de separação, ex art. 708 c.p.c. ou aquele de divórcio ex art. 14. n. 898/1970, os quais, sendo destinados a antecipar a tutela de interesses particularmente relevantes, resultam, desde a sua pronúncia dotada de eficácia executiva, nos termos do que dispõe o art. 189 disp. att. c.p.c., a permanecer ainda depois da extinção do processo, atri-*

[51] Oteiza, E., op. cit., p. 26.
[52] Oteiza, E., idem, p. 27.

buindo-lhe uma propensão a uma quase regulamentação da relação jurídica controvertida". Analogamente acontece com aqueles provimentos que o presidente do tribunal pode pronunciar nos termos do art. 148 c.c. como tutela de direito à manutenção da prole que, sem ter atitude de julgado, são idôneos a fornecer uma regulamentação tedencialmente definitiva dos interesses em conflito. Para esses, a parte que resulta sucumbente poderá promover um juízo de cognição plena, sendo que na sua ausência, a eficácia (executiva) do provimento é destinada a protrair-se indefinidamente". Igualmente quando se trata de prover à administração dos alimentos, 'até que não sejam determinados definitivamente o modo e a medida' dos mesmos, o presidente do tribunal, nos termos do que dispõe o art. 446 c.c., pode ordenar 'um pagamento na via provisória' que, como é evidente, é por si só idôneo a compor os interesses em jogo de modo tendencialmente definitivo". Ainda o elenco de procedimentos proferidos na sequência a um procedimento sumário, munido de eficácia ultrativa, mas privado de atitude de julgado, pode prosseguir com o decreto de repressão à conduta anti-sindical, como previsto no art. 28 da Lei n. 300/70. Trata-se de um provimento idôneo a adquirir um regime de estabilidade dos efeitos destinados a permanecer até que não se consiga determinado êxito no juízo de oposição de cognição plena, que porém será apenas eventual.[53]

Esses provimentos provisórios de mérito, destinados a assegurar uma tutela de urgência em consideração aos valores e aos interesses substanciais em jogo, e sempre funcionais a um procedimento que se desenvolve em cognição plena, sem ser a esse instrumental, apresentam a característica de que a falta de instauração de tal juízo, ou a sua eventual extinção, não os privam de eficácia executiva.[54]

Essa nova moldura ultrativa da tutela provisória antecipatória foi adotada pelo novo C.P.C., como adiante veremos.

Contudo, não obstante a nova sistematização das *tutelas provisórias*, tal fato não autoriza concluir que a tutela cautelar, em razão da reforma, tenha mudado as suas características ou tenha havido importante alteração sistêmica quanto à sua análise e concessão.

Na verdade, o que pretendeu o legislador do novo C.P.C., assim como já tinha ocorrido com as últimas reformas do C.P.C. de 1973 em relação ao processo de conhecimento e ao processo de execução, foi introduzir um *sincretismo entre* o processo cautelar e o processo de cognição exauriente,

---

[53] ANDOLINA, I. A., op. cit., p. 73.
[54] ANDOLINA, I. A., idem, ibidem.

TUTELA PROVISÓRIA

inserindo num mesmo processo os diversos pedidos correspondentes, ou seja, o pedido de tutela antecipada provisória antecedente ou incidental com o pedido principal, mesmo nas hipóteses em que a tutela de urgência cautelar for requerida em caráter antecedente ao pedido principal. Não obstante esse sincretismo, permanece a autonomia das relações jurídicas processuais da tutela principal e da tutela cautelar.

Porém, há duas exceções em que a tutela provisória é concedida num processo e a demanda principal é inserida em outro processo autônomo. A primeira exceção ocorre quando após a estabilidade dos efeitos de tutela, a parte ingressa com outra ação ou demanda para discutir o mérito e para rever ou modificar a tutela concedida. A segunda exceção encontra-se no art. 668, inc. I, do novo C.P.C. que assim dispõe: *Cessa a eficácia da tutela provisória prevista nas Seções deste Capítulo*:

> *I – se a ação não for proposta em 30 (trinta) dias contados da data em que da decisão foi intimado o impugnante, o herdeiro excluído ou o credor não admitido;*
> *(...)*.

O legislador, ao sistematizar o Livro V, do novo C.P.C., buscou subsídios nas disposições normativas até então existentes no Livro III do C.P.C. de 1973 e no art. 273 e parágrafos do Livro I do mesmo diploma legal.

Diante dessa confluência de preceitos normativos, o novo C.P.C., de plano, estabelece uma distinção bem definida entre *tutela de urgência e tutela de evidência*, razão pela qual o primeiro objetivo deste trabalho é distinguir esses dois tipos de tutelas, para num segundo momento, adentrar-se especificamente na tutela provisória antecipada ou cautelar prevista no contemporâneo processo civil brasileiro.

4.
Da Tutela Provisória

Conforme anota José Carlos Barbosa Moreira, *"numa época em que se torna cada vez mais célere, para não dizer vertiginoso, o ritmo das atividades humanas, assume particular gravidade o problema do tempo necessário à realização do processo...Legisladores de todos os tempos e de todos os lugares têm-se preocupado em aviar receitas para atender a essas necessidades postas em xeque pela renitente propensão dos pleitos judiciais e durar bem mais que o desejável"*.[55]

Sem pretensão de exaustividade, essas técnicas legislativas podem ser inseridas no seguinte quadro sintético das técnicas empregadas com maior frequência para tentativa de resolução do problema da morosidade processual: a) uma técnica formada por providências que se ordenam pura e simplesmente a imprimir maior rapidez ao processo, sem sacrifício da atividade cognitiva do juiz, a qual continua, tendencialmente pelo menos, plena e exauriente; b) uma segunda técnica formada por medidas que visam a apressar a prestação jurisdicional mediante cortes naquela atividade, ou, para falar de modo diverso, exonerando o órgão judicial de proceder ao exame completo da matéria controvertida. Afirma-se que na primeira técnica sumariza-se apenas o procedimento, preservando-se todas as garantias fundamentais dos litigantes, especialmente com relação ao contraditório, recebendo o resultado do pleito o selo da coisa julgada material,

---

[55] BARBOSA MOREIRA, José Carlos. *Temas de direito processual*. Oitava Série. São Paulo: Editora Saraiva, 2004. p. 81 e 91.

enquanto que na segunda sumariza-se a cognição, conservando aberta, em medida variável, ao interessado a possibilidade de demandar o reexame da matéria, e ao órgão judicial a de proceder a ele.[56]

É certo que a sumarização da cognição pode se dar de diversas maneiras. Numa delas, o contraditório, em vez de necessário, se faça eventual: somente se instaura se a iniciativa for tomada por aquele em face de quem se pede a prestação jurisdicional. Isso ocorre na 'demanda monitória', uma vez que somente será discutido o crédito alegado caso o réu ofereça embargos, na falta dos quais, desde que haja instruído a inicial com prova escrita, o autor obterá sem mais delonga o título executivo judicial. Na outra modalidade, considera-se suficiente, para adiantar provisoriamente o resultado do pleito, a existência de elementos que, embora insuficientes para fundar convicção plena, permitam ao órgão judicial um juízo de *probabilidade* favorável à parte.[57]

O novo C.P.C., mantendo-se fiel a essa construção de técnicas de resolução do problema da morosidade processual, sistematizou, em seu Livro V, tutela diferenciada com base na sumarização da cognição, denominada de *tutela provisória*.

A tutela provisória, regulada no Livro V do novo C.P.C., pode fundar-se em duas circunstâncias jurídicas diferenciadas, ou seja, na urgência ou na evidência.

A tutela provisória fundada na urgência, por sua vez, pode ensejar uma tutela antecipada ou satisfativa ou uma tutela de natureza cautelar.

Assim, observa-se que no sistema processual brasileiro, como ocorre no sistema italiano,[58] apresentam-se dois modelos diferenciados de tutelas jurisdicionais, a saber: a) uma prestada com o julgamento final; b) outra preordenada à produção, imediata e provisória, de efeitos práticos ou de segurança (desancorada da decisão final).

Porém, não obstante os efeitos práticos da tutela provisória antecipada ou satisfativa ou da tutela provisória de evidência sejam de certa forma idênticos aos efeitos que serão produzidos pela decisão final, o certo é que se apresentam radicalmente diversos os percursos procedimentais de um e de outro modelo: a) quanto à forma do procedimento; b) quanto ao papel

---

[56] BARBOSA MOREIRA, J. C., idem, p. 91.
[57] BARBOSA MOREIRA, J. C., idem, p. 92.
[58] ANDOLINA, I. A., op. cit., p. 74.

DA TUTELA PROVISÓRIA

do juiz; c) quanto ao regime das provas; d) em relação ao tempo de verificação das fases e ao regime de preclusões.

Enquanto um procedimento é orientado à definição da controvérsia mediante a estabilidade e imutabilidade final do julgado o outro se alimenta de um juízo de mera *verossimilhança ou probabilidade*, visando à composição imediata do conflito, privilegiando e atuando o 'valor' da efetividade do provimento jurisdicional.

O juízo de probabilidade decorre de um procedimento em que se realiza cognição vertical sumária, que em regra significa limitação no campo da profundidade do conhecimento das alegações e das provas (Kazuo Watanabe), ao contrário de Victor F. Guillén que entende que a limitação também ocorre no campo das alegações.[59]

Está-se, portanto, diante daquilo que se costuma denominar de 'duplo binário'.

Conforme anota Ítalo Augusto Andolina, *"encontra-se presente, no sistema positivo italiano, um 'duplo binário' da justiça civil. De um lado, um binário 'a... bitola reduzida', com baixíssima velocidade que conduz, num longo tempo, ao julgado, e governado:*

– das tipicidades das formas;
– de um rígido regime de preclusões e de divisão em fases concentradas;
– de uma instrução probatória imposta com relação às rígidas regras formais;
– de uma equilibrada relação de força entre as partes e entre as partes e o juiz;
– de um regime das 'nova' etc.

e, de outro, um binário com 'alta velocidade' organizado sobre as bases:

– de um procedimento altamente desformalizado;
– de uma incisiva potencialização da posição do juiz;
– de utilização de provas atípicas;
– de uma tendência de atenuação do regime de preclusão;
– de uma tendência à abertura das 'nova'.

Um tende à definição da controvérsia mediante um acertamento destinado à aquisição de autoridade e força de julgado; o outro tende a compor o conflito mediante provimentos provisórios desvinculados do julgado, mas imediatamente produtivos

---

[59] GUILLÉN, Victor Fairén. *Lo 'sumário' y lo 'plenario' en los procesos civiles y mercantiles españoles: pasado y presente*. Madrid: Colegio de Registradores de la Propriedad y Mercantiles de España, 2006. p. 39.

de efeitos e portanto tempestivamente idôneos a assegurar uma atitude jurídica aos interesses em conflito.

Um privilegia a essência de 'fazer bem', inspirando-se no valor da verdade; o outro, (privilegia) a existência do 'fazer rápido', pondo-se em sintonia com o valor da 'efetividade'".[60]

É bem verdade que algumas dúvidas podem ser suscitadas em relação ao sistema de garantia constitucional e à outorga da tutela provisória, especialmente no que concerne à questão da segurança jurídica e à questão da justiça da decisão.

Seria o sistema de garantia constitucional, pensado e construído ao primeiro dos dois modelos, também aplicável ao segundo?

Não há dúvida de que a garantia do acesso à Justiça é efetivamente aplicável a ambos os sistemas, pois, conforme estabelece o art. 5º, inc. XXXV, da Constituição Federal, *"a lei não excluirá da apreciação do Poder Judiciário, lesão ou ameaça a direito".*

A tutela provisória, na sua generalidade, tem por finalidade concretizar o princípio do acesso à Justiça, especialmente pelo fato de que visa a tutelar direito que se encontra ameaçado, especialmente pela existência do *periculum in mora*, salvo em relação à tutela de evidência, quanto a esse requisito.

[60] Andolina, I. A., op. cit., p. 74 e 75.

5.
Da Tutela de Evidência

5.1. Considerações Gerais

A *tutela provisória antecipada satisfativa* pode ter por fundamento a urgência ou a evidência.

O Ministro Luiz Fux estabeleceu uma divisão das tutelas sumárias em duas espécies, a saber: a) tutelas de segurança; b) tutelas de evidência.

A tutela satisfativa imediata compatibiliza-se com aquilo que se denomina de '*situação de segurança*' e '*situação de evidência*'.[61]

O novo C.P.C. faz uma nítida distinção entre *tutela de evidência* e *tutela de urgência*, para efeito de concessão de tutela antecipada.

Aliás, a progressiva perda de importância do requisito de urgência para se conceder tutelas provisórias é fenômeno difuso e em via de expansão na comunidade europeia.

A tutela de evidência, que já fazia parte do nosso ordenamento jurídico sob a égide do C.P.C. de 1973, sendo mantida pelo novo C.P.C., é conhecida, no direito italiano, de uma maneira geral, como *tutela sumária antecipatória*, uma vez que o ordenamento jurídico italiano distingue a tutela sumária antecipatória da tutela sumária cautelar.

A tutela sumária, no direito italiano, está bem delineada no art. 186-bis do Código de Processo Civil italiano, a saber: "*Mediante pedido da parte o juiz instrutor pode dispor, até o momento da definição das conclusões, do pagamento das*

---

[61] Fux, L., op. cit., p. 57.

somas não contestadas pela parte contrária. Se o pedido for efetuado fora da audiência, o juiz dispõe sobre o comparecimento das partes e determina o prazo para a notificação. A ordem constitui título executivo e conserva sua eficácia no caso de extinção do processo. A ordem está sujeita à disciplina das ordens revogáveis previstas nos artigos 177, primeiro e segundo incisos, e art. 178, inciso primeiro".

Segundo Costantino, *"a tutela sumária não cautelar seria própria dos provimentos determinados pela exigência de econômica processual ou naqueles em que o perigo da demora seria 'in re ipsa' (em suma, um conjunto de presunções 'iuris et de iure), enquanto que a tutela sumária cautelar seria caracterizada pela valoração, em concreto, do prejuízo em razão da demora".*[62]

O provimento sumário antecipatório constante do art. 186-Bis do C.P.C. italiano, apesar de ser uma tutela sumária antecipatória, não tem natureza de cautelaridade, uma vez que os provimentos cautelares (no direito italiano) pressupõem um procedimento por meio do qual se possa realizar a plena cognição do direito e tendem a eliminar todo obstáculo que coloque em perigo o acertamento e a atuação do próprio direito, assegurando a eficácia do provimento definitivo. Essa particular relação de instrumentalidade intercorrente entre o provimento cautelar e aquele definitivo encontra-se em todos os provimentos cautelares. De fato, encontra-se especialmente no arresto, que tem o escopo de assegurar a futura execução.

Na realidade, *"a distinção a se postular não é tanto entre tutela cautelar e tutela interinal, mas, sim, entre 'tutela sumária cautelar' e 'tutela sumária 'tout court'", segundo a orientação atualmente prevalecente, embora com alguma diferença no seu interior, em consonância estrita com os novos princípios inspiradores da lei de reforma:*

– na tutela sumária cautelar a concessão da medida cautelar funda-se num juízo de verossimilhança e de probabilidade e então sobre a base de uma cognição superficial; onde o processo de cognição plena não tenha início ou se extinga, o provimento sumário precedentemente emitido perde eficácia em razão de seu caráter provisório e instrumental....

– na tutela sumária não cautelar a concessão do provimento funda-se, ao invés, sobre uma cognição completa, baseada sobre o resultado da causa adquirida no momento de sua pronúncia; onde o processo de cognição plena não venha a ser ins-

---

[62] VERDE, Felippo. *I provvedimenti cautelari-la nuova disciplina.* Padova: CEDAM, 2006. p. 10.

DA TUTELA DE EVIDÊNCIA

taurado ou se extinga, o relativo provimento é idôneo a transformar-se em definitivo ou, de todo o modo, não é destinado a perder a eficácia... [63]

A diferenciação entre tutela sumária cautelar e tutela sumária não cautelar decorre também da cognição sumária realizada.

Conforme anotam Enrico A. Dini e Giovanni Mammone: *"A cognição sumária, por outro lado, não caracteriza de modo exclusivo somente o provimento cautelar, mas também outros provimentos são emitidos sob a base de uma cognição sumária, ainda que não possuindo natureza cautelar... Se é verdade que a sumariedade da cognição não comporta identidade de natureza e de efeitos entre os vários provimentos jurisdicionais imitidos mediante prévia cognição sumária, é possível, como já evidenciado precedentemente, utilizar as características da cognição sumária especialmente para diferenciar a tutela sumária cautelar daquela sumária 'tout court', qualificando a primeira como 'superficial' enquanto fundada num juízo de verossimilhança e de probabilidade, já a segunda como 'incompleta', enquanto baseada no resultado processual adquirido no momento da pronúncia".* [64]

Em relação ao sistema processual civil brasileiro, pode-se também afirmar que a tutela de evidência concedida nos termos do art. 311 do novo C.P.C. não possui natureza de cautelaridade, uma vez que não exige para sua concessão a existência de *periculum in mora*.

Porém, o que distingue a tutela de evidência prevista no sistema jurídico brasileiro da tutela sumária não cautelar prevista no sistema italiano é justamente a sua provisoriedade, ou seja, a sua dependência da tutela definitiva a ser proferida no processo. Fala-se em provisoriedade no sentido de que os provimentos provisórios previstos no novo C.P.C. brasileiro não são idôneos a regulamentar definitivamente a relação de direito material controvertida, uma vez que tem por finalidade produzir efeitos pelo tempo necessário à prolação do provimento final (nem mesmo a estabilização dos efeitos da tutela antecipada tem essa finalidade, pois estabiliza apenas os efeitos da tutela antecipada concedida e não o mérito da questão).

As tutelas provisórias previstas no novo C.P.C. brasileiro não representam nova forma de tutela definitiva, de caráter sumário, solucionando antecipadamente a controvérsia, pois têm natureza de regulamentação pro-

---

[63] DINI, Enrico A.; MAMMONE, Giovanni. *I provvedimenti d'urgenza – nel diritto processaule civile e nel diritto del lavoro*. Sesta Edizione. Milano: Dott. A. Giuffrè Editore, 1993. p. 40 e 41.
[64] DINI, Enrico A.; MAMMONE, G., idem, p. 57.

visória do direito material, no que concerne a seus efeitos, mas de caráter cautelar ou antecipatório, ou seja, não implica solução definitiva de mérito.

É certo que no sistema processual civil brasileiro encontram-se duas espécies de tutela de cognição sumária não cautelar, uma prevista no art. 344 (na hipótese de revelia) e a outra prevista na tutela monitória do art. 700.

A tutela antecipada de julgamento de mérito concedida com base no art. 186-bis do C.P.C. italiano tem por finalidade critérios de evidência, uma vez que o juiz instrutor defere à parte o *pagamento de somas não contestadas* pela parte contrária, ou seja, de valores *incontroversos*. A evidência decorre dessa falta de impugnação ao pedido formulado.

Conforme aduz Remo Caponi, a história do direito processual demonstra que a tutela sumária tem por finalidade satisfazer a exigência específica e ulterior no que concerne a um acertamento do direito deduzido em juízo, simplesmente acelerado em relação ao curso do processo ordinário. Uma primeira exigência é de se evitar o custo do processo de cognição plena, não de forma indistinta, mas, sim, pelo fato de que o legislador avalia que falte, ou seja altamente provável que falte, uma contestação efetiva por parte do devedor e o direito em causa seja disponível. Uma segunda exigência tem por finalidade assegurar a efetividade da tutela jurisdicional, quando isso requeira um provimento de urgência, em relação à qualidade do direito em juízo ou a iminência de um perigo de prejuízo irreparável, ou de todo modo grave, igualmente por causa da duração fisiológica do processo de cognição plena. Uma terceira exigência é de se evitar que o réu abuse do direito de defesa, não de forma indistinta, mas, sim, quando o tempo necessário a promover o acertamento do direito dependa essencialmente da necessidade probatória do réu.[65]

Por diversas vezes as exigências subjacentes ao recurso de tutela sumária confirmam os pressupostos decorrentes do próprio provimento sumário: não se compreenderia o requisito da prova escrita do fato constitutivo no procedimento monitório documental se não sob o reflexo da economia do juízo; não se compreenderia o *fumus boni iuris* se não sob o reflexo da urgência do provimento; não se compreenderia a constatação de infun-

---

[65] CAPONI, Remo, *in:* https://www.academia.edu/271491/R._Caponi_Sulla_distinzione_tra_cognizione_piena_e_cognizione_sommaria_in_margine_al_nuovo_procedimento_ex_art._702-bis_c.p.c._2009

dada manifestação de defesa do réu, se não sob o reflexo da neutralização do abuso de direito de defesa.[66]

O novo C.P.C. brasileiro, porém, em relação ao *pedido incontroverso*, afasta-se da tutela de evidência, inserindo tal situação jurídica no âmbito do *julgamento antecipado parcial de mérito* (art. 356, inc. I).

No novo sistema processual civil brasileiro, *o juiz decidirá parcialmente o mérito quando um ou mais dos pedidos formulados ou parcela deles – mostrar-se incontroverso.*

Também se observa essa perspectiva de tutela antecipada na experiência francesa das *ordonnances de référé*. Nos termos da alínea 2ª do art. 809 do *Code de Procédure Civile*,[67] o presidente do *tribunal de grande instance* pode conceder medidas conservativas ou restituitórias quando a obrigação afirmada pelo requerente não lhe parecer 'seriamente contestável', podendo ele conceder ao credor uma *'provisión'* ou ordenar o cumprimento da obrigação, mesmo que se trate de uma obrigação de fazer. Acentua a doutrina que o *référé* se vai despedindo, em hipóteses assim, da feição provisória que lhe era inerente, para adquirir a fisionomia de julgamento definitivo.[68]

A *référé-provision* tem por finalidade antecipar a futura decisão de mérito. Introduzida pelo Decreto 1.122, de 17.12.73. Trata-se de típica antecipação, pois admite a execução imediata, em caso de ausência de defesa séria (art. 809).

A *référé-provision*, apesar de ser uma tutela sumária, pode-se tornar definitiva, na hipótese de as partes, após a satisfação do direito, não aduzirem interesse no prosseguimento do processo.

O instituto jurídico denominado *tutela de evidência*, desde o seu nascedouro, já vem despertando certa preocupação quanto ao seu sentido ambíguo e tecnicamente impreciso. Tanto é, que o Senador Francisco Dornelles apresentou a Emenda n. 32 (I.7.32) ao projeto originário do novo C.P.C., sugerindo alterações às designações até então apresentadas. Pela emenda, a expressão *"tutela de evidência"* seria substituída pela denominação *"tutela de direito aparente"*. Argumentou o Senador ser tecnicamente imprecisa a referência à *"tutela de evidência"*, uma vez que o que mereceria tutela seria o direito material da parte (daí a referência a '*tutela do direito aparente*") e não

---

[66] Caponi, R. idem, ibidem.
[67] *"Dans les cas où l'existence de l'obligation n'est pas sérieusement contestable, il peut accorder une provision au créancier, ou ordonner l'exécution de l'obligation, même s'il s'agit d'une obligation de faire".*
[68] Barbosa Moreira, J. C., op. cit., p. 97.

TUTELA PROVISÓRIA

eventual *evidência* que nada mais é do que uma espécie de critério de persuasão racional. Ademais, o termo *evidência* apresenta o inconveniente de insinuar a verificação de uma certeza que não existe nessa forma de tutela.

Contudo, a Emenda n. 32, apresentada pelo Senador Francisco Dornelles, foi rejeitada pelo relator do projeto originário com a seguinte fundamentação: *"Rejeitamos a Emenda n. 32, tendo em vista que a expressão adotada pelo projeto é adequada. A expressão 'tutela de evidência' é consagrada pela doutrina como uma das espécies de tutela possíveis no processo civil, sendo apropriada para os casos em que o direito da parte revela-se evidente, tal como o direito líquido e certo. Dessa forma, não vemos razão para substituir uma expressão abalizada pela doutrina, até porque expressão proposta não representa uma melhora significativa".*

5.2. Tutela de evidência, verdade, prova e certeza jurídica

Conforme já teve oportunidade de afirmar Michele Taruffo, nos últimos anos acentuou-se em muitos ordenamentos processuais uma tendência que pode reduzir-se a dois aspectos fundamentais. O primeiro deles se refere à concepção do processo como procedimento orientado também à determinação dos fatos relevantes para a decisão. Que a justiça dependa da determinação da verdade dos fatos nos quais se baseia a controvérsia, é um lugar comum que data de muito tempo atrás, e que não mereceria nem sequer ser posto em discussão. Contudo, é necessário considerar que essa concepção das finalidades do processo é controvertida por muitos: como disse Alvin Goldman no plano epistemológico geral, há muitíssimos *verphobics* e poderíamos dizer que há muitos deles entre os processualistas. Contudo, assim como no plano filosófico e epistemológico geral se vai recuperando o valor ético-político e científico da verdade, há razões válidas para considerar que a verdade é também um *valor processual*, no sentido de que se o processo deve estar direcionado à obtenção de decisões justas e corretas, é necessário que entre suas finalidades se compreenda também a determinação verdadeira dos fatos da causa.[69]

Francesco Carnelutti, na sua magistral obra Teoria Geral do Direito, assim registrou quando iniciou o seu estudo sobre a prova: *"No outro prato da balança não se coloca outra previsão legal (fattispécie), isto é, um modelo, mas um fato. Para tal fim tem também de conhecer-se o fato. E aqui entra de novo em*

---

[69] TARUFFO, Michele. *Páginas sobre justicia civil – processo y derecho.* Madrid: Marcial Pons, 2009. p. 269.

ação o princípio de que para conhecer é preciso antes de mais nada ver ou, mais propriamente perceber. Mas, ver o que? O próprio fato, ou seja as situações necessárias em que o fato se desenvolve. Facilmente isso é possível quando são as próprias partes a apreciá-lo e consequentemente a conhecê-lo, principalmente se se trata de um ato, isto é, de uma ação sua. Quanto a esta, e à parte que no ato cabe a cada uma delas, é também possível um conhecimento imediato, não 'ab extra' mas 'ab intra', a que se dá o nome de consciência, isto é, de ciência que é 'cum nobis' ou, melhor dizendo, 'in nobis'. Contudo, já mesmo no campo do ato, na parte em que interveio o agir do outro sujeito, se tem de regressar à ciência e, consequentemente, à sua fonte, que é a percepção. Mas como as partes, como costuma dizer-se, vivem o ato ou o fato, a regra é que estes caíam imediatamente sob os seus sentidos. Pode, porém, suceder que em torno do conhecimento e, de um modo geral, da avaliação se dê o desacordo de que falei e de que ainda voltarei a falar, no qual se manifesta a inércia do direito. Tem então a balança de passar para as mãos do juiz, que em noventa e nove por cento dos casos não pode ter visto o fato. Contudo, ele tem de conhecer; portanto, alguma coisa terá de ver. Essa alguma coisa são as provas. O juiz digo-o desde já, tem em regra necessidade de provas; mas as próprias partes também a podem ter. Nem todos os fatos jurídicos que elas têm de pesar, se passam sob os seus olhos; e nem todos os atos jurídicos que terão de avaliar são por elas praticados. Basta que o leitor pense na posição do guerreiro perante o testamento, ou na do proprietário perante o desaparecimento de sua coisa, devido possivelmente a perda ou o furto, ou a roubo de Tício ou de Caio. Esta última reflexão é bastante para se afastar a ideia de que as provas só operam no processo e constituam, portanto, um instituto exclusivamente processual. Se disso me convenci no princípio dos meus estudos, foi esse um dos pontos em que o tempo me fez considerar. As provas são assim um equivalente sensível do fato para a avaliação, no sentido de que proporcionam ao avaliador uma percepção mediante a qual lhe é possível adquirir o conhecimento desse fato".[70]

Um julgamento caracteriza-se como dispositivo no qual haja uma declaração de ciência e de vontade voltada a articular o sentido de uma regra ou princípio e a verdade de uma situação na qual a regra ou princípio será aplicada. As provas permitem identificar e certificar a verdade dos acontecimentos passados controvertidos.[71]

---

[70] CARNELUTTI, Francesco. *Teoria geral do direito*. Trad. A. Rodrigues Queiro – assistente da faculdade de direito de Coimbra. Rio de Janeiro: Âmbito Cultural, 2006. p. 484 e 485.

[71] PASTORE. Baldassare. *Giudizio, prova, ragion pratica*. Un approccio ermeneutico. Milano: Dott. A. Giuffrè Editore, 1996. p. 164.

Um fato importante a ser salientado diante do instituto da prova é a questão da *prova* e da *verdade* no processo civil.

Normalmente, no fundo das concepções que nos distintos ordenamentos jurídicos referem-se à prova judicial está a ideia de que no processo pretende-se estabelecer se determinados fatos ocorreram ou não e que as provas servem precisamente para resolver este problema, ou seja, a ideia de que a função da prova consiste em estabelecer a verdade dos fatos.

Conforme leciona Michele Taruffo, um problema surge, proveniente do fato de que o tema da prova se presta, em menor medida que outros, a esgotar-se na dimensão jurídica e tende, de certa forma, a projetar-se fora dela e a penetrar em outros campos: da lógica, da epistemologia e da psicologia. Não era assim no modelo ideal da prova típico do direito comum da Europa Continental: o sistema da prova legal, com efeito, estava pensado como um conjunto orgânico, fechado e completo de regras jurídicas capazes de abarcar qualquer aspecto da prova dos fatos em juízo. Nesse sistema poderia sim ter espaço a uma concepção unicamente jurídica da prova.[72]

Por sua vez, a afirmação do princípio da livre valoração motivada das provas implica, como é do conhecimento de todos, numa série de mudanças radicais no sistema do direito comum; entre essas mudanças encontra-se o fato de por em crise o principal núcleo do sistema da prova legal, isto é, a regulação jurídica da eficácia da prova. A valoração da prova afasta-se do âmbito das regras jurídicas a partir do momento em que é atribuída ao juiz e não mais ao legislador. Ainda hoje a questão da prova está submetida ao âmbito jurídico, mas não somente a esse campo do conhecimento. Além da dimensão jurídica do fenômeno da prova, há necessidade de se recorrer também e necessariamente a métodos provenientes de outros campos do pensamento. O tema da prova tem a particular característica de remeter a questão para fora do processo e também para fora do direito. Não se quer dizer com isso que a análise jurídica da prova careça de sentido, senão que este pode ter um significado não marginal somente na medida em que seja integrado em uma análise adequada dos aspectos extra-jurídicos do problema da determinação dos fatos.[73]

---

[72] TARUFFO, Michele. *La prueba de los hechos.* Madrid: Editorial Trotta, 2002. p. 22.
[73] TARUFFO, M. idem, p. 23.

DA TUTELA DE EVIDÊNCIA

Em face de que a análise da prova ultrapassa os limites das regras jurídicas, o problema que justamente se apresenta é o da verdade da determinação dos fatos no âmbito do processo.

Conforme anota Michele Taruffo, *"há pelo menos dois tipos de razões pelas quais o conceito de verdade dos fatos no processo é altamente problemático e produz relevantes complicações e incertezas no plano da definição do papel da prova no processo. O primeiro tipo de razões faz referencia à relação que se estabelece entre a ideia de uma verdade 'judicial' ou 'processual' especial e a ideia que se tem da verdade fora do processo. Essencialmente, trata-se de saber se há identidade ou analogia entre essas concepções da verdade ou bem se a verdade do processo é realmente particular ou especial... O segundo tipo de razão pelo qual a relação prova e verdade dos fatos é altamente problemático se refere ao lugar que se atribui à verdade dos fatos na teoria do processo"*.[74]

Os juristas tentam afastar o primeiro problema constatado por Michele Taruffo, fazendo a distinção entre verdade "formal" ou "judicial" que seria estabelecida no processo por meio da prova e dos procedimentos probatórios, e, ao mesmo tempo, uma verdade "material", "histórica", "empírica", ou simplesmente "verdade" estabelecida no mundo dos fenômenos reais, a qual seria alcançada mediante instrumentos cognoscitivos distintos das provas judiciais.[75]

Contudo, segundo acentua Michele Taruffo, *"a distinção entre a verdade formal e verdade material é, sem dúvida, inaceitável por várias razões que a doutrina menos superficial há colocado em evidência há muito tempo. Em especial, parece insustentável a ideia de uma verdade judicial que seja completamente 'distinta' e autônoma da verdade 'tout court' pelo só fato de que é determinada no processo e por meio das provas; a existência de regras jurídicas e de limites de distinta natureza serve, no máximo, para excluir a possibilidade de obtenção de verdades absolutas, porém não é suficiente para diferenciar totalmente a verdade que se estabelece no processo daquela que se fala fora do mesmo....Poder-se-á dizer que a verdade 'do processo' tem algumas peculiaridades relevantes que derivam de sua situação conceitual dentro de um contexto específico e juridicamente determinado, porém estas peculiaridades não bastam para fundamentar um conceito autônomo da 'verdade*

---

[74] TARUFFO, M. idem, p. 24 e 25.
[75] TARUFFO, M., idem, p. 24; também: Carnelutti, *La prova civile*, Roma, 1947, pp. 29, 56, 61; Furno, *Contributo alla teoria della prova legale*, Padova, 1940, p. 18 e ss.

formal'. A consequência é que também a 'verdade material' entra no processo, o que cria problemas ulteriores...".[76]

Diante dessas considerações, pode-se afirmar que a prova tem por objetivo a constatação da verdade dos fatos que dão suporte à aplicação da norma jurídica.

Por sua vez, a evidência não tem por objetivo apurar a verdade dos fatos, como se dá com a prova, mas, sim, produzir uma certeza conjuntural jurídica de persuasão racional no processo.

Verdade e certeza são, na realidade, conceitos distintos, que nem sempre coincidem. Por vezes, tem-se certeza do que é objetivamente falso; por vezes, duvida-se do que é objetivamente verdadeiro.[77]

É importante salientar que para Ítalo Augusto Andolina, *"il processo ha come suo esito naturale (= risultato) la produzione di certezze"*. Isso vale, obviamente, para o processo de cognição, mas vale também para o processo executivo, cuja progressiva jurisdicionalização comporta, de fato, a sujeição da execução aos 'controles cognitivos', mediante a reafirmação do 'primato' do acertamento da execução forçada.[78]

Diante dessa distinção entre verdade e certeza, é possível compreender-se melhor a polêmica surgida entre as expressões *tutela de evidência* e *tutela de direito aparente*.

Para o professor Rui Cunha Martins, professor da Universidade de Coimbra, 'evidente' é o que dispensa prova; é um simulacro de autorreferenciabilidade, pretensão de uma justificação centrada em si mesma; a evidência corresponde a uma satisfação demasiado rápida perante indicadores de mera plausibilidade. Segundo o professor de Coimbra, de alguma maneira a evidência *instaura um 'desamor ao contraditório'*.[79]

Nesse sentido se dirá, por exemplo, que o 'Estado Democrático de Direito' será, de fato, tanto mais democrático e de direito, consoante os

---

[76] TARUFFO, M., idem, p. 25.

[77] BODART. Bruno Vinícius da Rós. *Tutela de evidência* – teoria da cognição, análise econômica do direito processual e considerações sobre o projeto do novo C.P.C. São Paulo: Editora Revista dos Tribunais, 2014. p. 34.

[78] ANDOLINA, Italo Augusto. crisi del giudicato e nuovi strumenti alternativi di tutela giurisdizionale. La (nuova) tutla provvisoria di merito e le garanzie costituzionali del giusto processo, *In: Revista de Processo*, São Paulo, Ano 32, n. 150, ago/2007. p. 71.

[79] MARTINS, Rui Cunha. *O ponto cego do direito – the brasilian lessons*. Rio de Janeiro: Lúmen Júris, 2010. p. 1 a 8.

mecanismos destinados a assegurar os seus princípios basilares e apresentem, pela sua parte, um grau tão mínimo quanto possível de contaminação pelas expressões da evidência.[80]

Mas seria possível constranger a evidência? Idealmente, sim. Existem, pelo menos, mecanismos expressamente destinados a essa função. Cada um à sua maneira, a prova, a convicção, ou o próprio processo destinam-se a assegurar o estabelecimento de limites frente à pulsão devoradora da evidência. O problema que se coloca é, porém, o da efetividade do respectivo desempenho. Ora, trata-se de uma missão de algum modo condenada ao fracasso – não apenas nenhum daqueles operadores alcança níveis de total satisfação regulatória, como se verifica a sua tendencial 'contaminação' pelo registro da evidência.[81]

Em trabalho realizado conjuntamente com Fernando Gil, Rui Cunha Martins aduz:

> *Admitindo-se (conforme autorizam estudos prévios em torno da noção de verdade) a existência simultânea de uma verdade da evidência e de uma verdade da prova, admissível se torna que a verdade da evidência seja alheia à ideia de processo, enquanto que a verdade da prova não o deverá ser. Eis o motivo: diferentemente da prova, a evidência não remete para dispositivos exteriores de avaliação, porque ela constitui um desdobramento do sentido na indicação de sua própria verdade, pondo-se por si, quer dizer, 'alucinando'. Significa isto o seguinte: que será, desejavelmente, à prova que vai caber trabalhar a verdade de modo não alucinatório; que, assim sendo, a prova deverá desempenhar, de alguma maneira, um efeito de correcção sobre esse carácter alucinatório; e que, sempre em termos ideais, será ainda a prova a retirar a verdade do albergue da evidência, sujeitando-a ao processo.*[82]

Porém, a 'evidência' prevista no novo C.P.C. não é simples insinuação, pois agencia concretizações e desempenhos, integrando um painel de valências de qualquer mecanismo para aferição do verdadeiro.[83]

Mas, conforme se afirmou, a 'evidência' não depende de prova, pelo menos não de prova fraca, pois a prova fraca é aquela que se satisfaz com a verossimilhança, enquanto que a evidência é um critério que vai muito

---

[80] MARTINS, R. C., idem, ibidem.

[81] MARTINS, R., C., idem, ibidem.

[82] MARTINS, R., C., idem, ibidem.

[83] MARTINS, R. C., idem, ibidem.

mais além da verossimilhança, exigindo, apesar do paradoxo, a existência de 'prova forte'.

Conforme afirma Rui Cunha Martins, *a prova forte revela-se de imediato 'demasiado forte' – e, nesse momento, se essa demasia se dá nos termos de uma ostensão de feição alucionatória, ela resvala sem escape para o terreno da evidência, a qual, veja-se a ironia, tende a dispensar a prova. Paradoxo inescapável, ainda assim. É que a vertigem alucinatória da prova não decorre de uma momentânea apetência desviante, prendendo-se antes com uma das suas vertentes constitutivas mais nucleares, ainda que das menos ditas. Chamar-lhe-ei a 'percepção do destinatário'. Porque provar é em boa medida convencer"*.[84]

Portanto, resumindo o pensamento do eminente jurista português, entende-se por evidente o que dispensa prova. Simulacro de autorreferencialidade, pretensão de uma justificação centrada em si mesmo.

A evidência, como efeito alucinatório em razão da 'prova forte' que se revela 'demasiado forte', por ironia, acaba por dispensar a prova.

Daí por que discorda-se de Fredie Didier, quando afirma que o mandado de segurança seria uma *tutela da evidência*, pois, para a concessão do mandado de segurança fundado em direito líquido e certo, há necessidade de *prova pré-constituída*. Na realidade, se à evidência dissesse respeito o mandado de segurança, no seu sentido técnico de meio de convencimento, conforme bem afirmou Rui Cunha Martins, paradoxalmente, *pela sua força alucinatória de convencimento*, dispensaria a prova.

A evidência, portanto, não é o objeto da *tutela jurisdicional*, mas critério de persuasão para sua concessão.

Estava certo o Senador Francisco Dornelles ao apresentar a Emenda n. 32, pois a evidência não é tutelável, uma vez que a tutela jurisdicional se presta a proteger o direito material com base na evidência.

5.3. Crítica às Hipóteses Legais de Tutela de Evidência

A tutela de evidência será concedida, segundo estabelece o art. 311 do atual C.P.C. brasileiro, independentemente de demonstração do perigo de dano ou de risco ao resultado útil do processo, quando:

> *I – ficar caracterizado o abuso de direito de defesa ou o manifesto propósito protelatório da parte;*

---

[84] MARTINS, R. C., idem, ibidem, p. 1 a 8.

II – as alegações de fato puderem ser comprovadas apenas documentalmente e houver tese firmada em julgamento de casos repetitivos ou em súmula vinculante;

III – se tratar de pedido reipersecutório fundado em prova documental adequada do contrato de depósito, caso em que será decretada a ordem de entrega do objeto custodiado, sob cominação de multa.

IV – a petição inicial for instruída com prova documental suficiente dos fatos constitutivos do direito do autor, a que o réu não oponha prova capaz de gerar dúvida razoável.

Observa-se que algumas das hipóteses legais que fundamentam a outorga de tutela de evidência não estão em sintonia com a definição da *evidência*, demonstrando o legislador desconhecer o tecnicismo necessário para uma sistematização coerente dos institutos processuais.

Muito embora o art. 311 do novo C.P.C. pretenda indicar as hipóteses legais que caracterizam o critério de 'evidência' para efeito de concessão de tutela antecipada, o certo é que algumas das circunstâncias referidas no dispositivo não se enquadram como 'evidência', principalmente pelo fato de que, conforme afirmou Rui Cunha Martins, não *dispensam a prova*.

Na realidade, somente a situação jurídica prevista no inc. I do art. 311 do novo C.P.C. é que poderia servir de fundamento para a concessão de tutela de evidência, uma vez que não exige para a sua concessão a necessidade de prova pré-constituída.

Quando ficar caracterizado abuso de direito de defesa ou manifesto propósito protelatório do réu, a tutela prestada com base na 'evidência' poderá ser concedida antecipadamente.

As hipóteses do inciso I do artigo 311 do novo C.P.C. não estão vinculadas à prova, pois a evidência decorre de um comportamento do réu que será sancionado com a outorga de tutela provisória fundada na evidência. A evidência, nessas hipóteses, age como impedimento específico diante de quem esteja inclinado a fazer do processo um instrumento anormal para o emprego de táticas dilatórias e indevidas obstruções, com grave prejuízo à lealdade processual.[85]

Já a hipótese do inciso II do art. 311 do novo C.P.C. não está amparada no critério de evidência, pois a concessão da tutela depende de que *as alegações de fato estejam comprovadas documentalmente e haja tese firmada em julgamento de casos repetitivos ou em súmula vinculante.*

---

[85] COMOGLIO, L.P.; FERRI, C.; TARUFFO, M., op. cit., p. 494.

TUTELA PROVISÓRIA

Verifica-se, portanto, que a concessão da tutela não se dá com base na evidência, mas, sim, na conjugação da existência de prova pré-constituída das alegações de fato com a demonstração de tese firmada em julgamento de casos repetitivos ou em súmula vinculante.

A hipótese do inc. II do art. 311 estaria melhor situada no âmbito do *julgamento antecipado parcial de mérito,* previsto no art. 356 do atual C.P.C. ou no art. 355 do mesmo diploma legal.

O inciso III do art. 311 também preconiza um critério probatório para a concessão da tutela antecipada, ou seja, quando se tratar de pedido reipersecutório fundado em prova documental adequada. Prova documental e não evidência é o fundamento para a concessão da tutela antecipada. Este inciso também estaria melhor enquadrado no âmbito do *julgamento antecipado parcial de mérito,* previsto no art. 356 do atual C.P.C. ou no art. 355 do mesmo diploma legal.

A hipótese do inc. IV do art. 311 também exige que a petição inicial esteja instruída com prova documental suficiente dos fatos constitutivos do direito do autor, a que o réu não oponha prova capaz de gerar dúvida razoável. Assim, a concessão da tutela não se dá na evidência (que não depende de prova), mas, sim, na prova documental não refutada por uma dúvida razoável pelo réu.

Essa hipótese ficaria melhor situada no âmbito do julgamento parcial de mérito previsto no art. 356 do atual C.P.C.

De qualquer sorte, as hipóteses previstas no art. 311 do novo C.P.C. têm por finalidade garantir a celeridade e a economia da atividade jurisdicional, em nome da efetividade das formas de tutela constituídas de acordo com a situação subjetiva trazida em juízo.

5.4. Tutela de Evidência – Racionalização Econômica do Sistema Vigente

Segundo ficou consagrado na exposição de motivos do projeto de lei n. 166/10, o novo CPC agora deixa claro a possibilidade de concessão de tutela de urgência e de tutela de evidência. Considerou-se conveniente esclarecer de forma expressa que a resposta do Poder Judiciário deve ser rápida não só em situações em que a urgência decorre do risco de eficácia do processo e do eventual perecimento do próprio direito. Também em hipóteses em que as alegações da parte se revelem de juridicidade ostensiva deve a tutela ser antecipadamente (total ou parcialmente) concedida, independentemente de 'periculum in mora', por não haver razão relevante para a espera, até porque, via de regra, a demora do processo gera agravamento do dano.

Assim, ao contrário da tutela de urgência (cautelar ou satisfativa), a concessão de tutela de evidência representa a antecipação de forma provisória, mas com perspectiva de certeza definitiva, do mérito do pedido principal, independentemente da comprovação de existência de dano irreparável ou de difícil reparação, ou seja, da comprovação do *periculum in mora*, ou como preconiza o novo C.P.C., *independentemente da demonstração de perigo de dano ou de risco ao resultado útil do processo.*

O que se pretende com a possibilidade de outorga de tutela diferenciada denominada de tutela de evidência é, na verdade, uma *racionalização econômica do sistema existente,* com plena valorização da rápida e eficaz prestação jurisdicional, evitando o prolongamento da demanda quando o princípio da econômica processual recomenda, diante de circunstâncias expressamente discriminadas em lei, a entrega antecipada daquilo que se pretendia ao final do procedimento de cognição exauriente.

Segundo bem anota Luigi Paolo Comoglio *et al,* ao analisar a reforma processual ocorrida na Itália pela lei n. 353 de 26 de novembro de 1990: *"Parece oportuno, a propósito, recordar e distinguir: a) de um lado, uma prospectiva estrutural ou funcional que se vincula à razoável necessidade de se garantir antecipadamente a quem, no momento final do julgamento, resulte ter razão uma gama 'efetiva' de formas interinais e imediata de tutelas, obtidas no curso do procedimento; b) de outro lado, uma prospectiva de tipo dinâmico ou comportamental, destinada à necessidade de controlar as possíveis formas de condutas 'desviantes' dos sujeitos processuais, com o fim de desencorajar todo abuso no exercício dos instrumentos de ação ou de defesa".*[86]

O C.P.C. italiano, nos seus artigos 186-bis a 186-quater, traz típicas hipóteses de julgamento antecipado de mérito com base na evidência, pois, mediante requerimento da parte, o juiz instrutor pode dispor, até o momento da definição das conclusões, sobre o pagamento das somas não contestadas pela parte contrária. Se o requerimento é efetivado fora da audiência, o juiz dispõe sobre o comparecimento das partes e assina o prazo para a notificação. A decisão constitui título executivo e conserva a sua eficácia no caso de extinção do processo.

---

[86] COMOGLIO. Luigi Paolo; FERRI, Corrado; TARUFFO, Michele. *Lezioni sul processo civile. I. Il processo ordinário di cognizione.* Bologna: Il Mulino, 2006. p. 494.

TUTELA PROVISÓRIA

A inserção no C.P.C. italiano dos artigos 186-bis a 186-quater permite focalizar duas importantes perspectivas: *1) por um lado, tanto a possibilidade de emanação de 'provimentos antecipatórios de condenação' no curso do juízo de primeiro grau (ex artt. 186 bis, 186 ter, 186 quater, c.p.c.), quanto a generalização da 'execução provisória' da sentença que o define (no novo art. 282), são na verdade uma expressão harmônica e complementar da tendência de fundo à plena valorização do procedimento de primeiro grau; 2) por outro lado, ambas as inovações assumem uma direção, por assim dizer, sancionatória, como força bélica no confronto em relação a quem esteja inclinado a fazer do processo um instrumento ideal para emprego de táticas dilatórias e de obstrução, com grave prejuízo para a lealdade do procedimento (artt. 88, inc. 1; 175, inciso, c.p.c.) assim como para os próprios fins da justiça substancial.".*[87]

Portanto, com a inserção no processo de cognição plena da tutela de evidência, o legislador pretende também realçar outros valores, sendo, o primeiro, a exigência de celeridade e de economia do julgamento, em nome da efetividade das formas de tutela constituídas de acordo com a situações subjetivas acionadas, e, o segundo, o reforço à exigência, na atual crise de justiça, de uma prevenção sistemática em relação a qualquer uso distorcido dos instrumentos ou dos direitos processuais, procurando introduzir novas perspectivas no âmbito dos costumes forenses e judiciários.

Segundo anota Luigi Paolo Comoglio, o único efeito colateral é, dado o risco de uma 'sumarização' excessiva do processo de cognição em primeiro grau, na ânsia da agilização da prestação da tutela, por em risco a própria essência da decisão judicial que é a realização da Justiça.[88]

5.5. Tutela de Evidência – Independe do *periculum in mora*

A tutela da evidência será concedida, independentemente da demonstração de perigo de dano ou de risco ao resultado útil do processo.

Em regra, as tutelas provisórias antecipadas satisfativas impõem a presença da comprovação do requisito *periculum in mora*, especialmente quando têm por fundamento a urgência.

O art. 311 do novo C.P.C., diante de determinadas circunstâncias fáticas ou jurídicas, as quais podemos denominar de *evidências,* dispensa a comprovação ou demonstração do perigo de dano ou de risco ao resultado útil do processo.

[87] COMOGLIO. L. P., FERRI, C.; TARUFFO, M., idem, p. 493.
[88] COMOGLIO. L. P., FERRI, C.; TARUFFO, M., idem, P. 494.

Conforme já afirmara Dinamarco, sob a égide do art. 273 do C.P.C. de 1973: *"A concessão de medidas antecipatórias não se liga sempre a uma situação de urgência, ou 'periculum in mora'. Essa é apenas uma das hipóteses em que elas devem ser concedidas (art. 273, inc. I). Mas tem cabimento também, independentemente de qualquer situação de perigo, a) como sanção à malícia processual do demandado que procura retardar o fim do processo (art. 273, inc. II) ou b) como modo de prestigiar um direito que a ordem jurídica reputa mais forte e digno de maiores atenções, como a posse turbada ou esbulhada (interditos possessórios). Mesmo nessas hipóteses, as antecipações tutelares têm como objetivo evitar os males do tempo, no caso o chamado 'dano marginal' decorrente de esperas que de outro modo seriam inevitáveis"*.[89]

Justamente pelo fato de que as circunstâncias que denotam a evidência garantem, por si só, a efetiva demonstração da pretensão formulada em juízo, independentemente de instrução processual, é que a concessão desse tipo de tutela independe da demonstração do *periculum in mora*.

Aliás, foi justamente pelo fato de que a concessão de tutela de evidência não exige o *periculum in mora*, que o S.T.J. fez a distinção entre indisponibilidade de bens como medida cautelar e a indisponibilidade de bens como tutela de evidência prevista no art. 7º da Lei n. 8.429/92 (Lei de Improbidade Administrativa). Nesse sentido é o seguinte precedente:

> 1. *Trata-se de recurso especial em que se discute a possibilidade de se decretar a indisponibilidade de bens na Ação Civil Pública por ato de improbidade administrativa, nos termos do art. 7º da Lei 8.429/92, sem a demonstração do risco de dano (periculum in mora), ou seja, do perigo de dilapidação do patrimônio de bens do acionado.*
>
> 2. *Na busca da garantia da reparação total do dano, a Lei nº 8.429/92 traz em seu bojo medidas cautelares para a garantia da efetividade da execução, que, como sabemos, não são exaustivas.*
>
> *Dentre elas, a indisponibilidade de bens, prevista no art. 7º do referido diploma legal.*
>
> 3. *As medidas cautelares, em regra, como tutelas emergenciais, exigem, para a sua concessão, o cumprimento de dois requisitos: o fumus boni juris (plausibilidade do direito alegado) e o periculum in mora (fundado receio de que a outra parte, antes do julgamento da lide, cause ao seu direito lesão grave ou de difícil reparação).*
>
> 4. *No caso da medida cautelar de indisponibilidade, prevista no art.7º da LIA, não se vislumbra uma típica tutela de urgência, como descrito acima, mas sim uma tutela de evidência, uma vez que o periculum in mora não é oriundo da intenção do agente dilapidar seu patrimônio e, sim, da gravidade dos fatos e do montante do prejuízo causado*

---

[89] DINAMARCO. Cândido Rangel. *Nova era do processo civil*. São Paulo: Malheiros, 2003. p. 59.

TUTELA PROVISÓRIA

ao erário, o que atinge toda a coletividade. O próprio legislador dispensa a demonstração do perigo de dano, em vista da redação imperativa da Constituição Federal (art. 37, §4º) e da própria Lei de Improbidade (art. 7º).

(...).

8. A Lei de Improbidade Administrativa, diante dos velozes tráfegos, ocultamento ou dilapidação patrimoniais, possibilitados por instrumentos tecnológicos de comunicação de dados que tornaria irreversível o ressarcimento ao erário e devolução do produto do enriquecimento ilícito por prática de ato ímprobo, buscou dar efetividade à norma afastando o requisito da demonstração do periculum in mora (art. 823 do CPC), este, intrínseco a toda medida cautelar sumária (art.789 do CPC), admitindo que tal requisito seja presumido à preambular garantia de recuperação do patrimônio do público, da coletividade, bem assim do acréscimo patrimonial ilegalmente auferido.

(...).

(REsp 1319515/ES, Rel. Ministro NAPOLEÃO NUNES MAIA FILHO, Rel. p/ Acórdão Ministro MAURO CAMPBELL MARQUES, PRIMEIRA SEÇÃO, julgado em 22/08/2012, DJe 21/09/2012)

5.6. Tutela de Evidência – Concessão *ex officio*

Ao contrário do que estabelecia o art. 273 do C.P.C. de 1973, o art. 311 do novo C.P.C. não traz expressamente consignado que a tutela de evidência somente poderá ser deferida pelo juiz mediante *requerimento da parte interessada.*

Sobre a necessidade de requerimento da parte interessada, para a concessão de tutela antecipada (art. 273 do C.P.C. de 1973), anotava Dinamarco: *"Às antecipações de tutela não se aplica, todavia, a fundamental razão política pela qual as medidas cautelares incidentes devem ser concedidas de-ofício, porque aquelas não se destinam a dar apoio a um processo e ao correto exercício da jurisdição, mas a favorecer uma das partes em suas relações com a outra ou com o bem da vida em disputa. Torna-se relevante, nesse ponto, a distinção conceitual entre medida cautelar e antecipação de tutela, segundo a qual uma é instrumental ao processo e a outra não(supra nn. 23 e 24). Enquanto se trata de impedir que o tempo e a malícia de uma das partes corroam o exercício da jurisdição e de preservar a imperatividade e eficácia das decisões judiciárias, legitima-se o superamento da regra de inércia da jurisdição, prevalecendo as garantias constitucionais do devido processo legal sobre a regra 'nemo judex sine actore'; mas, quando se pensa em oferecer a uma das partes, antecipadamente, a posse ou fruição de bens ou situações jurídicas no mundo exterior, retomam força e vigor as disposições dos arts. 2º e 262 do Código de*

Processo Civil, para que o juiz dependa sempre da provocação do interessado. Não é dado a este o poder de conceder tutelas jurisdicionais antecipadas, quer antes da instauração do processo, quer na pendência deste – e essa norma está expressa no corpo do art. 273 do Código de Processo Civil, quando estatui que as antecipações poderão ser concedidas a requerimento da parte". [90]

Assim, em relação à tutela provisória de evidência, não há impedimento legal para que o juiz a conceda, inclusive de ofício, desde que presentes os pressupostos indicados no art. 311 do atual C.P.C. e desde que a questão envolvida no âmbito da relação jurídica processual diga respeito a direitos fundamentais indisponíveis ou a valores jurídicos que ultrapassam os limites dos direitos e interesses subjetivos das partes.

De certa forma, o S.T.J. já vinha dando sinal de que a concessão de tutela antecipada de ofício poderia ser legítima de acordo com determinadas circunstâncias. Nesse sentido são os seguintes precedentes:

PROCESSUAL CIVIL. PREVIDENCIÁRIO. SALÁRIO-MATERNIDADE. TUTELA ANTECIPADA DE OFÍCIO CONCEDIDA NO ACÓRDÃO. ADMISSIBILIDADE EM HIPÓTESES EXCEPCIONAIS.

1. Trata-se, na origem, de Ação Declaratória com pedido de condenação ao pagamento de salário-maternidade movida por trabalhadora rural diarista. O acórdão confirmou a sentença de procedência e, de ofício, determinou a imediata implantação do mencionado benefício.

2. As tutelas de urgência são identificadas como reação ao sistema clássico pelo qual primeiro se julga e depois se implementa o comando, diante da demora do processo e da implementação de todos os atos processuais inerentes ao cumprimento da garantia do devido processo legal. Elas regulam situação que demanda exegese que estabeleça um equilíbrio de garantias e princípios (v.g., contraditório, devido processo legal, duplo grau de jurisdição, direito à vida, resolução do processo em prazo razoável).

3. No caso concreto, o Tribunal se vale da ideia de que se pretende conceder salário-maternidade a trabalhadora rural (boia-fria) em virtude de nascimento de criança em 2004.

4. O Superior Tribunal de Justiça reconhece haver um núcleo de direitos invioláveis essenciais à dignidade da pessoa humana, que constitui fundamento do Estado Democrático de Direito. Direitos fundamentais correlatos às liberdades civis e aos direitos prestacionais essenciais garantidores da própria vida não podem ser desprezados pelo Poder

---

[90] DINAMARCO. C. R., idem, p. 79.

TUTELA PROVISÓRIA

Judiciário. Afinal, "a partir da consolidação constitucional dos direitos sociais, a função estatal foi profundamente modificada, deixando de ser eminentemente legisladora em pró das liberdades públicas, para se tornar mais ativa com a missão de transformar a realidade social. Em decorrência, não só a administração pública recebeu a incumbência de criar e implementar políticas públicas necessárias à satisfação dos fins constitucionalmente delineados, como também, o Poder Judiciário teve sua margem de atuação ampliada, como forma de fiscalizar e velar pelo fiel cumprimento dos objetivos constitucionais" (REsp 1.041.197/MS, Rel. Min. Humberto Martins, Segunda Turma, DJe 16.9.2009, grifei.) 5. A doutrina admite, em hipóteses extremas, a concessão da tutela antecipada de ofício, nas "situações excepcionais em que o juiz verifique a necessidade de antecipação, diante do risco iminente de perecimento do direito cuja tutela é pleiteada e do qual existam provas suficientes de verossimilhança" (José Roberto dos Santos Bedaque, Tutela cautelar e tutela antecipada: tutelas sumárias e de urgência, 4ª ed., São Paulo, Malheiros, 2006, pp. 384-385).

6. A jurisprudência do STJ não destoa em situações semelhantes, ao reconhecer que a determinação de implementação imediata do benefício previdenciário tem caráter mandamental, e não de execução provisória, e independe, assim, de requerimento expresso da parte (v. AgRg no REsp 1.056.742/RS, Rel. Min. Napoleão Nunes Maia Filho, DJe de 11.10.2010 e REsp 1.063.296/RS, Rel. Min. Og Fernandes, DJe de 19.12.2008).

7. Recurso Especial não provido.

(REsp 1309137/MG, Rel. Ministro HERMAN BENJAMIN, SEGUNDA TURMA, julgado em 08/05/2012, DJe 22/05/2012)

PROCESSUAL CIVIL E PREVIDENCIÁRIO. RURAL. APOSENTADORIA POR INVALIDEZ. CONCESSÃO DE TUTELA ANTECIPADA DE OFÍCIO PELA CORTE DE ORIGEM. ALEGAÇÃO DE AUSÊNCIA DE PEDIDO POR PARTE DO SEGURADO. PETIÇÃO INICIAL REDIGIDA DE FORMA SINGELA, MAS QUE CONTÉM OS ELEMENTOS QUE INDICAM OS FATOS, OS FUNDAMENTOS E O PEDIDO PARA A IMPLEMENTAÇÃO DO BENEFÍCIO A PARTIR DA CITAÇÃO, O QUE DENOTA PRETENSÃO PELO PROVIMENTO ANTECIPADO. VÍCIO AFASTADO. IMPLEMENTAÇÃO IMEDIATA DO PAGAMENTO MENSAL DO BENEFÍCIO POR OUTRO FUNDAMENTO. ART. 461 DO CPC. COMANDO MANDAMENTAL DO ACÓRDÃO RECORRIDO.

1. Hipótese na qual o INSS pleiteia o reconhecimento de ofensa ao artigo 273 do CPC ao argumento de que a tutela antecipada para a implementação do benefício foi deferida pelo acórdão recorrido ex officio.

DA TUTELA DE EVIDÊNCIA

2. Deve ser mantida a implementação da aposentadoria por invalidez diante das peculiaridades do caso, pois a petição inicial, apesar de singela, traz pedido antecipatório ao requerer a implementação do benefício a partir da citação do réu.

3. No caso, a ordem judicial para a implantação imediata do benefício deve ser mantida. Não com fulcro no artigo 273 do CPC, mas sim com fundamento no artigo 461 do CPC, pois o recurso sob exame, em regra, não tem efeito suspensivo, o segurado obteve sua pretensão em primeira e segunda instâncias e a implementação do benefício é comando mandamental da decisão judicial a fim de que o devedor cumpra obrigação de fazer. Salvaguarda-se, desse modo, a tutela efetiva. A propósito, confiram-se: AgRg no REsp 1056742/RS, Rel.

Min. Napoleão Nunes Maia Filho, Quinta Turma, DJe 11/10/2010; e REsp 1063296/RS, Rel. Min. Og Fernandes, Sexta Turma, DJe 19/12/2008.

4. Recurso especial não provido.

(REsp 1319769/GO, Rel. Ministro SÉRGIO KUKINA, Rel. p/ Acórdão Ministro BENEDITO GONÇALVES, PRIMEIRA TURMA, julgado em 20/08/2013, DJe 20/09/2013)

É certo, porém, que sob a égide do C.P.C. de 1973 havia entendimento diverso, a saber:

PROCESSO CIVIL. RECURSO ESPECIAL. AÇÃO CIVIL PÚBLICA. TUTELA ANTECIPADA. NECESSIDADE DE REQUERIMENTO. DISSÍDIO JURISPRUDENCIAL. AUSENTE.

1. Ambas as espécies de tutela – cautelar e antecipada – estão inseridas no gênero das tutelas de urgência, ou seja, no gênero dos provimentos destinados a tutelar situações em que há risco de comprometimento da efetividade da tutela jurisdicional a ser outorgada ao final do processo.

2. Dentre os requisitos exigidos para a concessão da antecipação dos efeitos da tutela, nos termos do art. 273 do CPC, está o requerimento da parte, enquanto que, relativamente às medidas essencialmente cautelares, o juiz está autorizado a agir independentemente do pedido da parte, em situações excepcionais, exercendo o seu poder geral de cautela (arts. 797 e 798 do CPC).

3. Embora os arts. 84 do CDC e 12 da Lei 7.347/85 não façam expressa referência ao requerimento da parte para a concessão da medida de urgência, isso não significa que, quando ela tenha caráter antecipatório, não devam ser observados os requisitos genéricos exigidos pelo Código de Processo Civil, no seu art. 273. Seja por força do art. 19 da Lei da Ação Civil Pública, seja por força do art. 90 do CDC, naquilo que não contrarie as disposições específicas, o CPC tem aplicação.

TUTELA PROVISÓRIA

4. A possibilidade de o juiz poder determinar, de ofício, medidas que assegurem o resultado prático da tutela, dentre elas a fixação de astreintes (art. 84, §4º, do CDC), não se confunde com a concessão da própria tutela, que depende de pedido da parte, como qualquer outra tutela, de acordo com o princípio da demanda, previsto nos art. 2º e 128 e 262 do CPC.

5. Além de não ter requerido a concessão de liminar, o MP ainda deixou expressamente consignado a sua pretensão no sentido de que a obrigação de fazer somente fosse efetivada após o trânsito em julgado da sentença condenatória.

6. Impossibilidade de concessão de ofício da antecipação de tutela.

7. Recebimento da apelação no efeito suspensivo também em relação à condenação à obrigação de fazer.

8. Recurso especial parcialmente provido.

(REsp 1178500/SP, Rel. Ministra NANCY ANDRIGHI, TERCEIRA TURMA, julgado em 04/12/2012, DJe 18/12/2012)

5.7. Tutela de Evidência – Hipóteses legais

As hipóteses que caracterizam a *evidência* para efeito de concessão de tutela provisória estão previstas no art. 311 do novo C.P.C., a saber:

5.7.1. Abuso de Direito de Defesa ou Manifesto Propósito Protelatório da Parte

A Constituição Federal brasileira, ao estruturar o princípio do *due process of law* com base na observância do contraditório e da ampla defesa, pois sem o contraditório (essência do processo) não se pode falar em um processo justo e *équo* num Estado Democrático de Direito, jamais teve por objetivo legitimar eventuais abusos de direito de defesa ou propósitos protelatórios daqueles que participam da dialética na relação jurídica processual.

Na realidade, todo e qualquer abuso deve ser rigorosamente combatido, seja ele decorrente do direito de ação, seja ele proveniente do direito de defesa.

Numa observação mais acurada, o abuso de direito revela-se como o sinal exato de que o mundo jurídico ultrapassou em muito os tradicionais quadros e molduras formalistas do conceitualismo, para ser a própria vida em norma, ou o constante aferir e confrontar da concreta realidade histórico-cultural com os valores jurídicos que lhe presidem, numa simbiose inelutável ou numa assimilação exigente de fato e direito.[91]

---

[91] CUNHA DE SÁ, Fernando Augusto. *Abuso de direito*. Coimbra: Almedina, 1997. p. 21.

DA TUTELA DE EVIDÊNCIA

Entendendo-se que o abuso de direito se traduz num ato antijurídico, surge em decorrência desse ato a obrigação de indenizar, admitindo-se contra ele a legitimidade de omissão do exercício abusivo do direito, entendendo-se que *"o abuso deve ser sempre apreciado 'ex officio', pois é ao tribunal que compete determinar os limites de exercício do direito e a ideia de abuso não é senão o retirar precisamente esses limites do conteúdo do direito"*.[92]

É bem verdade que há uma noção imprecisa do que seja abuso de um direito. Porém, penso que a melhor doutrina é aquela que considera que se abusa do direito quando se vai para além dos limites do normal, do legítimo: *"exerce-se o direito próprio em termos que não eram de esperar, ultrapassa-se o razoável, chega-se mais longe do que seria prever"*.[93]

Além do mais, prefiro seguir a corrente que não considera o abuso de direito um ato ilícito, o que significa dizer que o ato abusivo é autônomo em relação ao ato ilícito. Conforme Cunha de Sá: *"É evidente, por claramente lógico, que um mesmo acto não pode ser simultaneamente lícito e ilícito e que o acto abusivo não é um acto ilícito...O acto abusivo não é, pois, tecnicamente nem um acto lícito, nem um acto ilícito, mas sim, pura e simplesmente...um acto abusivo"*.[94] E complementa o autor português: *"Ora, em ambas as hipóteses se actua fora do direito, sem direito, porque se ultrapassaram os limites que a ordem jurídica assinala ao mesmo direito: só que, na primeira delas, foram excedidos os limites lógico-formais do direito, aqueles que directa e claramente resultam dos quadros estruturais da norma positiva, enquanto que, na outra hipótese, são os limites axiológicos-materiais do mesmo direito que a situação concreta desrespeita; mas, em ambos os casos, pois, resulta evidente a antijuridicidade própria da conduta que, num, é relativa à forma do direito subjectivo e, no outro, ao seu fundamento ou sentido valorativo. Ali, fala-se de ilegalidade ou, pura e simplesmente, de ilicitude; aqui, de abuso de direito. Logo pelo respectivo fundamento as duas qualificações jurídicas se autonomizam: na ilegalidade ou ilícito formal, são os limites estruturais do direito que se ultrapassam; no abuso do direito, excedem-se os limites materiais desse direito, aquelas precisas fronteiras que lhe são marcadas pelo seus imanente sentido axiológico-jurídico"*.[95]

Por outro lado, o abuso não se dá apenas em relação aos 'direito subjetivos', mas abrange também outros poderes ou faculdades que não sejam

[92] CUNHA DE SÁ, F. A., idem, p. 24.
[93] CUNHA DE SÁ, F. A., idem, p. 101.
[94] CUNHA DE SÁ, F. A., idem, p. 331.
[95] CUNHA DE SÁ, F. A., idem, p. 468.

TUTELA PROVISÓRIA

juridicamente qualificáveis em termos de direito subjetivo, razão pela qual o dever de indenizar pode proceder de outras fontes que não apenas o exercício de um direito subjetivo. É o caso, por exemplo, da falta de motivo para rompimento de promessa de casamento no dia de sua realização.[96]

A jurisprudência portuguesa, segundo Cunha de Sá, tem muito recorrido ao 'abuso de direito' no âmbito do direito de ação. Assim, *"relativamente ao processo declarativo, decidiu-se que o Código Civil de 1867 sancionava a teoria do abuso do direito e coibia de uma forma clara o abuso de direito de ação, que seria caracterizado quer pelo 'excesso de chicana', quer por se sustentar um litígio só por 'emulação' ou com 'erro grosseiro'; e, fazendo-se aplicação desta idéia, entendeu-se que não havia 'erro grosseiro' da parte de quem propôs uma acção que foi julgada improcedente, porque, depois de intentada, se modificou certa lei, embora tivesse sido condenado em multa e indemnização como litigante de má fé, mas pelos expedientes dilatórios então levantados. Da mesma forma, julgou-se haver abuso do direito de acção quando o litigante acciona por 'capricho' ou por 'malévolo espírito de vexar e arreliar' o que é accionado, intentando acções com base em 'pretensões de fantasia', requerendo diligências e interpondo recursos a pretexto de defesa, mas em que só há 'maldade', com mira a obrigar o adversário a 'transigência e concessões deprimentes e prejudiciais,' ou em que há 'erros grosseiros e indesculpáveis'. E muito semelhante a este aresto é a decisão que entendeu haver abuso do direito, e não litigância de má fé (que tem por conceitos distintos), numa acção de interdição por demência, quanto a acção é 'proposta com um fim repreensível', verificado quando a 'injustiça ou inutilidade da pretensão' do autor forem 'manifestas', havendo 'apenas' um 'desejo de vexar, alegando-se 'factos sem consistência', para, com a sua publicidade, 'causar dano à reputação' da pessoa visada com a pretensa interdição. Mais recentemente, o acórdão do Supremo Tribunal de Justiça de 21 de janeiro de 1972 veio consagrar a tese de que só a lide essencialmente dolosa – e não a meramente temerária ou ousada – justifica a condenação por litigância de má fé. Entende-se, assim, que numa acção de investigação de paternidade ilegítima litiga de má-fé o investigado que, contra a verdade, nega ter mantido relações sexuais com a mãe do investigante... No processo de execução, decidiu-se que comete abuso de direito, incorrendo em 'responsabilidade civil', o exequente que nomeia e faz penhorar bens que 'sabe não pertencerem ao executado', mas sim a um terceiro, para quem se transmitiram por trespasse do estabelecimento que o executado fez com reserva do passivo. E no*

---

[96] CUNHA DE SÁ, F. A., idem, p. 180.

campo dos recursos, o Supremo Tribunal de Justiça teve a oportunidade de proferir um acórdão no sentido de que o 'propósito de protelar a decisão final da causa', entorpecendo a acção da justiça mediante o uso, manifestamente reprovável, de recurso 'sem viabilidade', em acção cível que se arrasta há perto de seis anos sem que a vítima de um acidente de viação tivesse ainda recebido a indemnização que os recorrentes lhe deviam e que começaram por negar, animados, porventura, pelo facto de a instrução preparatória do respectivo processo criminal ter ficado a aguardar produção de melhor prova... Não será o caso, porém, quando o recorrente, tendo sido justificadamente condenado como litigante de má fé em primeira instância por na tréplica ter alterado conscientemente a verdade sabida, vem insistir numa defesa rejeitada e que se afigura sem elevado grau de solidez, quer no recurso para a Relação quer no recurso para o Supremo Tribunal de Justiça: tal facto só por si não é bastante para caracterizar a dolosa intenção de retardar o cumprimento da obrigação por abusiva utilização dos meios processuais".[97]

Evidencia-se o abuso do direito de defesa quando o réu tenta se utilizar de diversos mecanismos de defesa, os quais, ou por serem ineficazes ou por sua inadequação, jamais poderiam colocar em dúvida a evidência do direito do autor.

Há manifesto propósito protelatório, quando o réu vale-se de expedientes que apenas procuram retardar a efetividade da tutela jurisdicional.

A utilização, sem qualquer finalidade útil de embargos de declaração, recursos, contestação etc., poderá, dependo do caso, caracterizar manifesto propósito protelatório do réu no uso e abuso de seu direito de defesa.

A indicação de fatos sabidamente inexistentes, o requerimento de provas impertinentes podem também caracterizar o abuso de direito de defesa.

Sobre o abuso do direito de defesa, anota Luiz Guilherme Marinoni:

"A preocupação exagerada com o direito de defesa, fruto de uma visão excessivamente comprometida com o liberalismo, não permitiu, por muito tempo, a percepção de que o tempo do processo não pode ser um ônus somente do autor. Edoardo Ricci, escrevendo sobre o projeto Rognoni (de reforma do processo civil italiano), alertou para o fato de que as resistências dilatórias são tanto mais encorajantes quanto mais o processo – graças a sua duração – se presta a premiar a resistência como fonte de vantagens econômi-

---

[97] CUNHA DE SÁ, F. A., idem, p. 268 a 274.

cas, fazendo parecer mais conveniente esperar a decisão desfavorável do que adimplir com pontualidade. O abuso do direito de defesa é mais perverso quando o autor depende economicamente do bem da vida perseguido, hipótese em que a protelação acentua a desigualdade entre as partes, transformando o tão decantado princípio da igualdade em uma abstração irritante.

Poucos se dão conta que, em regra, o autor pretende uma modificação da realidade empírica e o réu deseja a manutenção do 'status quo'. Essa percepção, até banal, da verdadeira realidade do processo civil, é fundamental para a compreensão da problemática do tempo do processo ou do conflito entre o direito à tempestividade da tutela jurisdicional e o direito à cognição definitiva.

Em qualquer processo civil há uma situação concreta, uma luta por um bem da vida, que incide de modo radicalmente oposto sobre as posições das partes. A disputa pelo bem da vida perseguido pelo autor, justamente porque demanda tempo, somente pode prejudicar o autor que tem razão e beneficiar o réu que não tem.

Em um 'processo condenatório', a demora na obtenção do bem significa a sua preservação no patrimônio do réu. Quanto maior for a demora do processo maior será o dano imposto ao autor e, por conseqüência, maior será o benefício conferido ao réu.

O sistema processual civil, para atender ao princípio constitucional da efetividade, deve ser capaz de racionalizar a distribuição do tempo do processo e de inibir as defesas abusivas, que são consideradas, por alguns, até mesmo direito do réu que não tem razão. A defesa é direito nos limites em que é exercida de forma razoável ou nos limites em que não retarda, indevidamente, a realização do direito do autor.

É preciso deixar claro que a técnica antecipatória nada mais é do que uma técnica de distribuição do ônus do tempo do processo.

(...).

A tutela antecipatória fundada em abuso de direito de defesa somente é possível, em princípio, quando a defesa ou o recurso do réu deixam entrever a grande probabilidade de o autor resultar vitorioso e, conseqüentemente, a injusta espera para a realização do direito.

A antecipação em caso de 'abuso de direito de defesa' tem certo parentesco com o 'référé provision' do direito francês. Através da 'provision' é possível a antecipação quando 'l'obligation ne soit pás sérieusement contestable (a obrigação não seja seriamente contestável, arts. 771 e 809 do Código de Processo Civil francês). A urgência não é requisito para a concessão da 'provision' e Roger Perrot, o ilustre Professor da Universidade de Paris, alerta que o juiz não pode exigir uma incontestabilidade absoluta, sob pena de restringir abusivamente o domínio do 'référé provision'. O 'référé provision', assim, é uma forma de tutela dos direitos evidentes.

DA TUTELA DE EVIDÊNCIA

Um direito é evidenciado de pronto quando é demonstrado desde logo. Para a tutela antecipatória no direito brasileiro, contudo, são necessárias a evidência do direito do autor e a fragilidade da defesa do réu, não bastando apenas a caracterização da primeira".[98]

Assim, diante de contestação ou outro meio de defesa utilizado pelo réu que não se possa observar qualquer utilidade ou eficácia, resta caracterizado mero abuso de direito de defesa, podendo o juiz outorgar tutela provisória com base na evidência.

No processo civil francês há um instituto similar, denominado de *référé provision*, previsto no art. 809, inc. 2, do novo c.p.c. francês: *"l'existence de l'obligation n'est pás sérieussement contestable*, o juiz pode *'accorder une provisiona u créancier ou ordonner l'execution de l'obligation même s'il s'agit d'une obligation de faire'.*

É evidente, pela simples leitura da norma, que a 'urgência' não é requisito para a emanação do provimento.[99] A tal propósito se tem falado de um verdadeiro e próprio *'déclin de la condition de l'urgence dans la mise en oeurvre de la protection provisoire".*[100]

Única condição exigida pela norma é que exista uma obrigação *não seriamente contestada*. A doutrina francesa há estabelecido, mais de uma vez, que a expressão foge a uma definição precisa e é uma questão concreta que não pode ser avaliada a não ser diretamente pelo juiz. A jurisprudência prevalecente é no sentido de que o autor não deve fornecer prova absoluta e incontestável, nem, de outra parte, que seja suficiente para que o réu apresente uma mínima contestação para paralisar a demanda do autor; o juiz, em boa substância, deve avaliar caso a caso segundo um *'suil d'évidence'.*[101]

Na busca de individualizar uma pequena linha diretriz, pode-se afirmar que a contestação é séria todas as vezes que um dos meios de defesa opostos à pretensão do autor não seja manifestamente vã, criando uma incer-

---

[98] MARINONI. Luiz Guilherme. *A antecipação da tutela.* 7. Ed. São Paulo: Editora Malheiros, 2002. p. 191 a 194.

[99] QUERZOLA, L., op. cit., p. 53.

[100] CARRATTA. A., op. cit., p. 37.

[101] QUERZOLA, Lea. *La tutela anticipatoria fra procedimento cautelare e gioudizio di merito.* Seminário Giuridico della Università di Bologna CCXXXI. Bologna: Bonomia University Press, 2006. p. 57.

teza, ainda que exígua, sobre o modo pelo qual o juiz resolverá a questão de mérito.

Conforme aduz Lea Querzola, *"a todo modo, desejo concluir sobre este ponto anotando como a dificuldade de definição, talvez não suscetível de solução em via teórica, dependa também do fato de que 'evidência' e 'incontestabilidade' são noções acertáveis, pelo menos na maior parte dos casos, somente 'ex post', nunca preventivamente; nos outros casos, quando a 'evidência' e a 'inconstetabilidade' emergem 'ictu oculi', não se entende por qual razão negar aos provimentos em questão a eficácia de julgado"...*

Uma leitura pouco prudente e apressada da norma é aquela sobre a qual se baseiam as opiniões que sustentam que a 'ordinanza di référé' é um provimento meramente provisório, como tal inidôneo a participar da autoridade de coisa julgada que confere à sentença certas condições. Mas o ponto não me parece, e como veremos, com efeito, não é pacífico, e necessita de um aprofundamento.

Muito oportunamente alguns asseveram como grande parte do problema, em substância, o que se entende sobre o significado que se atribui ao termo 'provisório', o qual não necessariamente significa 'um prazo', 'limitado no tempo', mas pode também ser simplesmente entendido como sinônimo de 'modificável'.

(...) se a 'ordinanza di référé não pode ser modificada a não ser na presença de novas circunstâncias (ou pela sentença de mérito, que por vezes não vem praticamente pronunciada) e, portanto, tem uma estabilidade, essa assemelha-se muito, sob esse aspecto, a uma sentença passada em julgado...".[102]

A tutela provisória com base no critério de evidência fundado no abuso de direito de defesa ou manifesto propósito protelatório da parte não poderá ser concedida liminarmente, conforme estabelece o parágrafo único do art. 311 do novo C.P.C. E isso tem sua razão de ser, pois somente após informações pertinentes sobre atuação comportamental da parte no processo é que se poderá averiguar se houve ou não abuso do direito de defesa ou o manifesto propósito protelatório da parte.

5.7.2. Pedidos Incontroversos – *julgamento parcial do mérito*

O projeto do novo C.P.C., n. 2.046/10, trazia uma outra hipótese para a concessão da tutela com base na evidência, não repetida pelo novo C.P.C., a saber: quando *um ou mais pedidos cumulados ou parcela deles mostrar-se incontroverso, caso em que a solução será definitiva.*

---

[102] QUERZOLA, L., idem, p. 57 a 64.

Inicialmente, é necessário esclarecer que o autor pode cumular, objetivamente, diversos pedidos em relação ao réu, nos termos do que dispõe o art. 327, §1º, inciso I, II, III ,§2º e §3º do novo C.P.C.:

> *Art. 327. É lícita a cumulação, em um único processo, contra o mesmo réu, de vários pedidos, ainda que entre eles não haja conexão.*
>
> *§ 1º São requisitos de admissibilidade da cumulação que:*
>
> *I – os pedidos sejam compatíveis entre si;*
>
> *II – seja competente para conhecer deles o mesmo juízo;*
>
> *III – seja adequado para todos os pedidos o tipo de procedimento.*
>
> *§ 2º Quando, para cada pedido, corresponder tipo diverso de procedimento, será admitida a cumulação se o autor empregar o procedimento comum, sem prejuízo do emprego das técnicas processuais diferenciadas previstas nos procedimentos especiais a que se sujeitam um ou mais pedidos cumulados, que não forem incompatíveis com as disposições sobre o procedimento comum.*
>
> *§ 3º O inciso I do § 1º não se aplica às cumulações de pedidos de que trata o art. 326.*

No caso de cumulação de pedidos, e havendo pedidos que se tornaram incontroversos, seja pelo reconhecimento expresso da parte, seja pelo fato de que não houve contestação, o novo C.P.C. não mais prevê a possibilidade de outorga de tutela de evidência.

Diante de pedido *incontroverso*, ao invés da concessão de tutela de evidência, o novo C.P.C. permite o *julgamento parcial do mérito*, nos termos do art. 356, inc. I do atual C.P.C.:

> *"Art. 356. O juiz decidirá parcialmente o mérito, quando um ou mais dos pedidos formulados ou parcelas deles: I – mostrar-se 'incontroverso'".*

Com tal previsão normativa, o legislador incorporou definitivamente no novo C.P.C. o instituto dos *capítulos da sentença*, permitindo que se prolate decisão parcial de mérito em relação a pedidos incontroversos, dividindo a sentença em capítulos.

Assim, se o réu não contestar determinado pedido ou reconhecer a sua procedência, deverá o juiz, sendo este pedido cumulado com outros, decidir parcialmente o mérito, extinguindo o processo em relação a este capítulo da demanda.

Porém, se o pedido incontroverso for o único apresentado na demanda, o juiz julgará em definitivo o mérito.

A possibilidade de outorga de julgamento parcial de mérito está também prevista no art. 186-bis (ordem para pagamento de somas não contestadas) do Código de Processo Civil italiano, que assim estabelece: *"Sob requerimento da parte, o juiz instrutor pode dispor, até o momento da definição das conclusões, do pagamento das somas não contestadas pela parte contrária. Se o requerimento é efetivado fora da audiência, o juiz dispõe sobre o comparecimento das partes e assina o prazo para a notificação. A decisão constitui título executivo e conserva a sua eficácia no caso de extinção do processo. A decisão está sujeita à disciplina das decisões revogáveis previstas nos artigos 177, primeiro e segundo incisos e 178, primeiro inciso".*

O requisito principal para o julgamento parcial do mérito encontra-se no fato de o pedido ou parcela dele mostrar-se incontroverso.

Sendo o pedido incontroverso, exime-se o autor de apresentar outras provas para o seu acolhimento.

É importante salientar que o pedido pode ser subdividido em pedido imediato e mediato. No caso, para que se possa julgar parcialmente o mérito, há necessidade de que sejam incontroversos ambos os pedidos e não apenas um deles.

Essa característica de ser do pedido incontroverso pode decorrer de diversos fatores, como, por exemplo, não contestação ou impugnação do pedido no prazo legal, reconhecimento expresso ou tácito do pedido ou parte dele pelo réu etc.

Em outras palavras, *"a técnica de não contestação vem utilizada em larga escala, e não mais em situações particulares, quando, para descongestionar e acelerar no processo a obtenção das formas de tutela, procura-se favorecer ao máximo a formação interna de um título executivo judicial, que saiba atuar ou reintegrar com rapidez o direito violado, neutralizando a incidência negativa do fator tempo sobre a acionalidade do direito na forma ordinária".*[103]

A cognição exercida pelo juiz, neste caso, é exauriente e definitiva, podendo gerar de imediato a coisa julgada material sobre o pedido ou parte dele, desde que não haja instauração de controvérsia.

Segundo ensina Luiz Guilherme Marinoni:

> *"Antes da introdução da tutela antecipatória no Código de Processo Civil não era possível a cisão do julgamento dos pedidos cumulados, ou o julgamento antecipado de*

---

[103] COMOGLIO. L. P., FERRI, C.; TARUFFO, M., op. cit., p. 497.

DA TUTELA DE EVIDÊNCIA

parcela do pedido, prevalecendo o princípio chiovendiano 'della unità e unicità della decisione'.

Esse princípio elaborado há muito, não se concilia com a atual leitura de outros princípios igualmente formulados por Chiovenda, especialmente com o princípio de que o processo não pode prejudicar o autor que tem razão.

Se um dos pedidos apresentados pelo autor está maduro para julgamento, seja porque diz respeito apenas à matéria de direito, seja porque independe de instrução dilatória, a necessidade, cada vez mais premente, de uma prestação jurisdicional célere e efetiva justifica a quebra do velho princípio da 'unità e unicità della decisione'.

A tutela antecipatória, neste caso, estará antecipando o momento do julgamento do pedido. A tutela não é fundada em cognição sumária, mas sim em cognição exauriente.

Para que seja possível a tutela antecipatória mediante o julgamento antecipado de um (ou mais de um) dos pedidos cumulados, é necessário que um ou mais dos pedidos esteja em condições de ser imediatamente julgado e um outro (ou outros) exija instrução dilatória.

É imprescindível, em outras palavras, que ao menos um dos pedidos não precise de instrução dilatória e que um outro exija o prosseguimento do processo rumo à audiência de instrução e julgamento..."[104]

Na verdade, nessa hipótese, não se está diante de uma mera antecipação de tutela, mas, sim, da própria antecipação do julgamento do mérito em relação ao pedido ou parte do pedido que se tornou incontroverso.

É bem provável que se poderia constatar certa desvantagem daquele que tem a seu favor o julgamento parcial ou definitivo de mérito, com fundamento em pedidos incontroversos, em relação àquele que tem a seu favor a concessão de uma tutela de evidência.

Essa desvantagem poderia decorrer dos efeitos preponderantes decorrentes de eventual interposição de recurso contra a decisão de mérito em face de existência de pedido incontroverso.

Porém, essa preocupação deixa de existir na hipótese de *julgamento antecipado parcial de mérito*, quando um dos pedidos formulados ou parcela deles *mostrar-se incontroverso* (art. 356, inc. I, do novo C.P.C.). É que, diante dessa decisão, a parte poderá liquidar ou executar, desde logo, a obrigação reconhecida na decisão que julgar parcialmente o mérito, independentemente de caução, ainda que haja recurso contra essa interposto, no caso,

---

[104] MARINONI, L. G., op. cit., p. 202 a 205

recurso de agravo de instrumento, pois se está diante de uma decisão de natureza interlocutória (art. 356, §2º e §5º do novo C.P.C.).

Portanto, não haveria efeitos diferenciados em relação à concessão de uma tutela de evidência e o julgamento parcial de mérito com base em *pedidos incontroversos*, uma vez que em ambos os casos o recurso cabível seria o de agravo de instrumento, sem efeito suspensivo da decisão concedida.

Porém, dúvida poderá surgir se a hipótese de *pedido incontroverso* der ensejo ao julgamento antecipado do pedido, proferindo-se sentença de mérito, nos termos do art. 355, inc. I, do novo C.P.C. Poderá ocorrer que o pedido formulado seja único, e que o réu, muito embora apresente contestação, não interponha qualquer impugnação específica em relação ao único pedido formulado na demanda. Aliás, se houver reconhecimento da procedência do pedido formulado na demanda ou na reconvenção, o juiz proferirá decisão homologatória, nos termos do art. 487, inc. III, letra 'a', do novo C.P.C. Nessa hipótese, o juiz deverá proferir decisão de mérito, pois não precisará de outras provas. Ocorre que, essa decisão tem natureza de sentença, pois resolve em definitivo a fase cognitiva do procedimento comum, razão pela qual eventual interposição de recurso de apelação terá efeito suspensivo quanto à eficácia da decisão.

Há sim, nessa hipótese, inconsistência do sistema processual, pois o mesmo conteúdo decisional poderá ora ser objeto de recurso sem efeito suspensivo, ora com efeito suspensivo.

Penso que não se poderá dar tratamento diferenciado em idêntica situação jurídica, só porque num caso a decisão é proferida de forma antecipada e no outro na fase final da relação jurídica processual.

Assim, aplicando-se o princípio constitucional da *isonomia* que deve nortear as partes no âmbito da relação jurídica processual, bem como o princípio de que *ubi eadem ratio ibi idem jus e ubi eadem legis ratio ibi eadem dispositio*, entendo que mesmo na hipótese em que o fundamento jurídico baseado em *pedido incontroverso* seja proferido no âmbito de uma sentença final, eventual recurso de apelação interposto contra essa decisão deverá ser recebido apenas no efeito *devolutivo*, aplicando-se a mesma *ratio* daquela prevista no art. 356, §2º, do novo C.P.C.

5.7.3. Inexistência de Prova Capaz de Gerar Dúvida Objetiva

O inc. IV do art. 311 do novo C.P.C. estabelece como hipótese de *evidência* o fato de *a petição inicial ter sido instruída com prova documental suficiente dos fatos constitutivos do direito do autor, a que o réu não oponha outra prova capaz de gerar dúvida razoável.*

Na redação originária contida no projeto n. 2.046/10, havia a seguinte formulação normativa: *a inicial for instruída com prova documental irrefutável do direito alegado pelo autor a que o réu não oponha prova inequívoca.*

Era muito criticável a exigência de prova documental *irrefutável* do direito alegado pelo autor, ou que o réu apresente *prova inequívoca.*

Ora, se a prova for *irrefutável* do direito alegado pelo autor, não se estaria diante de uma tutela de evidência, mas, sim, de julgamento parcial do mérito.

Além do mais, nenhuma prova é de plano irrefutável, pois é possível gerar em relação a essa prova dúvida razoável mediante a realização de prova testemunhal na audiência de instrução e julgamento, suscitando, por exemplo, a falsidade documental.

A possibilidade de concessão de tutela de evidência com base em prova documental suficiente dos fatos constitutivos do direito do autor vem demonstrar que o legislador brasileiro optou por inserir a *provável verdade dos fatos* como um dos pressupostos para a concessão da tutela provisória.

Assim, é necessário situar a determinação verdadeira dos fatos entre os objetivos institucionais do processo, dado que sem essa hipótese seria muito difícil explicar racionalmente a concessão de tutela de evidência com base nessa circunstância.

Conforme adverte Michele Taruffo, *"o núcleo do problema não é, pois, indagar-se acerca de se o processo deve ou pode estar dirigido à determinação da verdade dos fatos, senão estabelecer o que pode ser entendido por verdade dos fatos no âmbito do processo, e quando, em que condições e mediante que meios aquela pode ser alcançada. Trata-se, portanto, de um problema eminentemente epistemológico, já que afeta as características e as modalidades do conhecimento de um fato, ainda que seja no âmbito de um contexto de experiência específica caracterizada por regras e exigências institucionais particulares".*[105]

Desta maneira, deve-se ter em conta o fato de que a verdade dos fatos está circunscrita ao contexto do processo, e de que a verdade deve ser entendida como correspondência das asserções referidas aos fatos do mundo empírico, nos termos do que já afirmara Tarski. Isso não significa

---

[105] TARUFFO. Michele. *La prueba de los hechos.* Madrid: Editorial Trotta, 2002. p. 168

dizer que a concepção de Tarski não esteja sujeita a crítica filosófica e epistemológica; na realidade, o que se pretende constatar é que por mais que se procure desvencilhar, sempre estará sujeito e presente no âmbito do processo jurisdicional essa correspondência entre a verdade e o fato empírico. Na realidade, diante dessa perspectiva de verdade como correspondência nos leva a um outro ponto de indagação, ou seja, qual seria o método mais apropriado para se alcançar essa correspondência.

Para a dogmática jurídica ainda o método mais apropriado é aquele que passa pela concepção analítica da prova produzida pelas partes na relação jurídica processual, o que significa dizer que a administração da justiça tem que ver com o fenômeno do mundo real e não com imaginações, sonhos ou novelas.

Assim, para se buscar a verdade no contexto processual, a coerência na construção dos fatos é de suma importância para direcionar a melhor decisão possível por parte do juiz.

Contudo, como bem advertiu Michele Taruffo *"a coerência e a reconstrução dos fatos podem ter uma importância apreciável em si, contudo, isso não significa que se deva admitir a redução integral da verdade dos fatos à coerência narrativa de sua descrição. Em suas versões mais cuidadosas, a ideia da coerência está, por outra parte, referida a outros aspectos, sobretudo em relação aos que afetam a interpretação das normas, do raciocínio jurídico e judicial; neste terreno tem significado relevante"*.[106]

Comentando o art. 278 do Código de Processo Civil italiano, que trata da condenação provisional com base em prova irrefutável, anota Andrea Proto Pisani:

> *"O segundo inciso do art. 278 c.p.c. disciplina um instituto muito diverso da condenação genérica, a condenação provisional.*
>
> *Segundo esta disposição, o colégio, com a mesma sentença com a qual pronuncia a condenação genérica, pode, sempre mediante pedido da parte, 'condenar o devedor ao pagamento de uma provisional nos limites da quantidade já estabelecida pela prova'.*
>
> *A hipótese é esta: qualquer hora, quando no curso do processo a prova demonstre não somente a ilegitimidade do ato e da sua potencialidade danosa (an), mas também venha comprovada uma parte definida do dano ('quantum'), sempre e somente mediante o pedido da parte, o juiz poderá inserir juntamente com a sentença de condenação gené-*

---

[106] Taruffo, M., idem, p. 173.

DA TUTELA DE EVIDÊNCIA

rica também uma sentença parcial, de condenação em sentido estrito, por meio da qual se inicia a liquidação do dano (condenação provisional).

Contrariamente à condenação genérica, aqui nos encontramos diante de um provimento de condenação verdadeiro e próprio: a sentença ex art. 278, 2º inciso, é título executivo no sentido do art. 274, n. 1 c.p.c.; é título para a inscrição de hipoteca judicial, nos termos da soma nesta indicada; é capaz de produzir os efeitos disciplinados no art. 2.953 c.c.

Quanto à utilidade prática do instituto em exame, a condenação provisional é instrumento idôneo a suprir seja a demora patológica do processo, seja a particular dificuldade em efetuar constatação diretas para provar o dano na sua completude: portanto, o instituto pode assegurar ao autor a possibilidade de obter, antes da emanação da pronúncia definitiva de mérito que exaure e encerra o processo, ao menos aquela parte que lhe é devida e que já está devidamente comprovada por meio de prova irrefutável...".[107]

O inciso IV do art. 311 do novo C.P.C. refere-se à prova da questão fática que dá suporte ou fundamentação ao direito formulado na inicial, seja essa inicial de uma demanda autônoma, seja essa inicial proveniente de uma reconvenção.

Assim, a tutela de evidência poderá ser concedida se *a petição inicial for instruída com prova documental suficiente dos fatos constitutivos do direito do autor, a que o réu não oponha outra prova capaz de gerar dúvida razoável.*

Portanto, para a concessão da tutela de evidência dois requisitos devem estar evidenciados com a inicial: a) prova documental suficiente dos fatos constitutivos do direito do autor; b) não oposição, pelo réu, de outra prova capaz de gerar dúvida razoável.

Na verdade, o que se observa é que um requisito é pressuposto lógico do outro, porque se o réu apresenta prova suficiente para gerar dúvida razoável ao direito do autor, isso significa dizer que não há prova documental suficiente dos fatos constitutivos do mesmo direito.

Conforme já teve oportunidade de ensinar Michele Taruffo, ao tratar das hipóteses sobre fatos incompatíveis: *"Uma terceira situação possível é aquela em que a hipótese que afirma o fato X se contrapõe uma hipótese que afirma o fato Y, incompatíveis com a existência X. Resulta assim necessário que sobre a base de alguma razão de ordem geral, física, lógica ou inclusive jurídica, a existência de Y exclua a de X, e vice-versa. Trata-se, como é fácil perceber, de uma forma*

---

[107] PISANI, Andrea Proto. *Lezini di diritto processuale civile.*

TUTELA PROVISÓRIA

para contradizer a hipótese que afirma X; a diferença em relação à hipótese negativa examinada sub 1.2. está em que agora a segunda hipótese é positiva em relação a Y, enquanto que o efeito negativo em relação a X é somente mediato e deriva da impossibilidade da existência contemporânea de X e Y.".[108]

É possível, ainda, que a prova apresentada pelo réu diga respeito a hipóteses sobre fatos juridicamente vinculados, ou seja, *"alegando o autor a existência de um fato constitutivo X, essa hipótese não é negada ou contestada em absoluto pelo demandado, porém, ao contrário, este alega um fato distinto Y não incompatível com X, porém de tal natureza que incide sobre suas consequências jurídicas. É o caso da alegação de um fato extintivo, modificativo ou impeditivo dos efeitos que derivam do fato constitutivo".*[109]

Na realidade, a hipótese prevista no inciso IV do art. 311 do novo C.P.C. tem uma abrangência genérica muito grande, podendo ser configurada com uma hipótese de extensão, sem limitação, para concessão da tutela de evidência.

Assim, se a questão não se enquadrar em nenhuma das hipóteses dos incisos I a III do art. 311 do novo C.P.C., poderá a parte inserir tal questão na hipótese do inciso IV do mesmo dispositivo, desde que demonstre os requisitos ali exigidos.

Desta feita, se a questão jurídica estiver inserida numa súmula não vinculante ou em jurisprudência dominante do S.T.J. ou do S.T.F., o pedido de tutela de evidência poderá ser requerido com base no inc. IV do art. 311 do novo C.P.C., desde que observados os demais pressupostos legais.

Deve-se observar que a concessão da tutela de evidência com base no inciso IV do art. 311 do novo C.P.C. somente poderá ocorrer após oportunizada ao réu a possibilidade de produzir prova capaz de gerar dúvida razoável ao direito alegado pelo autor na inicial, inclusive, se for o caso, oportunizando ao réu ampla instrução probatória.

Portanto, o juiz não poderá conceder a tutela de evidência com base no inc. IV do art. 311 do novo C.P.C. liminarmente, ou seja, *inaudita altera parte.*

5.7.4. Julgamento de Casos Repetitivos e Súmula Vinculante

A tutela antecipada com base na evidência também poderá ser concedida, nos termos do inc. II do art. 311 do novo C.P.C., quando *as alegações de fato*

---

[108] TARUFFO. Michele. op. cit., p. 253 e 254.
[109] TARUFFO. M. idem, p. 255.

puderem ser comprovadas apenas documentalmente e houver tese firmada em julgamento de casos repetitivos ou em súmula vinculante.

O inc. II do art. 311 do novo C.P.C. permite a concessão de tutela provisória antecipada com base na evidência quando a tese jurídica já tiver sido firmada em julgamento de casos repetitivos ou em súmula vinculante, desde que as alegações de fato puderem ser comprovadas apenas documentalmente, ou seja, não necessitando de outras provas que devam ser realizadas no âmbito da instrução.

Assim, são requisitos para a concessão da tutela de evidência com base nesse inciso: a) tese jurídica já definida em julgamento de casos repetitivos ou em súmula vinculante; b) as alegações de fato puderem ser comprovadas apenas documentalmente.

Essa previsão legal tem por objetivo evitar a delonga do processo quando a matéria de direito (tese jurídica) já se encontrar definitivamente consolidada em razão de julgamento de casos repetitivos nos Tribunais Superiores ou no IRDR (Incidente de Resolução de Demandas Repetitivas) ou por Súmula vinculante expedida pelo Supremo Tribunal Federal.

A recente Lei nº 11.672, de 8 de maio de 2008, introduziu alterações no Código de Processo Civil (CPC) de 1973 de grande importância para desafogar o Poder Judiciário, com a instituição do julgamento uniforme de recursos repetitivos no âmbito do Superior Tribunal de Justiça (STJ).

Tal modificação configura mais uma etapa na reforma do Processo Civil Brasileiro, voltada basicamente para a celeridade processual, buscando evitar o tortuoso e inócuo procedimento de julgamento de inúmeros processos idênticos/repetitivos pelo STJ.

A mudança que acresceu ao CPC de 1973 o art. 543-C e que estabeleceu o procedimento para o julgamento em massa de recursos, tornou mais efetiva a prestação jurisdicional. A norma dispunha que, quando houvesse multiplicidade de recursos com fundamento em idêntica questão de direito, caberia ao presidente do tribunal de origem admitir um ou mais recursos representativos da controvérsia e encaminhá-los ao STJ. Os demais ficariam suspensos até o pronunciamento definitivo do Tribunal.

Igualmente a Lei 11.418, de 19 de dezembro de 2006, introduziu no C.P.C. de 1973, o art. 543-B, prevendo para o S.T.F. a possibilidade de julgamento de recursos repetitivos, *in verbis: "Quando houver multiplicidade de recursos com fundamento em idêntica controvérsia, a análise da repercussão geral será processada nos termos do Regimento Interno do Supremo Tribunal Federal, observado o disposto neste artigo".*

O novo C.P.C. admite o julgamento em massa de recursos repetitivos não só pelo Superior Tribunal de Justiça como também pelo Supremo Tribunal Federal, conforme estabelece o art. 1036 do novo C.P.C., a saber: *sempre que houver multiplicidade de recursos extraordinários ou especiais com fundamento em idêntica questão de direito, haverá afetação para julgamento de acordo com as disposições desta Subseção, observado o disposto no Regimento Interno do Supremo Tribunal Federal e no do Superior Tribunal de Justiça.*

Mas, além do julgamento de recursos repetitivos, também há o incidente de resolução de demandas repetitivas (IRDR) como fundamento para a concessão de tutela antecipada com base na evidência.

Sobre o incidente de resolução de demandas repetitivas, prescreve o art. 976 e incisos do novo C.P.C.:

> Art. 976. É cabível a instauração do incidente de resolução de demandas repetitivas quando houver, simultaneamente:
> I – efetiva repetição de processos que contenham controvérsia sobre a mesma questão unicamente de direito;
> II – risco de ofensa à isonomia e à segurança jurídica.

Também terá por fundamento a concessão de tutela provisória com base na evidência na hipótese da tese jurídica já estiver resolvida por meio de Súmula Vinculante proveniente do S.T.F. Se não se tratar de Súmula Vinculante do S.T.F., mas, sim, de Súmula normal, a tutela de evidência poderá ser concedida com base no disposto no art. 311, inc. IV, do novo C.P.C., como forma de demonstrar a existência da 'probabilidade do direito'.

Deve-se observar que em todas as hipóteses do art. 311, inc. II, do novo C.P.C., a cognição realizada pelo juiz será exauriente e definitiva, seja pelo resultado do julgamento dos recursos repetitivos no S.T.J. e no S.T.F., seja pelo julgamento do incidente de resolução demandas repetitivas, seja em decorrência da Súmula Vinculante. Portanto, apesar de se tratar de uma tutela provisória (que poderá ser modificada no futuro), não se pode deixar de reconhecer, pelos fundamentos jurídicos que justificam a sua concessão, que a cognição realizada pelo juiz é de natureza exauriente.

DA TUTELA DE EVIDÊNCIA

Assim, não basta que a tese jurídica já esteja definida pelo resultado do julgamento de recursos repetitivos no S.T.J e ou S.T.F., ou, ainda, em incidente de resolução de demandas repetitivas, ou, ainda, em Súmula vinculante.

É necessário também que as alegações de fato possam ser comprovadas apenas documentalmente, sem necessidade de outras provas suplementares ou mesmo de realização de audiência de instrução e julgamento.

Apesar de a tese jurídica já estar devidamente definida pelos institutos jurídicos indicados no inc. II do art. 311 do novo C.P.C., não haverá espaço para a concessão da tutela provisória com base na evidência se a matéria de fato não for possível comprovar apenas por prova documental, ou exigir outras provas para a sua devida comprovação, como perícia ou testemunhas.

5.7.5. Pedido Reipersecutório

A última hipótese prevista pelo legislador do novo C.P.C. para a concessão da antecipação de tutela com base na evidência está prevista no inc. III do art. 311, a saber: se *se tratar de pedido reipersecutório fundado em prova documental adequada do contrato de depósito, caso em que será decretada a ordem de entrega do objeto custodiado, sob cominação de multa.*

A tutela provisória com base na evidência poderá ser concedida sem prévia comprovação de risco de dano, sob cominação de multa diária, para a entrega do objeto custodiado, sempre que o autor fundar seu pedido reipersecutório em prova documental adequada do contrato de depósito.

No caso, trata-se de demanda em que o autor pretende a recuperação da posse decorrente da propriedade do bem, o qual foi dado em depósito mediante contrato.

É importante salientar que a tutela de evidência, na hipótese descrita no art. 311, inc. III, do novo C.P.C. restringe-se ao contrato de depósito, não abrangendo outras hipóteses de contrato em que se transfere a posse direta do bem, como, por exemplo, comodato, locação, mútuo etc.

Outrossim, o contrato de depósito referido no art. 311, inc. III, diz respeito ao depósito regular (de coisa infungível) e não ao depósito irregular (coisa fungível), o qual será regulado pelo mútuo (art. 645 do C.C.b.). Prevalecem, portanto, em relação à coisa fungível as regras essenciais do contrato de mútuo e não de depósito.

Pelo contrato de depósito, nos termos do art. 627 do C.C.b., recebe o depositário um objeto móvel, para guardar, até que o depositante o reclame.

O depositário é obrigado a ter na guarda e conservação da coisa depositada o cuidado e diligência que costuma com o que lhe pertença, *bem como restituí-la, com todos os frutos e acrescidos, quando o exija o depositante.*

Ainda que o contrato fixe prazo à restituição, o depositário entregará o depósito logo que se lhe exija, salvo se tiver o direito de retenção a que se refere o art. 644 do C.C.b, se o objeto for judicialmente embargado, se sobre ele pender execução, notificada ao depositário, ou se houver motivo razoável de suspeitar que a coisa foi dolosamente obtida.

Se o depositante exigir a devolução da coisa, e o depositário *injustamente* recusar a entrega da coisa, o novo C.P.C. permite que o proprietário requeira a restituição da coisa mediante antecipação de tutela com base na evidência.

Desde que o autor comprove documentalmente e de forma adequada que deu em depósito convencional o bem móvel ou imóvel, poderá requerer liminarmente a tutela de evidência, independentemente de comprovação de risco de dano, mediante cominação de multa diária.

Muito embora o dispositivo somente mencione a possibilidade de multa diária para o cumprimento da decisão judicial, nada impede que o juiz expeça mandado de busca e apreensão de bem móvel ou de reintegração de posse no caso de bem imóvel para que haja efetivo cumprimento da tutela de evidência concedida liminarmente.

É importante salientar que o projeto originário n. 2.046/10 também previa essa hipótese de concessão de tutela provisória com base na evidência para o depósito legal. Porém, o novo C.P.C. somente fez referência ao depósito contratual.

O juiz poderá conceder a tutela antecipada de evidência liminarmente, sendo que a cognição que exercerá é sumária e satisfativa.

6.
Da Tutela de Urgência

A noção comum de que a jurisdição estatal é monopólio do Estado representa, em contrapartida, a proibição de autotutela privada.

Se assim é, apresenta-se fácil a compreensão de que a prestação jurisdicional a ser prestada pelo Estado seja célere e efetiva.

Porém, circunstâncias outras se apresentam que podem por em risco essa compreensão do processo.

Conforme já teve oportunidade de afirmar José Carlos Barbosa Moreira, *"não são raras as hipóteses em que a inevitável demora da prestação jurisdicional é capaz simplesmente de inviabilizar, pelo menos do ponto de vista prático, a proteção do direito postulado, por mais certo que se afigure".*[110]

Como já teve oportunidade de afirma Lopes da Costa, o ser humano vive apenas no presente. O passado é irreversível. O futuro, incerto. Porém, todas essas considerações se projetam inevitavelmente para o futuro. Daí a necessidade de se agir com prudência, ou seja, com aquela virtude que adapta a conduta às circunstâncias várias, dentro das quais a atividade se vai desenvolver, respeitadas as linhas mestras traçadas pelos princípios fundamentais.[111]

---

[110] BARBOSA MOREIRA. José Carlos. *Temas de direito processual.* Oitava Série. São Paulo: Editora Saraiva, 2004. p. 89.

[111] LOPES DA COSTA. Alfredo de Araújo. *Medidas preventivas – medidas de conservação.* 2ª Ed. Belo Horizonte: Livraria Bernardo Álvares Editora, 1958. p. 13.

Por isso, na realização de todos os atos que se executam com uma determinada finalidade, é preciso *prever* os obstáculos que possam surgir e *prover* a que eles não interfiram na realização dos atos despendidos para dar efetividade à tutela jurisdicional.

Tomam-se, então, *providências, medidas,* nítidas garantias contra riscos, visando a contrabalançar os empecilhos prováveis.[112]

Essas providências há muito já existem no direito civil, no qual se encontram medidas acauteladoras, de segurança, embora exigindo pressupostos diversos daqueles das medidas de segurança processuais. Essas medidas nascem do contrato, criadas livremente pela vontade das partes, dependendo apenas da confiança que no devedor deposita o credor,pois a circunspeção que faz parte da prudência consiste justamente em agir observando as circunstâncias, que variam de caso para caso. Outras decorrem de lei, como é o caso da posse de bens em sucessão provisória. Assim também se dá com os direitos reais em garantia, em que a hipoteca, penhor e anticrese visam a dar segurança ao cumprimento de determinada obrigação contratual ou legal.[113]

Conforme ensinam Enrico A. Dini e Giovanni Mammone: *"A defesa preventiva dos direitos pode realizar-se por meio de atos de natureza privada, escolhidos pelas partes interessadas, ainda que não se visualize no horizonte algum conflito. Para tal fim, tenta-se envolver-se em atos que garantam o direito de modo a evitar o dever de se socorrer do juiz: assim, o credor, no momento da estipulação do contrato, estipula uma caução em dinheiro em seu favor ou uma quantidade de coisa fungível, para se assegurar do ressarcimento dos danos para o caso em que a outra parte não cumpra o próprio contrato, evitando-se de tal modo recorrer ao juiz para a condenação ao ressarcimento dos danos".*[114]

Porém, trata-se de casos excepcionais, já que nem sempre é possível atuar com os meios necessários para se evitar a lesão do direito e assegurar a futura execução sem se recorrer à autoridade do Estado. Contra a violação do direito subjetivo é concedida somente a tutela jurisdicional, não sendo admitida a defesa privada, a não ser nas hipóteses taxativamente indicadas pela lei.[115]

---

[112] LOPES DA COSTA, A. A., idem, ibidem.
[113] LOPES DA COSTA, A. A., idem, p. 14.
[114] DINI, E. A.; MAMMONE, G., op. cit., p. 14.
[115] DINI, E. A.; MAMMONE, G., idem, ibidem.

Em razão disso, providências acauteladoras foram também inseridas no âmbito do direito processual civil, aqui denominadas de *tutelas provisórias de urgência*.

Segundo Enrico A. Dini e Giovanni Mammone, a tutela jurisdicional distingue-se em tutela *repressiva* e tutela *preventiva*. Esta atua *ante factum*, ou seja, pressupõe um perigo de dano, um direito ainda não acertado e se realiza igualmente por meio de medidas provisórias; aquela, por sua vez, segue a violação do direito, atuando *post factum*, pressupondo um direito acertado e tende a eliminar os efeitos do dano verificado. A tutela preventiva tem por isso conteúdo diverso em relação à tutela repressiva, visando a: *"a) prevenir uma lide, antes de reprimi-la; b) por em condição uma parte de modo não prejudicar a outra, de tal maneira que esta possa exercitar o seu direito; c) prevenir os danos que possam derivar do retardo do juízo ordinário...*

Afirma-se que a tutela 'preventiva', entre outros, tem por escopo de prevenir os danos que possam derivar da demora do juízo ordinário: a ela, com base no escopo ordinário, dá-se o nome comumente de 'tutela cautelar'.[116]

O provimento de urgência, com características próprias, apresenta uma função eminentemente preventiva, na medida em que busca bloquear uma determinada situação, ou seja, não permitir a repetição ou a continuação de um ilícito ou de um estado de fato.

É importante salientar que para Enrico A. Dini e Giovanni Mammone, em substância, entre tutela preventiva e tutela cautelar não há uma relação de gênero e espécie, ainda que, em determinado momento, a tutela cautelar responde, em certos casos, também por uma função preventiva, uma vez que existem formas de tutela preventiva que, realizando-se nos modos do processo ordinário, não podem desenvolver uma função cautelar. O fenômeno da relação entre as duas formas de tutela pode, portanto, ser descrito graficamente como um *círculo parcialmente concêntrico*: a parte não coincidente representa aquelas formas de tutela preventiva e cautelar, sendo entre elas funcionalmente e estruturalmente diversas; a parte coincidente representa o complexo daqueles provimentos cautelares que absorvem também uma função seguramente preventiva, como é o caso da tutela de urgência.[117]

---

[116] DINI, E. A., MAMMONE, G., idem, p. 18.
[117] DINI, E. A., MAMMONE, G., idem, p. 19.

Essas *tutelas provisórias de urgência* são tomadas contra determinado *risco*, que no caso do processo civil se caracteriza pelo *perigo de dano ou o risco ao resultado útil do processo*, conforme estabelece o art. 300 do novo C.P.C.

Em primeiro lugar, a urgência pode ligar-se ao risco de que desapareçam, antes do momento em que normalmente se viria a lançar mão deles, elementos necessários à efetividade do processo instaurado ou por instaurar, no qual se pleiteie a tutela de direito. Em segundo lugar, a urgência estaria relacionada com a própria natureza ou função essencial do direito invocado. Nesta segunda hipótese, a noção primeira é de que, se existente o direito, a respectiva satisfação não comporta dilação alguma, consoante ocorre, acima de tudo, na esfera das relações jurídicas não patrimoniais, em especial na dos direitos da personalidade, mas também noutras que, patrimoniais embora, têm função de peculiar relevância para a vida da pessoa (v.g.: alimentos, salário).[118]

É certo que o ideal de *justiça* seria uma solução logo na primeira audiência, que no caso do novo C.P.C. é a audiência de conciliação ou mediação. Isso, porém, é um sonho ainda longe de ser alcançado, especialmente pelo fato de que nossos procedimentos, especialmente o procedimento comum ordinário, exigem um prolongamento no tempo, para que se possa fazer valer de forma exauriente o princípio do contraditório e da ampla defesa.

Enquanto isso, situações de fato podem se alterar durante o tempo necessário para a prolação de uma decisão satisfativa final, pondo em risco a própria prestação da tutela jurisdicional. É preciso dar garantia ao autor contra essas situações de fato que põem em risco o êxito e a finalidade da tutela jurisdicional satisfativa.

Conforme já afirmara Alsina, entre o momento em que a demanda se inicia e aquele em que a sentença a acolhe, medeia um espaço de tempo durante o qual o réu pode variar de situação relativamente à coisa litigiosa. A garantia jurisdicional seria ilusória se não provesse a isso com as medidas necessárias a assegurar a manutenção do estado inicial.

Esses obstáculos à efetiva prestação da tutela jurisdicional, sejam impostos pelo réu ou mesmo por circunstâncias naturais da existência humana, devem ser removidos por meio de uma tutela jurisdicional, denominada pelo novo C.P.C. como tutela deferida com base na urgência.

---

[118] BARBOSA MOREIRA, José Carlos. op. cit., p. 90.

DA TUTELA DE URGÊNCIA

Essa tutela deferida com base na urgência poderá ter a natureza de cautelaridade (não satisfativa) ou satisfativa (outorga antecipada do próprio direito material, mesmo que provisória) até que seja proferida a tutela definitiva.

A função da tutela de urgência, portanto, consiste na neutralização dos obstáculos, e, por conseguinte, dos danos que podem derivar ao autor que tem razão pela duração do processo de cognição plena (em decorrência de eventos danosos derivantes da mera duração do processo de cognição ou de fatos que podem verificar-se durante a pendência do processo de cognição ou execução).[119]

6.1. Diferenciação entre Tutela Satisfativa e Tutela Cautelar

No âmbito do processo civil italiano, no passado, Enrico A. Dini e Giovanni Mammone não viam utilidade conceitual em distinguir os provimentos interinais ou antecipatórios daqueles de natureza cautelar, seja pela presença nos primeiros de características marcadamente cautelares, seja pela impossibilidade, sob o plano sistemático, de estender o âmbito também aos provimentos de urgência (que, como é notório, podem apresentar características também meramente conservativas). Hoje, mais do que nunca, à luz dos novos princípios legislativos, que em parte não fizeram nada mais nada menos do que recepcionar precedentes endereços doutrinários, os referidos autores confirmam as considerações acima referidas. Na realidade, a distinção a ser suscitada não é tanto entre tutela cautelar e tutela interinal quanto, com mais razão, entre *tutela sumária cautelar* e *tutela sumária 'tout court'*, segundo a orientação doutrinária italiana atualmente prevalecente. Na tutela sumária cautelar, a concessão da medida cautelar funda-se sobre um juízo de verossimilhança e de probabilidade e então sob a base de uma cognição superficial; onde o processo de cognição plena não se inicie ou se extinga, o provimento sumário precedentemente emitido perde eficácia, pois apresenta característica provisória e instrumental. Já na tutela sumária não cautelar, a concessão do provimento se funda, ao invés, numa cognição incompleta, baseada sobre o resultado de uma causa adquirida no momento de sua pronúncia; onde o processo de cognição plena não seja instaurado ou se extinga, o relativo provimento é idôneo a transformar-se em definitivo ou, de todo modo, não é destinado a perder a eficácia.[120]

---

[119] Pisani, A. P., op. cit., p. 633.
[120] Dini, E. A., Mammone, G., op. cit., p. 46 e 47.

TUTELA PROVISÓRIA

Na realidade, conforme adverte Arieta, *"a diversidade do caráter provisório da medida cautelar em relação à provisoriedade do provimento sumário não cautelar: enquanto, de fato, nos provimentos sumários 'tout court' a provisoriedade se põem como imprescindível consequência da sumariedade da cognição, razão pela qual são provisórios somente enquanto suscetíveis de ser potencialmente – mas não necessariamente – substituídos por um outro provimento de cognição plena – as medidas cautelares são provimentos no qual, ao invés, a relação constituída é por sua natureza intrinsecamente destinada a exaurir-se no momento em que será emanada a decisão de mérito, sem possuir qualquer inspiração a transformar-se em definitiva e de todo modo estar sujeita a um regime de apreciável estabilidade".*[121]

Analisando o art. 700 do C.P.C. italiano, Enrico A. Dini e Giovanni Mammone, apresentam uma distinção entre tutela de urgência *conservativa* e tutela de urgência *antecipatória*, nos seguintes termos: *"Como tínhamos a seu tempo evidenciado, a nota de distinção entre 'pericolo da infruttuosità', isto é, aquele em que não se pode fruir de modo útil do provimento definitivo, e o 'pericolo da ritardo' do provimento principal, isto é, aquele em que a satisfação do direito ocorra quando a situação se encontre de forma irremediavelmente prejudicada, se faz sentir na diferenciação entre 'medida cautelar conservativa', diretamente visando a assegurar a utilidade prática da futura execução por meio da manutenção da situação de fato ou de direito sobre o qual incidirá num segundo momento a sentença e 'antecipatória', diretamente a acertar em via provisória o direito alardeado mediante um conjunto de composição provisória da lide".*[122]

Argumenta Calamandrei: *"todas as vezes que se encontra diante de um estado de fato em que o provimento principal possa ser executado imediatamente, será tal circunstância indicativa da frutuosidade de sua eficácia, razão pela qual o provimento cautelar tem por objetivo conservar aquele estado de fato em atenção ao escopo de que nele possa exercitar o seu efeito o provimento principal; porém, quando se observa que o futuro provimento constitui nova relação jurídica ou promova medidas inovatórias no mundo exterior, o provimento de urgência, para eliminar o dano que possa decorrer da demora do provimento principal para constituir tais efeitos, deve objetivar, não mais a conservação do estado de fato, mas operar em via provisória e antecipatória os efeitos constitutivos inovativos, que poderão tornar-se ineficaz e sem atualidade se forem diferidos (ex: o provimento do juiz instrutor que concede em*

---

[121] ARIETA. *I provvedimenti d'urgenza ex art. 700 c.p.c.* Padova, 1985. p. 44.
[122] DINI, E. A., MAMMONE, G., op. cit., p. 331.

via provisória a uma mulher o aumento da pensão alimentícia, em atenção ao definitivo julgamento, que tem caráter inovativo)".[123]

De fato, o provimento de urgência, por vezes, é emitido para conservar o 'status de quo', com o fim de que, com essa manutenção, o provimento definitivo possa exercitar sucessivamente seus efeitos, os quais não podem ser exercitados imediatamente, devendo seguir o procedimento do juízo de cognição exauriente; quando, ao contrário, o provimento principal tende a inovar o estado de fato para produzir novas relações jurídicas, também o provimento de urgência, que deve se coordenar ao provimento principal em vista dos escopos por este visado, deverá também ser inovador, devendo o provimento de urgência antecipar os efeitos conservadores ou inovadores do provimento principal.[124]

No Brasil, principalmente após a entrada em vigor do novo C.P.C. de 2015, tornou-se imprescindível e obrigatória a distinção entre tutela provisória antecipada e a tutela provisória cautelar, especialmente pelo fato de que o efeito de *estabilização ou de ultratividade* da tutela provisória somente ocorre em relação à tutela antecipada e não em face da tutela cautelar.

Por isso, o princípio da fungibilidade, previsto no art. 273, §7º, do C.P.C. de 1973, que era uma 'tábua de salvação' para aqueles que não compreendiam a distinção entre tutela antecipada e tutela cautelar, não poderá mais ser utilizado como álibi do desconhecimento conceitual de ambas as tutelas.

No que concerne ao instituto da tutela antecipada (satisfativa) e da tutela cautelar já floresceu abundante literatura.

Porém, segundo Barbosa Moreira, um ponto merece ser ressaltado: *"a preocupação, intensa em setores doutrinários, de estabelecer critérios rigorosos de distinção entre as medidas cautelares e as antecipatórias. Não será um tanto exagerada tal preocupação? A ela – já se observou – permanece praticamente indiferente a doutrina italiana, pouco propensa a reputar absurda a coexistência, na mesma medida, de traços de acautelamento e de traços de antecipação..."*.[125]

Sob a égide do C.P.C. brasileiro de 1973, especialmente pela aplicação do princípio da fungibilidade, seria, como bem afirmou Barbosa Moreira,

---

[123] DINI, E. A., MAMMONE, G., idem, p. 336.
[124] DINI, E. A., MAMMONE, G., idem, p. 337.
[125] BARBOSA MOREIRA, J. C., op. cit., p. 102.

um tanto exagerado a preocupação em distinguir ontologicamente a antecipação de tutela da tutela cautelar.

Porém, em face dos novos critérios traçados pelo C.P.C. atual, é de extrema importância realizar essa distinção, especialmente pelo fato de que a concessão de uma tutela provisória antecipada com base na urgência poderá ensejar, dependendo das circunstâncias, sua *ultratividade* e *definitividade*, o que não se verifica em relação à tutela provisória cautelar com base na urgência.

A Seção II (arts. 276 e 277) do projeto originário n. 8.046/10 do novo C.P.C., trazia como espécies do gênero *tutela de urgência*, as tutelas de natureza *cautelar* e as tutelas de natureza *satisfativa*.

Assim, o projeto originário apresentava como gênero a *tutela de urgência*, e como espécies a tutela *cautelar* e a tutela *satisfativa*.

O Livro III do C.P.C. de 1973, não era preciso nessa diferenciação, pois inseria no conjunto das medidas cautelares algumas medidas que tinham nítido caráter satisfativo (por exemplo, alimentos provisionais, destruição de prédio que ameaçasse ruína etc). Da mesma forma, conferia natureza de cautelaridade a algumas medidas que não eram urgentes, ou seja, não exigiam o *periculum in mora* (por exemplo, notificação, interpelação e protesto).

Como o C.P.C. de 1973 não estabelecia uma diferenciação ontológica normativa entre tutela satisfativa e tutela cautelar, a doutrina apresenta diversos critérios que pretendem diferenciar a denominada antecipação dos efeitos da tutela (art. 273 do C.P.C. de 1973) da tutela cautelar.

A *provisoriedade* não seria a nota distintiva desses dois tipos de tutela, pois tanto a tutela cautelar quanto a tutela antecipada satisfativa apresentam caráter de *provisoriedade*.

Aliás, o novo C.P.C. insere no mesmo plano normativo de tutela provisória a antecipação de tutela e a tutela cautelar.

É bem verdade que Lopes da Costa apresentava uma nítida diferenciação entre a expressão 'provisório' e 'temporário', o que justificaria caracterizar a medida cautelar como *temporária* e a antecipação de tutela como provisória. Disse o saudoso processualista: *"A temporariedade das medidas preventivas, em processo, mais propriamente chamar-se-ia 'provisoriedade" (Calamandrei).*

'Temporário', em verdade, é que dura determinado tempo.

'Provisório', porém, é o que, por algum tempo, serve até que venha o 'definitivo'. O temporário se define em absoluto, apenas em face do tempo; 'provisório', além do tempo, exige a previsão de outra cousa em que se sub-rogue.

Os andaimes da construção são 'temporários'. Ficam apenas até que se acabe o trabalho exterior do prédio. São, porém, definitivos, no sentido de que nada virá substituí-los.

Já, entretanto, a barraca onde o desbravador dos sertões acampa, até melhor habitação, não é apenas temporária, é provisória também...".[126]

Também não seria a *técnica de cognição* realizada diante de uma tutela cautelar que irá diferenciá-la de uma antecipação dos efeitos da tutela pretendida.

Segundo afirmam Enrico A. Dini e Giovanni Mammone, outro elemento característico dos provimentos de urgência é representado pela *cognição sumária* ou *prima facie cognitio*, que corresponde à *sumária informação* do C.P.C. italiano, que podem ser consideradas como suficiente para a emissão do provimento, contrariamente ao procedimento sumário no qual se requer a *plena cognição*.[127]

Aliás, em relação à distinção entre procedimento sumário e cognição sumária, assim se manifesta Antonio Carrata: *"Frequentemente, à simplificação das formas processuais acompanha-se também a previsão de uma cognição do juiz quantitativamente e/ou qualitativamente reduzida em relação àquela que normalmente precede à decisão nos processos de cognição plena e exauriente. Isso pode acontecer com referência: a) aos elementos levados em consideração pela pronúncia da decisão, e, portanto, com limitação à só valoração da subsistência das 'condições de admissibilidade' previstas, com exclusão de qualquer acertamento, ainda que superficial, dos fatos da causa ('cognição sumária porque sem instrução)'; b) à limitação do acertamento somente aos fatos constitutivos da demanda ('cognição sumária tendo em vista a instrução parcial.'); c) à modalidade de aquisição dos instrumentos probatórios relevantes para a decisão, no sentido de que sejam derrogadas as normas em relação à formal aquisição das provas no processo de cognição plena e exauriente ('cognição sumária porque a instrução é desformalizada').*[128]

Sabe-se que a *técnica de cognição* permite a construção de procedimento apropriado à real necessidade e efetividade da tutela jurisdicional.

Conforme leciona Kazuo Watanabe: *"a cognição é prevalentemente um ato de inteligência, consistente em considerar, analisar e valorar as alegações e as provas produzidas pelas partes, vale dizer, as questões de fato e de direito deduzidas no*

---

[126] Lopes Da Costa, A. A., op. cit., p. 16.
[127] Dini, E. A., Mammone, G., op. cit., p. 55.
[128] Carrata, Antonio. *La tutela sommaria in Europa – studi.* Napoli: Jovene Editore, 2012. p. 28.

processo e cujo resultado é o alicerce, o fundamento do 'judicium', do julgamento do objeto litigioso do processo".[129]

A cognição pode ser avaliada, conforme já teve oportunidade de ensinar Kazuo Watanabe, em sua obra *Cognição no Processo Civil brasileiro*, no plano *horizontal*, que pode ser *plena* ou *plenária* (quando toda a extensão fática e jurídica do conflito de interesse é levado à apreciação do juiz) , ou *parcial* (quando o legislador desenha procedimentos reservando determinadas exceções, quando o juiz fica impedido de conhecer as questões reservadas, ou seja, as questões excluídas pelo legislador – ex: nas ações possessórias não se pode, em regra, discutir questão de domínio). Pode ser avaliada, ainda, no plano *vertical*, que diz respeito à profundidade de cognição realizada pelo magistrado sobre as questões de fato e de direito, sendo caracterizada como *exauriente* (típica do processo de conhecimento, visando a dar solução definitiva à lide com força de coisa julgada material), *sumária* (característica dos processos, cuja cognição se dá com base na verossimilhança ou na plausibilidade, realizada em razão do perigo existente e da urgência reclamada) e *superficial* (na qual há menos cognição que na sumária, como, por exemplo, a concessão de liminares, salvo a de mandado de segurança em que de plano deve haver a prova do direito líquido e certo).[130]

Diante desse quadro classificatório, pode-se afirmar que a cognição realizada pelo juiz, tanto no âmbito da antecipação dos efeitos da tutela quanto das medidas cautelares seria, em regra, no sentido horizontal, *plenária*, e no sentido vertical *sumária*.

Portanto, tanto na avaliação da antecipação da tutela pretendida quanto das medidas cautelares a espécie de cognição realizada pelo juiz, no plano vertical, é *sumária*.

---

[129] WATANABE, Kazuo. *Da cognição no processo civil*. 2. ed. 2. Tiragem. Campinas: Bookseller, 2000.

[130] *"O grau mínimo de verossimilhança – e, portanto, mais efêmero – é aquele que se forma em fase incipiente do processo, tendo em vista a mera apreciação das afirmações aduzidas na exordial. Nem sempre o juiz terá tempo suficiente para certificar-se da veracidade das alegações do demandante, de modo que, em hipóteses tais, será imperioso decidir de plano....O juízo de possibilidade, assim, é aquele que se forma na convicção do magistrado mediante a conjugação de dois fatores, as alegações e as máximas de experiência... A cognição da qual resulta o juízo de mera possibilidade é denominada 'rarefeita' ou 'superficial'.* (BODART. Bruno Vinícius da Rós. *Tutela de evidência* – teoria da cognição, análise econômica do direito processual e considerações sobre o projeto do novo C.P.C. São Paulo: Revista dos Tribunais, 2014. p. 43 e 44.

DA TUTELA DE URGÊNCIA

Também não seria a existência do *periculum in mora* o critério diferenciador da tutela cautelar e da antecipação dos efeitos da tutela satisfativa material pretendida, pois pela nova dicção trazida pelo novo C.P.C., ambas as tutelas podem fundamentar-se na urgência, conforme preconiza o art. 300 do atual C.P.C.

Portanto, o melhor critério para diferenciar esses dois tipos de tutela é justamente *a satisfatividade* ou não da tutela provisória concedida.

É no plano teleológico que se diferenciam os dois tipos de tutela.

A *satisfatividade* como forma de diferenciação das medidas cautelares em relação às medidas de antecipação de tutela material pretendida há muito vem sendo reconhecida por Donaldo Armelin, processualista da Escola de São Paulo. Segundo Armelin, *"A importância dessa qualificação resulta do contraste entre a categoria da tutela jurisdicional satisfativa e a cautelar. Nesta, a tutela jurisdicional não serve apenas aos que a reclamaram mas também a uma tutela jurisdicional do tipo satisfativo a ser prestada ou que está sendo prestada em processo incoado. Tem, pois, a tutela jurisdicional cautelar um caráter instrumental em relação à satisfativa. Uma instrumentalidade de segundo grau, como diz Calamandrei, se considerado que a tutela satisfativa em si também já é instrumental".*[131]

A 'instrumentalidade' e a 'provisoriedade' tornaram-se características *indispensáveis* da tutela cautelar propriamente e corretamente entendida. O provimento que, solicitado e pensado como cautelar no momento da demanda, possa sobreviver independentemente de uma relação estrutural e funcional com um juízo e um provimento de mérito, não pode ser qualificado, aplicando-se as categorias atualmente unanimemente aceitas, como provimento cautelar.[132]

É certo, porém, que a doutrina apresenta duas posições em relação ao tema da tutela cautelar. Numa primeira posição, majoritária, é decisivo para qualificar uma medida como cautelar a circunstância da provisoriedade do provimento, e, sobretudo, a sua instrumentalidade em relação ao mérito; uma outra, minoritária, entende por decisiva a destinação do provimento visando a prevenir o perigo de *tardività*, quando um provimento

---

[131] ARMELIN, D., op. cit., p. 114.
[132] QUERZOLA, Lea. *La tutela anticipatoria fra procedimento cautelare e gioudizio di merito.* Seminário Giuridico della Università di Bologna CCXXXI. Bologna: Bonomia University Press, 2006. p. 9.

seria cautelar desde que presentes dois requisitos, a provisoriedade e a função conservativa ou antecipatória da satisfação do direito controvertido. A primeira corrente, ainda hoje majoritária, decorre da posição de Piero Calamandrei, que enquadrou a instrumentalidade e o seu necessário corolário que é a provisoriedade como sendo os traços distintivos do provimento cautelar.[133]

Diante da 'instrumentalidade, a satisfatividade do direito material não pode ser uma característica da tutela cautelar.

A necessária instrumentalidade da medida cautelar tem como consequência a sua provisoriedade, podendo o juiz emitir somente que tem *"caráter temporal, provisional, condicionado e suscetível de modificação".*[134]

Conforme Armelin, entende-se por *tutela satisfativa* aquela que é em si bastante, exaustiva e definitiva e que não depende de qualquer outro complemento para atender os objetivos da parte. Assim, qualquer prestação jurisdicional derivada do processo de conhecimento ou do processo de execução tem caráter satisfativo, uma vez que independe de outro complemento para atingir o objetivo pretendido pela parte, diversamente do que ocorre com a medida cautelar, onde o provimento não permite, por si só, atingir o real objetivo da parte no que concerne ao direito material, mas tão-somente preservá-lo temporariamente até a solução definitiva do pedido principal.

Por isso, a antecipação dos efeitos da tutela pretendida, embora provisória, apresenta natureza *satisfativa*, pois é em si bastante, exaustiva e definitiva e não depende de qualquer outro complemento para atingir os objetivos da parte.

É bem verdade que existem vozes na doutrina que adotam outra postura em relação à concepção de tutela *satisfativa*. Para Ovídio A. Baptista da Silva, a tutela somente será satisfativa quando permite a realização concreta e objetiva do direito da parte. A satisfatividade da tutela para este autor encontra-se não apenas no plano jurídico, mas também no plano fático.

Contudo, também para Ovídio A. Baptista da Silva a medida cautelar não apresenta natureza satisfativa, pois ela não satisfaz no plano social o direito da parte, mas somente assegura este mesmo direito. Para Ovídio, a liminar concedida na ação de reintegração possessória, e uma vez devi-

---

[133] Querzola, L., idem, p. 121.
[134] Querzola, L., idem, p. 98.

damente cumprida no plano fático, tem caráter satisfativo, pois satisfaz imediatamente o principal objetivo da demanda, que era justamente a recuperação da posse.

Na verdade, as tutelas urgentes satisfativas constituem, por excelência, *"uma forma de asseguração da frutuosidade da execução, ou exprimem, por excelência, uma função conservadora dos efeitos da futura decisão: com referência ao direito violado, tendo em vista que afasta e reprime a sua violação(permitindo sua conservação), e com referência à futura decisão assegura a frutuosidade da execução... Em outros termos, parece lícito afirmar que a característica da 'antecipação' da decisão de mérito, própria do provimento de urgência, seja enfatizada: essa é, simplesmente, o meio próprio da cognição do juiz da urgência para a individualização dos pressupostos da tutela e para a conseqüente individualização das 'medidas provisórias' a fim de que a decisão de mérito não resulte inútil, ou parcialmente inútil, para a parte que tem razão ".*[135]

Contudo, conforme adverte Filippo Verde: *"Uma satisfatória conclusão, ao invés, pode apresentar-se,conjuntamente com o legislador, e como se desume da expressão empregada, no sentido de que se liga o fenômeno antecipatório não com o conteúdo da decisão de mérito, mas com os seus efeitos, no sentido que antecipar os efeitos da decisão é coisa bem diversa da simples garantia de qualquer modo da proficuidade da execução; em outros termos, antecipar os efeitos da sentença é fenômeno diverso não só da antecipação do conteúdo do comando judicial, mas também da asseguração da proficuidade da futura decisão...*

Em conclusão, necessita insistir sobre a particularidade de que a antecipação se refere aos 'efeitos' da decisão sobre o mérito, e não genericamente ao seu conteúdo...".[136]

Pode-se definir como medidas *satisfativas as que visam a antecipar ao autor, no todo ou em parte, os efeitos da tutela pretendida.*

Por sua vez, são medidas *cautelares as que visam a afastar riscos e assegurar o resultado útil do processo, sem, contudo, satisfazer o direito material (bem da vida) objeto da demanda principal.*

Na verdade, o ideal seria que o legislador mantivesse a distinção entre medida satisfativa e medida cautelar que fora introduzida no Projeto de Lei n. 8.046 de 2010, substitutivo do Projeto de Lei do Senado n. 166/10, a saber:

---

[135] VERDE, F., op. cit., p. 27 e 28.
[136] VERDE, F., idem, p. 29 e 30.

"Art. 269. A tutela de urgência e a tutela da evidência podem ser requeridas antes ou no curso do processo, sejam essas medidas de natureza satisfativa ou cautelar.

§1º São medidas satisfativas as que visam a antecipar ao autor, no todo ou em parte, os efeitos da tutela pretendida.

§2º São medidas cautelares as que visam a afastar riscos e assegurar o resultado útil do processo.

Lamentavelmente, o novo C.P.C., Lei 13.105 de 2015, não manteve essa distinção.

Porém, pode-se dizer que permanece no novo C.P.C. a essência da distinção proposta pelo Projeto de Lei n. 8.046, razão pela qual a medida cautelar, de modo algum, pode regular, ainda que provisoriamente, o mérito da relação jurídica substancial controvertida, limitando-se a cristalizar a situação de fato e a possibilitar a constituição de meios para a formação ou execução da decisão de mérito, assegurando que essa decisão não seja vã, afastando-se o que se costuma denominar de *'pericolo da infruttuosità'*.

Já a tutela de urgência antecipada consiste propriamente numa decisão antecipada e provisória dos efeitos da tutela definitiva, destinada a durar, em tese, até a prolação do provimento definitivo. Essa medida tem por finalidade responder ao denominado *'pericolo da tardività'*.

Segundo Lea Querzola, *"de um ponto de vista geral, afirma-se que a antecipação consiste em um fenômeno interno a um determinado procedimento, que muda a disciplina temporal, por meio do deslocamento da colocação de um específico ato no interior do próprio procedimento; portanto, seguindo essa abordagem, a antecipação pode-se verificar somente quanto o ato antecipante identifique-se sob todo os aspectos com aquele que se assume ter sido antecipado, dito com outras palavras, quando esses pressentem uma identidade de estrutura.."*.[137]

Pode-se afirmar, portanto, que o termo 'antecipar', inclusive na linguagem comum, significa fazer uma coisa antes do tempo estabelecido. Referindo-se ao provimento do juiz, 'antecipatório' indica o conteúdo que esse possui e que deve estar relacionado com o conteúdo do provimento antecipado; portanto, quando não há coincidência entre isso que se faz antes do tempo estabelecido e isso que se faz no tempo fixado, não se pode falar de verdadeira e própria 'antecipação', mas de qualquer outra coisa. Corolário de tal construção é que, propriamente, por 'provimento anteci-

---

[137] QUERZOLA, L, op. cit., p. 143.

patório deve-se entender um provimento que apresente, conjuntamente, as seguintes características: ser pronunciado pelo juiz em antecipação em relação à pronúncia de um provimento definitivo, ter pressupostos homólogos àqueles que o legislador prevê para o provimento antecipado, produzir efeitos qualitativamente idênticos àqueles antecipados.[138]

Essa circunstância comporta, de um lado, a afirmação de que a relação de ligação instrumental entre cautela e decisão de mérito seja indispensável na hipótese de cautelar conservativa, em nada servindo esta última, por si própria, à parte beneficiada; por sua vez, a tutela antecipatória, não se limitando a congelar a situação de fato, mas, sim, a apresentar uma regulação, ainda que provisória, da relação jurídica controvertida, apresenta um nexo instrumental menos rígido com a correspondente tutela de mérito, tendo em vista que o conteúdo da antecipação muito se avizinha ao conteúdo do mérito propriamente dito. Isso talvez explique porque somente a tutela provisória antecipatória pode ser estabilizada e não a tutela cautelar.

---

[138] QUERZOLA, L., idem, p. 147.

7.
Fundamento da Tutela Provisória
– *Urgência e Evidência*

Sabe-se que os efeitos de uma futura decisão de mérito proferida ao final de um determinado processo de cognição plena podem ser frustrados, seja pelo acontecimento de uma circunstância de fato que impede que a decisão de mérito possa exercitar-se por si só, seja por se prolongar o estado de insatisfação do direito durante todo o tempo necessário para que ele seja validado na via ordinária. Está-se diante, portanto, de um prejuízo iminente e irreparável, que pode ameaçar o direito durante o tempo necessário para fazê-lo valer nas vias ordinárias. Isso pode derivar-se de uma modificação da situação de fato sobre o qual a decisão de mérito deva exercitar seus efeitos ou do prolongamento do estado de insatisfação.[139]

Porém, nem toda tutela provisória exige demonstração de perigo de dano ou risco ao resultado útil do processo. O *periculum in mora* deixou de ser pressuposto necessário para a concessão da tutela provisória com base na evidência.

O art. 311 do atual C.P.C. não exige o *periculum in mora* para a concessão da tutela de evidência, bastando a existência de alguns dos critérios indicados em seus incisos.

Já a *tutela de urgência*, como uma verdadeira garantia de prevenção contra o risco que possa existir em face de determinadas circunstâncias que

---

[139] PISANI, Andrea Proto. Provvedimenti d'urgenza. In: *Enc. Giur.*,XXV, Roma, 1991. p. 17.

se apresentam durante o processo, ainda exige o requisito do *periculum in mora* para o seu deferimento.

A tutela de urgência é, na realidade, uma espécie de tutela preventiva que tem por pressuposto o risco da demora na prestação da tutela jurisdicional final ou o perigo de dano ao bem jurídico objeto do processo.

A tutela jurídica preventiva, porém, não é exclusiva do direito processual, pois é muito comum também no âmbito do direito material, especialmente com a concessão de medidas acauteladoras de segurança existentes, por exemplo, no direito de vizinhança, como é o caso da *cautio damni infecti*.

No âmbito do processo civil, por imposição Constitucional (a lei não poderá excluir da apreciação do Poder Judiciário lesão ou *ameaça* de lesão a direitos), também se observa a existência de medidas preventivas, utilizadas para se evitar eventual dano que possa ocorrer no âmbito do direito material ou mesmo no campo do direito processual.

É bem verdade que nem todas as tutelas jurisdicionais preventivas apresentam natureza *urgente*, como é o caso da ação declaratória. Segundo leciona Ovídio Baptista da Silva: *"Para ter-se uma idéia da importância do elemento preventivo na ação declaratória, basta lembrar que, na classificação tentada pelos processualistas franceses de isolarem uma classe autônoma de 'ação preventiva', a ação de mera declaração ocupava lugar proeminente nessa classe"*.[140]

Assim, pode-se afirmar que toda tutela urgente é preventiva, mas que nem toda tutela preventiva é urgente.

Para a concessão da tutela de urgência, ao contrário da tutela de evidência, exige-se a demonstração de um efetivo *perigo de dano ou de risco ao resultado útil do processo*.

Em relação ao *periculum in mora*, anota Piero Calamandrei: *"Para nos aproximarmos de uma clara noção do 'periculum in mora', é necessário dar um outro passo: não basta que o interesse de agir surja de um estado de perigo e que o procedimento invocado tenha por isso intento preventivo de um dano somente temido, mas é necessário ainda que, em razão da iminência do perigo, o procedimento requerido tenha caráter de 'urgência', quando fosse previsível que, onde este tardasse, o dano temido se transformaria em dano efetivo, ou se agravaria em dano já verificado: de modo que a eficácia preventiva do procedimento seria praticamente anulada ou pre-*

---

[140] BAPTISTA DA SILVA, Ovídio. A. *A ação cautelar inominada no direito brasileiro.* Rio de Janeiro: Editora Forense, 1992. p. 12.

judicada. A expressão 'procedimento de urgência' encontra-se várias vezes no nosso direito (cf. Arts. 182 e 275, Cód. Proc. Civ.; 153, Cód. Com. Etc.) para indicar exatamente aqueles casos em que o procedimento jurisdicional, se quer obter praticamente os seus objetivos, deve ser emanado 'sem atraso'. É necessário porém advertir que nem a noção de procedimento 'preventivo de urgência' esgota exatamente aquela de procedimento cautelar; seja porque, como teremos oportunidade de ver em seguida, podem existir procedimentos e providências de urgência que não têm caráter cautelar (assim também os procedimentos de urgência em matéria possessória); seja porque às exigências da urgência responde muitas vezes, em vez de a emanação de um procedimento provisório cautelar, uma abreviação do processo ordinário de conhecimento ou de execução e uma conseqüente aceleração do procedimento definitivo (exemplo, arts. 42, 185, 232 e 578 do Cód. Proc. Civ., 883 do Cód Com. Etc.)".[141]

O fundamento da tutela provisória, como já se afirmou, não é especificamente o *periculum in mora*, mas, sim, a *urgência* ou a *evidência*. Nesse sentido prescreve o art. 294 do atual C.P.C.: *A tutela provisória pode fundamentar-se em urgência ou evidência.*

Portanto, sob a égide do novo C.P.C., a urgência não é mais gênero das espécies de tutela, como acontecia no projeto originário n. 2.046/10, mas, sim, o fundamento para a concessão da tutela provisória, que poderá ser satisfativa ou cautelar.

O fundamento da tutela provisória antecipada satisfativa pode ser a urgência ou a evidência.

Já o fundamento da tutela cautelar somente será a *urgência* e não a evidência.

Pode-se definir como medidas *satisfativas as que visam a antecipar ao autor, no todo ou em parte, os efeitos da tutela pretendida.*

Por sua vez, são medidas *cautelares as que visam a afastar riscos e assegurar o resultado útil do processo, sem, contudo, satisfazer o direito material (bem da vida) objeto da demanda principal.*

Assim, o novo C.P.C. apresenta uma nítida diferenciação entre *medidas cautelares e medidas satisfativas*, em outras palavras, a antecipação de *medidas cautelares* da denominada *antecipação dos efeitos satisfativos da tutela pretendida.*

É importante salientar, ainda, que o art. 294, p.u., do novo C.P.C., ao permitir a antecipação de tutela provisória de urgência satisfativa com

---

[141] CALAMANDREI, Piero. *Introdução ao estudo sistemático dos procedimentos cautelares.* Campinas, 2000. p. 36.

TUTELA PROVISÓRIA

fundamento na *urgência,* não tem, em princípio, por objetivo ensejar a antecipação do conteúdo do comando judicial a ser proferido ao final no processo, mas, sim, antecipar ao autor, no todo ou em parte, *os efeitos* da tutela pretendida.

8.

Extensão e limites para a concessão de tutela provisória – pretensão declaratória e constitutiva

Há certa indagação sobre os limites para a concessão de tutela provisória de urgência satisfativa no que concerne aos efeitos da tutela pretendida, ou seja, quaisquer efeitos da tutela principal podem ser ou não objeto do provimento de urgência?

A generalidade da previsão normativa prevista no art. 297 e 300 do novo C.P.C. brasileiro, no sentido de que, presentes os pressupostos de probabilidade do direito e do perigo de dano ou do risco ao resultado útil do processo (este último não exigido para a tutela provisória de evidência), o juiz poderá determinar as medidas que considerar adequadas para efetivação da tutela provisória, permite a concessão de tutela provisória de urgência que, segundo as circunstâncias, pareça mais idônea para assegurar os efeitos da decisão sobre a pretensão de natureza principal.

Como se percebe, o legislador do novo C.P.C. concedeu ao magistrado um amplo poder geral de concessão de medidas provisórias, permitindo-se certa discricionariedade do juiz no sentido de promover a melhor escolha da medida para alcançar o seu escopo jurídico.

Porém, não obstante se apresentem diversas perspectivas discricionárias em favor do magistrado, tal prerrogativa não pode ser exercida sem que se estabeleçam alguns limites, quanto aos seus fins e extensão.

Um dos limites então existentes sob a égide do C.P.C. de 1973, que seria a impossibilidade de concessão de medidas cautelares inominadas quando o legislador, para determinada situação fática e jurídica, previa medidas cautelares típicas, não mais existe, uma vez que o novo C.P.C. extinguiu os procedimentos específicos e particulares para as denominadas medidas cautelares típicas.

Evidencia-se um importante limite no fato de que, muito embora o provimento de urgência possa antecipar os efeitos que podem decorrer do juízo de mérito (sentença), tal provimento de urgência não pode produzir efeito maior do que aquele proveniente do julgamento final. Conforme bem anotam Enrico A. Dini e Giovanni Mammone: *"O conteúdo do provimento de urgência, qualquer que seja (conservativo, totalmente ou parcialmente antecipatório, inibitório), pelo só fato de ser instrumento ligado por uma relação incindível com o provimento definitivo, encontra seus limites de idoneidade, sob a base das circunstâncias concretamente emergentes, à salvaguarda da situação acautelanda: isso comporta, portanto, a exclusão de qualquer instrumento de tutela que seja formalmente autônoma e diversa em relação ao conteúdo da futura decisão de mérito, ou que consinta em obter pela via de urgência mais do que se possa ser conseguido em via ordinária e, portanto, com o êxito do juízo de mérito"*.[142]

Em atenção ao caráter provisório e instrumental da tutela provisória cautelar, tal provimento deverá manter-se dentro dos limites necessários à função cautelar sem realizar qualquer prejulgamento em relação à decisão de mérito da demanda principal.

Tendo em vista que a disciplina das tutelas provisórias de urgência constitui uma afirmação de liberdade e independência processual, ao permitir que o juiz emita decisão de garantia, é necessário que o juiz evite conceder essa espécie de provimento àquele que não demonstre no mínimo a probabilidade de existência de seu direito material.

Outro limite normativo importante encontra-se disposto no §3º do art. 300 do novo C.P.C. que estabelece que a tutela de urgência de natureza antecipada não será concedida quando houver perigo de irreversibilidade dos efeitos da decisão.

Comentando o art. 700 do C.P.C. italiano, com o conteúdo dado pela reforma ocorrida em 2005, Filippo Verde afirma que a Relação ministerial sugeria uma utilização do provimento de urgência somente para o fim

---

[142] DINI, E. A., MAMMONE, G., op. cit., p. 349.

de se atribuir uma função meramente conservativa em sentido estrito. Contudo, tal perspectiva resultaria uma função, na prática, da tutela de urgência, muito modesta, sobretudo se acompanhada da consideração e da utilidade e do conteúdo, para fins conservativos em sentido estrito, das medidas cautelares típicas. Mas a própria formulação literal do art. 700 desmente a atribuição de uma assim reduzida função, ou a individualização de uma relação de mera instrumentalidade... A tutela de fato é expressamente atribuída com o fim de *assegurar provisoriamente alguns efeitos da decisão sobre o mérito*, asseguração que se pode conseguir, na verdade, com provimentos (meramente) inibitórios (que na prática são os mais frequentes), ou suficientes, mas pode bem consistir também na verdadeira e própria antecipação da decisão sobre mérito, quando os seus efeitos não puderem ser utilmente salvaguardados, provisoriamente, de outro modo: bastaria referir-se, por exemplo, ao provimento de urgência para o pagamento de somas, para compreender como o conteúdo próprio do provimento possa ser largamente antecipatório.[143]

---

[143] "Não é possível nesta seara uma análise sobre o estado do debate em relação à tutelabilidade em via de urgência de simples direitos de crédito, limitando-se, aqui, portanto, a algumas citações jurisprudenciais. Grande parte da qual, antes de tudo, expõe a conclusão negativa sobre o fundamento de que a ressarcibilidade do dano, ou melhor da possibilidade de fruir do remédio ressarcitório, é por si só suficiente para excluir a irreparabilidade do prejuízo: em tal sentido Tribunal de Milão, 15 de julho de 1997 e 22 de novembro de 1994.
Mas outras consistentes jurisprudências sobre tal premissa se mantêm ao largo, encontrando afirmações pela tutelabilidade por meio de provimento de urgência aos simples direitos de crédito (em relação apenas aos direitos concernentes a prestações em dinheiro ou outras coisas fungíveis), e também na hipótese em que haja uma previsão contratual de cláusula penal (Tribunal de Milão, 2 de outubro de 1997, in *Foro it.* 1998, I, 241); pela análoga afirmação de que "é tutelável pela via de urgência o direito decorrente de obrigação contratual enquanto o prejuízo irreparável for observado no conjunto dos reflexos negativos projetados sobre toda a esfera do sujeito lesado., cfr. Tribunal de Milão 14 de agosto de 1997, *ivi*, 1998, I, 241
Segundo Pret. Roma de 31 de julho de 1986, in *Foro it.* 1987, I, 612 "foi acolhido o pedido cautelar urgente interposto por uma sociedade para a recuperação de um crédito 'nei confronti del comune', pelo fato de a sociedade encontrar-se em decomposição e não dispor de outros meios para fazer frente ao seu passivo".
Em suma, segundo a jurisprudência, o plano no qual é colocado o prejuízo irreparável conexo à insatisfação do direito de crédito está sempre na conexão com outros direitos, de natureza variada, e sem que seja decisivo o seu aspecto constitucional. Assim, a irreparabilidade do prejuízo foi, por exemplo, individualizada no perigo de condicionamento ou de limitação da

TUTELA PROVISÓRIA

Tal característica parece coerente com a tradicional individualização da fonte da tutela de urgência em geral, que está na exigência de garantir, da melhor maneira possível, a frutuosidade da decisão sobre o mérito e portanto na exigência de prevenir não o perigo *no retardo*, mas o *perigo do retardo* da definição do juízo de mérito.[144]

Diante desse *perigo do retardo*, não há impedimento que o provimento de urgência corresponda a uma antecipação total dos efeitos da tutela a ser proferida no juízo de mérito final.

Conforme adverte Felippo Verde, *"No conflito entre contrapostos interesses de mesmo grau, a constatação do caráter de definitividade, que teria o provimento de urgência requerido, não parece motivo suficiente a justificar sua rejeição, devendo-se ter em mente que o legislador prefere que seja evitado um prejuízo irreparável a um direito cuja existência pareça provável, ainda que ao preço de provocar um dano irreparável a um direito que, em sede de concessão da medida cautelar, pareça, ao invés, improvável.*[145]

Assim, diante de uma sentença condenatória, não há empecilho para a concessão de tutela antecipada satisfativa com fundamento na urgência, inclusive no que concerne a créditos pecuniários. Nesse caso, o objeto da antecipação se exaure nos efeitos executivos da futura sentença de condenação.

A questão mais relevante diz respeito à admissibilidade de provimento de urgência que determina o cumprimento de obrigação de fazer ou não fazer infungível.

Como não se pode obrigar fisicamente a qualquer pessoa a realizar obrigações infungíveis, a tutela provisória antecipada satisfativa com base na urgência deve ser concretizada mediante a aplicação de determinadas penalidades (multas, astreintes) ou medidas de segurança, as quais poderiam ser objeto de eventuais efeitos secundários da decisão de mérito.

A doutrina ainda hoje é contrária à concessão de tutela antecipada satisfativa em relação ao provimento final declaratório ou de mero acertamento, ou seja, se o objeto e o fim da decisão sobre mérito diz respeito à atribuição de certeza sobre a existência de um direito, uma vez que, segundo essa corrente, não haveria sentido em se estabelecer uma *certeza provisória*.

---

atividade da empresa: cfr., Pret Roma 31 de julho de 1986, cit., Pret. Roma 14 de fevereiro de 1983, in *Foro it*, 1983, I, 446". (VERDE, F., op. cit., p. 31 e 32).

[144] VERDE, F., idem, p. 33.

[145] VERDE, F., idem, p. 39.

É correntemente observado que uma pronúncia de mero acertamento ou declaratória emitida em sede de tutela antecipada satisfativa com fundamento na urgência, e, ainda, quando não sujeita à execução, seria inidônea tanto aos fins conservativos quanto àqueles antecipatórios, ainda que faça referência à demanda ressarcitória proponível no futuro juízo de mérito, gerando apenas efeitos meramente psicológicos.[146]

Na verdade, diante de uma sentença declaratória, o que se pode antecipar são apenas os eventuais efeitos materiais do provimento de acertamento e não o próprio provimento em si, uma vez que, com frequência, juntamente com a demanda declaratória é proposta em cúmulo objetivo de outras demandas acessórias, em relação às quais é possível requerer a antecipação dos efeitos em via provisória.

Contudo, não faltam vozes discordantes na doutrina, fundadas no sentido de que qualquer efeito da sentença de mérito é, em todo ou em parte, suscetível de ser antecipado, razão pela qual é possível a antecipação dos efeitos da decisão meramente declaratória (Proto Pisani). O julgado Pret. Roma, 28 de abril de 1987, in *Foro it*, 1988, I, 1.357, entendeu que os fins meramente declaratórios não são de fato incompatíveis com a função dos provimentos de urgência, principalmente quando esses constituem o único meio a impedir um prejuízo irreparável determinado por quem contesta o direito do requerente do provimento. Na verdade, *"Não se pode negar a utilidade para o recorrente de uma pronúncia declarativa, com a finalidade preventiva, em relação a quem contestou ou contesta a existência do direito do recorrente. De fato, também uma pronúncia meramente declaratória, com valoração em termos de licitude ou pelo menos de situações e comportamentos, pode corresponder a interesses apreciáveis pela parte em sede de cautelaridade, especialmente quando existe uma situação objetiva de incerteza, fonte, por si só, de graves danos, irreparáveis, e a pronúncia cautelar pode utilmente antecipar um acertamento idôneo e eliminar tal estado de incerteza. É bem possível, portanto, assegurar mediante tutela de urgência os efeitos da sentença de acertamento".*[147]

Diante da nova perspectiva legislativa introduzida em 2005 no C.P.C. italiano, Filippo Verde entende por alterar o seu posicionamento, afirmando: *"A consideração crítica de caráter principal, que acenávamos precedentemente, de que não haveria sentido requerer ao juiz uma 'certeza provisória' em atenção àquela definitiva advinda com a sentença, foi privada de substancial rele-*

---

[146] VERDE, F., idem, p. 41 e 42.
[147] VERDE, F., idem, p. 43.

TUTELA PROVISÓRIA

vância pela reforma de 2005, que tende mesmo a reduzir, quanto possível, o interesse do recorrente à instauração do juízo de mérito, garantido-lhe a consolidação da regulamentação provisória da relação a prescindir da falta de instauração da causa. E, portanto, se agora é largamente reconhecida a tutelabilidade também em via cautelar do interesse à eliminação de uma situação de incerteza, ou a relevância, também em sede cautelar, da mera contestação do direito, com maior razão se deveria reconhecê-la hoje, quando a provisoriedade da certeza é suscetível de ocupar o lugar, na realidade da relação entre as partes, da sentença".[148]

Na concepção de Enrico A. Dini e Giovanni Mammone, *"atendida a ampla fórmula usada pelo art. 700 C.P.C. italiano, a qual se refere em linha geral à medida mais idônea para assegurar provisoriamente os efeitos da decisão sobre o mérito, pode afirmar-se que tal cautela possa usar-se não somente para a tutela jurisdicional ordinária, que reprime a violação dos direitos subjetivos (sentença de condenação), mas também para a tutela jurisdicional preventiva de tais violações (sentença meramente declaratória). De fato, esta última sentença, atuando de modo pacífico o desenvolvimento das relações jurídicas, indicam às partes qual seja a sua conduta futura, prevendo ao mesmo tempo quais seriam os atos ilegítimos e evitando as consequências danosas que possam deles derivar. Em outras palavras, têm a função de tornar clara uma relação preexistente ao processo. Por isso, pode ter aplicação o art. 700 do C.P.C. italiano, podendo o juiz ordenar um determinado comportamento (por exemplo: ordem de não executar um contrato, se o autor solicita a declaração de sua nulidade; ordem dada aos árbitros para não emitirem os laudos, quando sendo eminente ou em curso a decisão de nulidade do compromisso; remoção do sinal de uma loja porque idêntica a outra etc), enquanto que a ação que foi proposta ou que será proposta tem por finalidade a declaração de ilegitimidade. Trata-se de todo modo de antecipar em sede cautelar não o efeito declarativo da sentença de mérito atribuindo à parte a certeza da relação jurídica a ser conseguida com a sentença meramente declaratória, mas aquela certeza atenuada decorrente de um juízo de verossimilhança desenvolvido pelo juízo de urgência, sempre que a parte tenha interesse e subordinadamente à existência, como em qualquer outro caso, dos requisitos concernentes ao prejuízo relativo, em função do qual será determinado o conteúdo do provimento".[149]*

Segundo Lea Querzola, *"No meu sentir, sobre o tema se pode afirmar que uma coisa é a modificação que ocorrerá pelo provimento constitutivo e outra coisa é*

---

[148] VERDE, F., idem, p. 47
[149] DINI, E. A., MAMMONE, G., op. cit., p. 313 e 314

a antecipação dos (ou de alguns dos) efeitos que daquela modificação possam (e em via antecipatória podem já) surgir; cita-se o seguinte exemplo: a servidão de passagem será constitutiva somente por meio de sentença constitutiva que a terá por objeto, mas a faculdade do titular do prédio dominante de transitar pelo prédio serviente poderá ser antecipada".[150]

Menor incerteza existe atualmente em relação à concessão de tutela provisória de urgência no que concerne às sentenças constitutivas, geralmente admitidas pela doutrina e pela jurisprudência italiana (salvo a isolada posição em contrário proveniente de Satta), não se podendo excluir que o prejuízo, ou a sua verdadeira e própria irreparabilidade, seja causado efetivamente pelo retardo na emanação do provimento de natureza constitutiva. A jurisprudência italiana não há demonstrado incerteza, salvo para algumas exceções, na atribuição da tutela cautelar, e principalmente daquela prevista no art. 700 do C.P.C., para a satisfação de obrigação consequencial à decisão constitutiva, contextualmente considerado também pela doutrina como relevante, sob o aspecto prático, em lugar da antecipação do provimento constitutivo ou dispositivo. É o exemplo claro da reintegração do trabalhador ao posto do trabalho quando licenciado injustamente. Da mesma forma os efeitos de uma sentença constitutiva de uma servidão de passagem coativa são suscetíveis de antecipação por meio de um procedimento *ex* art. 700 c.p.c. (Pret. Verona, 31 de agosto de 1990, in *Foro ite*, 1991, I, 1951).[151]

É bem verdade que, na demanda de sentença constitutiva se agita um direito que ainda não se encontra no patrimônio do autor, mas, também é verdade que ele é titular da relativa ação (demanda), aquela que de todo modo será no sentido de pronúncia constitutiva de seu direito, e é de outro modo também verdadeiro que tal última titularidade pode constituir objeto de indagação perante o juízo de urgência. Mas se assim é, e isso valia ainda sob a égide da disciplina anterior à reforma de 2005 do C.P.C. italiano, a impossibilidade de se exercitar licitamente, em atenção à decisão sobre mérito (que aquela relação, enfim, constituirá), aquela série de atividade e de vantagem que constituem o conteúdo do direito que se entende conseguir, representa de todo modo o prejuízo derivante da duração do ordinário juízo de cognição. Não há nada na literalidade do art. 700, na ampla razão da tutela atípica de urgência, na extensão que é devido atribuir a tal

---

[150] QUERZOLA, L., op. cit., p. 126 e 127.
[151] VERDE, F., op. cit., p. 47 e 48.

tipo de tutela, que obriga a excluir dali a aplicabilidade no caso de ações constitutivas.[152]

Conforme anotam Enrico A. Dini e Giovanni Mammone: *"Será admissível o provimento de urgência quando a decisão de mérito não seja direta nem a declarar uma relação preexistente ao processo (sentença meramente declaratória), nem a transformar a obrigação em sujeição passiva à sanção da execução forçada (sentença condenatória), mas ao acertamento de um direito do qual derive uma mudança de um estado jurídico preexistente (sentença constitutiva)? Penso deva responder-se afirmativamente, não obstante contrária manifestação de parte da doutrina e da jurisprudência que negam possa encontrar aplicação o art. 700 C.P.C. italiano, impedindo, durante o desenvolvimento do processo, uma ameaça a um direito, que juridicamente somente será declarado existente com a sentença definitiva. De fato, a par de toda consideração sobre conceito de sentença constitutiva, é certo que a mesma tende a satisfazer, por meio do processo, um interesse, que poderia ter sido satisfeito com os meios postos à disposição do privado por parte do direito objetivo, que preexiste ao processo, se referidos meios tivessem funcionado. Por isso, nas sentenças constitutivas encontra-se em presença de certos interesses cuja tutela, predisposta preventivamente, foi violada. Em tais casos a sentença terá uma tendência, ainda que com efeito constitutivo, de tutela a um direito subjetivo preexistente ao processo, razão pela qual não se pode negar a aplicação dos provimentos previstos no art. 700 do C.P.C. italiano. E se é verdade que as sentenças constitutivas produzem geralmente efeitos 'ex nunc', e isso somente a partir do momento em que a sentença transita em julgado, porém, por vezes a lei estabelece que os efeitos sejam 'ex tunc', determinando assim uma verdadeira e própria retroatividade da sentença (não obstante a mudança se verifique pela pronúncia definitiva) a um momento anterior que pode ser aquele da demanda judicial ou aquele em que surge o estado jurídico ou a relação vem modificada"*.[153]

Contudo, enquanto que para a demanda declaratória a antecipação da tutela é total, no sentido de que o conteúdo da pronúncia cautelar antecipatória coincide exatamente com aquela da sentença emanada, no âmbito da pronúncia constitutiva, aquilo que conta, e isso para o qual a tutela cautelar é destinada, é a asseguração, mediante antecipação, das obrigações consequenciais nascidas da emanação da sentença final.[154]

---

[152] VERDE, F., idem, p. 52.
[153] DINI, E. A., MAMMONE, G., op. cit., págs. 301 a 306.
[154] VERDE, F., op. cit., p. 52 e 53.

9.
Tutela Provisória de Urgência Satisfativa ou Cautelar
– *Antecedente ou Incidental*

O art. 294, p.u., do atual C.P.C. preceitua que a tutela provisória de urgência satisfativa (antecipada) ou cautelar poderá ser requerida e concedida em caráter *antecedente* ou *incidental*. Como o referido dispositivo somente faz referência à tutela de urgência (exigindo, portanto, a existência do requisito *periculum in mora*), não se poderá conceder tutela de evidência em caráter antecedente, mas somente incidental.

Sob a égide do C.P.C. de 1973, a doutrina majoritária firmou entendimento de que somente se poderia conceder de forma antecedente as medidas cautelares e não as medidas antecipadas satisfativas, uma vez que a antecipação de tutela ou se dava mediante requerimento formulado na própria petição inicial ou no curso do processo.

Não havia, portanto, a possibilidade de se conceder tutela provisória satisfativa antecedente.

Porém, sob a égide do art. 273 do C.P.C. de 1973, Cândido Rangel Dinamarco apresentava opinião diversa sobre os limites temporais para a concessão da tutela antecipada: *"O laconismo do art. 273 do Código de Processo Civil deixa em aberto a questão dos limites temporais da possibilidade de antecipar a tutela jurisdicional, questionando-se se essa providência pode ser tomada logo ao início do processo e até mesmo 'inaudita altera parte' e se o poder de fazê-lo se exaure antes da prolação da sentença ou permanece até depois de proferida esta.*

Grassa muita dúvida na prática judiciária do instituto e as manifestações de que se tem conhecimento carecem de uma coerência unitária capaz de oferecer segurança aos litigantes. Na busca de uma solução compatível com o objetivo institucional da tutela antecipada, com o sistema do Código de Processo Civil e com a superior garantia constitucional de acesso à justiça, a resposta deve ser pela mais ampla abertura para a concessão incidental da medida 'a qualquer tempo', a partir de quando o processo se instaura pela propositura da demanda em juízo e enquanto ele estiver sob o comando do juiz de primeiro grau. Obviamente, em cada caso concreto a concessão da medida dependerá de presença dos requisitos exigidos em lei, estando o juiz convencido da necessidade de antecipar – mas sem o preconceito consistente em afastar 'a priori' a concessibilidade porque o momento é prematuro ou porque está superado o período em que a medida pode ser concedida.

Não há razão para negar a pronta admissibilidade das antecipações, logo no momento de apreciar a petição inicial, porque às vezes o adiamento da decisão pode ser fatal e tornar inútil qualquer propósito de evitar a consumação de situações indesejáveis. Chiovenda, seja lembrado que a necessidade de esperar pelas delongas do processo não deve causar dano a quem precisou servir-se do processo para obter um bem ou evitar um mal; é portanto contrária à garantia constitucional de tutela jurisdicional efetiva e tempestiva aquela postura consistente em fechar as portas para a antecipação tutelar logo ao início do processo...

A mesma razão de abertura para a efetividade do acesso à justiça manda também que não se ponham barreiras à possibilidade de antecipar a tutela jurisdicional em primeiro grau de jurisdição, a partir de algum momento ou fase do procedimento. A necessidade de antecipar pode surgir a qualquer tempo, inclusive no momento de decidir a causa ou até mesmo depois da sentença, estando ainda os autos perante o juiz de primeiro grau, sem que antes disso houvesse o 'periculum' justificador da medida; pode também inexistir no espírito do juiz a convicção da probabilidade do direito do autor, ou 'fumus boni iuris', antes desses momentos adiantados do procedimento, sobrevindo no momento de sentenciar ou mesmo depois. Essas não são situações ordinárias, do dia-a-dia, mas quando ocorrem é preciso ter a disposição de tomá-las em consideração sem o preconceito de uma suposta preclusão do poder de ditar a antecipação da tutela jurisdicional. Quando ocorrer uma situação extraordinária que clame por uma medida urgente, é perfeitamente legítimo incluir na sentença de mérito um 'capítulo' impondo a providência adequada a evitar que o direito pereça. Sistematicamente, é até mais seguro conceder a tutela antecipada nesse momento, quando, superadas pela instrução exauriente as dúvidas do julgador sobre os fatos e as teses jurídicas pertinentes, ele terá chegado ao convenci-

mento de que o autor tem razão: se houver a urgência que a legitime, a antecipação deve ser concedida ainda nesse momento final do procedimento em primeiro grau de jurisdição.

Em casos assim, não se trata de uma sentença de mérito e de uma decisão interlocutória acoplada a ela, como já se chegou a pensar. O ato proferido pelo juiz é um só, é a 'sentença'...".[155]

Assim, na concepção de Dinamarco, não haveria limitação temporal, dentro do próprio procedimento, para que se formulasse pedido de tutela antecipada de caráter satisfativo ou cautelar, seja sob o fundamento da urgência, seja sob o fundamento da evidência.

Essa concepção doutrinária de Dinamarco foi incorporada pelo novo C.P.C., pois o atual art. 294, p.u., permite que tanto a medida cautelar quanto a medida satisfativa sejam requeridas de forma antecedente, ou seja, antes que seja formulado o pedido principal na demanda.

Deve-se ressaltar que a relevância obrigatória do assunto não poderia deixar de transitar pela interpretação dada ao art. 700 do C.P.C. italiano.

Preceitua o art. 700 do C.P.C. italiano: *Art. 700 (Condições para a concessão). Fora dos casos regulados nas precedentes seções deste capítulo, quem tenha motivo de temer que durante o tempo necessário para fazer valer o seu direito na via ordinária, este esteja ameaçado por um prejuízo eminente e irreparável, pode pedir com recurso ao juiz os provimentos de urgência, que apareçam, segundo as circunstâncias, mais idôneos à assegurar provisoriamente os efeitos da decisão sobre o mérito.*

A doutrina reafirma e até enfatiza a índole cautelar que se atribui à figura constante do art. 700 do C.P.c. italiano.

Conforme aduz Barbosa Moreira: *"o que escandalizou os críticos não foi, note-se, a mera possibilidade de que a providência cautelar fundada no art. 700 assumisse caráter 'antecipatório' da tutela definitiva. Realmente, na Itália, desde cedo se admitira que pudessem coexistir pacificamente, no mesmo ato, feição antecipatória e feição cautelar. A primeira grande sistematização das providências cautelares, na literatura peninsular, definia justamente uma das espécies do gênero como 'decisão antecipada e provisória de mérito'; subsistiria uma relação de instrumentalidade entre essa decisão provisória e a sentença definitiva, se bem que 'profundamente diversa' da existente nas outras espécies, mas em todo caso bastante para justificar a inserção do fenômeno na área da cautelaridade. A providência desse tipo, com efeito,*

---

[155] DINAMARCO. Cândido Rangel. *Nova era do processo civil.* São Paulo: Malheiros, 2003. p. 79 a 82.

TUTELA PROVISÓRIA

não poderia 'aspirar a tornar-se ela mesma definitiva', mas seria em qualquer caso 'preordenada à emissão de uma providência principal': sobrevindo esta, os efeitos provisórios da medida cautelar seriam pura e simplesmente 'destinados a cessar, porque, conquanto a decisão principal substancialmente reproduz e faça suas as disposições da providência cautelar, ela funciona sempre como decisão 'ex novo' da relação controvertida, e não como convalidação da providência cautelar'".[156]

Essa questão talvez não tivesse sentido no âmbito do direito italiano, pois toda medida de urgência concedida antes da sentença teria natureza, para a doutrina clássica, de cautelaridade. E tendo caráter de cautelaridade, ainda que satisfativa, não se negaria a possibilidade de sua concessão de forma antecedente.

O direito italiano, apesar do que dispõe o art. 700 do C.P.C., ainda persiste na interpretação de que todo provimento concedido antes da sentença de primeiro grau, seja ele de natureza satisfativa ou conservativa, terá conteúdo de cautelaridade, uma vez que o ordenamento jurídico ainda segue a risca o princípio de que *nulla executio sine titulo*.

E tendo conteúdo de cautelaridade, não haveria maiores indagações sobre a possibilidade de sua concessão de forma antecedente, ainda que se tratasse de cautelar com natureza satisfativa.

Comentando a origem do art. 700 do C.P.C. italiano, anota Andrea Proto Pisani:

> *"O instituto dos provimentos de urgência ex art. 700 constitui uma inovação entre as mais importantes do c.p.c. de 1942.*
>
> *Sob a égide do c.p.c. de 1865 faltava, para além das singulares medidas cautelares típicas (e dos singulares procedimentos singulares típicos), a previsão de uma medida cautelar atípica na mesma medida que era previsto nos arts. 935 e 940 da ZPO tedesca (relativos à assim denominada einstweilige Verfügungen) e dos artt. 806 ss c.p.c. frances de 1806 (relativos à denominada ordonnances sur refere).*
>
> *Tal carência foi denunciada energicamente; para comaltá-la Chiovenda tentou desumir, pela via interpretativa sistemática, a existência de um provimento provisório de cautela, de caráter geral, para o qual fosse remetido ao juiz toda valoração em relação à oportunidade dos singulares provimentos e em razão de sua natureza.*
>
> *Esta proposta interpretativa, uma vez que encontrou críticas muito duras na doutrina e dissenso a nível prático, influenciou a reforma do código de processo de 1942 que,*

---

[156] BARBOSA MOREIRA, J. C., op. cit., p. 94.

sobretudo em razão da força de Piero Calamandrei e Francesco Canelutti, disciplinou no art. 700 uma medida cautelar atípica...

O limite do art 700 foi constituído pela forte discricionariedade (intrínseca à formulação de qualquer norma de conclusão do sistema) concedida ao juiz não somente em ordem à determinação, em concreto, do conteúdo do provimento, mas sobretudo em ordem à possibilidade de utilização do instituto em exame: de fato, por haver subordinado a admissibilidade do art. 700 à cláusula geral de 'irreparabilidade' do prejuízo (expressão genérica e portanto equivoca), permite possíveis valorações disformes realizadas pelos vários ofícios e pelos vários juízes, oferecendo de tal modo uma justiça 'octroyèe'".[157]

Na realidade, o direito italiano distingue as medidas cautelares antecipatórias das medidas cautelares conservativas. Segundo Felippo Verde: *"É tradicionalmente corrente na doutrina, e sobre isso são dedicadas difusas considerações, a distinção entre provimentos cautelares, e sobretudo de urgência, contendo 'medidas conservativas' e provimentos com 'medidas antecipatórias'".*[158]

A reforma do C.P.C. italiano em 2005 teve por objetivo confirmar no ordenamento jurídico italiano os provimentos cautelares inominados e os denominados antecipatórios.[159] Em suma, segundo o legislador de 2005, seria agora legislativamente estatuída uma perceptível diferenciação entre: a) provimento de urgência, ações de nunciação e todas as demais; b) provimentos cautelares idôneos a antecipar a decisão de mérito; c) provimento cautelares inidôneos a antecipar decisões de mérito.[160]

De qualquer sorte, conforme aduz Fillipo Verde, o provimento antecipatório previsto no art. 700 do C.P.C. italiano sempre terá a característica de um procedimento cautelar de caráter instrumental, razão pela qual: *"não se pode (melhor dizer agora: não se poderia) conceber um provimento cautelar não seguido da relativa causa de mérito; e, ainda agora, não é concebível um provimento cautelar, antecipatório ou não, cuja eficácia sobreviva à sentença proferida no juízo de mérito: se esta reafirma a existência do direito acautelado, o provimento resultará absorvido pela sentença; se, pelo contrário, esta última nega a existência do direito acautelado, o provimento perde eficácia 'ex lege'".*[161]

---

[157] PISANI, Andrea Proto. *Lezioni di diritto processaule civile.* Terza Edizione. Napoli: Casa Editrice Dott. Eugenio Jovene, 1999. p. 672 e 673.
[158] VERDE, F., op. cit., 24
[159] VERDE, F., idem. p. 3.
[160] VERDE, F., idem. p. 6.
[161] VERDE, F., idem, p. 5.

TUTELA PROVISÓRIA

Portanto, no âmbito do processo civil italiano, o provimento de urgência, mesmo que antecipatório, terá natureza de cautelaridade.

Ficaria, porém, incompleta esta breve análise do direito processual civil italiano se não se fizesse referência à existência, nele, de providências antecipatórias de clara natureza *não cautelar*. Exemplo é a do art. 186 *bis*, do *Codice di Procedura Civile*, introduzido pela Lei n. 353, de 1990, de acordo com o qual, a requerimento da parte, o juiz instrutor pode ordenar, na pendência da ação condenatória, o pagamento, pelo réu, das quantias por este não contestadas. Tal *ordinanza* de forma alguma exerce função meramente instrumental em relação à futura sentença presumivelmente condenatória; tanto assim, que conserva sua eficácia no caso de extinção do processo (art. 186 *bis*, 2ª alínea). Por outro lado, ao contrário do que faz no art. 700, a lei aqui não subordina a concessão da medida a um específico pressuposto de urgência.[162]

---

[162] BARBOSA MOREIRA, J. C., op. cit., p. 95.

10.
Tutela provisória Antecipada
– Pagamento de Custas e honorários

A tutela provisória antecipada de urgência requerida de forma antecedente, ou seja, como marco introdutório da demanda, estará sujeita ao pagamento das custas processuais, justamente pelo fato de que põe em movimento a atividade estatal de prestação da tutela jurisdicional.

Porém, se a tutela provisória antecipada, seja ela satisfativa ou cautelar, for requerida incidentalmente, sua postulação independe do pagamento de custas judiciais, conforme estabelece o art. 295 do atual C.P.C.: *"a tutela provisória requerida em caráter incidental independe do pagamento de custas"*.

Como o pedido, tutela provisória antecipada satisfativa ou cautelar incidental, se dá no bojo de um processo já instaurado, como mero incidente interno, não se justifica o pagamento de novas custas processuais, pois estas já foram pagas com a distribuição da petição inicial, segundo o valor da causa ali atribuído.

Agora, tratando-se de pedido de tutela provisória antecedente, haverá necessidade de pagamento das custas processuais, justamente pelo fato de que se trata de pedido instaurador da relação jurídica processual.

Note-se que o art. 295 do novo C.P.C. somente isenta a parte do pagamento das custas e não de eventuais despesas processuais, como, por exemplo, o pagamento das despesas do oficial de justiça com eventual remoção de bens.

TUTELA PROVISÓRIA

O novo C.P.C., porém, não tratou diretamente da questão dos honorários de advogado em face da tutela cautelar antecipada e da tutela satisfativa definitiva.

Sob a égide do C.P.C. de 1973, havia condenação específica da parte sucumbente no processo cautelar na verba de honorários de advogado. É certo que essa condenação somente ocorria nas cautelares em que o juiz resolvia questões, ou seja, quando o juiz deveria solucionar determinadas controvérsias no processo cautelar. Daí por que não havia condenação de honorários de advogado nas medidas cautelares meramente administrativas, como era o caso da notificação, interpelação ou protesto, produção antecipada de provas, justificação etc.

Em que pese o novo C.P.C. nada mencione sobre a questão dos honorários de advogado na tutela antecipada cautelar, o certo é que o juiz, quando do julgamento final do pedido definitivo satisfativo, deverá levar em conta o trabalho do advogado na pretensão e na contra-pretensão da tutela jurisdicional provisória antecipada cautelar, para que os honorários finais abranjam também o trabalho realizado pelo advogado no âmbito do pedido de cautelaridade. Porém, para aqueles que entendem que a decisão proferida pelo juiz na relação jurídica processual cautelar apresenta natureza de sentença, a questão dos honorários de advogado poderá, nesta decisão, ser delineada. Porém, não adoto esse posicionamento, pois a decisão proferida na relação jurídica processual cautelar, salvo se extintiva do processo, não apresenta natureza de sentença, pois não está inserida no âmbito do art. 203, §1º, do novo C.P.C., que assim estabelece: *Ressalvadas as disposições expressas dos procedimentos especiais, sentença é o pronunciamento por meio do qual o juiz, com fundamento nos arts. 485 e 487, põe fim à fase cognitiva do procedimento comum, bem como extingue a execução.*

A decisão que decide sobre a pretensão de tutela de urgência cautelar não põe fim à fase cognitiva do procedimento comum, muito menos extingue a execução, razão pela qual sua natureza jurídica é de decisão interlocutória, e o recurso cabível contra essa decisão será o recurso de agravo de instrumento, salvo, conforme já se afirmou, se o julgamento final se dá em processo em que somente haja a pretensão formulada de tutela cautelar, quando então a decisão terá natureza sentença, cabendo contra ela o recurso de apelação.

11.
Eficácia da Tutela Provisória Antecipada ou Incidental

A tutela provisória conservará sua eficácia na pendência do processo, mas pode, a qualquer momento, ser revogada ou modificada em decisão fundamentada (art. 296 do novo C.P.C.).

Segundo anotam Enrico A. Dini e Giovanni Mammone, a última característica da tutela provisória (cautelar) seria a *variabilidade* do provimento. De fato, *"enquanto que o provimento definitivo é estático (com exceção da sentença condicional ou 'rebus sic stantibus'), o provimento cautelar, que é provisório, pode ser modificado pelo juiz todas as vezes que seja necessário para conseguir o escopo que se era prefixado com a emanação do mesmo em relação às variações das circunstâncias que eventualmente não poderia prever-se no momento da emissão. Dada a 'sumária cognição', é evidente que o juiz possa também ter errado na avaliação das circunstâncias, razão pela qual nada proíbe que possa modificar o provimento para render-lo mais aderente à concreta realidade das coisas, depois de ter colhido outras informações...A variabilidade do provimento cautelar parece configurar-se não tanto como natural corolário da sua provisoriedade, quanto da sua instrumentalidade ou, melhor ainda, do princípio da necessária correspondência da tutela cautelar à contingente situação de perigo que de volta-em-volta necessita neutralizar. De um lado, portanto, podem intervir modificações à situação de fato ou se podem descobrir elementos e condições diversas dos precedentes de tal maneira a render inidôneo o provimento adotado ou impor a concessão de medida cautelar originariamente excluída; do outro, eventual mudanças das circunstâncias podem operar o inverso, rendendo não mais atual a situação de perigo em um primeiro momento acertada e consentida, então, ao juiz de revogar a medida precedentemente emitida ou atenuar seus efeitos com uma diversa valoração das circunstâncias apresentadas".*[163]

É importante salientar que o art. 296 do novo C.P.C. aplica-se tanto à tutela provisória de urgência (antecipada e cautelar) como em relação à tutela provisória de evidência.

Muito embora a tutela provisória de evidência apresente uma força de justificação maior que a tutela de urgência, justamente pelo fato de não exigir o *periculum in mora*, isso não significa que a sua concessão terá caráter de definitividade, razão pela qual, de acordo com as circunstâncias que possam neutralizar ou extinguir o critério de *evidência* que fundamentou a concessão da tutela provisória, o juiz poderá revogá-la, modificá-la ou mesmo alterá-la.

As tutelas provisórias de urgência – satisfativa ou cautelar – e a tutela provisória de evidência são reguladas pela cláusula *rebus sic stantibus*, isto é, sujeitas às modificações fáticas e jurídicas que possam ocorrer no futuro.

A revogação ou modificação da tutela provisória permitida pelo dispositivo diz respeito tanto ao aspecto fático (*periculum in mora ou perigo de dano ou risco ao resultado útil do processo*) quanto ao aspecto jurídico (*fumus boni iuris ou probabilidade do direito*).

Assim, alterando-se o *periculum in mora* (salvo em relação à tutela provisória de evidência) ou o *fumus boni iuris*, poderá o juiz, a qualquer momento, durante a pendência do processo, revogar ou modificar a medida concedida, com base em decisão fundamentada.

A revogação caracteriza a eliminação da tutela provisória concedida anteriormente, enquanto que a modificação tem por objetivo alterar o conteúdo da tutela concedida.

Evidentemente, a alteração ou modificação da tutela provisória não está adstrita ao juízo discricionário do magistrado, razão pela qual a lei exige que a decisão seja devidamente fundamentada.

A questão que se coloca é se o juiz poderá revogar ou modificar a tutela provisória, de *ofício*.

É certo que o sistema processual civil brasileiro está consubstanciado no princípio dispositivo, razão pela qual, em regra, não poderá o juiz revogar ou modificar a tutela provisória concedida, de *offício*.

---

[163] DINI, E. A., MAMMONE, G., op. cit, pág. 60 e 61.

Porém, tendo por objeto a demanda direitos indisponíveis, poderá o juiz *ex officio* promover essa alteração de tutela.

Segundo leciona Luiz Fux: *"no campo da tutela de segurança, à luz do dever geral de segurança que tem todo magistrado a partir da instauração da relação processual, não se pode duvidar da necessidade de uma atuação independente da iniciativa da parte. Consoante afirmamos anteriormente, não se pode conceber que o juiz assista impassível à periclitação de um direito cuja satisfação depende da resposta judicial em razão da impossibilidade de autotutela. Assim, verificando o juízo através de provas inequívocas que a tutela requerida merece, v.g., uma ampliação, sob pena de frustrar aquela anteriormente concedida, deve atuar de ofício, para equilibrar as posições das partes no processo"*.[164]

A revogação ou modificação da tutela provisória satisfativa ou cautelar deverá ater-se às alterações do *fumus boni iuris* e do *periculum in mora* (salvo em relação à tutela com base na evidência) e de acordo com a necessidade do caso concreto.

Note-se que a modificação poderá ser para ampliar o conteúdo da tutela concedida ou mesmo para restringi-lo de acordo com o grau de gravidade do *periculum in mora* ou da modificação do *fumus boni iuris*.

A eficácia da tutela antecipada prevalecerá inclusive durante o período de suspensão do processo (p.u. do art. 296 do novo C.P.C.), salvo se houver decisão fundamentada do magistrado em sentido contrário.

Assim, em regra, durante o período de suspensão do processo, em face de acordo das partes ou por determinação legal, a tutela provisória com base na urgência ou na evidência conservará sua eficácia, salvo decisão judicial fundamentada em contrário.

---

[164] Fux, L., op. cit., p. 65.

12.
Atipicidade das Medidas para Efetivação da Tutela Provisória

Sob a égide do C.P.C. de 1973, as medidas cautelares típicas, arresto, sequestro, busca e apreensão etc., eram delineadas segundo uma tipicidade procedimental para sua concessão, devendo o magistrado seguir os critérios de concessão previamente estabelecidos em lei.

Concedia-se maior liberdade ao magistrado para utilização de medidas quando diante da antecipação de tutela prevista no art. 273 ou 461 e 461-A do C.P.C. de 1973.

Porém, nem na Itália nem na França procurou-se arrolar, por meio de enumeração exaustiva, as providências cautelares ou antecedentes. O art. 700 do C.P.C. italiano faz referência de forma genérica àquelas medidas que pareçam mais idôneas para assegurar a eficácia da decisão definitiva. O art. 809, 1ª alínea, do C.P.C. francês, igualmente faz referência, de forma genérica, às medidas conservativas ou restitutórias que se imponham para prevenir dano iminente ou fazer cessar turbação manifestamente ilícita.[165]

É importante reconhecer que não seria mesmo possível ao legislador prever casuisticamente todas as situações concebíveis e prescrever para cada qual uma solução específica. Apenas *in concreto*, levando em consi-

---

[165] BARBOSA MOREIRA, J. C., op. cit., p. 98.

deração as variáveis peculiaridades do caso, é que se poderá escolher o caminho adequado.[166]

Pensando nisso, o legislador do novo C.P.C. resolveu seguir os passos da normatização italiana e francesa.

O art. 297 do novo C.P.C. estabelece que *o juiz poderá determinar as medidas que considerar adequadas para efetivação da tutela provisória.*

O C.P.C. de 1973 trazia redação similar no art. 798, quando tratava das medidas cautelares inominadas: *"Além dos procedimentos cautelares específicos, que este Código regula no Capítulo II deste Livro, poderá o juiz determinar as medidas provisórias que julgar adequadas, quando houver fundado receito de que uma parte, antes do julgamento da lide, cause ao direito de outra lesão grave e de difícil reparação".*

É importante salientar que o preceito estabelecido no art. 297 do novo C.P.C. não está limitado apenas às medidas antecipatórias cautelares, uma vez que se aplica também às medidas de natureza satisfativa.

A mesma regra normativa está prevista no art. 700 do C.P.C. italiano, *in verbis: "Fora dos casos regulados nas precedentes seções deste capítulo, quem tenha motivo de temer que durante o tempo necessário para fazer valer o seu direito na via ordinária, este esteja ameaçado por um prejuízo eminente e irreparável, pode pedir com recurso ao juiz os provimento de urgência, que apareçam, segundo as circunstâncias, mais idôneos à assegurar provisoriamente os efeitos da decisão sobre o mérito".*

O juiz poderá determinar as medidas adequadas para a efetivação da tutela provisória, no caso, a tutela satisfativa ou cautelar.

O legislador, de certa forma, permitiu certa flexibilização ao magistrado no momento da concessão da tutela provisória, apenas indicando a 'adequação' da medida como critério objetivo para a sua concessão.

Assim, a flexibilização está ligada à adequação da medida para a efetivação da tutela antecipada.

Portanto, o juiz poderá utilizar medidas, por vezes similares, tanto para dar efetividade à tutela provisória satisfativa quanto à tutela provisória cautelar.

Complementa o parágrafo único do art. 297 do atual C.P.C. que *efetivação da tutela provisória observará as normas referentes ao cumprimento provisório de sentença, no que couber.*

---

[166] BARBOSA MOREIRA, J. C., idem, ibidem.

O art. 281, na sua redação originária, do projeto de lei do Senado n. 166/10, preconizava que *"a efetivação da medida observará, no que couber, o parâmetro operativo do cumprimento da sentença e da execução provisória"*.

O novo dispositivo retirou a expressão *execução provisória* para inserir *cumprimento provisório de sentença*.

Portanto, quando diante de tutela provisória com base na evidência ou na urgência, o novo Código não fala em *execução* da medida, mas, sim, na sua *efetivação*.

Por isso, o juiz ao decretar uma medida cautelar urgente com as características de arresto, sequestro, busca e apreensão, arrolamento de bens, limita-se a ordenar que tais medidas sejam efetivadas, observando-se os parâmetros normativos operativos do cumprimento de sentença de obrigação de fazer, não fazer, entrega de coisa etc, sem que essa *efetivação da medida* importe execução da respectiva decisão.

O termo efetivação não se confunde com o de execução.

A efetivação das tutelas provisórias, com base nas normas referentes ao cumprimento provisório de sentença, difere-se da própria execução de uma decisão que tem por finalidade a outorga da própria tutela jurisdicional definitiva. Nesse sentido já se manifestaram Enrico A. Dini e Giovanni Mammone: *"A execução do provimento cautelar, portanto, é coisa diversa da execução forçada da sentença, a qual não visa a assegurar uma certa situação para o tempo necessário ao acertamento do direito, mas é destinada a procurar um dado bem de acordo com a expressão imediata da tutela jurisdicional... Esta imposta-ção, amplamente recebida pela doutrina e pela jurisprudência anterior à lei 353 de 1990, não exclui naturalmente que o juiz ao determinar a modalidade de atuação do provimento de urgência possa utilizar os instrumentos previstos para o processo de execução, mas entende como não praticáveis (na verdade supérfluos) uma séria de institutos próprios do processo de execução, como a intimação para cumprir o título executivo, a intimação para apresentar impugnação etc."*.[167]

É bem verdade que a redação do C.P.C. de 1973 jamais se preocupou com esse rigor terminológico, empregando o termo efetivação ou execução indistintamente, para se referir ao cumprimento de uma medida cautelar. Fazia referência o C.P.C. de 1973 à efetivação das medidas cautelares no art.806, enquanto que nos arts. 802, p.ú., II, 808, II e 819, fazia alusão o Código à execução da medida cautelar.

---

[167] DINI, E.A.; MAMMONE, G., op. cit., p. 558.

TUTELA PROVISÓRIA

O novo C.P.C. permitiu uma maior desenvoltura do juiz no momento da efetivação da medida provisória com base na urgência ou na evidência, podendo o magistrado utilizar de todos os meios possíveis e admitidos existentes para o cumprimento definitivo ou provisório da decisão judicial.

O juiz poderá utilizar dos atos operativos previstos para *o cumprimento da sentença* no Código, como, por exemplo: penhora, arresto, sequestro de bens, indisponibilidade de bens, inclusive com apreensão de depósitos bancários, ameaça de prisão em caso de alimentos, imposição de multa, busca e apreensão, remoção de pessoas e coisas, desfazimentos de obras, intervenção judicial em atividade empresarial ou similar, impedimento de atividade nociva, inclusive podendo requisitar força policial.

Essas medidas, porém, não chegam ao grau de imposição das decisões proferidas pelos Tribunais ingleses diante do denominado *contempt of court,* em razão do qual o tribunal poderá determinar a prisão da parte até que se cumpra o que fora determinado pela Corte, tendo em vista que a nossa Constituição impede a prisão por dívida civil (em contraposição a esfera penal), salvo na hipótese de alimentos.

No sistema alemão, aliás, existe a seguinte determinação como causa de sequestro no caso de arresto do devedor (§918): *"A prisão do devedor tem lugar somente quando essa se verifica necessária para assegurar a execução forçada do patrimônio do devedor já comprometido".*

Nem mesmo a prisão do depositário infiel é atualmente possível, em face da interpretação dada pelo S.T.F., no sentido de que essa sanção judicial foi afastada do nosso texto constitucional pelo Tratado Interamericano de Direitos Humanos, *Pacto de São José da Costa Rica.* Diante dessa interpretação, o S.T.F. revogou a Súmula 619, segundo a qual *"a prisão do depositário judicial pode ser decretada no próprio processo em que se constituiu o encargo, independentemente da propositura de ação de depósito".*

13.
Princípio da Motivação da Tutela Provisória

Estabelece o art. 298 do novo C.P.C. que na decisão que conceder, negar, modificar ou revogar a tutela provisória, o juiz justificará as razões de seu convencimento de modo claro e preciso.

Este dispositivo apenas vem consolidar no âmbito infraconstitucional o princípio das motivações das decisões do Poder Judiciário previsto no art. 93, inc. IX, da C.F.: *todos os julgamentos dos órgãos do Poder Judiciário serão públicos, e fundamentadas todas as decisões, sob pena de nulidade, podendo a lei limitar a presença, em determinados atos, às próprias partes e a seus advogados, ou somente a estes, em casos nos quais a preservação do direito à intimidade do interessado no sigilo não prejudique o interesse público à informação; (Redação dada pela Emenda Constitucional nº 45, de 2004).*

Assim, como a decisão que concede uma tutela provisória cautelar ou satisfativa é uma decisão proveniente de um órgão do Poder Judiciário, essa decisão deverá ser devidamente e se possível exaustivamente fundamentada, principalmente pelo fato de que a antecipação da tutela apresenta alto grau de periculosidade, seja pela sua concessão, seja em razão de seu indeferimento.

Essa motivação, contudo, deve respeitar a própria natureza da cognição realizada nesse tipo de tutela provisória, especialmente quando fundada na urgência, ou seja, cognição sumária e não exauriente.

Já na tutela provisória satisfativa, fundada na evidência, a motivação, dependendo da circunstância, poderá decorrer de uma cognição exauriente.

A afirmação de que a cognição no âmbito da tutela de evidência possa ser exauriente não gera maiores considerações, tendo em vista que a doutrina italiana vem exigindo um maior aprofundamento da cognição, ainda que de natureza cautelar, conforme se pode observar pela seguinte lição de Lea Querzola: *"Tradicionalmente diz-se que o juiz da cautelar deve contentar-se, ainda que o acertamento somente possa ser obtido por meio de uma longa pesquisa, pela aparência do direito, que pode colher-se por meio de uma cognição mais expedita e superficial que aquela ordinária, em substância, por meio de uma cognição sumária....A opinião ora recordada não é de todo pacífica. Não concorda, de fato, com a circunstância de que o provimento cautelar pressupõe a aquisição de uma mera verossimilhança do direito, a doutrina que, salientando a letra do art. 669 'sexies', inc. ', do c.p.c. italiano, exige uma realização de um grau mínimo de certeza... Eficazmente, nota-se que o grau de aprofundamento que o juiz da cautela deve observar sobre o mérito da relação litigiosa deve ser modulado relativisticamente; em outras palavras, o esforço instrutório deverá ser diversamente exigente segundo o tipo de provimento cautelar solicitado, segundo a incidência dos seus efeitos e de sua relação com a decisão de mérito, e em particular deverá tratar-se de um valoração mais acurada e profunda para o provimento cautelar antecipatório, especialmente quando a antecipação dos efeitos da tutela de mérito possa comportar um sério e não totalmente reparável prejuízo dos interesse da contraparte. Portanto, é necessário, em especial na hipótese de provimento cautelar antecipatório, não contentar-se com a 'suposição' do direito do recorrente e de uma cognição do juiz somente sumária e conjetural, mas, sim, valer-se de uma cognição mais penetrante e completa nos limites do ato solicitado e de acordo com o contraditório que possa ser exercido e com a necessidade da urgência"*.[168]

Não obstante a importância do princípio da motivação das decisões judiciais, o certo é que tal garantia constitucional não estava presente na Constituição Federal brasileira de 1967 com a Emenda Constitucional n. 1 de 1969.

Na realidade, o dever de motivar surge em nosso ordenamento jurídico em decorrência de uma tradição lusitana, justamente com o Regulamento 737 de 1850, art. 232, *in verbis:A sentença deve ser clara, summariando o Juiz o pedido e a contestação com os fundamentos respectivos, motivando com precisão o seu julgado, e declarando sob sua responsabilidade a lei, uso ou estylo em que se funda.*

---

[168] Querzola, L., op. cit., p. 156 a 157.

A partir daí, o dever de motivar as decisões é mantido por outras legislações infraconstitucionais, como os arts. 118, p.u. e 280, inc. II, ambos do C.P.C. de 1939, e os arts. 131, 165 e 458, inc. II, todos do C.P.C. de 1973.

Observa-se que muito embora o dever de fundamentação das decisões não estivesse expressamente consignado na C.F. de 1969, o certo é que a legislação infraconstitucional já o previa desde 1850.

Atualmente, a garantia constitucional do dever de motivar as decisões encontra-se expressamente encampada no art. 93, inc. IX, da Constituição Federal brasileira.

Não se pode esquecer que a legitimidade do Poder Judiciário está consagrada na motivação de suas decisões, sendo essa garantia uma importante função *exoprocessual;* outrossim, a motivação das decisões tem por finalidade *endoprocessual* resguardar as técnicas de impugnação processual, dando condições para que essas técnicas de impugnação tenham plena eficácia.

Porém, não obstante se tenha uma garantia constitucional de que as decisões proferidas pelo Poder Judiciário brasileiro devem ser fundamentadas, o certo é que a Constituição de 1988 não estabelece o que se entende por uma decisão motivada ou não.

Nem mesmo o C.P.C. revogado de 1973 definia o que se entendia por decisão não fundamentada.

Portanto, desde a promulgação da Constituição Federal de 1988, a doutrina não apresenta um entendimento unívoco sobre o que se entende por uma decisão motivada.

Conforme já teve oportunidade de afirmar Owen Fiss: *"A obrigação de justificar uma decisão tem dado origem a debates intermináveis acerca dos fundamentos adequados para decisões judiciais – o texto legal, as intenções dos responsáveis pela elaboração da Constituição norte-americana, a estrutura geral da Constituição, a ética, o bem da nação etc".*[169]

A jurisprudência também não apresenta um entendimento unívoco sobre o que se entende por decisão motivada, ora aceitando uma forma restritiva, ora exigindo uma forma ampliativa motivacional.

Sustentando uma forma restritiva de fundamentação, é o seguinte julgado do S.T.J.:

---

[169] FISS, Owen. *Um novo processo civil – estudos norte-americanos sobre jurisdição, constituição e sociedade.* Coord. Carlos Alberto de Salles. Trad. Daniel Porto Godinho da Silva e Melina de Medeiros Rós. São Paulo: Editora Revista dos Tribunais, 2004. p. 42.

"(...). O julgador não está no dever jurídico de rebater, um a um, os argumentos trazidos pela parte, quando aponta fundamentos suficientes à análise e solução da controvérsia; neste caso, o acórdão está fundamentado, explicitando claramente as razões que levaram ao acolhimento dos Embargos de Divergência em Recurso Especial".

(STJ., Relator Min. Napoleão Nunes Maia Filho, 21.05.2014, Corte Especial). Também adota esse critério de fundamentação restritiva o S.T.F. nas seguintes decisões: HC 83.073, rel. Min. Nelson Jobim, julgamento em 17.6.2003; HC 82.476, rel. Min. Carlos Velloso, julgamento em 3.6.2013.

Eis, ainda, a seguinte decisão:

"O art. 93, IX, da CF exige que o acórdão ou decisão sejam fundamentados, ainda que sucintamente, sem determinar, contudo, o exame pormenorizado de cada uma das alegações ou provas.

(AI 791.292-QO-RG, REl. Min. Gilmar Mendes, julg. 23.6.2010).

Porém, há decisões do próprio S.T.F. no sentido de se exigir uma forma ampliativa na tratativa da fundamentação: Vejamos as seguintes decisões:

*"Não satisfaz a exigência constitucional de que sejam fundamentadas todas as decisões do Poder Judiciário (CF, art. 93, IX) a afirmação de que a alegação deduzida pela parte é **inviável juridicamente, uma vez que não retrata a verdade dos compêndios legais':** não servem à motivação de uma decisão judicial afirmação que, a rigor, se prestariam a justificar qualquer outra.*

(RE 217. 631, Rel Min. Sepúlveda Pertence)

"A decisão judicial deve analisar todas as questões suscitadas pela defesa do réu. Reveste-se de nulidade o ato decisório, que, descumprindo o mandamento constitucional que impõe a qualquer juiz ou tribunal o dever de motivar a sentença ou o acórdão, deixa de examinar, com sensível prejuízo para o réu, fundamento relevante em quês e apóia a defesa técnica"

(HC 74.073, REl. Min. Celso de Mello, j. 20.5.97).

"A decisão, como ato de inteligência, há de ser a mais completa e convincente possível. Incumbe ao Estado-Juiz observar a estrutura imposta por lei, formalizando o relatório, a fundamentação e o dispositivo. Transgride comezinha noção do devido processo

legal, desafiando os recursos de revista, especial e extraordinário pronunciamento que, inexistente incompatibilidade com o já assentado, implique recusa em apreciar causa de pedir veiculada por autor ou réu. O juiz é um perito na arte de proceder e julgar, devendo enfrentar as matérias suscitadas pelas partes, sob pena de, em vez de examinar no todo o conflito de interesses, simplesmente decidi-lo, em verdadeiro ato de força, olvidando o ditame constitucional da fundamentação, o princípio básico do aperfeiçoamento da prestação jurisdicional".

(RE 435256, Relator(a): Min. MARCO AURÉLIO, Primeira Turma, julgado em 26/05/2009, DJe-157 DIVULG 20-08-2009 PUBLIC 21-08-2009 EMENT VOL-02370-06 PP-01253)

Observa-se pela leitura dos precedentes acima citados, especialmente do S.T.F., a enorme dificuldade de os Ministros, daquela Corte, definirem com certa segurança, coerência e uniformidade o real alcance do inc. IX do art. 93 da C.F.

Dependendo do caso, o dever de fundamentar as decisões judiciais é interpretado/aplicado como simples dever de indicar no julgado as razões de decidir, ainda que sem enfrentar todos os argumentos da parte. Noutro sentido, para se garantir esse direito fundamental, cabe ao magistrado ou Tribunal analisar todos os argumentos lançados no processo.

A controvérsia foi, de certa forma, resolvida em 2010, quando o S.T.F. decidiu estabelecer uma decisão paradigma com efeito de repercussão geral, prevalecendo a corrente restritiva, *in verbis*:

Questão de ordem. Agravo de Instrumento. Conversão em recurso extraordinário (CPC, art. 544, §§ 3º e 4º). 2. Alegação de ofensa aos incisos XXXV e LX do art. 5º e ao inciso IX do art. 93 da Constituição Federal. Inocorrência. 3. O art. 93, IX, da Constituição Federal exige que o acórdão ou decisão sejam fundamentados, ainda que sucintamente, sem determinar, contudo, o exame pormenorizado de cada uma das alegações ou provas, nem que sejam corretos os fundamentos da decisão. 4. Questão de ordem acolhida para reconhecer a repercussão geral, reafirmar a jurisprudência do Tribunal, negar provimento ao recurso e autorizar a adoção dos procedimentos relacionados à repercussão geral.

(AI 791292 QO-RG, Relator(a): Min. GILMAR MENDES, julgado em 23/06/2010, REPERCUSSÃO GERAL – MÉRITO DJe-149 DIVULG 12-08-2010 PUBLIC 13-08-2010 EMENT VOL-02410-06 PP-01289 RDECTRAB v. 18, n. 203, 2011, p. 113-118)

Não há dúvida de que o S.T.F., ao optar pela corrente restritiva, não levou em consideração a atual normatização do C.P.C. brasileiro de 2015.

O novo C.P.C. de 2015, em seu art. 489, §1º, veio complementar o conteúdo normativo do art. 93, inc. IX, da C.F., explicitando e definindo em quais situações não será considerada fundamentada qualquer decisão judicial, seja ela interlocutória, sentença ou acórdão.

Assim, o novo C.P.C. resolve de uma vez por todas as controvérsias doutrinárias e jurisprudenciais sobre a concepção de uma decisão mal fundamentada.

Estabelece o §1º do art. 489 do novo C.P.C.:

> *Art. 489. São elementos essenciais da sentença:*
>
> *I – o relatório, que conterá os nomes das partes, a identificação do caso, com a suma do pedido e da contestação, e o registro das principais ocorrências havidas no andamento do processo;*
>
> *II – os fundamentos, em que o juiz analisará as questões de fato e de direito;*
>
> *III – o dispositivo, em que o juiz resolverá as questões principais que as partes lhe submeterem.*
>
> *§ 1º Não se considera fundamentada qualquer decisão judicial, seja ela interlocutória, sentença ou acórdão, que:*
>
> *I – se limitar à indicação, à reprodução ou à paráfrase de ato normativo, sem explicar sua relação com a causa ou a questão decidida;*
>
> *II – empregar conceitos jurídicos indeterminados, sem explicar o motivo concreto de sua incidência no caso;*
>
> *III – invocar motivos que se prestariam a justificar qualquer outra decisão;*
>
> *IV – não enfrentar todos os argumentos deduzidos no processo capazes de, em tese, infirmar a conclusão adotada pelo julgador;*
>
> *V – se limitar a invocar precedente ou enunciado de súmula, sem identificar seus fundamentos determinantes nem demonstrar que o caso sob julgamento se ajusta àqueles fundamentos;*
>
> *VI – deixar de seguir enunciado de súmula, jurisprudência ou precedente invocado pela parte, sem demonstrar a existência de distinção no caso em julgamento ou a superação do entendimento.*
>
> *§ 2º No caso de colisão entre normas, o juiz deve justificar o objeto e os critérios gerais da ponderação efetuada, enunciando as razões que autorizam a interferência na norma afastada e as premissas fáticas que fundamentam a conclusão.*

§ 3º A decisão judicial deve ser interpretada a partir da conjugação de todos os seus elementos e em conformidade com o princípio da boa-fé.

Em relação ao comentário ao art. 489, §1º, do novo C.P.C., remetemos o leitor para nossa obra *Código de Processo Civil – anotado, comentado e interpretado*, Vol. I, ano 2015, Parte Geral (arts. 1 a 317), Editora Almedina.

14.

Recurso Cabível contra o Deferimento ou Indeferimento da Tutela Provisória

Segundo estabelece o art. 1.015, inc. I, do atual C.P.C., cabe *agravo de instrumento* contra decisão interlocutória que versar sobre tutela provisória.

Tendo em vista que, normalmente, a decisão que concede ou nega a tutela provisória é uma decisão interlocutória, e que não põe fim à fase cognitiva do procedimento comum ou extingue a execução, o recurso cabível é o *agravo de instrumento*.

É bem verdade que dúvida poderá surgir em face do que dispõe o art. 304 e seu §1º do novo C.P.C., ao tratar da tutela antecipada satisfativa requerida em caráter antecedente, *in verbis*:

> **Art. 304.** *A tutela antecipada, concedida nos termos do art. 303, torna-se estável se da decisão que a conceder não for interposto o respectivo recurso.*
>
> *§ 1º No caso previsto no caput, o processo será extinto.*

Portanto, não havendo recurso (de agravo de instrumento) contra a tutela antecipada concedida nos termos do art. 304 do atual C.P.C., o processo deverá ser extinto sem resolução de mérito. E sendo extinto o processo, e recurso cabível contra essa decisão seria o de apelação.

Porém, não haverá interesse processual na interposição do recurso de apelação, uma vez que, mesmo extinto o processo, qualquer das partes poderá requerer a revisão, reforma ou invalidação da tutela satisfativa esta-

TUTELA PROVISÓRIA

bilizada nos termos do 'caput' do art. 302, conforme preconizam os §§2º a 6º do art. 302 do atual C.P.C., a saber:

> *Art. 304. A tutela antecipada, concedida nos termos do art. 303, torna-se estável se da decisão que a conceder não for interposto o respectivo recurso.*
>
> *§ 1º No caso previsto no caput, o processo será extinto.*
>
> *§ 2º Qualquer das partes poderá demandar a outra com o intuito de rever, reformar ou invalidar a tutela antecipada estabilizada nos termos do caput.*
>
> *§ 3º A tutela antecipada conservará seus efeitos enquanto não revista, reformada ou invalidada por decisão de mérito proferida na ação de que trata o § 2º.*
>
> *§ 4º Qualquer das partes poderá requerer o desarquivamento dos autos em que foi concedida a medida, para instruir a petição inicial da ação a que se refere o § 2º, prevento o juízo em que a tutela antecipada foi concedida.*
>
> *§ 5º O direito de rever, reformar ou invalidar a tutela antecipada, previsto no § 2º deste artigo, extingue-se após 2 (dois) anos, contados da ciência da decisão que extinguiu o processo, nos termos do § 1º.*
>
> *§ 6º A decisão que concede a tutela não fará coisa julgada, mas a estabilidade dos respectivos efeitos só será afastada por decisão que a revir, reformar ou invalidar, proferida em ação ajuizada por uma das partes, nos termos do § 2º deste artigo.*

Outrossim, nem toda decisão que revoga a tutela provisória antecipada estará sujeita ao recurso de agravo, uma vez que, dependendo da natureza, poderá ensejar a interposição de recurso de apelação, como é o caso do art. 307, inc. III, do atual C.P.C., *in verbis*:

> *Art. 309. Cessa a eficácia da tutela concedida em caráter antecedente, se:*
>
> *(...).*
>
> *III – o juiz julgar improcedente o pedido principal formulado pelo autor ou extinguir o processo sem resolução de mérito.*

Nesse caso, a decisão que ensejou a cessação de eficácia da tutela provisória concedida provém de uma sentença que julgou improcedente o pedido principal formulado pelo autor ou extinguiu o processo sem resolução demérito.

Por sua vez, também é possível que a tutela provisória satisfativa ou cautelar seja concedida por ocasião da prolação de sentença que analisou o pedido principal. Nesse caso, conforme entende a jurisprudência moderna, o recurso cabível é o de apelação, o qual deverá ser recebido apenas no efeito devolutivo. Nesse sentido, é o seguinte precedente do S.T.J.:

> *1. É firme a orientação jurisprudencial deste Superior Tribunal de Justiça no sentido de que o recurso de apelação contra sentença que defere a antecipação da tutela deve ser recebido apenas no efeito devolutivo.*
> *2. Agravo regimental a que se nega provimento.*
> *(AgRg no Ag 1261955/SP, Rel. Ministro RAUL ARAÚJO, QUARTA TURMA, julgado em 17/02/2011, DJe 24/02/2011).*

É importante salientar que uma vez julgado pelo Tribunal de Apelação o recurso de agravo de instrumento contra a tutela provisória concedida de forma antecedente ou incidental, não haverá espaço para se levar a questão ao crivo do Superior Tribunal de Justiça.

É que o Superior Tribunal de Justiça não tem conhecido do Recurso Especial interposto contra acórdão proferido em agravo de instrumento interposto contra decisão que avaliou pedido de tutela provisória.

Para que o S.T.J. pudesse analisar recurso especial que tivesse por objeto a concessão ou não de tutela provisória, seria necessário o ingresso na análise dos requisitos normativos para a concessão da aludida tutela, o que demandaria a análise de prova, fato impeditivo da admissibilidade do recurso especial, nos termos Súmula 07 do S.T.J.

Sobre o tema, assim tem se manifestado o S.T.J.:

> *1. **A iterativa jurisprudência desta Corte é no sentido de que, para análise dos critérios adotados pela instância ordinária que ensejaram a concessão ou não da liminar ou da antecipação dos efeitos da tutela, é necessário o reexame dos elementos probatórios a fim de aferir a "prova inequívoca que convença da verossimilhança da alegação", nos termos do art. 273 do CPC, o que não é possível em recurso especial, ante o óbice da Súmula 7/STJ.***
> *2. É sabido que as medidas liminares de natureza **cautelar** ou antecipatória são conferidas à base de cognição sumária e de juízo de mera **verossimilhança.** Por não representarem pronunciamento definitivo, mas provisório, a respeito do direito afirmado na demanda, são medidas, nesse aspecto, sujeitas à modificação a qualquer tempo, devendo ser confirmadas ou revogadas pela sentença final. Em razão da natureza precária da decisão, em regra, não possuem o condão de ensejar a violação da legislação federal.*
> *Incidência, por analogia, da Súmula 735/STF: "não cabe recurso extraordinário contra acórdão que defere medida liminar".*

TUTELA PROVISÓRIA

(...).
(AgRg no AREsp 490.601/MS, Rel. Ministro HUMBERTO MARTINS,
SEGUNDA TURMA, julgado em 15/05/2014, DJe 22/05/2014).

No sistema jurídico italiano, conforme anota Ítalo Augusto Andolina, *"por constante instrução da Suprema Corte, somente as pronúncias decisórias incidentes sobre direitos subjetivos e ou seu 'status' são impugnáveis por cassação; e decisões são somente as 'ditas' judiciais idôneas ao 'julgado'. Ao contrário, os provimentos provisórios e ou cautelares antecipatórios 'não são' decisórios próprios porque 'auxiliares' em relação ao 'julgado', e a eles correlatos e subordinados, e por este destinados a serem absorvidos".*[170]

Segundo ainda Ítalo Augusto Andolina, o projeto assim construído apresenta uma indubitável coerência. Porém, referida coerência vacila, e arrisca de ser perigosa, no momento em que os provimentos (que de início seriam 'auxiliares') se afastam da subordinação (ao menos estrutural) ao julgado e adquirem um mais elevado critério de autonomia. Em particular a *ultratividade* (sempre mais reconhecida aos provimentos de *quibus*), reduz sensivelmente a distância que (até ontem) separava estes provimentos (*lato sensu, provisórios*) das pronúncias decisões em sentido próprio.[171]

Porém, essa preocupação de Ítalo Augusto Andolina, legítima no sistema processual italiano, não se aplica ao sistema jurídico brasileiro, tendo em vista que a *ultratividade* da tutela provisória de urgência antecipada ou satisfativa somente ocorrerá se a parte ré deixar justamente de interpor o recurso de agravo de instrumento.

---

[170] ANDOLINA, I. A., op. cit., p. 75.
[171] ANDOLINA, I. A., idem, p. 76

15.
Juízo Competente para Conhecer da Tutela Provisória

Estabelece o art. 299 do novo C.P.C. que a tutela provisória será requerida ao juiz da causa e, quando antecedente, ao juízo competente para conhecer do pedido principal.

Por sua vez, o art. 800 do C.P.C. de 1973 preceituava que: *As medidas cautelares serão requeridas ao juiz da causa; e, quando preparatórias, ao juiz competente para conhecer da ação principal.*

Parágrafo único. Interposto o recurso, a medida cautelar será requerida diretamente ao tribunal.

Não se constatam maiores problemas, quanto à questão da competência, em relação ao pedido de tutela provisória incidental, pois ela sempre será requerida, em petição avulsa, perante o juízo no qual o processo se encontra em tramitação.

Porém, dúvida poderá surgir quando a tutela provisória satisfativa ou cautelar for requerida antecedentemente.

Nessa hipótese, deverá ser formulado o pedido de tutela provisória antecedente perante o juízo competente para conhecer do pedido principal, tudo transcorrendo num único processo jurisdicional.

Note-se que não há mais dois processos autônomos, como ocorria durante a vigência do C.P.C.de 1973, em que haveria um processo autônomo para as medidas cautelares e um processo principal, ambos correndo em apenso.

É importante salientar que se o pedido de tutela provisória satisfativa ou cautelar for formulado de forma antecedente, perante juízo relativamente incompetente, e não for arguida em tempo oportuno a incompetência, prorrogar-se-á a competência do juízo para decidir sobre o pedido principal, uma vez que, nos termos da Súmula 33 do S.T.J., o juiz não poderá, de ofício, arguir a sua incompetência relativa.

Porém, se o pedido de tutela provisória satisfativa ou cautelar for formulado perante juízo absolutamente incompetente, poderá o juiz, de ofício, remeter o processo ao juízo competente.

Nos termos do parágrafo único do art. 299 do novo C.P.C., ressalvada norma especial, na demanda de competência originária de tribunal e nos recursos, a tutela provisória será requerida perante o órgão jurisdicional competente para apreciar o mérito.

Assim, se a competência originária para conhecer do pedido principal for dos tribunais de apelação ou dos tribunais superiores, ou, ainda, se já houver recurso contra a sentença proferida pelo juízo de primeiro grau em relação à causa principal, eventual tutela provisória satisfativa ou cautelar incidental deverá ser requerida perante o órgão jurisdicional competente para apreciar o mérito.

Evidentemente, o órgão jurisdicional competente para apreciar o mérito, em se tratando de demanda originária ou de recurso, será o próprio tribunal.

O C.P.C. de 1973 abria duas exceções em que estando a causa principal pendente de julgamento em segundo grau, a medida cautelar deveria ser requerida no juízo de primeiro grau. Isso se dava na medida cautelar de alimentos provisionais e na medida cautelar de atentado, segundo prescreviam os arts. 853 e o parágrafo único do art. 880, *in verbis*:

> *Art. 853. Ainda que a causa principal penda de julgamento no tribunal, processar--se-á no primeiro grau de jurisdição o pedido de alimentos provisionais.*

> *Art. 880. (...).*
> *Parágrafo único. A ação de atentado será processada e julgada pelo juiz que conheceu originariamente da causa principal, ainda que esta se encontre no tribunal.*

O novo C.P.C. não prevê qualquer tipo de exceção, razão pela qual as tutelas provisórias satisfativas ou cautelares deverão sempre ser requeridas perante o tribunal, em se tratando de demanda originária ou na hipótese de o processo já se encontrar em segundo grau em decorrência de recurso.

A grande questão que se coloca é o hiato que surge quando da publicação da sentença e o recebimento e encaminhamento do recurso ao tribunal.

O novo C.P.C. repetiu o princípio de que uma vez publicada a sentença, o juiz cumpre e acaba o ofício jurisdicional, conforme prevê o art. 491, incisos I e II:

> Art. 494. Publicada a sentença, o juiz só poderá alterá-la:
> I – para corrigir-lhe, de ofício ou a requerimento da parte, inexatidões materiais ou erros de cálculo;
> II – por meio de embargos de declaração.

Assim, se já houver a publicação da sentença com o recurso recebido, mas ainda não remetido ao tribunal, eventual pedido de tutela provisória deverá ser formulado perante o tribunal competente, sendo que o relator que apreciar o pedido tornar-se-á prevento para a análise de eventual recurso.

Contudo, se já houver sido publicada a sentença, mas ainda não foi interposto qualquer recurso perante o tribunal, é de se manter a competência do juízo do primeiro grau para apreciar eventual pedido de tutela provisória incidental, pois o princípio constitucional da efetividade da tutela de jurisdicional deverá prevalecer sobre a regra processual de competência. Aliás, essa solução é preconizada pelo art. 669 – quater do C.P.C. italiano, que assim estabelece:

> "Na pendência dos prazos para propor impugnação, a demanda se propõe perante o juiz que pronunciou a sentença".

No direito germânico, competente para a emissão do provimento é o tribunal investido da causa principal. No caso de lide pendente, ou em caso de urgência, é competente também o *Amtsgericht* do lugar onde se encontra o objeto da lide, o qual, porém, deve fixar um prazo peremptório para a convalidação do provimento diante ao tribunal competente pela causa principal.[172]

É importante salientar que em nosso sistema jurídico processual existe ainda a hipótese em que o juízo que concede a tutela provisória não será o mesmo que irá julgar a causa principal. Observa-se essa hipótese no pro-

---

[172] DINI, E. A., MAMMONE, G., op. cit., p. 169 e 170.

cesso de inventário, especialmente nos arts. 627, §3º, 641, §2º, e 643, p.u., todos do novo C.P.C., *in verbis:*

Art. 627. Concluídas as citações, abrir-se-á vista às partes, em cartório e pelo prazo comum de 15 (quinze) dias, para que se manifestem sobre as primeiras declarações, incumbindo às partes:

(...).

§ 3º Verificando que a disputa sobre a qualidade de herdeiro a que alude o inciso III demanda produção de provas que não a documental, o juiz remeterá a parte às vias ordinárias e sobrestará, até o julgamento da ação, a entrega do quinhão que na partilha couber ao herdeiro admitido.

Art. 641. Se o herdeiro negar o recebimento dos bens ou a obrigação de os conferir, o juiz, ouvidas as partes no prazo comum de 15 (quinze) dias, decidirá à vista das alegações e das provas produzidas.

(...).

§ 2º Se a matéria exigir dilação probatória diversa da documental, o juiz remeterá as partes às vias ordinárias, não podendo o herdeiro receber o seu quinhão hereditário, enquanto pender a demanda, sem prestar caução correspondente ao valor dos bens sobre os quais versar a conferência.

Art. 643. Não havendo concordância de todas as partes sobre o pedido de pagamento feito pelo credor, será o pedido remetido às vias ordinárias.

Parágrafo único. O juiz mandará, porém, reservar, em poder do inventariante, bens suficientes para pagar o credor quando a dívida constar de documento que comprove suficientemente a obrigação e a impugnação não se fundar em quitação.

Nas referidas hipóteses normativas, o juízo do inventário concederá tutela provisória de natureza cautelar, concernente na retenção de bens do inventário, até que a questão sobre a qualidade do herdeiro, sobre o sonegado ou sobre o crédito de credores, seja resolvida em outro processo a ser instaurado nas vias ordinárias.

Por sua vez, nos termos do art. 688, incs. I e II, do novo C.P.C, cessará a eficácia da tutela provisória concedida nos termos dos arts. 627, §3º, 641, §2º, e 643, p.u do novo C.P.C. se a ação correspondente não for proposta em 30 (trinta) dias contados da data em que da decisão foi intimado o impugnante, o herdeiro excluído ou o credor não admitido ou se o juiz extinguir o processo de inventário com ou sem resolução de mérito.

16.
Processo Único para Diversos Pedidos – *Sincretismo*

Em relação à *tutela provisória antecipada (satisfativa)* requerida em caráter antecedente, o art. 303 do novo C.P.C. esclarece que, nos casos em que a urgência for contemporânea à propositura da demanda, a petição inicial poderá limitar-se ao requerimento da tutela antecipada e à indicação do pedido de tutela final, com exposição da lide, do direito que se busca realizar e do perigo de dano ou do risco ao resultado útil do processo.

Note-se que o pedido de antecipação de tutela provisória satisfativa deverá ser formulado com todos os seus fundamentos, enquanto que, em relação ao pedido de tutela final, a parte poderá promover apenas sua simples indicação.

Isso é muito salutar, especialmente em determinadas situações nas quais a parte ainda não teve tempo para angariar todos os argumentos e documentos necessários a fim de formular o pedido de tutela final, mas que em razão do *periculum in mora* necessita, com urgência, da concessão de uma tutela provisória satisfativa antecedente.

Portanto, a nova sistemática permite a formulação de uma petição inicial na qual conste apenas o pedido de antecipação de tutela provisória, seja ela satisfativa ou cautelar, devendo a parte apenas fazer simples indicação do pedido final.

Concedida a tutela antecipada, nos termos do art. 303 do novo C.P.C., o autor deverá, em ato contínuo, num verdadeiro *sincretismo de pedidos e argumentos,* aditar a petição inicial, com a complementação de sua argumentação, juntada de novos documentos e a confirmação do pedido de tutela final, em quinze dias, ou em outro prazo maior que o órgão jurisdicional fixar (inc. I do §1º do art. 303 do novo C.P.C.).

Não realizado o aditamento acima referido, o processo será extinto sem resolução de mérito (§2º do art. 303 do novo C.P.C.).

O aditamento acima referido dar-se-á nos mesmos autos, sem incidência de novas custas processuais (§3º do art. 303 do novo C.P.C.).

Portanto, em relação à tutela antecipada satisfativa antecedente, haverá uma petição inicial primeira, na qual se formulará o pedido antecipatório com breve relato do pedido de tutela final e um *aditamento* da mesma petição inicial para concluir os argumentos em relação ao pedido de tutela final.

Já no que concerne à tutela provisória cautelar antecedente, a sistemática mostra-se um pouco diferenciada.

Sob a égide do C.P.C. 1973, especificamente em relação às medidas cautelares, existia uma nítida autonomia entre o processo cautelar e o processo principal.

Aliás, o C.P.C. de 1973 dedicava o seu Livro III justamente para tratar das normatizações do processo cautelar.

A nova sistemática rompe com a autonomia entre o processo cautelar e o processo principal, demonstrando que há um *sincretismo* entre o pedido de tutela provisória cautelar antecedente e o pedido principal.

A partir do novo C.P.C. há apenas um único processo com diversos pedidos, ou seja, um pedido antecedente de tutela provisória antecipada satisfativa ou cautelar e um pedido principal.

Trata-se de *sincretismo* entre o pedido de tutela provisória antecipada e o pedido principal, em ordem cronológica.

Assim, o pedido de tutela provisória antecipada satisfativa ou cautelar, fundado na urgência, poderá ser formulado em caráter antecedente ou incidental.

Nos termos do art. 305 do novo C.P.C., o autor deverá formular o pedido de tutela provisória cautelar antecedente por meio de petição inicial que terá por fim a prestação da tutela cautelar em caráter antecedente, indicando a lide, seu fundamento e a exposição sumário do direito que se visa assegurar e o perigo de dano ou o risco ao resultado útil do processo.

Efetivada a tutela provisória cautelar, o pedido principal terá de ser formulado pelo autor no prazo de trinta dias. Nesse caso, será apresentado nos mesmos autos em que veiculado o pedido de tutela cautelar, não

PROCESSO ÚNICO PARA DIVERSOS PEDIDOS – *SINCRETISMO*

dependendo do adiantamento de novas custas processuais (art. 308 do novo C.P.C.).

Nada impede que o autor formule o pedido principal conjuntamente com o pedido da tutela cautelar (§1º do art. 308 do novo C.P.C.).

Portanto, em relação à tutela provisória cautelar antecedente, haverá, em regra, uma petição inicial em que se formulará o pedido de cautelar, e, posteriormente, uma outra petição em que o autor formulará o pedido principal.

Há, portanto, duas petições independentes, sendo que uma não é o aditamento da outra, conforme se verifica na hipótese da tutela provisória antecipada satisfativa.

É importante salientar que se a parte formular um pedido de tutela antecedente satisfativa ou cautelar perante um juízo absolutamente incompetente (em razão da matéria ou da hierarquia), o processo deverá ser remetido, inclusive de ofício, ao juízo competente. Contudo, se o pedido de tutela antecedente satisfativa ou cautelar for formulado perante um juízo relativamente incompetente (em razão do território, por exemplo), e tal irregularidade de pressuposto processual de validade não for alegada pelo requerido, prorrogar-se-á a competência do juízo para conhecer do pedido principal.

17.
Requisitos da Tutela Provisória com base na Urgência

Segundo já assinalara Dinamarco, quando do comentário ao art. 273 do C.P.C. de 1973:

> *"Daí a legitimidade de recondução das medidas antecipatórias e cautelares a um gênero só, que as engloba, ou a uma categoria próxima, que é a das 'medidas de urgência'. E à moderna ciência processual, avessa a conceitualismos e prioritariamente preocupada com os resultados do processo e do exercício da jurisdição, muito mais relevância tem a descoberta dos elementos comuns que aquelas duas espécies apresentam, do que a metafísica busca dos fatores que as diferenciam. Tal é a postura do Código de Processo Civil italiano, que, na moderníssima versão decorrente das sucessivas alterações por que passou nos anos noventa, encerra a seção destinada aos procedimentos cautelares (arts. 669-bis ss.) com uma norma geral destinada às medidas de urgências atípicas (art. 700), as quais poderão ser, segundo opinião generalizada em doutrina, 'conservativas' ou 'antecipatórias'. Os estudiosos italianos não se preocupam, na exegese de seu art. 700, em distinguir com muita clareza o que é cautelar e o que não é."*.[173]

O legislador do novo C.P.C, de certa forma, acolheu a concepção de Dinamarco ao dar um mesmo tratamento jurídico processual para a con-

---

[173] DINAMARCO, Cândido Rangel. *Nova era do processo civil*. São Paulo: Malheiros, 2003. p. 59 e 60..

cessão de tutela provisória antecipada/satisfativa ou cautelar com fundamento na *urgência*

Uma vez unificadas e sistematizadas, pelo novo C.P.C., as tutelas provisórias antecipadas/satisfativas e cautelar com base na *urgência*, os requisitos para a sua concessão também passaram a ser os mesmos.

Conforme ensina Cândido Rangel Dinamarco, citando Francesco Carnelutti, cautelares e antecipatórias são as duas faces de uma mesma moeda, dois irmãos gêmeos ligados por um veio comum que é o empenho em neutralizar os males do *tempo-inimigo*, esse dilapidador de direitos.[174]

17.1. Probabilidade ou plausibilidade do direito

Segundo estabelece o art. 300 do novo C.P.C., a tutela de urgência será concedida quando houver elementos que evidenciem a probabilidade do direito e o perigo de dano ou o risco ao resultado útil do processo.

Já o art. 276 do projeto originário n. 2046/10 prescrevia que *para a concessão de tutela de urgência, serão exigidos elementos que evidenciem a plausibilidade do direito, bem como a demonstração de risco de dano irreparável ou de difícil reparação.*

Assim, o novo dispositivo, ao unificar a tutela provisória antecipada (satisfativa) e a medida cautelar, também unificou os requisitos para a concessão da tutela de urgência em caráter geral.

Os dois requisitos são: a) *probabilidade ou plausibilidade do direito*; b) *perigo de dano ou o risco ao resultado útil do processo.*

A exigência dos requisitos 'probabilidade do direito' e 'perigo de dano ou risco ao resultado útil do processo' para a concessão de tutela provisória de urgência, é de certa forma uniforme em diversos sistemas jurídicos.

No sistema inglês, para a concessão da *injunction* (por vezes com natureza cautelar e por vezes com natureza antecipatória) o juiz deve individuar em *prima facie*, no *harm of irreparable injury* e na *balance of convenience* a existência desses requisitos para conceder o provimento solicitado. Quanto ao primeiro, necessita o juiz ter um *good arguable case on the merit*, isto é, consistente no sentido de que o autor poderá sair-se vitorioso do julgamento. O autor, em outras palavras, deve convencer o juiz: *that the claim is not frivolous or vexatious; in other words, that there is a serious question to be tried'.* O *harm of irreparable injury*, por sua vez, consiste na alegação por

---

[174] DINAMARCO, C. R. idem, p. 49.

parte do autor do perigo de se verificar o dano que, em ausência da medida solicitada, não poderia ser reparado ao final do julgamento, nem em forma específica, nem por meio de um adequado equivalente monetário. Último e mais importante requisito a ser avaliado por parte do juiz para conceder ou negar a medida, é o denominado *balance of convenience (o balance of justice)*, que consiste no ponderar a posição do autor e aquela do réu, tendo em conta *advantages and disadvantages*; o juiz deve sopesar *'one need against the other and determine where the balance of convenience lies*; a doutrina anglo--saxão reconhece este último critério como sendo aquele com base no qual se decide a maior parte das *injunctions*.[175]

No sistema germânico, as condições para que o juiz possa conceder o provimento provisório à tutela do direito subjetivo previsto no §935 *ZPO* são a afirmação de um direito subjetivo que necessita de tutela (a denominada *Verfügungsanspruch*) e a afirmação de motivos de urgência (o denominado *Dringlichkeit o Verfügunsgsgrund*), que justificam o recurso à via cautelar.[176]

O art. 273 do C.P.C. de 1973, referente à antecipação de tutela, condicionava a sua concessão à *existência de prova inequívoca, devendo o juiz se convencer da verossimilhança da alegação formulada.*

No que concerne à medida cautelar, o art. 798 do C.P.C. de 1973 vinculava a sua concessão à demonstração do *fumus boni iuris*.

Agora, o novo C.P.C., unificando os critérios de verossimilhança, plausibilidade e da fumaça do bom direito, utiliza-se da expressão *probabilidade do direito*.

Deve-se registrar, em termos gerais, que os dois conceitos 'verossimilhança' e 'probabilidade' são considerados distintos, seja no plano jurídico, seja no plano epistemológico, pressupondo, em cada um deles, operações gnosiológicas bem diversas entre eles. É pacífico, de fato, que na valoração de 'verossimilhança' falta aquele procedimento lógico-inferencial que caracteriza o convencimento fundado na 'probabilidade'. Inserida no contexto processual, esta consideração leva à conclusão de que o juiz pode considerar verossímil uma determinada alegação factual sem passar pela concreta verificação probatória, mas simplesmente avaliando se a alegação ingressa ou não na área de operatividade de uma determinada máxima de

---

[175] QUERZOLA, L., op. cit., p. 73 e 74.
[176] QUERZOLA, L., idem, p. 84.

experiência. Com isso, exclui-se que verossimilhança e probabilidade possam ser inseridas no mesmo plano, ainda quando se afronta o problema da qualidade da cognição sumária.[177]

É importante salientar que nem sempre será fácil para o juiz, chamado a emitir um provimento provisório, estabelecer uma avaliação segura sobre a existência do direito, em face da celeridade e da falta de uma plena cognição, razão pela qual o magistrado deverá contentar-se com uma sumária cognição dos fatos para fazer um cálculo de probabilidade sobre a existência do direito. Por isso, será suficiente a mera aparência de existência do direito, já que o acertamento final de sua existência é função própria do ordinário juízo de cognição plena e exauriente.[178]

O juiz, portanto, deverá levar em conta, antes de emitir o provimento de urgência, a probabilidade acerca do êxito do provimento principal. De fato, o provimento provisório de urgência, que constitui instrumento do provimento principal, pode considerar-se como uma antecipação deste último; então o magistrado que emite um provimento de urgência deve necessariamente e obrigatoriamente examinar qual poderá ser o êxito do provimento principal, porque, se através desse exame de delibação se formará o convencimento que no juízo de mérito o direito reivindicado pelo requerente não poderá subsistir, não acolherá a pretensão e rejeitará a instância direta a obter o próprio provimento; assim, este cálculo de probabilidade incidirá sobre a decisão do magistrado para admitir o provimento de urgência.[179]

Tendo em vista que a cognição vertical realizada no âmbito da apreciação das tutelas provisórias de urgência, sejam elas de natureza satisfativa ou cautelar, é eminentemente *sumária*, a parte não necessita comprovar de plano a inequivocidade do direito material alegado.

O juiz, ao conceder a tutela de urgência (satisfativa ou cautelar) com base na cognição sumária, nada declara em relação ao direito material, limitando-se a afirmar a probabilidade da existência do direito, de modo que, aprofundada a cognição, nada impeça que o juiz assevere que o direito que supôs existir na verdade nunca existiu.

---

[177] CARRATTA, Antonio. *La tutela sommaria in Europa – studi*. Napoli: Jovene Editore, 2002. p. 30.
[178] DINI, E. A., MAMMONE, G., op. cit., p. 32
[179] DINI, E. A., MAMMONE, G., idem., p. 240.

No âmbito da análise do pedido da tutela de urgência, a cognição não tem por função declarar o direito, mas apenas uma função de formulação de hipóteses.

Assim, a concessão de eventual tutela de urgência fica limitada a um juízo de *plausibilidade ou probabilidade* e não de verdade ou inequivocidade que é pressuposto para a prolação de uma decisão que possa gerar coisa julgada material.

Conforme ensina Piero Calamandrei, *"Por aquilo que se refere à investigação sobre o direito, a cognição cautelar se limita em cada caso a um 'juízo de probabilidade e de verossimilhança'. Declarar a existência do direito é função do procedimento principal; em sede de cautelar basta que a existência do direito pareça verossímil, ou seja, melhor dizendo, basta que, segundo um cálculo de probabilidade, se possa prever que o procedimento principal declarará o direito em sentido favorável àquele que requeira a medida cautelar. O êxito dessa cognição sumária sobre a existência do direito tem, portanto, em cada caso, valor não de declaração, mas de hipóteses: se essa hipótese corresponde à realidade se poderá ver somente quando for emanado o procedimento principal. Não existe nunca, no interior do processo cautelar, uma fase ulterior destinada a aprofundar essa investigação provisória sobre o direito a transformar a hipótese em declaração: o caráter hipotético desse julgamento está intimamente radicado na natureza própria do procedimento cautelar e é um aspecto necessário à sua instrumentalidade. O dia em que a existência do direito não for mais uma hipótese, mas uma certeza jurídica, o procedimento cautelar terá esgotado a sua tarefa, porque, quando a sobrevinda declaração principal puder começar a evidenciar os seus efeitos, no mesmo momento não haverá mais necessidade daquela antecipação provisória desses efeitos, que foi executada na espera do procedimento cautelar. Não só, portanto, não existe no processo cautelar uma fase destinada a transformar essa hipótese em declaração, mas a existência de uma tal fase estaria em claro contraste com os objetivos desse processo: o procedimento cautelar é por sua natureza hipotético, e quando a hipótese se resolve na certeza, é sinal de que o procedimento cautelar esgotou sem dúvida sua função.*

Seria, portanto, absolutamente errôneo considerar o procedimento principal, pelo que se refere à declaração do direito, como uma convalidação do procedimento cautelar: declarar de modo definitivo a existência do direito quer dizer, em vez de convalidar o procedimento cautelar, declarar cumprido o seu ciclo".[180]

---

[180] CALAMANDREI, Piero. *Introdução ao estudo sistemático dos procedimentos cautelares.* Trad. Carla Roberta Andreasi Bassi (traduzido da edição italiana de 1936). Campinas: Servanda, 2000. p. 100 e 101.

Evidentemente, na atual fase do direito processual civil brasileiro, em tese, não se fala mais em processo cautelar ou em processo principal, mas, sim, em pedido de medida cautelar e pedido principal, pois o processo encontra-se unificado.

Mas em que pese os pedidos sejam formulados num mesmo processo, continua valendo a afirmação de Piero Calamandrei de que o pedido cautelar é analisado apenas sob a perspectiva de uma hipótese, e que este pedido não se convalida no pedido principal, apesar de o processo ser uno e indivisível.

Nas palavras de Kazuo Watanabe, *"a convicção do juiz, na cognição sumária, apresenta todos esses graus. Deve haver adequação da intensidade do juízo de probabilidade ao momento procedimental da avaliação, à natureza do direito alegado, à espécie dos fatos afirmados, à natureza do provimento a ser concedido, enfim, à especificidade do caso concreto. Em razão da função que cumpre a cognição sumária, mero instrumento para a tutela de um direito, e não para a declaração de sua certeza, o grau máximo de probabilidade é excessivo, inoportuno e inútil ao fim a que se destina"*.[181]

Em síntese, o acertamento do direito no âmbito da concessão de tutela provisória constitui-se de um juízo de probabilidade ou de verossimilhança, mediante o qual o juiz acerta: *"a) nos limites de uma cognição mais expedita em relação àquela ordinária; b) a aparência do direito, valorada sob plano hipotético, exige que o grau de probabilidade do direito acautelando seja sucessivamente reconhecido na sentença de mérito, isto é, em uma palavra, a atendibilidade da pretensão (Glaubhaftmachung dês Ansprochs)"*.[182]

Naturalmente, o juiz deverá verificar se a situação jurídica posta como fundamento em pedido de provimento de tutela provisória apresenta os requisitos para poder formar objeto do sucessivo juízo de cognição. Disso resulta que não se pode conceder tutela provisória em face de mera expectativa de direito, de direitos derivantes de obrigação natural. Porém, é possível a sua concessão em face de direitos submetidos a termo ou a condição, tendo em vista que a condição e o termo são admitidos por lei.[183]

---

[181] WATANABE, Kazou. *Da cognição no processo civil*. 2. ed. 2. Tiragem. Campinas: Bookseller, 2000. p. 128.

[182] DINI, E. A., MAMMONE, G., op. cit., p. 34.

[183] DINI, E. A., MAMMONE, G., idem, p. 35.

É certo que o art. 125 do C.C.b. preconiza que subordinando-se a eficácia do negócio jurídico à condição suspensiva, enquanto esta se não verificar, não se terá adquirido o direito, a que ele visa.

Porém, muito embora a pendência de condição suspensiva não enseja o direito adquirido, o art. 130 do C.C.b. prescreve que ao titular do direito eventual, nos casos de condição suspensiva ou resolutiva, é permitido praticar os atos destinados a conservá-lo, e dentre esses atos de conservação encontra-se, indubitavelmente, a possibilidade de se ingressar com tutela provisória de urgência antecipada ou cautelar.

Em relação ao direito italiano, anotam Enrico A. Dini e Giovanni Mammone, *"(...) assim, não poderá ter por fundamento de um provimento de urgência um direito futuro, decorrente de simples expectativa, dos direitos derivantes de obrigação natural. Procurou-se, na primeira edição, responder afirmativamente à pergunta se o art. 1.356 do C.C. italiano, segundo o qual, em pendência da condição suspensiva, o titular de um direito pode exercitar atos conservativos, seja em relação a qualquer medida cautelar, seja em relação aos provimentos de urgência indicados no art. 700 do C.P.C. italiano. Se, de fato, a tutela cautelar é concedida, no caso do art. 1.356 do C.C.italiano, com respeito a uma relação na qual o sujeito titular está sem o poder imediato sobre o bem, pois é incerto, ao menos objetivamente que o direito garanta a satisfação do interesse do próprio titular, com maior razão encontrará aplicação o art. 700 do C.P.C. italiano, no caso em que, apesar de não poder o sujeito ativo servir-se imediatamente de um bem para satisfazer o próprio interesse, o ordenamento garanta-lhe a futura satisfação de um interesse, fornecendo-lhe os meios necessários...".*[184]

Uma alteração importante trazida pelo novo C.P.C. diz respeito à eliminação da exigência de *prova inequívoca* para a concessão da tutela antecipatória satisfativa fundada na urgência, conforme exigia o revogado art. 273 do C.P.C. de 1973.

Na realidade, se a verossimilhança do direito ou a probabilidade de sua existência fosse amparada em *prova inequívoca*, ou seja, prova que não pudesse ser refutada quando submetida ao contraditório da prova, não se estaria diante de antecipação de tutela satisfativa com base na urgência, mas, sim, de tutela de evidência *secundum eventum probandum*.

Além do mais, nenhuma prova pode ser considerada inequívoca, principalmente se ainda não foi submetida ao crivo do contraditório da prova.

---

[184] DINI, E. A., MAMMONE, G., idem, p. 299.

TUTELA PROVISÓRIA

O máximo que se pode afirmar de uma prova, sem o contraditório, é a verossimilhança de sua força para demonstrar a probabilidade de existência do direito alegado.

É importante salientar que haverá uma única hipótese em que o juiz, ao apreciar a tutela provisória, exercerá cognição plena e exauriente, sendo que a sua decisão ensejará coisa julgada material. Essa hipótese encontra-se prevista no art. 310 do atual C.P.C., *in verbis: Art. 310. O indeferimento da tutela cautelar não obsta a que a parte formule o pedido principal, nem influi no julgamento desse, salvo se o motivo do indeferimento for o reconhecimento de decadência ou de prescrição.*

Portanto, se o motivo do indeferimento da tutela cautelar for o reconhecimento da prescrição ou da decadência, tal tutela jurisdicional apresenta natureza satisfativa decorrente de cognição plena e exauriente, ensejando coisa julgada material.

17.2. Perigo na demora da prestação da tutela jurisdicional

Além da *probabilidade do direito,* o novo C.P.C. também exige a demonstração do *perigo de dano ou o risco do resultado útil do processo,* para o fim de ser concedida a tutela provisória antecipada ou satisfativa ou cautelar.

Poder-se-ia considerar o perigo de dano ao resultado útil do processo como requisito para a concessão de tutela antecipada, uma vez que o dano, nessa hipótese, estaria vinculado à pretensão de direito material do processo, enquanto que o risco ao resultado útil do processo seria requisito para a concessão da tutela cautelar, uma vez que o risco ao resultado útil do processo estaria vinculado à pretensão de direito processual.

O art. 300 do novo C.P.C. estabelece os remédios processuais aos obstáculos não imputáveis à duração normal do processo, visando a garantir à parte prejudicada aquilo que o direito material lhe garante.

Na verdade, segundo lição de Andrea Proto Pisani, os primeiros obstáculos surgem da circunstância fática de que não há instantaneidade entre o momento do surgimento do direito, aquele da sua violação e, enfim, aquele do recurso à tutela jurisdicional. Normalmente, o recurso à tutela jurisdicional advém somente após a violação do direito material. Em tal caso, o processo pode impedir que a violação continue, mas não poderá por certo eliminar o fato de que a violação de certa forma já tenha ocorrido. Por isso, no que concerne ao fato de violação já perpetuada, o processo não poderá dar ao titular do direito a própria utilidade que haveria de ter por meio da obrigação jurídica material assumida pelo obrigado, mas somente uma utilidade equivalente, isto é, segundo o nosso ordenamento, o ressarcimento do dano.[185]

Esses obstáculos não são debitados ao processo, mas à conduta das partes que põe em risco direito de outrem, causando a possibilidade de lesão grave e de difícil reparação.

Está-se diante daquilo que a doutrina costumou denominar de *periculum in mora*, que no caso não está vinculado apenas ao dano marginal que a duração do processo pode acarretar por si só, mas que depende também de uma conduta concreta, conduta essa que possa causar ao direito da outra lesão grave e de difícil reparação.

Na concepção de Enrico A. Dini e Giovanni Mammone, o *periculum in mora* não se trata de um perigo genérico de dano jurídico, mas do perigo do ulterior dano marginal decorrente do atraso. Referido perigo pode ter dupla natureza: *"a) perigo de não se poder fruir de modo útil do provimento definitivo ou principal (pericolo da infruttuosità); b) perigo de que a satisfação do direito ocorra, porém de forma atrasada (pericolo da ritardo del provvedimento principale). Exemplo típico do primeiro : que o devedor possa dissipar ou alienar a sua riqueza; do segundo: que a prestação esteja ligada a um prazo essencial e se tenha razão de acreditar que o adimplemento ocorrerá após o transcurso do prazo essencial"*.[186]

Conforme já teve oportunidade de afirmar Calvosa, assimila-se a probabilidade de lesão ao bem jurídico, na qual se substancia o *periculum in mora*, aos denominados crimes de perigo. O perigo refere-se a uma situação substancial que confere direito à tutela provisória, no sentido de que é objetivamente provável que o interesse, inserido na base da situação, possa permanecer insatisfeito, com consequente lesão do próprio direito.[187]

No conceito de *periculum in mora* conflui dois elementos entre eles ligados: *"a) a urgência de se obter o provimento; b) a prova de tal urgência, ou seja, a prova em via presumida de que a demora acarretará dano à realização do direito do autor"*.[188]

---

[185] PISANI, Andrea Proto. *Lezioni di diritto processuale civile*. Terza edicizine. Casa Editrice Dott. Eugenio Jovene. Napoli, 1999. p. 630.

[186] DINI, E. A., MAMMONE, G., op. cit., p. 25.

[187] CALVOSA, C. *Tutela cautelar*. Torino, 1963. p. 237.

[188] DINI, E. A., MAMMONE, G., op. cit., p. 28.

O art. 728 do C.P.C. espanhol também estabelece como requisito para a concessão de medidas cautelares o 'perigo da demora processual', *in verbis:*

Art. 728. Perigo de demora processual. Aparência do bom direito. Caução.

1. Somente poderão ser deferidas medidas cautelares se quem as solicita justifica, que, no caso em questão, poderão produzir-se durante a pendência do processo, se não se adotar as medidas solicitadas, situações que impeçam ou dificultem a efetividade da tutela que puder ser outorgada em uma eventual sentença estimatória.

Não se deferirão medidas quando por meio delas se pretenda alterar situações de fato já consolidadas no tempo em razão de consentimento do requerente, salvo se este justificar pormenorizadamente as razões pelas quais ditas medidas não foram solicitadas até então.

2. O requerente de medidas cautelares também deverá apresentar com seu requerimento os dados, argumentos e justificações documentais que possam produzir no tribunal, sem que ocorra um prejulgamento de fundo sobre o assunto, um juízo provisório e indiciário favorável ao fundamento de sua pretensão. Na falta de justificação documental, o requerente poderá oferecê-la através de outros meios de prova, que deverá indicar no mesmo requerimento.

3. Salvo havendo expressa disposição em contrário, o requerente da medida cautelar deverá prestar caução suficiente para responder, de maneira rápida e efetiva, pelos danos e prejuízos que a adoção da medida cautelar puder causar no patrimônio do demandado.

O tribunal determinará a caução atendendo à natureza e ao conteúdo da pretensão e à valoração que realize, segundo o inciso anterior, sobre o fundamento de solicitação da medida.

A caução a que se refere o parágrafo anterior poderá outorgar-se por meio de qualquer das formas previstas no parágrafo segundo do inciso 3 do art. 529.

Nos procedimentos em que se requer uma liminar em defesa dos interesses coletivos e dos interesses difusos dos consumidores e usuários, o Tribunal poderá dispensar o requerente da medida do dever de prestar caução, atendidas as circunstâncias do caso, assim como a entidade econômica e a repercussão social dos distintos interesses afetados.

Normalmente o *periculum in mora* decorre de uma conduta específica da parte, recomendando a concessão de medidas urgentes de natureza cautelar ou satisfativa, a fim de que esta medida impeça a consumação do perigo de dano eminente.

Em relação ao 'dano eminente', fazendo um comparativo entre o art. 809, inc. I, do novo c.p.c. francês e o art. 700 do c.p.c. italiano, anota Lea Querzola: *"Quanto ao 'dommage imminent', isso foi mais precisamente definido como o dano ainda não realizado, mas que se produzirá certamente se a situação atual e que justifica a demanda devesse perpetuar-se; diferentemente do nosso art. 700 c.p.c., o dano não deve ser igualmente irreparável, com base na letra da lei, todavia a jurisprudência frequentemente leva o requisito em consideração. Essa entende que o dano iminente não deve derivar necessariamente de uma 'atividade ilícita', mas a doutrina, em relação a este ponto, não é convergente.*

O 'trouble manifestement ilicite' é, pois, a conduta, ativa ou omissiva, tida como uma frequente violação de uma norma jurídica...Quanto à definição do adjetivo 'manifesto', ainda que este seja considerado ambíguo, reduz-se, enfim, à 'evidência', à 'certeza', equiparando-o em substância à ausência de hesitação sobre a solução que se impõe ao juízo de mérito se fosse provocado".[189]

Por sua vez, os obstáculos ao direito da parte podem também decorrer da própria duração do processo de cognição exauriente, duração essa que poderá ensejar riscos e grave lesão à própria efetividade da tutela jurisdicional, não tanto pela conduta da parte contrária, mas por outras circunstâncias fáticas que possam causar dano à efetividade da tutela jurisdicional. Isso significa dizer que durante o tempo necessário para se obter uma sentença executiva ou sujeita a cumprimento, o autor possa assumir um prejuízo irreparável ou de todo modo grave: dano que pode consistir: *"em um acontecimento repentino de tais fatos que colocam em perigo as concretas possibilidades de atuação da sentença sobre mérito da controvérsia"*.[190]

Nesse caso, está-se diante de um *periculum in mora* em decorrência do dano marginal que a duração do processo pode causar ou concorrer à efetividade da tutela jurisdicional, recomendando-se, para se evitar risco ao resultado útil do processo, a concessão, em regra, de tutela antecipada satisfativa ou cautelar em razão da urgência.

Na verdade, a maioria dos ordenamentos jurídicos apresentam mecanismos de intervenção com o fim de neutralizar o prejuízo (irreparável e grave) imposto ao autor pela duração do processo: trata-se de uma intervenção necessária para garantir a efetividade do direito de ação e da tutela jurisdicional.

Analisando a tipologia das medidas cautelares, antes da reforma de 2005, afirmara Andrea Proto Pisani: *"Para compreender os diversos conteúdos que os provimentos cautelares podem assumir, necessita-se distinguir duas diversas*

---

[189] QUERZOLA, L., op. cit., p. 53.
[190] PISANI, A. P., op. cit., p. 631.

espécies de 'periculum in mora' que a tutela cautelar pode ser chamada a neutralizar: a) o denominado perigo de 'infrutuosidade' do provimento de cognição plena; b) o denominado perigo de 'demora' do provimento de cognição plena. Trata-se de uma distinção magistralmente colocada em evidência por Calamandrei e adotada pela maioria da doutrina que o sucedeu, distinção essa essencial para compreender a tipologia da tutela cautelar.

Por 'pericolo da infruttuosità', entende-se o perigo que, durante o tempo necessária para o desenvolvimento do processo de cognição plena, e em decorrência da existência de fatos tais, torna impossível ou muito mais difícil a concreta possibilidade de atuação da sentença de cognição plena. Como típico exemplo de 'pericolo da infruttuosità', pense-se no perigo que são neutralizados por cautelares da espécie de sequestro conservativo (atos de disposições jurídicas) ou do seqüestro judiciário (atos de disposições materiais e por vezes jurídica).

Escreve Calamandrei: nestes casos o provimento cautelar não tem por fim acelerar a satisfação do direito controvertido, mas somente a prestar, por antecipação, atos que possam permitir a frutuosidade da execução forçada. O que é urgente, em outras palavras, não é a satisfação do direito, mas a asseguração preventiva dos atos necessários para dar eficácia ao provimento principal.

Por 'pericolo da tardività' entende-se o perigo que seja decorrente da mera duração do processo, por protrair no tempo a insatisfação do direito, e, portanto, podendo ser considerado a causa do prejuízo. São exemplos: o pedido provisório em tema de alimentos (art. 446 c.c.,) a ordem de reintegração imediata no posto de trabalho (ex. art. 24 l., n. 990/1990).

Explica Calamandrei: nestes casos o provimento cautelar visa a acelerar a satisfação em via provisória do direito, porque o 'periculum in mora' é constituído não por uma mudança da situação de fato ou de direito sobre o qual deverá incidir a futura sentença de cognição plena, mas, sim, por permanecer no tempo, em razão da mora do processo ordinário, o estado de insatisfação do direito que é objeto de análise no juízo de mérito de cognição plena".[191]

Na concepção de Enrico A. Dini e Giovanni Mammone, o *periculum in mora* não se trata de um perigo genérico de dano jurídico, mas do perigo do ulterior dano marginal decorrente do atraso. Referido perigo pode ter dupla natureza: *"a) perigo de não se poder fruir de modo útil do provimento definitivo ou principal (pericolo da infruttuosità); b) perigo de que a satisfação do direito ocorra, porém de forma atrasada (pericolo da ritardo del provvedimento principale).*

---

[191] PISANI, A. P., idem, p. 640 e 641.

Exemplo típico do primeiro : que o devedor possa dissipar ou alienar a sua riqueza; do segundo: que a prestação esteja ligada a um prazo essencial e se tenha razão de acreditar que o adimplemento ocorrerá após o transcurso do prazo essencial".[192]

Conforme já teve oportunidade de afirmar Calvosa, assimila-se a probabilidade de lesão ao bem jurídico, na qual se substancia o *periculum in mora*, aos denominados crimes de perigo. O perigo refere-se a uma situação substancial que confere direito à tutela provisória, no sentido de que é objetivamente provável que o interesse, inserido na base da situação, possa permanecer insatisfeito, com consequente lesão do próprio direito.[193]

No conceito de *periculum in mora* conflui dois elementos entre eles ligados: *"a) a urgência de se obter o provimento; b) a prova de tal urgência, ou seja, a prova em via presumida de que a demora acarretará dano à realização do direito do autor".*[194]

O art. 300 do novo C.P.C., ao fazer referência à demonstração do *risco ao resultado útil do processo,* tem por objetivo evitar tanto o *'pericolo da infruttuosità* quanto o *'pericolo da tardività'*

É claro que não basta à parte simplesmente alegar que há risco ao resultado útil do processo, pois também deve demonstrar concretamente no que consiste *o perigo* efetivo dessa demora para a efetividade da tutela jurisdicional final na preservação e resguardo de seu direito material.

O aludido *periculum in mora* será avaliado pelo juiz como uma circunstância objetiva e concreta, acerca da idoneidade de um fato, natural ou voluntário, a produzir um dano.

O temor deve ser acertado e considerado objetivamente, devendo corresponder a uma situação de perigo atual, real e objetiva, determinada pelas efetivas condições em que se encontra uma pessoa. De fato, seria absurdo conceder um provimento de urgência somente com base em um juízo subjetivo do postulante, se, ao invés, o temor não encontrasse um substrato na realidade, já que *vani timoris iusta excusatio no est.*[195]

Assim, o dano exigido pelo art. 300 do novo C.P.C. não se identifica com o efeito de uma conduta, mas com a perda da possibilidade que o juiz possa utilmente restaurar a situação precedente. O que poderá

---

[192] DINI, E. A., MAMMONE, G., op. cit., p. 25.
[193] CALVOSA, C. *Tutela cautelar.* Torino, 1963. p. 237.
[194] DINI, E. A., MAMMONE, G., op. cit., p. 28.
[195] DINI, E. A., MAMMONE, G., idem, p. 235 e 236.

TUTELA PROVISÓRIA

ocorrer em duas hipóteses: a) quando não seja possível realizar de modo útil o provimento principal; b) quando ocorra com retardo a plena satisfação.[196]

Trata-se de uma constatação, conduzida em via sumária e deliberatória, sobre a ocorrência de certo evento a incidir de modo prejudicial sobre os interesses substanciais ou processuais tutelados pelo direito. Essa prospectiva do dano derivante da demora deve ser em relação de causa e efeito com o processo, ou seja, necessita-se de uma previsão de não se conseguir em tempo a realização do direito mediante o ordinário desenvolvimento do processo, e que o dano seja a causa da demora.[197]

Por isso o juiz deve avaliar com ponderação isso que afirma o postulante e, em seguida, se for o caso, proferir uma decisão sumária, seguro das informações prestadas, procurando conciliar as exigências contrastantes das partes com o interesse da administração da justiça, que é sempre ínsito nos provimentos provisórios. Nenhum vínculo pode ser imposto ao juiz para garantir a existência do *periculum in mora*, podendo ele se socorrer de graves presunções, precisas e concordantes.[198]

O juiz, por meio de sua análise, poderá emitir o provimento *inaudita altera parte*, com uma avaliação ainda mais sumária; poderá emiti-lo depois da citação da parte contrária, podendo avaliar as suas deduções e exceções, quando a cognição será mais segura; de todo modo, o juiz deverá ter a certeza de que não se trata de um temor puramente subjetivo, mas que corresponda também à real situação das condições que justificam a concessão da tutela provisória.

Naturalmente, *"o 'periculum in mora' pode referir-se não somente a interesses econômicos ou pecuniários, mas também a uma ampla gama de situações, ainda que de conteúdo prevalentemente não patrimonial, e que nem sempre encontra uma adequada colocação na tradicional sistemática de tipificação codicista. Aludo às necessidades de tutela conexas com o direito à saúde, ao ambiente, aos direitos da personalidade, aos direitos do consumidor, em uma palavra, às novas situações de 'vantagem' decorrentes da Constituição e por vezes reconduzíveis, por sua natureza, a 'interesses' supraindividuais".*[199]

---

[196] DINI, E. A., MAMMONE, G., idem, p. 237.
[197] DINI, E. A., MAMMONE, G., idem. p. 29
[198] DINI, E. A., MAMMONE, G., idem, ibidem.
[199] DINI, E. A., MAMMONE, G., idem, p. 30 e 31.

Por vezes, o *periculum in mora* vem determinado pela norma, pela via presuntiva, razão pela qual o juiz emitirá o provimento provisório prescindindo de qualquer valoração sobre a subsistência da situação em perigo. Tal via presuntiva encontra-se na concessão de tutela cautelar prevista no p.u. do art. 643 e no §2º do art. 628 do novo C.P.C.

Porém, no capítulo geral da tutela provisória do novo C.P.C., o *periculum in mora* desvincula-se de qualquer enquadramento em rígido esquema conceitual para assumir contornos intencionalmente mais vagos e indeterminados em relação a particulares finalidades perseguidas pelo legislador.

Assim, em regra geral, o novo C.P.C. manteve a exigência que já havia em relação à antecipação dos efeitos da tutela e à concessão de medidas cautelares sob a égide do C.P.C. de 1973, ou seja, o *periculum in mora*.

A demonstração do perigo, especialmente eventual perigo de dano irreparável ou de difícil reparação, deverá ser realizada por meio de prova suficiente para firmar a convicção do magistrado.

Esse perigo de dano irreparável ou de difícil reparação, diante do novo C.P.C., é genérico e amplo, ao contrário do que estabelecia o C.P.C. de 1973 para determinadas espécies de medidas cautelares, como era o caso do *arresto* e do *sequestro*, em que o legislador já previa, *em numerus clausus*, as hipóteses específicas do *periculum in mora*.

O legislador do novo C.P.C. não optou por descrever quais hipóteses fáticas podem caracterizar o perigo ou eventual dano irreparável, como o fez, por exemplo, com o procedimento do arresto ou do sequestro o Código de 1973.

Sem dúvida, a nova sistemática de ampla abertura para a análise do *periculum in mora* atende com mais eficiência a garantia Constitucional da efetividade da tutela jurisdicional, ou seja, de que a lei não poderá excluir da apreciação do Poder Judiciário lesão ou ameaça de lesão a direito, mesmo porque, os fatores de risco ou perigo à prestação da tutela jurisdicional estão em constante mudança em razão de conjunturas sociais e econômicas da sociedade moderna.

O perigo da demora pode decorrer tanto do dano marginal da mora processual, o que justificaria a concessão de tutela provisória de urgência satisfativa, quanto eventual dano que pudesse acarretar à efetividade da tutela jurisdicional em razão de atos ou circunstâncias praticadas pelo requerido, o que ensejaria uma tutela provisória de segurança de natureza cautelar.

TUTELA PROVISÓRIA

Assim, em regra, a demonstração de risco de dano irreparável ou de difícil reparação para as tutelas de urgência satisfativa está mais relacionada à mora processual em si, enquanto que esse mesmo risco, desta vez provocado por algum ato específico do requerido, em regra, gera fundamento para a concessão de tutela de urgência cautelar. É evidente que a atitude do requerido também poderá ensejar a necessidade de uma tutela provisória de urgência de caráter satisfativo, dependendo do caso concreto.

18.
Da irreparabilidade do dano

Sobre o requisito da *irreparabilidade* do dano no direito italiano, anota Andrea Proto Pisani: *"O requisito de irreparabilidade do prejuízo constitui o nó teórico e prático principal inserido no art. 700.*

A medida cautelar em exame, como contrapartida pelo fato de que não especificou o 'periculum in mora', requer que o dano verificável durante o desenvolvimento do processo ordinário corresponda ao extremo da irreparabilidade: a escolha parece correta diante do confronto da garantia constitucional da efetividade da tutela jurisdicional, razão pela qual a tutela cautelar assume caráter 'essencial e ineliminável' diretamente a neutralizar um 'periculum' que assuma os extremos acima referido (deve-se ressaltar que isso não exclui de fato que o legislador, na sua discricionariedade, possa prever medidas típicas que visam a acautelar contra perigos graves, mas não irreparáveis: pense-se em grande parte no sequestro judiciário e na denunciação por obra nova)".[200]

Segundo anota Andrea Proto Pisani, na doutrina italiana existem três avançadas teorias relativas à individualização dos critérios idôneos a indicar quando o prejuízo assume grau de irreparabilidade[201]:

---

[200] PISANI, Andrea Proto. *Lezione di diritto processuale civile*. Terza Edizione. Napoli: Casa Editrice Dott. Eugenio Jovene, 1999. p. 676.

[201] PISANI, A. P., idem, p. 676 a 678.

18.1. Doutrina de Satta

a) Segundo a tese mais restritiva sustentada por Satta, somente os direitos absolutos, ou situações jurídicas finais, poderiam assumir, no caso de violação ou de ameaça de violação, um prejuízo irreparável, pois somente com referência a tais direitos é que o sujeito ativo pode exercer um poder imediato sobre o bem, já constituído antes do processo. Por sua vez, o requisito da irreparabilidade carece de aplicação, por definição, em relação aos direitos de crédito ou às ações constitutivas, uma vez que não preexiste ao processo um poder imediato sobre bem por parte do titular, o qual somente ocorre a partir da prestação do obrigado ou da emanação da sentença constitutiva; em relação a tais direitos, a duração do processo não poderia jamais, por definição, comprometer o gozo do bem.

Essa posição restritiva de Satta está sujeita a críticas, uma vez que se pode observar certa função não patrimonial própria de muitos direitos de créditos, como, por exemplo, o direito à saúde ou à assistência alimentar. Assim, é possível a irreparabilidade do dano desses direitos vinculados à própria personalidade do credor do crédito.

18.2. Doutrina de Montesano

b) Segundo a teoria sustentada por Montesano, encontra-se em presença de um prejuízo irreparável, todas as vezes em que se deparando com a inevitável mora do juízo de mérito, o autor não possa servir-se de algum remédio suficientemente eficaz contra a situação de inferioridade que lhe deriva do dano ameaçado: tal situação não coincide de fato com a falta de ressarcibilidade do dano em sentido absoluto, isto é, não ressarcibilidade pelo equivalente monetário, ou com a impossibilidade de eliminação em sentido absoluto da consequência decorrente da violação. Tal situação de irreparabilidade permite a tutela pela via cautelar somente aos direitos que tenham por objeto um bem infungível. Em relação aos bens fungíveis, deve-se procurar outra forma de tutela para satisfação do interesse ameaçado.

A crítica a essa tese decorre em particular modo sobre os caracteres históricos da noção de infungibilidade que negligencia completamente o fato de que bens que tenham conteúdo patrimonial (exemplo, dinheiro) podem absorver também uma função não patrimonial: os critérios de determinação da irreparabilidade resultam, neste aspecto, extremamente restritivos, pois parte-se do pressuposto de que o dano deve incidir sobre o direito e não sobre outros setores da atividade do sujeito passivo.

18.3. Doutrina de Andrioli

c) a última teoria, apresentada por Andrioli, caracteriza-se pelo fato de ser uma reconstrução eminentemente empírica: é de grande interesse, porquanto é a única idônea a dar uma justificação sistemática às decisões provenientes de grande parte da jurisprudência que aplicavam e aplicam o art. 700 do C.P.C. italiano aos setores da concorrência desleal, dos contratos em gerais, das questões societárias.

Com base nessa tese, é irreparável o prejuízo: quando não seja suscetível de reintegração de forma específica nem ressarcível, seja porque não tem conteúdo patrimonial avaliável, seja porque há falta dos requisitos subjetivos para a reparação do mal.

Indubitavelmente, *"de mais amplo respiro é a argumentação de Andrioli, para quem a irreparabilidade pode ser entendida não somente no sentido absoluto quando o dano não é nem suscetível de reintegração de forma específica nem ressarcível (por exemplo, porque patrimonialmente não avaliável ou porque falta o extremo subjetivo daquilo que deve ser ressarcível), mas também todas as vezes que seja a reintegração por equivalente que o ressarcimento e os outros remédios excepcionais apresentados pelo legislador (como a publicação da sentença) não valem concretamente para atuar 'integralmente' o direito deduzido em juízo...".*[202]

Porém, também essa última autorizada posição, que tem o mérito de individualizar empiricamente o critério para a individualização do prejuízo irreparável, foi recentemente posta em revisão pela baixa relevância atribuída ao elemento subjetivo, isto é, à pessoa titular do direito de cautela.[203]

Para Andrea Proto Pisani, atualmente há necessidade de se recuperar a importância da pessoa do titular do direito para se analisar a questão da *irreparabilidade do dano*. Na realidade, a *irreparabilidade* deve ser individualizada com referência à pessoa e não ao direito. Por isso, uma vez posta a questão nesta perspectiva, é possível indicar os seguintes requisitos da *irreparabilidade do dano: "a) não é causa de um prejuízo irreparável a violação ou ameaça de violação de um direito que tenha função patrimonial, exceto quando há possibilidade e insolvência do devedor; b) é irreparável o prejuízo derivado da violação ou da ameaça de violação de um direito com conteúdo e função não patrimonial, como, por exemplo, os direitos da personalidade (direito ao nome, à intimidade, ao segredo de comunicação, fiscal e bancário, à identidade pessoal, à imagem,*

---

[202] DINI, E. A., MAMMONE, G., op. cit., p. 251.
[203] DINI, E. A., MAMMONE, G., idem, ibidem.

TUTELA PROVISÓRIA

à honra etc) e às liberdades constitucionalmente garantidas (direito dos pais a edu-car os filhos, direito à liberdade de manifestação do pensamento e acesso às trans-missões radiotelevisivas, direito à saúde etc); c) é irreparável o prejuízo decorrente da violação ou da ameaça de violação de direitos com conteúdo patrimonial, mas com função não patrimonial: também neste caso a permanência de um direito em um estado de insatisfação pelo tempo necessário para a emanação de uma sentença a ser proferida no término de um processo de cognição plena é causa de um prejuízo por definição irreparável enquanto o titular não puder gozar da situação de liber-dade ou não puder satisfazer suas necessidades básicas que de outra forma poderiam ser satisfeitas (exemplo: crédito aos alimentos, ao direito de trabalho ilegitimamente licenciado ou transferido para ser reintegrado no posto de trabalho, o direito à fun-ção de um serviço público essencial gerido em regime de concessão de monopólio, aos créditos do empreendedor em grau de risco de insolvência, o direito à assinar ou rees-tabelecer o contrato de locação em situação de penúria etc); d) é também de se con-siderar a hipótese em que se estando na presença de um direito de conteúdo e função exclusivamente patrimonial, a diferença entre o dano ocorrido e o dano a ser ressar-cido seja muito excessiva: esta é substancialmente a hipótese proposta por Andrioli sobretudo para as questões de concorrência desleal e para as matérias societárias; e) trata-se da hipótese construída pela jurisprudência italiana, segundo a qual, o titular do direito de propriedade ou de outro direito real de gozo tenha urgência de vencer a resistência possessória de outrem para gozar de uma faculdade reconhecível pela lei ou pelo contrato, e não subsistam os pressupostos para a tutela possessória (exemplos: o direito de acesso ao fundo do prédio vizinho, nos termos do art. 843 do c.c. italiano; o direito do locador de permitir a visita de terceiros ao prédio locado em razão da proximidade do término do contrato de locação etc).[204]

No direito brasileiro, essa *irreparabilidade do dano* não está vinculada à questão do ressarcimento monetário de eventuais prejuízos, mas, sim, ao simples perigo de dano ou o risco ao resultado útil do processo na sua essência, tenha ou não conteúdo patrimonial.

Na realidade, os direitos a conteúdo e função não patrimonial, configu-ram hipóteses em que mais se constata a irreparabilidade do dano, espe-cialmente pelo fato de que o prejuízo produz efeitos irreversíveis, não reparáveis no sucessivo juízo de mérito, ou aparecem, por definição, irre-paráveis, ou quando muito de não rápida valoração, enquanto não susce-tíveis de uma total *restitutio in integrum*. Isso se verifica seguramente para

[204] PISANI, A. P. idem, p. 678 e 679.

DA IRREPARABILIDADE DO DANO

os direitos da personalidade, e nas inúmeras formas em que esses direitos são expressados: direito ao nome, direito à intimidade, direito à imagem, direito à honra e à reputação, direito à dignidade da pessoa, direito à denominada identidade pessoal, este último agora plenamente inserido no ordenamento jurídico como considerado aquela projeção publicado do sujeito representada pelo complexo das suas atividade e do seu patrimônio cultural e ideológico. Tratam-se todos de hipótese nas quais os tradicionais instrumentos de tutela parecem de tudo inadequados: esta, de fato, deverá ser o quanto mais possível do tipo preventivo ou inibitório, deverá centrar-se não tanto na eliminação dos efeitos já verificados diante do comportamento antijurídico quanto no impedir que referido comportamento continue.[205]

Em relação ao direito italiano, Enrico A. Dini e Giovanni Mammone nos oferecem os seguintes exemplos analisados na jurisprudência italiana: *A partir do 'leading case' constituído pela decisão do Pretor de Taranto que representou o primeiro exemplo de atuação jurisdicional do direito à saúde (em fábrica), a jurisprudência oferece uma ampla tipologia de exemplos com base no art. 700 do C.P.C. italiano: tratamento em SPA; transfusão de sangue a um menor em iminente perigo de vida no caso de negativa do consenso dos genitores por motivos religiosos, remoção de barreiras arquitetônicas em relação aos deficientes; a possibilidade de fornecimento das prestações sanitárias em obras de estruturas públicas ou privadas, direito dos representantes sindicais dos empregados de pedirem ao empresário o elenco das substâncias presentes no trabalho, uso de prestações de profissionais ou de vigilantes sem prévia autorização da estrutura pública, falta de inserção de um remédio no prontuário farmacêutico, inscrição de um cidadão estrangeiro no serviço de saúde nacional, escolha de médico convencionado, tratamento terapêutico de tóxico-dependente etc".[206]

---

[205] DINI, E. A., MAMMONE, G., op. cit., p. 265 e 266.
[206] DINI, E. A., MAMMONE, G., idem, p. 269 e 270.

19.
Da Contracautela na Tutela de Urgência

Estabelece o §1º do art. 300 do novo C.P.C. que para a concessão da tutela de urgência, o juiz pode, conforme o caso, exigir caução real ou fidejussória idônea para ressarcir os danos que a outra parte possa vir a sofrer, podendo a caução ser dispensada se a parte economicamente hipossuficiente não puder oferecê-la.

O dispositivo trata da denominada *contracautela* que já era prevista no art. 804 do C.P.C. de 1973, *in verbis*: "*É lícito ao juiz conceder liminarmente ou após justificação prévia a medida cautelar, sem ouvir o réu, quando verificar que este, sendo citado, poderá torná-la ineficaz; caso em que poderá determinar que o requerente preste caução real ou fidejussória de ressarcir os danos que o requerido possa vir a sofrer*". (*Redação dada pela Lei nº 5.925, de 1º.10.1973*).

As cauções processuais podem ser consideradas tipicamente cautelares, como também podem ser consideradas medidas de garantia sem natureza cautelar.

Segundo Enrico A. Dini e Giovanni Mammone, a doutrina tem indicado que o provimento que impõe a caução apresenta natureza de provimento cautelar autônomo, razão pela qual estaria sujeito ao regime de revogação e modificação estabelecido para as tutelas de urgência. Porém, tal tese deve ser pontualizada, no sentido de que a indubitável característica cautelar da caução deve ser entendida de acordo com a função instrumental à execução da tutela provisória de urgência. Tal relação de instrumentalidade, referida ao aspecto substancial do instituto, não pode ser deixado de lado em sede processual, ou não pode prever-se uma eficácia do provimento que dispõe sobre a caução separada daquela natureza verdadeira e própria de cautelaridade.[207]

A contracautela prevista no §1º do art. 300 do novo C.P.C. é simplesmente medida imposta *ex officio* pelo juiz, sem forma nem figura de juízo, ao apreciar o pedido de concessão da medida liminar *inaudita altera parte*. A caução, portanto, não está subordinada a requerimento da parte contra a qual é proferido o provimento cautelar e pode ser exigida pelo juiz de ofício.

Conforme anotam Enrico A. Dini e Giovanni Mammone: *"O debate acerca da possibilidade de impor cautelas e formas de garantia ao ato da concessão do provimento cautelar nasce da constatação que nesta forma de tutela jurisdicional é ínsito um alto grau de possibilidade de erro, enquanto é fundada 'não sobre a cognição mas sobre a probabilidade'. É bem possível que o juízo acerca da subsistência do direito, em relação ao qual o recorrente alegue sua existência, formulado, inicialmente, em sede de cognição sumária, e, sucessivamente, em sede de cognição ordinária, revele-se infundado e que a execução da medida cautelar constitua, para aqueles que devem a ela submeter-se, uma fonte de dano substancialmente injusto, enquanto determinado por um provimento jurisdicional sucessivamente desconsiderado em sede de mérito. Por tal razão, paralelamente à análise da tutela sumária surge uma vasta problemática das cautelas que se sujeitam à execução dos provimentos cautelares (o jogo de palavras é obrigatório, tanto que se fala de 'provimentos contracautelares), com a finalidade de predispor um instrumento para o ressarcimento daqueles que, sucumbente em sede sumária, sujeitando-se à execução do provimento cautelar, imediatamente é resultado vencedor em sede de cognição ordinária".*[208]

Sobre a *contracautela*, anota Andrea Proto Pisani:

"É observação por demais comum que a tutela cautelar (como em geral toda forma de tutela sumária) apresenta um alto grau de periculosidade uma vez que é fundamentada em cognição não exauriente, mas sobre mera probabilidade...

A consciência dessa intrínseca e ineliminável periculosidade da tutela cautelar fez com que se introduzisse o instituto das cauções: 'o qual, para temperar os inconvenientes que poderiam derivar do erro de previsão, dão ao juiz a possibilidade de determinar em sede cautelar, ao lado da medida disposta para a hipótese de que o provimento princi-

---

[207] Dini, E.A.; Mammone, G., op. cit., p. 535
[208] Dini, E.A.; Mammone, G., idem, p. 531.

DA CONTRACAUTELA NA TUTELA DE URGÊNCIA

pal seja favorável ao requerente, uma contramedida destinada a funcionar no caso em que o provimento principal lhe seja desfavorável. As cauções (atualmente previstas de maneira geral no art. 669-undiceis c.p.c.) constituem um 'provimento contra-cautelar', uma contracautela como cautela do direito ao ressarcimento dos danos pela responsabilidade agravada pelo art. 96, 2º inciso, do c.p.c., que poderá advir ao requerido no caso de inexistência do direito à cautela em razão da qual foi concedida e executada a medida cautelar, por assim dizer, principal...

Por sua vez, o instrumento de caução, coordenado com a responsabilidade agravada pelo art. 96 c.p.c., é idôneo a reestabelecer certa igualdade entre ambas as partes ameaçadas por um perigo de dano, devendo, por um lado, o interesse do requerido lesado pela medida cautelar que no futuro pode revelar-se injustificada tenha por conteúdo e função, pelo menos prevalecente, patrimonial e, por outro lado, o autor que requer a medida cautelar tenha disponibilidade econômica suficiente para prestar a eventual caução. Onde isso não aconteça, a refinada técnica das cauções não será idônea a reestabelecer a igualdade entre ambas as partes ameaçadas por um perigo de dano, seja porque os danos a interesse do requerido ou a função exclusivamente ou prevalentemente não patrimonial não são tutelados de modo adequados na forma do ressarcimento do dano, seja porque a subordinação da eficácia da medida cautelar à prestação de uma caução constituirá um inadmissível perigo à tutela cautelar em favor de sujeitos hipossuficientes.

A verdade é que o instrumento técnico das cauções pode concretamente operar somente onde as medidas cautelares sejam postas à tutela de direitos de conteúdo e função prevalentemente patrimoniais e o sujeito que pede a medida cautelar não seja um sujeito hipossuficiente.

A profunda revolução que se tem assistido nos últimos quarenta anos no setor das medidas cautelares é justamente o fato de que a demanda cautelar: a) é endereçada também à satisfação de exigências de tutela de direitos com conteúdos e ou funções exclusivamente ou prevalentemente não patrimoniais, direitos que muito frequentemente, nas suas situações, são destinados a comprimir interesses não patrimoniais da outra parte; b) é proveniente também de sujeitos hipossuficientes, sujeitos para os quais os direitos de conteúdo patrimonial (pense-se no direito à retribuição salarial) são destinados em concreto à satisfação de interesses não patrimoniais.

Em tais situações (caracterizada pela utilização do direito também em favor de situações de marca não patrimonial e ou por parte de sujeitos hipossuficientes) a periculosidade, inieliminável e intrínseca à técnica da tutela cautelar, resulta exaltada, uma vez que são quantitativamente aumentados os casos em que os efeitos do provimento cautelar o são por natureza irreversíveis porquanto destinados a incidir sobre interesses não patrimoniais ou prevalentemente não patrimoniais da contraparte, ou, porque

TUTELA PROVISÓRIA

*sendo em abstrato reversíveis, não o são em concreto, porquanto as condições econô-
micas do destinatário ativo do provimento não consentem concretizar a contracautela
de caução".*[209]

Diante da periculosidade da concessão de tutelas provisórias de urgência satisfativa ou cautelar na esfera jurídica do requerido, alguns afirmam
que o juiz deveria interpretar restritivamente os requisitos de admissibilidade das medidas de urgência, e em particular deveria interpretar de
modo restritivo aquela verdadeira e própria cláusula geral configurada
pela irreparabilidade do prejuízo ou deveria, de todo modo, subordinar a
eficácia do provimento à prestação de caução, ainda que esta seja inexigí-
vel de quem pede tutela em razão de sua situação econômica.[210]

Para Andréa Proto Pisani, esta perspectiva apresenta-se profundamente equivocada.

Diz o autor italiano que a correta percepção da periculosidade própria
da eventual irreversibilidade dos efeitos produzidos pelo provimento de
urgência, isto é, da gravidade do prejuízo que um provimento provisório
pode acarretar ao requerido que resulte vitorioso ao término do processo
de cognição exauriente, pode e deve influir no juiz, mas de modo radicalmente diverso da proposta ora recordada. Em particular essa deve:

> *"a) antes de tudo agir no sentido de estimular o juiz a reduzir a sumariedade da
> cognição a ponto de 'fumus', com o fim de limitar de fato a possibilidade de reversão do
> entendimento adotado pelo juiz quando do julgamento do processo de cognição exau-
> riente...; b) em segundo lugar, onde seja requerida uma medida cautelar atípica, ou uma
> medida cautelar na qual o legislador não prescinda de tudo do requisito do 'periculum',
> o juiz deve avaliar comparativamente o dano que assumiria na eventual falta de con-
> cessão do provimento cautelar e o dano que assumiria a contraparte pela sua concessão:
> consequentemente conceder o provimento somente quando o prejuízo do requerente seja
> quantitativamente e qualitativamente superior ao dano da contraparte".*[211]

Diante dessas considerações, o certo é que a prestação de caução exigida
pelo juiz deve restringir-se apenas e somente apenas àquelas hipóteses em

---

[209] PISANI, A. P., op. cit., p. 648 e 649.
[210] PISANI, A. P., idem, p. 649.
[211] PISANI, A. P., idem, p. 650.

que, por falta de outros dados ou circunstâncias probatórias, a avaliação do *'fumus boni iuris'* possa gerar na convicção do magistrado dúvida objetiva razoável de uma possível reformulação de sua decisão diante da análise do pedido principal ou definitivo. É certo, porém, que a exigência da caução pressupõe, em todo caso, que o juiz tenha por fundada a pretensão de urgência, tendo em vista que, se se convencesse que a pretensão seria infundada ele deveria, sem dúvida, rejeitar o pedido e não concedê-lo mediante contracautela.

A desnecessidade de caução torna-se ainda mais evidente, conforme estabelece a parte final do §1º do art. 300 do novo C.P.C., diante de requerente *hipossuficiente.*

Por isso, a exata percepção da periculosidade própria da tutela cautelar em geral, e dos provimentos de urgência com efeitos de fato irreversíveis ou de difícil reversibilidade, não pode de modo algum induzir o juiz a restringir os requisitos de admissibilidade ou a subordinar a sua eficácia à prestação de caução impossível de ser prestada por quem requer a tutela.

Diante de requerente hipossuficiente, não há de ser exigida a caução no caso de dúvida sobre o resultado final da demanda.

O montante da caução é determinado de acordo com a avaliação feita pelo juiz em relação às circunstâncias, levando em consideração todas as características do caso concreto, em especial a probabilidade dos danos que a efetivação da medida provisória de urgência puder acarretar, assim como as particulares condições subjetivas das partes.

No provimento em que impõe a caução, o juiz deve indicar o objeto desta, o modo de prestá-la, e o prazo dentro do qual a parte autora deve prestar a caução.

Se a caução não for satisfeita no prazo estabelecido pelo juiz, o provimento cautelar, se já tiver sido concedido, perde a eficácia. Na hipótese de o provimento cautelar ter sido desde o início subordinado à prestação de caução, esse não poderá ser efetivado.

Portanto, o transcurso do prazo fixado pelo juiz comporta não somente que não poderá mais ser efetivado, mas também a ulterior consequência de sua ineficácia, não obstante o provimento deva ser considerado ato jurídico perfeito e válido em todos os seus elementos. Neste caso, a tutela provisória de urgência encontra-se diante de uma condição de caráter suspensivo (*condicio iudicialis*). Já no caso em que a efetivação da medida tenha sido já iniciada e a caução seja imposta em momento sucessivo, a falta de

TUTELA PROVISÓRIA

prestação constituirá condição resolutiva, razão pela qual o provimento de urgência perderá sua eficácia *ex tunc*.[212]

A caução exigida pelo art. 300, §1º, do novo C.P.C., pode ser real: penhor, hipoteca ou anticrese, ou, ainda, fidejussória ou caução pessoal, como é o caso da fiança. Se o juiz não dispor diversamente, entende-se que a prestação de caução deverá ser em dinheiro.

A caução poderá ser desvinculada somente quando tenha cumprido integralmente o seu papel, pois se a parte que há se sujeitado ao provimento cautelar requerer o ressarcimento dos danos, a soma conferida a título de caução não poderá ser restituída antes de se constatar que em relação à mesma parte não tenha havido prejuízo.

Além do mais, o valor da caução deve estar vinculado não ao direito ou ao interesse tutelado pela concessão da medida, mas, sim, aos danos que possam advir ao requerido pela efetivação da medida de urgência.

---

[212] DINI, E.A.; MAMMONE, G., op. cit., p. 537.

20.
Da Caução Substitutiva

Além da contracautela prevista no §1º do art. 300 do novo C.P.C., o juiz também poderá possibilitar ao réu, no âmbito das tutelas provisórias de urgência satisfativa ou cautelar, a prestação de caução de *caráter substitutivo* da medida de urgência concedida.

A caução substitutiva estava expressamente prevista no parágrafo único do art. 270 do projeto originário n. 2.046/10, nos seguintes termos: *a medida de urgência poderá ser substituída, de ofício ou a requerimento de qualquer das partes, pela prestação de caução ou outra garantia menos gravosa para o requerido, sempre que adequada e suficiente para evitar a lesão ou repará-la integralmente.*

A mesma regra normativa era observada no art. 805 do C.P.C. de 1973, que assim estabelecia: *"A medida cautelar poderá ser substituída, de ofício ou a requerimento de qualquer das partes, pela prestação de caução ou outra garantia menos gravosa para o requerido, sempre que adequada e suficiente para evitar a lesão ou repará-la integralmente".*

Há previsão similar no art. 387, item 3, do C.P.C. português: *"3. A providência decretada pode ser substituída por caução adequada, a pedido do requerido, sempre que a caução oferecida, ouvido o requerente, se mostre suficiente para prevenir a lesão ou repará-la integralmente".*

Muito embora não haja previsão expressa no novo C.P.C. sobre a caução substitutiva, essa possibilidade decorre do próprio poder geral de cautela do magistrado, pois ao conceder uma tutela provisória de urgência satisfativa ou cautelar, deverá fazê-lo de forma a causar menos danos possível ao requerido.

Há uma sintonia comum de que a tutela de urgência apresenta um alto grau de periculosidade, uma vez que não tem por base uma cognição exauriente, mas meramente sumária (simples probabilidade) Daí porque: *"há possibilidade de que o juízo efetuado a nível de cognição sumária se modifique quando a nível de cognição exauriente e que a execução da medida cautelar (ou do provimento sumário em geral) seja fonte de um dano injusto a cargo do destinatário passivo do provimento de urgência"*.[213]

A consciência dessa intrínseca e não eliminável periculosidade da tutela de urgência, há exigido um instituto tendente a minimizar o grau de risco da concessão da tutela de urgência, por meio da introdução em nosso ordenamento jurídico da denominada *caução substitutiva*, a qual permite a substituição da medida de urgência por uma caução. Esse instituto possibilita que o requerido da tutela de urgência realize a substituição da medida de urgência concedida por uma caução (depósito em dinheiro ou fiança) ou, ainda, por outra garantia menos gravosa ao requerido, como, por exemplo, penhor, hipoteca ou anticrese.

A caução substitutiva pode ser requerida tanto pelo requerido como pelo requerente da medida de urgência, inclusive poderá, dependendo da situação fática, ser concedida de ofício pelo juiz da tutela de urgência.

Porém, para a concessão da caução substitutiva haverá necessidade do contraditório e da dialética processual, devendo ser ouvidas todas as partes e os interessados na relação jurídica processual.

A caução substitutiva deve ser suficiente para prevenir ou reparar qualquer lesão ao direito material que será objeto de análise por ocasião da cognição exauriente.

---

[213] PISANI, A. P., idem, p. 648.

21.
Liminar

Estabelece o §2º do art. 300 do novo C.P.C. que a tutela de urgência pode ser concedida liminarmente ou após justificação prévia.

A concessão liminar de uma tutela de urgência satisfativa ou cautelar tem por fundamento o princípio constitucional de que a lei não poderá excluir do Poder Judiciário lesão ou *ameaça* de lesão a direito.

Assim, se a Constituição determina que o Poder Judiciário resguarde eventual *ameaça* de lesão a direitos, tal determinação deverá logicamente ser acompanhada dos instrumentos processuais adequados para a prestação e efetivação da tutela jurisdicional.

De nada adianta dizer que o juiz poderá prestar tutela jurisdicional de urgência, se não existir a possibilidade instrumental processual de concessão da tutela liminarmente.

O juiz, diante de uma tutela de urgência, poderá concedê-la liminarmente, *inaldita altera parte*.

Poderá, também, concedê-la após *justificação prévia*, ou, ainda, após a oitiva do requerido, caso sejam necessários maiores esclarecimentos sobre o direito e os fatos alegados, e desde que isso não acarrete risco de maiores danos ao requerente da medida requerida.

Questão que se coloca é se diante do princípio constitucional de que a lei não poderá excluir da apreciação do Poder Judiciário lesão ou ameaça de lesão a direito, poder-se-ia considerar constitucional uma lei que proíbe o Poder Judiciário conceder liminares em tutela de urgência.

TUTELA PROVISÓRIA

A questão foi definida pelo Supremo Tribunal Federal na Medida Cautelar proferida na Ação Direta de Constitucionalidade n. 4, *in verbis:*

1. Dispõe o art. 1º da Lei nº 9.494, da 10.09.1997: "Art. 1º. Aplica-se à tutela antecipada prevista nos arts. 273 e 461 do Código de Processo Civil, o disposto nos arts 5º e seu parágrafo único e art. 7º da Lei nº 4.348, de 26 de junho de 1964, no art. 1º e seu § 4º da Lei nº 5.021, de 09 de junho de 1966, e nos arts. 1º, 3º e 4º da Lei nº 8.437, de 30 de junho de 1992." 2. Algumas instâncias ordinárias da Justiça Federal têm deferido tutela antecipada contra a Fazenda Pública, argumentando com a inconstitucionalidade de tal norma. Outras instâncias igualmente ordinárias e até uma Superior – o S.T.J. – a têm indeferido, reputando constitucional o dispositivo em questão. 3. Diante desse quadro, é admissível Ação Direta de Constitucionalidade, de que trata a 2ª parte do inciso I do art. 102 da C.F., para que o Supremo Tribunal Federal dirima a controvérsia sobre a questão prejudicial constitucional. Precedente: A.D.C. n 1. Art. 265, IV, do Código de Processo Civil. 4. As decisões definitivas de mérito, proferidas pelo Supremo Tribunal Federal, nas Ações Declaratórias de Constitucionalidade de lei ou ato normativo federal, produzem eficácia contra todos e até efeito vinculante, relativamente aos demais órgãos do Poder Judiciário e ao Poder Executivo, nos termos do art. 102, § 2º, da C.F. 5. Em Ação dessa natureza, pode a Corte conceder medida cautelar que assegure, temporariamente, tal força e eficácia à futura decisão de mérito. E assim é, mesmo sem expressa previsão constitucional de medida cautelar na A.D.C., pois o poder de acautelar é imanente ao de julgar. Precedente do S.T.F.: RTJ-76/342. 6. Há plausibilidade jurídica na argüição de constitucionalidade, constante da inicial ("fumus boni iuris"). Precedente: ADIMC – 1.576-1. 7. Está igualmente atendido o requisito do "periculum in mora", em face da alta conveniência da Administração Pública, pressionada por liminares que, apesar do disposto na norma impugnada, determinam a incorporação imediata de acréscimos de vencimentos, na folha de pagamento de grande número de servidores e até o pagamento imediato de diferenças atrasadas. E tudo sem o precatório exigido pelo art. 100 da Constituição Federal, e, ainda, sob as ameaças noticiadas na inicial e demonstradas com os documentos que a instruíram. 8. Medida cautelar deferida, em parte, por maioria de votos, para se suspender, "ex nunc", e com efeito vinculante, até o julgamento final da ação, a concessão de tutela antecipada contra a Fazenda Pública, que tenha por pressuposto a constitucionalidade ou inconstitucionalidade do art. 1º da Lei nº 9.494, de 10.09.97, sustando-se, igualmente "ex nunc", os efeitos futuros das decisões já proferidas, nesse sentido.

(ADC 4 MC, Relator(a): Min. SYDNEY SANCHES, Tribunal Pleno, julgado em 11/02/1998, DJ 21-05-1999 PP-00002 EMENT VOL-01951-01 PP-00001) .

No voto do Ministro Relator, Ministro Sidney Sanches, ficou assim consignado: *"Uma tal providência, tal como naqueloutras não o foi, não pode ser acoimada de inconstitucional, por ofensa direta ao conteúdo do art. 5º, inciso XXXV, da Carta de 1988.*

Citando Galeno Lacerda, para quem 'desde que não vedado o direito à ação principal, nada impede coíba o legislador, por interesse público, a concessão de liminares', o eminente Ministro Moreira Alves, em seu voto no julgamento da prefalada ADIN 223, firmou que 'o proibir-se, em certos casos, por interesse público, a antecipação provisória da satisfação do direito material lesado ou ameaçado não exclui, evidentemente, da apreciação do Poder Judiciário, a lesão ou ameaça ao direito, pois ela se obtém normalmente na satisfação definitiva que é proporcionada pela ação principal, que, esta sim, não pode ser vedada para privar-se o lesado ou ameaçado de socorrer-se do Poder Judiciário'.

Entendimento semelhante já firmara o eminente Ministro Marco Aurélio, Relator da ADIN n. 1.576-1, em seu voto. É conferir: 'De qualquer modo, a legislação comum submete-se aos ditames constitucionais. Proceda-se, então, ao devido cotejo: de um lado, tem-se que o artigo 1º da medida provisória em análise não afasta do crivo do Poder Judiciário lesão ou ameaça de lesão a direito. Na hipótese, cuida-se, apenas, de proibição de vir a ser antecipada, em certos casos, a prestação jurisdicional'.

Da doutrina, importa trazer à colação o lúcido entendimento do Prof. J. J. Calmon de Passos: 'Sempre sustentei que a garantia constitucional disciplinada no inciso XXXV do art. 5º da Constituição Federal (a lei não excluirá da apreciação do Poder Judiciário lesão ou ameaça a direito) diz respeito apenas à tutela definitiva, aquela que se institui com a decisão transitada em julgado, sendo a execução provisória e a antecipação da tutela problemas de política processual, que o legislador pode conceder ou negar, sem que com isso incida em inconstitucionalidade. Vetar liminares neste ou naquele processo jamais pode importar inconstitucionalidade, pois configura interferência no patrimônio ou na liberdade dos indivíduos, com preterição, mesmo que em parte, das garantias do devido processo legal, de base também constitucional..."

Assim, na decisão proferida pelo S.T.F., na ADC n. 4, ficou evidenciado que não seria inconstitucional lei que proibisse, genericamente, a concessão de medidas liminares em geral.

Porém, posteriormente o próprio S.T.F. passou a mitigar esse entendimento, afirmando que o juiz tem o livre convencimento para conceder medidas liminares diante de casos concretos e com base na máxima da proporcionalidade e da razoabilidade, como acontece, por exemplo, nas

TUTELA PROVISÓRIA

questões de natureza previdenciária. Além do mais, a ADC n. 4 não se aplica a todos os casos de concessão de tutela de urgência contra a Fazenda Pública. Nesse sentido, são os seguintes precedentes do Egrégio Tribunal:

1. Não desrespeita a autoridade da ADC 4 decisões que garante a continuidade de candidato em concurso público, mesmo que a participação no certame implique direito a percepção de vencimentos. 2. Agravo regimental desprovido.

(Rcl 5069 AgR-segundo, Relator(a): Min. TEORI ZAVASCKI, Tribunal Pleno, julgado em 19/06/2013, ACÓRDÃO ELETRÔNICO DJe-125 DIVULG 28-06-2013 PUBLIC 01-07-2013).

1. É inadmissível o prosseguimento de reclamação contra decisão definitiva, ainda que nela se confirme o que tinha constituído efeito da tutela inicialmente requerida. 2. Agravo regimental ao qual se nega provimento.

(Rcl 7399 AgR, Relator(a): Min. CÁRMEN LÚCIA, Tribunal Pleno, julgado em 06/02/2013, ACÓRDÃO ELETRÔNICO DJe-049 DIVULG 13-03-2013 PUBLIC 14-03-2013).

EMENTA Processual Civil e Previdenciário. Agravo regimental. Reclamação. ADC nº 4/DF. Policial militar reformado. Auxílio-invalidez. Antecipação de tutela. Natureza previdenciária. Súmula nº 729/STF. Recurso não provido. 1. Não tem êxito o agravo interno que deixa de atacar especificamente os fundamentos da decisão singular (art. 317, § 1º, RISTF). 2. Não é possível, em sede de agravo regimental, inovar nas razões da reclamação. 3. A decisão proferida na ADC nº 4/DF-MC não alcança a tutela antecipada deferida em causas de natureza previdenciária (Súmula STF nº 729). 4. Negado provimento ao agravo regimental.

(Rcl 4559 AgR, Relator(a): Min. DIAS TOFFOLI, Tribunal Pleno, julgado em 06/02/2013, ACÓRDÃO ELETRÔNICO DJe-051 DIVULG 15-03-2013 PUBLIC 18-03-2013)

I – A decisão proferida pela Corte na ADC 4-MC/DF, Rel. Min. Sidney Sanches, não veda toda e qualquer antecipação de tutela contra a Fazenda Pública, mas somente as hipóteses taxativamente previstas no art. 1º da Lei 9.494/1997. II – Ausência de identidade material entre o caso aludido e a decisão tida como afrontada. III – A sentença de mérito prejudica a reclamação que se fundamenta na afronta à decisão da ADC 4-MC/DF. IV – A reclamação não é sucedânea ou substitutivo de recurso próprio para conferir eficácia à jurisdição invocada nos autos dos recursos interpostos da decisão de mérito e da decisão em execução provisória. V – Agravo regimental improvido.

(Rcl 5207 AgR, Relator(a): Min. RICARDO LEWANDOWSKI, Tribunal Pleno, julgado em 14/10/2009, DJe-204 DIVULG 28-10-2009 PUBLIC 29-10-2009 EMENT VOL-02380-01 PP-00153 LEXSTF v. 31, n. 371, 2009, p. 161-166)

É importante salientar que o art. 1.585 do C.c.b., com a redação dada pela Lei n. 13.058, de 22 de dezembro de 2014, preconiza que em sede de medida cautelar de separação de corpos, em sede de medida cautelar de guarda ou em outra sede de fixação liminar de guarda, a decisão sobre guarda de filhos, mesmo que provisória, será proferida preferencialmente após a oitiva de ambas as partes perante o juiz, salvo se a proteção aos interesses dos filhos exigir a concessão de liminar sem a oitiva da outra parte, aplicando-se as disposições do art. 1.584.

22.
Irreversibilidade dos efeitos da tutela

Preceitua o §3º do art. 300 do novo C.P.C. que a tutela de urgência não será concedida quando houver perigo de irreversibilidade dos efeitos da decisão.

Preceito similar encontrava-se no §2º do art. 273 do C.P.C. de 1973, a saber: *"Não se concederá antecipação de tutela quando houver perigo de irreversibilidade do provimento antecipado".*

O legislador procurou impedir a concessão de tutela provisória de urgência antecipada, nas hipóteses em que haja perigo de *irreversibilidade dos efeitos da decisão.*

O S.T.J. já vinha reafirmando esse entendimento, conforme se observa pelo seguinte precedente:

> *1. Relativamente ao recurso especial, não se pode afastar, de modo absoluto, a sua aptidão como meio de controle da legitimidade das decisões que deferem ou indeferem a antecipação dos efeitos da tutela, ficando a atuação desta Corte limitada à análise dos dispositivos relacionados aos requisitos da tutela de urgência – como por exemplo, quando há antecipação de tutela nos casos em que a lei a proíbe. Precedentes.*
>
> *3. No presente caso, não se revela viável a concessão da antecipação de tutela se a medida se mostra irreversível, contrariando, assim, o disposto no § 2º do art. 273 do Código de Processo Civil.*
>
> *4. Ao contrário do que alegam os ora agravantes, o acórdão recorrido não traz qualquer indicação ou fundamentação no sentido da presença do risco de dano irreparável ou de difícil reparação, requisito essencial para a concessão da medida.*

TUTELA PROVISÓRIA

5. Esta Corte tem afastado o caráter protelatório da interposição do agravo regimental com o intuito de provocar o exaurimento das instâncias ordinárias e possibilitar a abertura da via especial, sendo de rigor afastar as multas impostas pelo Tribunal de origem por força da mera interposição do agravo interno.

6. Agravo regimental não provido.

(AgRg no REsp 1426081/SP, Rel. Ministro LUIS FELIPE SALOMÃO, QUARTA TURMA, julgado em 11/02/2014, DJe 14/02/2014)

É evidente que em muitos casos os efeitos materiais da decisão antecipada poderão ser irreversíveis no sentido de restabelecer as partes ao *status quo ante*. É o exemplo da antecipação de tutela provisória satisfativa de urgência, para o fim de demolição de um imóvel, ou mesmo para a transmissão de uma partida de futebol.

Porém, o juiz deverá agir com prudência e bom senso diante da interpretação que se deve dar ao art. 300, §3º, do novo C.P.C., pois, em muitas situações, apesar de ser impossível rever os efeitos materiais já produzidos pela antecipação da tutela de urgência, a sua concessão será imprescindível para o resguardo dos direitos subjetivos.

O juiz deverá sopesar e avaliar os valores que estão em jogo para o fim de concessão ou não de uma tutela de urgência.

O exemplo típico é a concessão de antecipação de tutela satisfativa de urgência para a transmissão de uma partida de futebol de final de Copa do Mundo ou mesmo para a realização de intervenção cirúrgica num paciente testemunha de Jeová.

Pense-se, também, na hipótese de autorização para se realizar um *aborto* no caso de risco de vida para gestante, ou, ainda, a autorização para a realização de uma cirurgia para amputação de algum membro do corpo etc.

Se o juiz autorizar a transmissão, os efeitos do provimento antecipado serão irreversíveis, pois não será mais possível retroagir o tempo para antes da concessão da tutela.

Porém, mesmo diante deste caráter irreversível do provimento, o juiz não poderá furtar-se de sopesar valores, princípios e probabilidade de existência de direitos para o fim de conceder ou não a medida requerida, pois é princípio constitucional de que *a lei não poderá excluir lesão ou ameaça de lesão a direito*, pouco importante se se trata de provimento irreversível ou não.

A possibilidade de concessão de provimentos de urgência, mesmo de caráter irreversível, já foi reconhecida pelo S.T.J., conforme os seguintes precedentes:

1. O acórdão recorrido constatou a perda do objeto da ação, por considerar que o objetivo dos recorridos havia sido alcançado em 2007, com o cumprimento da decisão que antecipara os efeitos da tutela, tornando imutável a sua situação jurídica.

2. Note-se que, ao contrário do que alega a agravante, não está sendo aplicada a teoria do fato consumado, pois a situação jurídica é irreversível não pelo fato de que perdura a liminar deferida, mas porque a Residência Médica na qual os recorridos ingressaram já foi concluída, ou seja, mesmo que o provimento judicial fosse revertido, não se poderia voltar ao status quo ante.

3. Precedentes: REsp 1.250.522/MS, Rel. Ministro Herman Benjamin, Segunda Turma, julgado em 28/05/2013, DJe 03/06/2013; AgRg no AgRg no REsp 1.192.881/MS, Rel. Ministro Napoleão Nunes Maia Filho, Primeira Turma, DJe 29/03/2012.

Agravo regimental improvido.

(AgRg no REsp 1390358/PE, Rel. Ministro HUMBERTO MARTINS, SEGUNDA TURMA, julgado em 01/10/2013, DJe 09/10/2013).

1. A nulidade somente será decretada se houver prejuízo à parte.

Apesar da ocorrência de vícios processuais no julgamento do agravo de instrumento, na sequência, com a análise de três embargos declaratórios de cada um dos litigantes, o contraditório e ampla defesa foram efetivados. Inexistência de prejuízo e manutenção da decisão, diante da aplicação dos princípios da instrumentalidade e da conservação.

2. Reunião de demandas coletivas. Aplicação do instituto da continência, com a competência da vara onde tramitar a demanda mais abrangente. Súmula n. 83/STJ. Impossibilidade de alterar a conclusão de origem, por demandar nova análise das questões fáticas. Súmula n. 7/STJ.

3. Admite-se a execução provisória de tutela coletiva. Em relação à prestação de caução, diante da omissão da legislação específica do processo coletivo, aplica-se subsidiariamente as regras do CPC.

Portanto, para o levantamento de quantias, em regra, há necessidade de prestação de caução. Todavia, se presentes concomitantemente os requisitos elencados no art. 475-O, § 2º, I (crédito alimentar, quantia de até sessenta salários, exequente em estado de necessidade), é possível a dispensa de caucionamento. Regra aplicável considerando cada um dos beneficiários, sob pena de tornar menos efetiva a tutela coletiva. O risco de irreversibilidade será maior caso não haja o pagamento da quantia em favor do hipossuficiente.

4. Recurso especial parcialmente conhecido e, nessa parte, desprovido.

(REsp 1318917/BA, Rel. Ministro ANTONIO CARLOS FERREIRA, QUARTA TURMA, julgado em 12/03/2013, DJe 23/04/2013)

TUTELA PROVISÓRIA

I.– É possível a antecipação da tutela, ainda que haja perigo de irreversibilidade do provimento, quando o mal irreversível for maior, como ocorre no caso de não pagamento de pensão mensal destinada a custear tratamento médico da vítima de infecção hospitalar, visto que a falta de imediato atendimento médico causar-lhe-ia danos irreparáveis de maior monta do que o patrimonial.

II.– Não compromete a validade da decisão, a falta de oitiva da parte a respeito da juntada de documento novo que não teve influência no julgado.

Recurso Especial improvido.

(REsp 801.600/CE, Rel. Ministro SIDNEI BENETI, TERCEIRA TURMA, julgado em 15/12/2009, DJe 18/12/2009)

Outrossim, mesmo que possa ser o provimento, de fato, irreversível, juridicamente essa irreversibilidade poderá ser contornada pelo pagamento em dinheiro de *perdas e danos*.

É certo que, na medida do possível, o juiz deverá resguardar o núcleo essencial do direito subjetivo do requerido, a fim de que não sejam concedidas medidas de urgência de caráter irreversível. Sobre o tema, eis os seguintes precedentes do S.T.J.:

1. Hipótese em que os valores cuja restituição é administrativamente pleiteada pela Administração Pública referem-se a diferenças remuneratórias recebidas por força de decisão judicial precária, posteriormente cassada, ante o reconhecimento judicial da improcedência do pedido formulado pela servidora.

2. Tendo a servidora recebido os referidos valores amparada por uma decisão judicial precária, não há como se admitir a existência de boa-fé, pois a Administração em momento nenhum gerou-lhe uma falsa expectativa de definitividade quanto ao direito pleiteado.

3. A adoção de entendimento diverso importaria, dessa forma, no desvirtuamento do próprio instituto da antecipação dos efeitos da tutela, haja vista que um dos requisitos legais para sua concessão reside justamente na inexistência de perigo de irreversibilidade, a teor do art. 273, §§ 2º e 4º, do CPC.

4. "O princípio que decorre da vedação estabelecida pelo § 2º do art. 273 vale não apenas para a concessão como também para a execução da medida antecipatória: mesmo quando se tratar de provimento por natureza reversível, o dever de salvaguardar o núcleo essencial do direito fundamental à segurança jurídica do réu impõe que o juiz assegure meios para que a possibilidade de reversão ao status quo ante não seja apenas formal, mas que se mostre efetiva na realidade fática. Não fosse assim, o perigo de dano não teria sido eliminado, mas apenas deslocado, da esfera do autor para a do réu" (ZAVASCKI,

Teori Albino. Antecipação da Tutela. 4ª ed., rev.e ampl., São Paulo: Saraiva, 2005, pp. 100/101).
5. *Embargos de divergência providos para negar provimento ao recurso especial interposto pela parte embargada.*
(EREsp 1335962/RS, Rel. Ministro ARNALDO ESTEVES LIMA, PRIMEIRA SEÇÃO, julgado em 26/06/2013, DJe 02/08/2013).

1. *Inviável a antecipação da tutela recursal se evidenciada a flagrante irreversibilidade da medida.*
2. *No caso dos autos, sobressai cristalina a irreversibilidade do provimento exarado – que decreta prematuramente o trânsito em julgado da sentença – pendente, não só o julgamento do mérito do próprio recurso de agravo de instrumento, mas também da apelação interposta contra a referida sentença.*
3. *Agravo regimental não provido.*
(AgRg no AgRg no REsp 1219044/PI, Rel. Ministro RICARDO VILLAS BÔAS CUEVA, TERCEIRA TURMA, julgado em 14/05/2013, DJe 23/05/2013).

1. *O Tribunal de origem entendeu necessária a concessão da tutela antecipada por considerar inequívoca a prova de que os lançamentos tributários efetuados pelo Estado, ora Agravante, em face do agravado não respeitaram o tratamento diferenciado instituído pela Lei Estadual 7.325/98, bem como do justo receio de dano de difícil reparação, pelos prejuízos patrimoniais advindos da exação indevida.*
2. *Sendo possível verificar, independentemente de aspectos puramente factuais, a compatibilidade da tutela provisória com a ordem jurídica e a séria probabilidade de irreversibilidade do provimento judicial precário, é admissível o conhecimento do Recurso Especial contra decisão proferida no âmbito da tutela de emergência, para o exercício do controle de sua adequação.*
3. *Na hipótese, todavia, a verificação da ocorrência (ou não) dos pressupostos para a concessão de tutela initio litis demandaria reexame do conjunto probatório dos autos, providência vedada em sede especial, porquanto, neste caso concreto, a sua eventual inadequação não resulta imediatamente da análise do contexto dos autos.*
4. *Agravo Regimental do Estado do Maranhão desprovido.*
(AgRg no AREsp 202.057/MA, Rel. Ministro NAPOLEÃO NUNES MAIA FILHO, PRIMEIRA TURMA, julgado em 26/02/2013, DJe 08/03/2013).

1. *O Tribunal de origem, com base na situação fática do caso, assentou que estão presentes os requisitos a ensejar o afastamento da concessão dos efeitos da tutela, consistente na possibilidade de irreversibilidade da liminar concedida.*

TUTELA PROVISÓRIA

2. *Insuscetível de revisão, nesta via recursal, do referido entendimento, por demandar reapreciação de matéria fática.*

Incidência da Súmula 7/STJ.

Ambos os agravos regimentais improvidos.

(AgRg no AREsp 150.954/GO, Rel. Ministro HUMBERTO MARTINS, SEGUNDA TURMA, julgado em 20/09/2012, DJe 28/09/2012).

1. *"Esta Corte, em sintonia com o disposto na Súmula 735 do STF, entende que, via de regra, não é cabível recurso especial para reexaminar decisão que defere ou indefere liminar ou antecipação de tutela, em razão da natureza precária da decisão, sujeita à modificação a qualquer tempo, devendo ser confirmada ou revogada pela sentença de mérito. Apenas violação direta ao dispositivo legal que disciplina o deferimento da medida autorizaria o cabimento do recurso especial, no qual não é possível decidir a respeito da interpretação dos preceitos legais que dizem respeito ao mérito da causa. Precedentes."(AgRg no Ag 658931/SC, Rel. Ministra Maria Isabel Gallotti, Quarta Turma, julgado em 23/08/2011, DJe 31/08/2011) 2. A antecipação de tutela constitui relevante medida à disposição do magistrado para que propicie amparo jurisdicional, conferindo efetiva proteção ao bem jurídico em litígio, abreviando, ainda que em caráter provisório, os efeitos práticos do provimento definitivo.*

Todavia impõe a existência de verossimilhança das alegações e prova inequívoca do direito invocado.

3. No caso, há decisão precedente do Superior Tribunal de Justiça, tomada em feito cautelar, reconhecendo ser plausível que a rescisão contratual discutida foi motivada, além do que a própria decisão impugnada reconhece possível o "encontro de contas", sustentando, ademais, que só cabe recompra de peças se a rescisão for imotivada, motivo pelo qual a revogação da antecipação de tutela se impõe, dada a ausência de seus requisitos legais.

4. Igualmente, o artigo 273, § 2º, do Código de Processo Civil também impõe óbice ao acolhimento do pleito antecipatório– que se funda na afirmação de que a requerida poderá rapidamente alienar a outrem as peças pertencentes à autora-, pois esse entendimento resulta na irreversibilidade da decisão, mesmo em caso de julgamento de improcedência dos pleitos exordiais, porquanto a decisão impugnada afirma que só em caso de rescisão imotivada há obrigação de recompra das mercadorias.

5. Recurso especial provido para revogar a decisão que concedeu a antecipação de tutela.

(REsp1230240/MT, Rel. Ministro LUIS FELIPE SALOMÃO, QUARTA TURMA, julgado em 07/08/2012, DJe 03/10/2012).

23.
Concessão *Ex-officio* de Tutela Provisória antecipada (satisfativa) ou cautelar

Estabelecia o art. 302 do projeto originário n. 2.046/10 novo C.P.C. que o juiz poderia conceder tutela antecipada cautelar de ofício, incidentalmente, em casos excepcionais ou expressamente autorizados.

Em relação à antecipação dos efeitos da tutela, preconizava o art. 273 do C.P.C. de 1973 que o juiz poderia, *a requerimento da parte*, antecipar, total ou parcialmente, os efeitos da tutela pretendida no pedido inicial, desde que, existindo prova inequívoca, se convencesse da verossimilhança da alegação.

Portanto, sob a égide da legislação revogada, a *antecipação de tutela* somente era possível mediante expresso requerimento da parte interessada.

No que concerne às medidas cautelares, estabelecia o art. 797 do C.P.C. de 1973 que somente em casos excepcionais, expressamente autorizados por lei, determinaria o juiz medidas cautelares sem a audiência das partes.

O artigo 277 do projeto originário n. 2.046/10 unificara o conteúdo normativo dos arts. 273 e 797 do C.P.C. de 1973, permitindo a concessão de ofício pelo juiz de qualquer forma de tutela de urgência, seja ela cautelar ou satisfativa.

Assim, a concessão da denominada antecipação dos efeitos de tutela satisfativa não dependeria mais de requerimento da parte interessa, uma vez que, diante de casos excepcionais ou expressamente autorizados por lei, poderia o juiz concedê-la de ofício.

TUTELA PROVISÓRIA

Porém, o novo C.P.C. não repetiu o disposto no art. 302 do projeto originário, nada mencionando sobre a possibilidade de o juiz, *ex officio*, conceder medida provisória de urgência de caráter satisfativo ou cautelar,

O novo C.P.C. proibiu o juiz conceder, *ex officio*, tutela de urgência de caráter satisfativo ou cautelar quando antecedente, mantendo o que já era previsto sob a égide do C.P.C. de 1973.

Portanto, com a entrada em vigor do novo C.P.C., o juiz não poderá conceder tutela provisória antecipada ou satisfativa ou cautelar de caráter antecedente, pois tal pedido deverá ser formulado pela própria parte; além do mais, o juiz está proibido de assim agir em face do princípio *nemo procedat iudex ex officio*.

Com tal postura, o legislador homenageia o princípio da inércia da jurisdição, pois se o juiz pudesse conceder, *ex officio*, tutela cautelar ou satisfativa antecedente colocaria em risco o aludido princípio.

Porém, em relação à concessão de tutela provisória de caráter urgente satisfativo ou cautelar incidental, o legislador não condicionou a sua concessão ao requerimento da parte interessada, especialmente quando o objeto do processo diz respeito a questão de interesse público ou indisponível.

O C.P.C. atual somente permitiu a concessão *ex officio* de tutela provisória cautelar ou satisfativa incidental e não antecedente.

O art. 797 do C.P.C. de 1973 já previa a possibilidade de o juiz, de ofício, conceder medidas cautelares desde que em casos excepcionais e expressamente autorizados por lei.

O saudoso Ovídio A. Baptista da Silva, comentando o art. 797 do C.P.C. de 1973, asseverava: *"Observa-se, todavia, que o legislador deixou explicitado que essas 'medidas cautelares' só podem ser decretadas, nos casos 'expressamente autorizados por lei'. Com essa prescrição, torna o Código inviável a concessão de qualquer medida antecipatória de alguma eficácia da sentença de mérito do processo principal, por iniciativa do juiz; e, como já vimos pelo art. 796, igualmente quando postulada pela parte. Essa 'interditalização' do processo comum, está vedada pelos arts. 796 e 797 do Código. O primeiro a exigir um procedimento cautelar separado do 'processo principal'; e o último a proibir medidas cautelares decretáveis de ofício pelo juiz nos casos não previstos em lei.*

Sem dúvida seria muito estranho que o legislador impusesse ao juiz essa restrição genérica de só poder defender a jurisdição, se a medida indicada para essa defesa estivesse expressamente prevista em lei. Haveria, sem dúvida, maior coerência doutri-

CONCESSÃO *EX-OFFICIO* DE TUTELA PROVISÓRIA ANTECIPADA (SATISFATIVA) OU CAUTELAR

nária se as medidas de 'polícia judiciária' pudessem ser sempre decretadas pelo juiz, independentemente de prévia permissão legal'.

A doutrina indica as seguintes hipóteses de medidas tidas por cautelares que se poderiam inserir no art. 797:

a) *o 'arresto' do art. 653 do C.P.C. (Theodoro Junior, 'Comentários', n. 75). Quanto à natureza executiva (penhora) e não cautelar dessa medida, tratamos já, na introdução, quando estabelecemos a distinção fundamental entre segurança da execução (igual à medida cautelar) e 'execução para segurança' (execução antecipada).*

b) *B) a medida que o juiz poderá tomar, no processo executório, quando o imóvel do devedor incapaz não alcançar, em praça, o valor mínimo previsto pelo art. 701. Em tal hipótese o juiz deve confiar a guarda e administração desse bem a um depositário, adiando a alienação (Galeno Lacerda, 'Comentários', p. 119). Não se trata de medida cautelar por dois motivos: se a medida é dever legal do juiz, a cautelaridade fica desde logo afastada: a normação do 'periculum in mora' torna a medida satisfativa e não apenas assegurativa, como insistentemente temos afirmado ('Introdução, §10, B). Para que a medida do art. 701 assumisse sentido cautelar, o verbo empregado pelo legislador haveria de ser poder e não dever, de modo que lhe fosse dado investigar a emergência do perigo, avaliando-o no caso concreto. Sem essa ponderação dos elementos circunstanciais, jamais poderá haver autêntica medida cautelar;*

c) *O sequestro de ofício do art. 919, decretável quando o inventariante, tutor, curador ou depositário, bem como qualquer outro administrador de interesses alheios, sendo condenados a pagar o saldo apurado na respectiva ação de prestação de contas, não o fizerem (Galeno Lacerda, 'Comentários", p. 120). Pontes de Miranda ('Comentários, XIII, 140) dá a hipótese como correspondendo a um efeito anexo da sentença de procedência na ação de prestação de contas. Cremos, no entanto, que a espécie mais se aproxima da cautelaridade do que de uma simples 'anexação' de efeitos. Na adição do efeito anexo, em geral a lei não reserva ao magistrado a possibilidade de evitá-lo, não o determinando no caso concreto. Se há essa possibilidade, o elemento cautelar sem dúvida aparece.*

d) *O professor Galeno Lacerda inclui, ainda, dentre as medidas cautelares de ofício, a determinação para que se inicie o processo de inventário (art. 989, C.P.C.); a suspensão cautelar da entrega do quinhão ao herdeiro que tenha sua condição sucessória contestada, até que se decida essa controvérsia (art. 1.000, parágrafo único); a 'reserva' de bens em poder do inventariante, correspondente ao quinhão do herdeiro excluído (1.001); o sequestro do bem sujeito à colação, uma vez declarada improcedente a oposição manifestada pelo herdeiro que haja recebido o bem cuja conferência foi determinada; a 'separação' de dinheiro ou de bens suficientes para pagamento dos credores, prevista no art. 1.017, §2º do mesmo Código. A determinação do início do procedimento de inventário prevista no art. 989, não é, de modo algum, medida cautelar. A 'separação' do art. 1.017, §2º do Código é penhora. Tanto é penhora que, realizada essa pretensa 'medida cautelar', ao juiz nada mais resta senão mandar alienar os bens 'reservados', em praça ou leilão.*

e) (....)".[214]

Pestana de Aguiar aduzia que o art. 797 do C.P.C. de 1973 somente admitia a concessão de medida cautelar de ofício em casos excepcionais, expressamente autorizados por lei, limitando, desta forma, a sua concessão às hipóteses especificamente previstas na norma legal. De outro modo não haveria necessidade de se referir à expressa autorização legal. Bastaria o fundado receio de que uma parte, antes do julgamento da lide, causasse ao direito da outra lesão grave e de difícil reparação (art. 798 do C.P.C. de 1973). Assim, como corolário do princípio *ne procedat judex ex-officio*, o poder cautelar geral só caberia nas medidas provocadas pelo interessado.

Também para Humberto Theodoro Júnior, como regra, as medidas cautelares inominadas deveriam ser objeto de processo cautelar instaurado ou provocado pela parte, no exercício do direito de ação. Só excepcionalmente, nos casos em que a lei previa expressamente a possibilidade de atividade cautelar *ex-officio*, é que o juiz poderia adotar medidas provisórias atípicas sem provocação da parte.

Hamilton de Moraes e Barros apontava, também, como caso de cautelar *ex-officio*, o art. 266 do C.P.C. de 1973.

Segundo Calmon de Passos, o art. 797 do C.P.C. de 1973, se não direta, pelo menos indiretamente cuida justamente do poder de o juiz determinar, de ofício, medidas cautelares. Possibilitando-lhe determiná-las sem

---

[214] SILVA, Ovídio Araújo Baptista. *Comentários ao código de processo civil*. V. XI – arts. 796-889 – do processo cautelar. Porto Alegre: Letras Jurídicas Editora, 1985. p. 109 a 110.

audiência das partes, atribui-lhe, em verdade, o poder de, oficiosamente, efetivá-las, independentemente de provocação dos interessados. Contudo, aduz ele que é necessário observar o princípio da demanda.

Em relação às situações expressamente autorizadas por lei não há maior indagação, pois se a norma autorizar ao magistrado a concessão de medida de urgência de ofício, assim poderá ele proceder.

A questão que mais interessa refere-se aos *casos excepcionais*.

O legislador do novo C.P.C., muito embora não tenha condicionada a concessão da tutela provisória de urgência satisfativa ou cautelar incidental ao requerimento da parte, também não indicou quais seriam eventuais casos excepcionais em que o juiz, de ofício, poderia conceder tais tutelas.

Mas desde logo já se pode apontar algumas situações excepcionais que poderiam justificar o poder geral de tutela provisória de urgência do juiz, exercida *ex officio*. São os casos em que o interesse público esteja perfeitamente evidenciado, inclusive com a participação efetiva do Ministério Público, também os casos envolvendo direito de família, direitos fundamentais constitucionais, criança, adolescente, pessoa idosa etc.

É importante salientar que o juiz deverá ser cuidadoso e prudente para a concessão dessas medidas de ofício, principalmente pelo alto grau de periculosidade que detem a efetivação das medidas urgentes, inclusive com a possibilidade de o autor ser obrigado a ressarcir os danos causados ao requerido pela efetivação da medida.

De certa forma, o S.T.J. já vinha dando sinal de que a concessão de tutela antecipada de ofício poderia ser legítima de acordo com determinadas circunstâncias. Nesse sentido são os seguintes precedentes:

> *PROCESSUAL CIVIL. PREVIDENCIÁRIO. SALÁRIO-MATERNIDADE. TUTELA ANTECIPADA DE OFÍCIO CONCEDIDA NO ACÓRDÃO. ADMISSIBILIDADE EM HIPÓTESES EXCEPCIONAIS.*
>
> *1. Trata-se, na origem, de Ação Declaratória com pedido de condenação ao pagamento de salário-maternidade movida por trabalhadora rural diarista. O acórdão confirmou a sentença de procedência e, de ofício, determinou a imediata implantação do mencionado benefício.*
>
> *2. As tutelas de urgência são identificadas como reação ao sistema clássico pelo qual primeiro se julga e depois se implementa o comando, diante da demora do processo e da implementação de todos os atos processuais inerentes ao cumprimento da garantia do devido processo legal. Elas regulam situação que demanda exegese que estabeleça um*

TUTELA PROVISÓRIA

equilíbrio de garantias e princípios (v.g., contraditório, devido processo legal, duplo grau de jurisdição, direito à vida, resolução do processo em prazo razoável).

3. No caso concreto, o Tribunal se vale da ideia de que se pretende conceder salário- -maternidade a trabalhadora rural (boia-fria) em virtude de nascimento de criança em 2004.

4. O Superior Tribunal de Justiça reconhece haver um núcleo de direitos invioláveis essenciais à dignidade da pessoa humana, que constitui fundamento do Estado Demo- crático de Direito. Direitos fundamentais correlatos às liberdades civis e aos direitos pres- tacionais essenciais garantidores da própria vida não podem ser desprezados pelo Poder Judiciário. Afinal, "a partir da consolidação constitucional dos direitos sociais, a função estatal foi profundamente modificada, deixando de ser eminentemente legisladora em pró das liberdades públicas, para se tornar mais ativa com a missão de transformar a realidade social. Em decorrência, não só a administração pública recebeu a incumbên- cia de criar e implementar políticas públicas necessárias à satisfação dos fins constitu- cionalmente delineados, como também, o Poder Judiciário teve sua margem de atuação ampliada, como forma de fiscalizar e velar pelo fiel cumprimento dos objetivos consti- tucionais" (REsp 1.041.197/MS, Rel. Min. Humberto Martins, Segunda Turma, DJe 16.9.2009, grifei.) 5. A doutrina admite, em hipóteses extremas, a concessão da tutela antecipada de ofício, nas "situações excepcionais em que o juiz verifique a necessidade de antecipação, diante do risco iminente de perecimento do direito cuja tutela é pleiteada e do qual existam provas suficientes de verossimilhança" (José Roberto dos Santos Bedaque, Tutela cautelar e tutela antecipada: tutelas sumárias e de urgência, 4ª ed., São Paulo, Malheiros, 2006, pp. 384-385).

6. A jurisprudência do STJ não destoa em situações semelhantes, ao reconhecer que a determinação de implementação imediata do benefício previdenciário tem caráter man- damental, e não de execução provisória, e independe, assim, de requerimento expresso da parte (v. AgRg no REsp 1.056.742/RS, Rel. Min. Napoleão Nunes Maia Filho, DJe de 11.10.2010 e REsp 1.063.296/RS, Rel. Min. Og Fernandes, DJe de 19.12.2008).

7. Recurso Especial não provido.

(REsp 1309137/MG, Rel. Ministro HERMAN BENJAMIN, SEGUNDA TURMA, julgado em 08/05/2012, DJe 22/05/2012)

PROCESSUAL CIVIL E PREVIDENCIÁRIO. RURAL. APOSENTADORIA POR INVALIDEZ. CONCESSÃO DE TUTELA ANTECIPADA DE OFÍCIO PELA CORTE DE ORIGEM. ALEGAÇÃO DE AUSÊNCIA DE PEDIDO POR PARTE DO SEGURADO. PETIÇÃO INICIAL REDIGIDA DE FORMA SIN- GELA, MAS QUE CONTÉM OS ELEMENTOS QUE INDICAM OS FATOS,

*OS FUNDAMENTOS E O PEDIDO PARA A IMPLEMENTAÇÃO DO BENE-
FÍCIO A PARTIR DA CITAÇÃO, O QUE DENOTA PRETENSÃO PELO
PROVIMENTO ANTECIPADO. VÍCIO AFASTADO. IMPLEMENTAÇÃO
IMEDIATA DO PAGAMENTO MENSAL DO BENEFÍCIO POR OUTRO FUN-
DAMENTO. ART. 461 DO CPC. COMANDO MANDAMENTAL DO ACÓR-
DÃO RECORRIDO.*

*1. Hipótese na qual o INSS pleiteia o reconhecimento de ofensa ao artigo 273 do
CPC ao argumento de que a tutela antecipada para a implementação do benefício foi
deferida pelo acórdão recorrido ex officio.*

*2. Deve ser mantida a implementação da aposentadoria por invalidez diante das
peculiaridades do caso, pois a petição inicial, apesar de singela, traz pedido antecipatório ao requerer a implementação do benefício a partir da citação do réu.*

*3. No caso, a ordem judicial para a implantação imediata do benefício deve ser man-
tida. Não com fulcro no artigo 273 do CPC, mas sim com fundamento no artigo 461 do
CPC, pois o recurso sob exame, em regra, não tem efeito suspensivo, o segurado obteve sua
pretensão em primeira e segunda instâncias e a implementação do benefício é comando
mandamental da decisão judicial a fim de que o devedor cumpra obrigação de fazer.
Salvaguarda-se, desse modo, a tutela efetiva. A propósito, confiram-se: AgRg no REsp
1056742/RS, Rel. Min. Napoleão Nunes Maia Filho, Quinta Turma, DJe 11/10/2010;
e REsp 1063296/RS, Rel. Min. Og Fernandes, Sexta Turma, DJe 19/12/2008.*

4. Recurso especial não provido.

(REsp 1319769/GO, Rel. Ministro SÉRGIO KUKINA, Rel. p/ Acórdão Ministro BENEDITO GONÇALVES, PRIMEIRA TURMA, julgado em
20/08/2013, DJe 20/09/2013)

É certo, porém, que sob a égide do C.P.C. de 1973 havia entendimento
diverso, a saber:

*PROCESSO CIVIL. RECURSO ESPECIAL. AÇÃO CIVIL PÚBLICA.
TUTELA ANTECIPADA. NECESSIDADE DE REQUERIMENTO. DISSÍDIO
JURISPRUDENCIAL. AUSENTE.*

*1. Ambas as espécies de tutela – cautelar e antecipada – estão inseridas no gênero das
tutelas de urgência, ou seja, no gênero dos provimentos destinados a tutelar situações em
que há risco de comprometimento da efetividade da tutela jurisdicional a ser outorgada
ao final do processo.*

*2. Dentre os requisitos exigidos para a concessão da antecipação dos efeitos da tutela,
nos termos do art. 273 do CPC, está o requerimento da parte, enquanto que, relativa-*

TUTELA PROVISÓRIA

mente às medidas essencialmente cautelares, o juiz está autorizado a agir independentemente do pedido da parte, em situações excepcionais, exercendo o seu poder geral de cautela (arts. 797 e 798 do CPC).

3. Embora os arts. 84 do CDC e 12 da Lei 7.347/85 não façam expressa referência ao requerimento da parte para a concessão da medida de urgência, isso não significa que, quando ela tenha caráter antecipatório, não devam ser observados os requisitos genéricos exigidos pelo Código de Processo Civil, no seu art. 273. Seja por força do art. 19 da Lei da Ação Civil Pública, seja por força do art. 90 do CDC, naquilo que não contrarie as disposições específicas, o CPC tem aplicação.

4. A possibilidade de o juiz poder determinar, de ofício, medidas que assegurem o resultado prático da tutela, dentre elas a fixação de astreintes (art. 84, §4º, do CDC), não se confunde com a concessão da própria tutela, que depende de pedido da parte, como qualquer outra tutela, de acordo com o princípio da demanda, previsto nos art. 2º e 128 e 262 do CPC.

5. Além de não ter requerido a concessão de liminar, o MP ainda deixou expressamente consignado a sua pretensão no sentido de que a obrigação de fazer somente fosse efetivada após o trânsito em julgado da sentença condenatória.

6. Impossibilidade de concessão de ofício da antecipação de tutela.

7. Recebimento da apelação no efeito suspensivo também em relação à condenação à obrigação de fazer.

8. Recurso especial parcialmente provido.

(REsp 1178500/SP, Rel. Ministra NANCY ANDRIGHI, TERCEIRA TURMA, julgado em 04/12/2012, DJe 18/12/2012)

24.
Responsabilidade Civil pelos Danos – Efetivação da Medida de Urgência

O art. 302 do novo C.P.C. estabelece que independentemente da reparação por dano processual, a parte responde pelo prejuízo que a efetivação da tutela de urgência causar à parte adversa, se: I – a sentença lhe for desfavorável; II – obtida liminarmente a tutela em caráter antecedente, não fornecer os meios necessários para a citação do requerido no prazo de 5 (cinco) dias; III – ocorrer a cessação da eficácia da medida em qualquer hipótese legal; IV – o juiz acolher a alegação de decadência ou prescrição da pretensão do autor.

É importante salientar que o art. 274 do projeto originário n. 2.046/10 determinava o pagamento de perdas e danos pela efetivação da medida, tanto para as medidas cautelares quanto para as medidas satisfativas urgentes.

O novo C.P.C. manteve essa tendência no art. 302, pois não distingue entre tutela de urgência cautelar e tutela de urgência antecipada satisfativa.

Assim, deve-se aplicar a regra do art. 302 do novo C.P.C. tanto à tutela de urgência cautelar quanto à tutela de urgência satisfativa.

Questão que pode surgir é se o art. 302 do novo C.P.C. também se aplica à tutela provisória de evidência. Penso que não, pois as hipóteses de concessão de tutela de evidência previstas no art. 311 do novo C.P.C., em

TUTELA PROVISÓRIA

que pese sejam indicadores da 'probabilidade do direito' alegado, o certo é que o grau de certeza que elas geram é muito maior que o grau de certeza indicado para as tutelas provisórias de urgência (antecipada ou cautelar). Por isso, em face do grau de probabilidade de existência do direito exigido para a concessão de tutela de evidência não justifica a exigência de reparação de dano processual eventualmente ocorrido.

A reparação dos danos causados pela concessão de medida cautelar já era prevista no art. 811 do C.P.C de 1973, que assim estabelecia:

> Art. 811. Sem prejuízo do disposto no art. 16, o requerente do procedimento cautelar responde ao requerido pelo prejuízo que lhe causar a execução da medida:
>
> I – se a sentença no processo principal lhe for desfavorável;
>
> II – se, obtida liminarmente a medida no caso do art. 804 deste Código, não promover a citação do requerido dentro em 5 (cinco) dias;
>
> III – se ocorrer a cessação da eficácia da medida, em qualquer dos casos previstos no art. 808, deste Código;
>
> IV – se o juiz acolher, no procedimento cautelar, a alegação de decadência ou de prescrição do direito do autor (art. 810).
>
> Parágrafo único. A indenização será liquidada nos autos do procedimento cautelar.

Não obstante a segurança e a garantia de efetividade que conferem as tutelas de urgência, há também um efeito colateral importante para o requerente da medida, pois poderá ser obrigado a indenizar o requerido pelos danos processuais e materiais que a efetivação da medida puder ocasionar.

Com isso se estabelece um justo equilíbrio entre o direito fundamental de agir em juízo e aquele de assegurar o ulterior ressarcimento do dano determinado pela atividade processual infundada.

Assim, considera-se a atividade processual, no que consiste a propositura de uma demanda, uma atividade lícita; porém, se essa atividade é exercitada de maneira infundada, o ressarcimento do dano causado ao réu é de rigor.

Os danos processuais encontram-se discriminados nos arts. 79 e 80 do novo C.P.C., a saber:

> Art. 79. Responde por perdas e danos aquele que litigar de má-fé como autor, réu ou interveniente.

> *Art. 80. Considera-se litigante de má-fé aquele que:*
> *I – deduzir pretensão ou defesa contra texto expresso de lei ou fato incontroverso;*
> *II – alterar a verdade dos fatos;*
> *III – usar do processo para conseguir objetivo ilegal;*
> *IV – opuser resistência injustificada ao andamento do processo;*
> *V – proceder de modo temerário em qualquer incidente ou ato do processo;*
> *VI – provocar incidente manifestamente infundado;*
> *VII – interpuser recurso com intuito manifestamente protelatório.*

A reparação dos prejuízos causados pela efetivação de uma medida urgente também encontra-se prevista no direito comparado.

O §945 do ZPO (Código de Processo Civil alemão) estabelece: *"Se a ordem de sequestro ou de um provimento de urgência se revela privada de fundamento desde o início ou se a medida ordenada vem revogada nos termos do §926, inciso 2 ou do §942, inciso 3, a parte que obteve o provimento de urgência é obrigada a ressarcir à contraparte o dano que sofrer pela execução da medida ordenada ou pela prestação de garantia voltada a impedir a execução ou para obter a revogação da medida".*

Assim também estabelece o art. 742 do C.P.C. espanhol:

> *Art. 742. Execução de danos e prejuízos.*
> *Uma vez transitado o auto que acolha a oposição, proceder-se-á, mediante requerimento do demandado e de acordo com os trâmites previstos nos art. 712 e seguintes, à determinação dos danos e prejuízos que, no caso, houver produzido a medida cautelar revogada; e, uma vez determinados, se requererá o pagamento ao requerente da medida, procedendo-se de imediato, se não os pagar, a sua execução forçada.*

A previsão de ressarcimento de danos em razão de 'lide temerária', inclusive no âmbito de tutela cautelar, também é previsto no art. 96 do Código de Processo Civil italiano, a saber:

> *Art. 96 (Responsabilidade agravada)*
> *Se comprovado que a parte sucumbente agiu ou resistiu em juízo com má-fé ou culpa grave, o juiz, mediante pedido da parte, a condena, além das despesas processuais, ao ressarcimento dos danos, os quais serão liquidados de ofício na própria sentença.*
> *O juiz que reconhece a inexistência do direito em razão do qual foi efetivado um provimento cautelar, ou 'trascritta' uma demanda judicial ou inscrita uma hipoteca judi-*

cial, ou iniciada ou cumprida a execução forçada, mediante pedido da parte prejudicada, condena ao ressarcimento dos danos o autor ou o credor processante, que tenha agido sem a norma prudência. A liquidação do dano é feita com base no inciso precedente...

O problema relativo à responsabilidade processual requer, em primeiro lugar, a delimitação da área de responsabilidade, que segue ao desenvolvimento da própria atividade processual.

A doutrina italiana tem diferenciado a questão da responsabilidade processual em *procedimento ilegítimo (não ritualístico)*, quando não executado na forma da lei ou não presentes os requisitos previstos na norma, e *procedimento injusto* ou seja, não decorrente de um título legítimo. O *procedimento injusto* encontra-se no 2º inciso do art. 96 do C.P.C. italiano, ou seja, quando se reconheça, após a efetivação de uma tutela cautelar, a inexistência do direito. Assim, o 2º inciso do art. 96 do C.P.C. italiano constitui uma norma excepcional, porque prevê a responsabilidade processual por danos somente nas hipóteses ali versadas, nas quais se estabelece um juízo de inexistência do direito acautelando e a parte tenha agido sem a *normal prudência* (também por culpa leve); já o 1º inciso do art. 96 do C.P.C. italiano disciplina todas as hipóteses de responsabilidade processual por danos, nas quais a parte tenha agido ou resistido em juízo com má-fé ou culpa grave.[215]

A liquidação dos danos indicados no art. 302 do atual C.P.C. ocorrerá nos autos em que a medida tiver sido concedida, sempre que possível.

A liquidação dos danos pode ser efetuada pelo juiz, também de ofício, de forma equânime.

Os danos deverão ser liquidados por meio de uma decisão interlocutória, estando sujeita a recurso de agravo de instrumento (art. 1.015, p.u., do novo C.P.C.). Note-se que a decisão de liquidação dos danos não tem natureza de sentença uma vez que não se enquadra na definição de sentença prevista no art. 203, §1º, do novo C.P.C.

Uma vez que a responsabilidade pelo ressarcimento dos danos prevista no art. 302 do novo C.P.C. é uma responsabilidade *objetiva*, atribui-se ao juiz o poder de analisar o *an debeatur*, o qual incidirá somente na questão da relação de causalidade entre a efetivação da medida de urgência e os danos causados, assim como o *quantum debeatur*, que resulta na própria quantificação do dano causado.

---

[215] DINI, E.A.; MAMMONE, G., op. cit., pag. 575 e 576.

A liquidação poderá ocorrer no mesmo processo em que foi efetivada a medida de urgência ou em autos em separado, para se evitar tumulto processual.

24.1. Sentença desfavorável

O requerente da medida cautelar ou satisfativa poderá ser condenado na reparação dos danos ocorridos pela efetivação da medida, se a sentença lhe for desfavorável.

No projeto originário n. 2.046/10 havia a seguinte redação: *se a sentença no processo principal lhe for desfavorável.*

Na verdade, havia na redação do projeto originário um erro técnico e que quebrava a própria estrutura das tutelas provisórias de urgência estabelecida no novo C.P.C., pois na atual formatação das medidas urgentes e de evidência não se fala mais em processo principal ou acessório, mas, sim, de pedido principal, uma vez que o processo é único para os diversos tipos de pedidos.

Mesmo em se tratando de medida cautelar antecedente, não haverá um processo principal autônomo, pois o pedido principal será formulado posteriormente no mesmo processo, salvo as hipóteses previstas no processo de inventário, especialmente nos arts. 627, §3º, 641, §2º, e 643, p.u., todos do novo C.P.C.

Assim, havendo a efetivação da tutela de urgência satisfativa ou cautelar, e sendo a sentença proferida no processo desfavorável ao requerente da medida, deverá ser indenizado o requerido pelos danos que a efetivação da medida lhe causou.

A sentença poderá ser desfavorável, tanto na hipótese de extinção do processo com resolução de mérito, quanto na hipótese de extinção do processo sem resolução de mérito.

24.2. Falta de meios necessários para a citação do requerido

A responsabilidade pelos danos gerados pela efetivação da medida cautelar ou satisfativa obtida liminarmente em caráter antecedente também será considerada na eventual falta de meios necessários para a citação do requerido no prazo de cinco dias.

Em se tratando de medida urgente de natureza cautelar ou satisfativa, poderá o requerente solicitá-la liminarmente de forma antecedente ou incidentalmente.

TUTELA PROVISÓRIA

Na hipótese de ter sido a liminar concedida no pedido de tutela ante-cedente, o requerente deverá promover as medidas necessárias que estão ao seu alcance para a efetivação da citação do requerido no prazo de cinco dias.

Se por culpa do requerente não for promovida a citação do requerido no prazo de cinco dias, deverá o requerente arcar com os prejuízos causa-dos pela efetivação da tutela antecedente cautelar ou satisfativa.

Evidentemente, se o atraso for por culpa do sistema judiciário ou outra causa que não seja de responsabilidade do requerente, não haverá lugar para a reparação do dano.

Um típico exemplo do não fornecimento dos meios necessários para a citação do requerido é a falta de pagamento das custas processuais ou a não indicação correta do endereço do requerido.

24.3. Cessação da eficácia da medida

Se houver a cessação da eficácia da medida, em qualquer hipótese legal, o requerente deverá arcar com eventuais danos que a efetivação da medida causar ao requerido.

As hipóteses de cessação da eficácia da medida antecipada cautelar, além da prolação de sentença contrária ao requerente, estão discrimina-das no art. 309 do novo C.P.C., a saber:

> *Art. 309. Cessa a eficácia da tutela concedida em caráter antecedente, se:*
> *I – o autor não deduzir o pedido principal no prazo legal;*
> *II – não for efetivada dentro de 30 (trinta) dias;*
> *III – o juiz julgar improcedente o pedido principal formulado pelo autor ou extinguir o processo sem resolução de mérito.*

Uma vez concedida e efetivada a tutela cautelar antecedente, o autor deverá deduzir o pedido principal, no mesmo processo e no prazo esta-belecido em lei, no caso, no prazo de trinta dias, nos termos do art. 308 do novo C.P.C. Se não deduzir o pedido no prazo de trinta dias, cessará a eficácia da medida cautelar.

Na hipótese de antecipação de tutela satisfativa, o autor deverá adi-tar a petição inicial, com a complementação do pedido de tutela final, em quinze dias, ou em outro prazo maior que o órgão jurisdicional fixar (art. 303, §1º, inc. I do novo C.P.C.). Se não o fizer, o processo será extinto sem resolução do mérito (§2º do art. 303 do novo C.P.C.

Também cessará a eficácia da medida se ela não for efetivada dentro de trinta dias. Essa circunstância, contudo, somente terá aplicação se houver algum tipo de colaboração do requerente ou alguma circunstância fática posterior que impeça a efetivação da medida no prazo estabelecido. Caso contrário, não perderá ela a sua eficácia. Pense-se na hipótese em que o juiz concede liminarmente a medida cautelar de sequestro ou busca e apreensão de criança e adolescente contra pessoa que a detenha injustamente, mas que está se furtando a entregar a criança mediante comportamento de fuga. Nesse caso, não pode o requerente da medida ser responsável pela sua não efetivação no prazo legal.

Também cessará a eficácia da medida se o juiz julgar improcedente o pedido principal formulado pelo autor ou extinguir o processo sem resolução de mérito.

Esta disposição normativa, pelo que tudo indica, faz referência à improcedência do pedido principal.

Assim, se o processo em que for formulado o pedido principal for extinto com ou sem resolução de mérito, a eficácia da medida cessará automaticamente, ensejando a responsabilização do requerente pelas perdas e danos decorrentes da efetivação da medida.

24.4. Reconhecimento da prescrição ou da decadência

Por fim, o requerente será condenado ao pagamento das perdas e danos na hipótese de o juiz acolher a alegação da decadência ou prescrição da pretensão do autor.

Na verdade, esse critério de fundamentação para pagamento de perdas e danos de certa forma está contido no inciso anterior, pois cessa a eficácia da medida se o juiz julgar improcedente o pedido principal (art. 309, inc. III do novo C.P.C.).

Portanto, declarando o juiz a decadência do direito ou a prescrição da pretensão, o requerente será condenado ao pagamento das perdas e danos decorrente da efetivação da medida.

Na vigência do C.P.C. de 1973, muito embora a decisão proferida no processo cautelar apresentasse a natureza de uma tutela *não satisfativa* e de cognição sumária, havia uma única hipótese em que a tutela prestada no processo cautelar teria a natureza de *satisfatividade e exauriente*, gerando coisa julgada material. Isso ocorria quando o juiz reconhecia a prescrição e a decadência, nos termos do art. 810 do C.P.C. revogado.

TUTELA PROVISÓRIA

O art. 282 do projeto originário do Senado Federal, n. 166/10, estabelecia: *Independentemente da reparação por dano processual, o requerente responde ao requerido pelo prejuízo que lhe causar a efetivação da medida se:*
(...). IV – o juiz acolher a alegação de decadência ou da prescrição do direito do autor.

O novo Código corrigiu um grave erro terminológico existente no art. 282, inc. IV, do projeto originário, pois somente a decadência atinge o direito e não a prescrição.

A prescrição, ao contrário, não afeta o direito em si, mas a *pretensão* de exigibilidade desse direito.

24.5. Responsabilidade *objetiva*

A responsabilidade pelos danos causados pela efetivação da medida cautelar ou da medida satisfativa é de caráter *objetivo*, independendo de culpa do requerente da medida. Nesse sentido já se manifestou o S.T.J.:

1. Recurso especial, concluso ao Gabinete em 13/06/2012, no qual discute se houve violação da coisa julgada ao se determinar o valor da indenização em sede da liquidação de prejuízos requerida com fulcro no art. 811 do CPC. Ação cautelar ajuizada em 1987.

2. Inexiste ofensa ao art. 535 do CPC, quando o tribunal de origem pronuncia-se de forma clara e precisa sobre a questão posta nos autos.

3. A ausência de decisão sobre os dispositivos legais supostamente violados, não obstante a interposição de embargos de declaração, impede o conhecimento do recurso especial. Incidência da Súmula 211/STJ.

4. O reexame de fatos e provas em recurso especial é inadmissível.

5. O art. 811 do CPC trata de hipótese de responsabilidade processual objetiva do requerente da medida cautelar, derivada, por força de texto expresso de lei, do julgamento de improcedência do pedido deduzido na ação principal.

6. Para a satisfação de sua pretensão, basta que a parte lesada promova a liquidação dos danos – imprescindível para identificação e quantificação do prejuízo –, nos autos do próprio procedimento cautelar.

7. Não há que se perquirir se houve violação à coisa julgada pelo acórdão recorrido ao interpretar a decisão liquidanda e fixar o valor devido a título de indenização porque não houve coisa julgada a esse respeito, sendo inaplicáveis à hipótese os arts. 471; 473; 474 do CPC.

8. O fato de a obrigação somente ter se tornado líquida após a perícia não elide a constatação de que os danos foram suportados pela recorrente desde a concessão da liminar e, portanto, desde então, deve haver a incidência dos juros. Incidência Súmula 54/STJ.

9. Recurso especial parcialmente provido.

(REsp 1327056/PR, Rel. Ministra NANCY ANDRIGHI, TERCEIRA TURMA, julgado em 24/09/2013, DJe 02/10/2013).

1. Recurso especial interposto por Condomínio do Conjunto Nacional: 1.1. Afigura-se dispensável que o órgão julgador venha a examinar uma a uma as alegações e fundamentos expendidos pelas partes, bastando-lhe que decline as razões jurídicas que embasaram a decisão, não sendo exigível que se reporte de modo específico a determinados preceitos legais. Inexistência de ofensa ao art. 535 do CPC.

1.2. O acórdão ostenta fundamentação robusta, explicitando as premissas fáticas adotadas pelos julgadores e as consequências jurídicas daí extraídas. O seu teor resulta de exercício lógico, revelando-se evidente a pertinência entre os fundamentos e a conclusão, entre os pedidos e a decisão, razão por que não se há falar em ausência de fundamentação ou de julgamento citra petita.

1.3. As conclusões a que chegou o acórdão recorrido no que concerne à segurança do empreendimento e à ausência de infração a disposições condominiais decorreram da análise soberana da prova e, por isso, não podem ser revistas por esta Corte sem o reexame do acervo fático-probatório. Incidências das Súmulas 5 e 7 do STJ.

2. Recurso especial interposto por Mozariém Gomes do Nascimento: 2.1. Os danos causados a partir da execução de tutela antecipada (assim também a tutela cautelar e a execução provisória) são disciplinados pelo sistema processual vigente à revelia da indagação acerca da culpa da parte, ou se esta agiu de má-fé ou não. Basta a existência do dano decorrente da pretensão deduzida em juízo para que sejam aplicados os arts. 273, § 3º, 475-O, incisos I e II, e 811 do CPC. Cuida-se de responsabilidade objetiva, conforme apregoa, de forma remansosa, doutrina e jurisprudência.

2.2. A obrigação de indenizar o dano causado ao adversário, pela execução de tutela antecipada posteriormente revogada, é consequência natural da improcedência do pedido, decorrência ex lege da sentença e da inexistência do direito anteriormente acautelado, responsabilidade que independe de reconhecimento judicial prévio, ou de pedido do lesado na própria ação ou em ação autônoma ou, ainda, de reconvenção, bastando a liquidação dos danos nos próprios autos, conforme comando legal previsto nos arts. 475-O, inciso II, c/c art. 273, § 3º, do CPC. Precedentes.

2.3. A complexidade da causa, que certamente exigia ampla dilação probatória, não exime a responsabilidade do autor pelo dano processual. Ao contrário, neste caso a antecipação de tutela se evidenciava como providência ainda mais arriscada, cir-

TUTELA PROVISÓRIA

cunstância que aconselhava conduta de redobrada cautela por parte do autor, com a exata ponderação entre os riscos e a comodidade da obtenção antecipada do pedido deduzido.

3. Recurso especial do Condomínio do Shopping Conjunto Nacional não provido e recurso de Mozariém Gomes do Nascimento provido.

(REsp 1191262/DF, Rel. Ministro LUIS FELIPE SALOMÃO, QUARTA TURMA, julgado em 25/09/2012, DJe 16/10/2012).

1. Da leitura do art. 811, I, do CPC, observa-se que, no procedimento cautelar, independentemente da existência de dolo ou culpa, a requerente deverá ressarcir os danos advindos à parte requerida em razão da execução da medida, na hipótese de a sentença prolatada no processo principal ser-lhe desfavorável. O parágrafo único do citado dispositivo consigna que a indenização devida será liquidada nos autos do procedimento cautelar.

2. Entretanto, o fato de a norma processual determinar que a liquidação da indenização devida pela requerente se dará nos autos da própria medida cautelar não legitima a pretensão de que os valores aferidos sejam descontados do depósito realizado pela demandante.

3. In casu, ao apresentar a ação cautelar, a ora recorrida depositou valores referentes a tributos que seriam devidos para a regularização das mercadorias estrangeiras apreendidas pela autoridade administrativa. O pedido liminar foi acolhido, determinando-se a liberação dos referidos bens. No julgamento da ação principal, no entanto, entendeu-se pela improcedência do pleito da autora, de modo que foi mantida a pena de perdimento dos bens.

4. Se houve dano à UNIÃO em razão da liberação dos bens, certamente este deverá ser indenizado, entretanto, não há justificativa para que a quantia depositada fique bloqueada até a compensação de eventuais prejuízos.

5. Recurso especial desprovido.

(REsp 744.380/MG, Rel. Ministra DENISE ARRUDA, PRIMEIRA TURMA, julgado em 04/11/2008, DJe 03/12/2008)

24.6. Liquidação da Indenização nos próprios Autos

Estabelece o parágrafo único do art. 302 do novo C.P.C. que a indenização será liquidada nos autos em que a medida tiver sido concedida, sempre que possível.

Não haverá necessidade de instauração de um processo específico para apuração dos danos, *an debeatur,* os quais serão apurados, liquidados, no próprio processo em que foi efetivada a medida cautelar ou satisfativa de urgência, por meio de liquidação pelo procedimento comum ou por arbitramento.

Há necessidade da liquidação dos prejuízos, tendo em vista que é imprescindível para a execução desses prejuízos a sua quantificação monetária.

Porém, se a apuração dos danos for de complexidade extrema, o juiz poderá determinar que a liquidação se faça em processo separado e autônomo.

Nesse sentido são os seguintes precedentes do S.T.J.:

1. Recurso especial, concluso ao Gabinete em 13/06/2012, no qual discute se houve violação da coisa julgada ao se determinar o valor da indenização em sede da liquidação de prejuízos requerida com fulcro no art. 811 do CPC. Ação cautelar ajuizada em 1987.

2. Inexiste ofensa ao art. 535 do CPC, quando o tribunal de origem pronuncia-se de forma clara e precisa sobre a questão posta nos autos.

3. A ausência de decisão sobre os dispositivos legais supostamente violados, não obstante a interposição de embargos de declaração, impede o conhecimento do recurso especial. Incidência da Súmula 211/STJ.

4. O reexame de fatos e provas em recurso especial é inadmissível.

5. O art. 811 do CPC trata de hipótese de responsabilidade processual objetiva do requerente da medida cautelar, derivada, por força de texto expresso de lei, do julgamento de improcedência do pedido deduzido na ação principal.

6. Para a satisfação de sua pretensão, basta que a parte lesada promova a liquidação dos danos – imprescindível para identificação e quantificação do prejuízo –, nos autos do próprio procedimento cautelar.

7. Não há que se perquirir se houve violação à coisa julgada pelo acórdão recorrido ao interpretar a decisão liquidanda e fixar o valor devido a título de indenização porque não houve coisa julgada a esse respeito, sendo inaplicáveis à hipótese os arts. 471; 473; 474 do CPC.

8. O fato de a obrigação somente ter se tornado líquida após a perícia não elide a constatação de que os danos foram suportados pela recorrente desde a concessão da liminar e, portanto, desde então, deve haver a incidência dos juros. Incidência Súmula 54/STJ.

9. Recurso especial parcialmente provido.

(REsp 1327056/PR, Rel. Ministra NANCY ANDRIGHI, TERCEIRA TURMA, julgado em 24/09/2013, DJe 02/10/2013).

1. A ausência de decisão acerca dos argumentos invocados pelo recorrente em suas razões recursais, apesar da interposição de embargos de declaração, impede o exame da irresignação.

2. Quando a fundamentação do recurso não permite a exata compreensão da controvérsia, revela-se inviável a admissão da insurgência.

3. A existência de fundamento do acórdão recorrido não impugnado – quando suficiente para a manutenção de suas conclusões – obsta, quanto ao ponto, a apreciação do recurso especial.

4. O requerente da medida cautelar responde ao requerido, caso a sentença do processo principal lhe seja desfavorável, pelo prejuízo decorrente de sua execução. Trata-se de responsabilidade processual objetiva, cuja liquidação é processada nos autos da própria cautelar.

5. A pretensão ao ressarcimento dos danos originados pela execução de medida de natureza cautelar nasce da sentença que julga improcedente o pedido deduzido no processo principal. Conquanto já causado o dano, o poder de exigir coercitivamente o cumprimento do dever jurídico de indenizar surge, por força de disposição legal expressa (art. 811, I, do CPC), tão somente com a prolação da sentença desfavorável na ação matriz.

6. O marco inicial da prescrição dessa pretensão, portanto, é o trânsito em julgado da sentença proferida no processo principal, e não a data em que foi efetivada a medida causadora do prejuízo.

7. O despacho do juiz que ordena a citação interrompe a prescrição, apenas, da respectiva pretensão deduzida em juízo, não irradiando efeitos sobre outras pretensões ainda não formuladas pelo titular do direito subjetivo correlato.

8. O exame do dissídio jurisprudencial é inviabilizado caso não haja similitude fática entre os acórdãos apontados como divergentes.

9. Recurso especial não provido.

(REsp 1236874/RJ, Rel. Ministra NANCY ANDRIGHI, TERCEIRA TURMA, julgado em 11/12/2012, DJe 19/12/2012)

24.7. Procedimento de Cobrança dos Danos – Cumprimento Provisório de Sentença

Uma vez liquidados os danos decorrentes da efetivação da medida cautelar ou da tutela satisfativa, a sua execução dar-se-á pelo procedimento estabelecido no novo C.P.C. para o cumprimento de sentença

Contudo, para que se possa passar para o procedimento do cumprimento provisório de sentença, isso significa dizer que já foram liquidados previamente esses danos.

Note-se que o título executivo é a própria decisão proferida no processo com base nas hipóteses do art. 302 do novo C.P.C.

Assim, uma vez liquidados os danos decorrentes da efetivação da medida, seja ela cautelar ou satisfativa, passa-se, de imediato, para o cumprimento de sentença *de quantia certa*.

25.
Tutela Provisória Antecipada ou Satisfativa com base na Urgência

Estabelece o art. 303 do novo C.P.C. que nos casos em que a urgência for contemporânea à propositura da ação, a petição inicial pode limitar-se ao requerimento da tutela antecipada satisfativa e à indicação do pedido de tutela final, com a exposição sumária da lide, do direito que se busca realizar e do perigo de dano ou do risco ao resultado útil do processo.

Cândido Rangel Dinamarco já teve oportunidade de sustentar, quando da entrada em vigor do art. 273 do C.P.C. de 1973, a possibilidade de requerimento de tutela antecipada antecedente ou preparatória, independentemente da formulação, com todos os seus requisitos, do pedido principal.

Sobre o tema, eis a lição de Cândido Rangel Dinamarco: *"Uma das medidas antecipatórias de uso mais frequente na experiência forense de todo dia, a 'sustação de protesto cambial', só tem utilidade quando concedida imediatamente, considerado que o prazo para a efetivação do protesto é de quarenta-e-oito horas e, se fosse necessário aguardar a instauração do processo principal, a medida seria inócua. Sustações dessa ordem eram concedidas muito antes da Reforma e continuaram a sê-lo depois dela, sempre na crença de que se tratasse de medida cautelar. Basta ver que sustar o protesto não é meio de resguardar o processo mas as pessoas e seu patrimônio, para se ter a percepção de que a natureza dessa medida é outra: na linha do que vem sendo exposto, não é cautelar, mas antecipação de tutela, o provimento que se destina a oferecer, na vida comum das pessoas, aquela situação favorável que elas poderão obter depois, quando o mérito da demanda vier a ser apreciado. Essa observação empírica concorre para demonstrar a admissibilidade da antecipação da tutela em caráter preparatório e não só incidentemente, depois de instaurado e pendente o processo principal. Se o objetivo é impedir que o decurso do tempo corroa a direitos, constitui imperativo da garantia constitucional do acesso à justiça (Const., art. 5º, inc. XXXV) a disposição dos juízes a conceder a antecipação antes ou depois da propositura da demanda principal, sempre que haja necessidade e estejam presentes os requisitos de lei (art. 273, 'caput' e inc. I). O cumprimento integral dessa garantia exige que, no plano infraconstitucional e na prática dos juízos, haja meios suficientes para obter a tutela jurisdicional efetiva e tempestiva; não é efetiva nem tempestiva, e às vezes sequer chega a ser tutela, aquela que vem depois de consumados os fatos temidos ou sem a capacidade de evitar o insuportável acúmulo de prejuízos ou de sofrimentos. Negar sistematicamente a tutela antecipada em caráter antecedente, ou preparatório, é ignorar o art. 8º, inc. I, do Pacto de San José da Costa Rica, portador da severa recomendação de uma tutela jurisdicional 'dentro do prazo razoável".*[216]

O novo C.P.C. de certa forma adotou a doutrina de Dinamarco, ao permitir que nos casos em que a urgência é contemporânea à propositura da ação, a petição inicial poderá limitar-se ao requerimento da tutela antecipada satisfativa.

Trata-se de uma medida salutar, pois muitas vezes a urgência contemporânea exige uma atuação rápida e imediata do advogado, sem que tenha tempo suficiente para preparar com a devida atenção a pretensão final.

Agora, com o novo C.P.C., permite-se que a tutela de urgência seja solicitada de plano, bastando que o advogado faça referências superficiais sobre a demanda final a ser inserida no próprio processo.

Portanto, insere-se no nosso ordenamento jurídico a legitimação do pedido inicial exclusivo de antecipação de tutela satisfativa, para num segundo momento formular-se o pedido de natureza principal ou definitivo.

De certa forma, o novo C.P.C. preconiza a existência de *tutela antecipada satisfativa*.

A única exigência que o art. 303 do novo C.P.C. faz é no sentido de que o requerente da tutela antecipada satisfativa antecedente indique expressamente na petição inicial *o* pedido de tutela final, com a exposição sumá-

---

[216] DINAMARCO. Cândido Rangel. *Nova era do processo civil.* São Paulo: Malheiros, 2003. ps. 73 e 74.

ria da lide, do direito que se busca realizar e do perigo de dano ou do risco ao resultado útil do processo.

Esses requisitos são muito semelhantes àqueles que eram exigidos do requerente de um processo cautelar antecedente, na égide do C.P.C. de 1973.

Enquanto a *exposição sumária da lide* diz respeito à causa de pedir próxima e remota que fundamentará o pedido final, o direito a que se busca realizar e o perigo de dano ou o risco ao resultado útil do processo dizem respeito ao *fumus boni iuris* e ao *periculum in mora* que fundamentam a pretensão da tutela de urgência.

26.
Aditamento da Petição Inicial – Inserção do Pedido Principal

Uma vez concedida a tutela de urgência satisfativa de forma antecedente, nos termos do art. 303, *caput,* do novo C.P.C., o autor deverá, obrigatoriamente, *aditar a petição inicial,* com a complementação da sua argumentação, juntada de novos documentos e a confirmação do pedido de tutela final, em quinze dias, ou em outro prazo maior que o órgão jurisdicional *fixar.*

Na hipótese de concessão da *tutela antecipada antecedente*, ou seja, a partir do deferimento da liminar requerida *inaudita altera parte* ou após justificação prévia, o autor deverá aditar a petição inicial com a complementação da sua argumentação.

Tendo em vista que o art. 303 do novo C.P.C. estabelece que o aditamento dar-se-á no prazo de quinze dias ou outro maior que o juiz estabelecer, entendo que o autor deverá ser intimado da concessão da antecipação da tutela antecedente, a fim de que saiba qual o prazo que terá para realizar o aditamento.

O legislador, com essa medida, estabeleceu dois momentos procedimentais bem definidos na formulação da causa de pedir e do pedido da tutela antecedente e final. Um momento que diz respeito ao pedido de tutela antecedente satisfativa, e outro que se refere à formulação do pedido da tutela final.

Segundo estabelece o §3º do art. 303 do novo C.P.C., o aditamento a que se refere o inciso I do § 1º deste artigo dar-se-á nos mesmos autos, sem incidência de novas custas processuais.

O referido dispositivo vem reforçar a ideia de que, muito embora no atual C.P.C. haja a possibilidade de requerimento e concessão de tutela satisfativa antecipada, isso não significa dizer que haverá dois processos autônomos e independentes, mas, sim, apenas um processo em que num primeiro momento será formulado o pedido de tutela antecipada satisfativa e no outro momento haverá o aditamento da petição inicial para a formulação em definitivo do pedido principal. Aqui já se observa uma importante diferença entre a tutela antecipada e a tutela cautelar. Na tutela antecipada haverá o aditamento da petição inicial, enquanto que na tutela cautelar haverá a inserção de nova petição referente à demanda principal.

Como se trata de um só processo com dois pedidos, somente haverá o pagamento das custas processuais por ocasião da distribuição da petição inicial originária.

Na petição inicial originária, o autor deverá indicar o valor da causa, levando em consideração o pedido de tutela final, conforme preconiza o §4º do art. 303 do novo C.P.C.

Muito embora o legislador tenha possibilitado a formulação do pedido final ou principal para um momento posterior ao do requerimento da tutela antecipada satisfativa, o valor da causa deverá ser indicado de forma definitiva quando da propositura da demanda, ou seja, quando da apresentação da petição inicial a que se refere o *caput* do art. 303 do novo C.P.C., isto é, quando da petição inicial em que o autor formular o pedido de tutela antecipada satisfativa.

O valor da causa indicado pelo autor deverá levar em consideração, se possível, o proveito econômico que se pretende obter com a tutela final, daí porque esse valor deverá ser considerado, em tese, como definitivo para o cálculo das custas processuais e demais verbas de sucumbência.

O dispositivo previsto no inc. I do §1º do art. 303 do novo C.P.C é preciso ao exigir que o aditamento da petição inicial ocorra somente a partir da concessão da tutela de urgência satisfativa e não da sua efetivação.

Portanto, não se pode confundir *concessão* com *efetivação* da medida de urgência para o efeito de contagem do prazo de quinze dias ou outro que o órgão jurisdicional fixar para o adiamento da petição inicial.

Entendo, também, que o juiz somente deverá marcar a audiência de conciliação ou de mediação após o aditamento da petição inicial, pois somente com a apresentação de todos os argumentos é que a parte ré terá melhores condições de avaliar a possibilidade de acordo.

26.1. Marco Inicial da Contagem do Prazo para o Aditamento da Inicial

Em relação à contagem do prazo para a propositura da demanda principal, o art. 806 do C.P.C. de 1973 estabelecia que caberia à parte propor a ação no prazo de trinta (30) dias, contados da data da efetivação da medida cautelar, quando esta fosse concedida em provimento preparatório.

O Superior Tribunal de Justiça firmou entendimento de que o prazo de trinta (30) dias para que o requerente do processo cautelar antecedente ingressasse com a ação principal contava-se da *efetivação da medida* e não de outra circunstância processual, como, por exemplo, a intimação do requerente da cautelar da efetivação da medida cautelar. Nesse sentido são os seguintes precedentes do S.T.J.:

> *1. O prazo decadencial de trinta dias, previsto no art. 806 do CPC, para o ajuizamento da ação principal é contado a partir da data da efetivação da liminar ou cautelar, concedida em procedimento preparatório.*
>
> *2. Na hipótese, considera-se efetivada a cautelar na data da exclusão do nome da autora do cadastro do SISBACEN, ato material de cumprimento da decisão liminar, e não na data de mera juntada aos autos do ofício remetido à instituição financeira comunicando-lhe o deferimento da medida acautelatória.*
>
> *3. Recurso especial provido.*
>
> *(REsp 869.712/SC, Rel. Ministro RAUL ARAÚJO, QUARTA TURMA, julgado em 28/02/2012, DJe 16/03/2012).*

> *1. Interpretando o artigo 806 do CPC o prazo de trinta dias para o ajuizamento da ação principal é contado a partir da data da efetivação da medida liminar e não da sua ciência ao requerente da cautelar.*
>
> *2. Em caso de descumprimento do prazo, ocorre a extinção da Ação Cautelar, sem julgamento de mérito. Precedentes.*
>
> *3. Agravo regimental não provido.*
>
> *(AgRg no Ag 1319930/SP, Rel. Ministro MAURO CAMPBELL MARQUES, SEGUNDA TURMA, julgado em 07/12/2010, DJe 03/02/2011)*

TUTELA PROVISÓRIA

Porém, em relação ao novo C.P.C., a contagem do prazo de quinze dias ou outro que o órgão jurisdicional conferir para o aditamento da petição inicial dar-se-á da concessão, ou melhor, da intimação do requerente da concessão da medida urgente satisfativa.

Justifica-se que a contagem do prazo ocorra da intimação e não da concessão pura e simples da medida de urgente satisfativa, uma vez que caberá ao juiz estabelecer o prazo para o aditamento que poderá ser de quinze dias ou outro que ele fixar. E somente após a intimação é que o autor saberá qual o prazo efetivo que terá para o aditamento da petição inicial. Além do mais, a intimação é importante, pois se o juiz não conceder a tutela antecipada, o prazo de aditamento será de apenas 5 (cinco) dias, nos termos do §6º do art. 303 do novo C.P.C.

O aditamento da petição inicial, para a confirmação do *pedido de tutela final*, deverá ocorrer no prazo de *quinze dias* ou em outro prazo maior que órgão jurisdicional fixar.

Assim, o juiz, ao conceder a medida liminar de antecipação de tutela satisfativa, na mesma decisão determinará a intimação do autor para que adite a petição inicial no prazo de quinze dias ou outro prazo maior, e nunca menor, que conceder de acordo com a complexidade da demanda. Será, portanto, a complexidade da causa ou a dificuldade de construção de seus argumentos que determinará o prazo para o aditamento da petição inicial.

26.2. Juntada de Novos Documentos

Quando do aditamento, o autor poderá promover a juntada de novos documentos e a confirmação do pedido de tutela final.

A referência a *novos documentos* não quer dizer *documentos novos*, mas, sim, documentos que digam respeito ao pedido de tutela principal ou final, ainda que existentes no momento do pedido de tutela antecipada satisfativa.

Entendo, também, que o autor poderá indicar novas testemunhas quando do aditamento da petição inicial ou requerer prova pericial para demonstrar e comprovar os argumentos que justificam a concessão do pedido final.

Isso é justificável pelo fato de que, sendo a urgência do pedido de tutela provisória antecipada satisfativa contemporânea à propositura da ação, poderá o autor não dispor de tempo suficiente para promover a demanda final com as cautelas exigidas, razão pela qual somente num segundo momento poderá delinear toda sua estratégia jurídica para a postulação do pedido final, inclusive com a indicação de provas.

26.3. Citação e Intimação do Réu sobre a Concessão da Medida Antecipada

Na mesma decisão em que o juiz conceder a tutela provisória antecipada satisfativa, deverá determinar a imediata citação/intimação do réu para promover as medidas que entender necessárias contra a concessão da tutela antecipada, e, em especial, o respectivo recurso, sob pena de possível extinção do processo e estabilização dos efeitos da tutela concedida.

O réu será citado/intimado para ter ciência da concessão da tutela antecipada, assim como para comparecer à audiência de conciliação ou mediação que for designada, mas o prazo de resposta somente começará a correr após a audiência de conciliação ou mediação, salvo se autor e réu expressamente manifestarem o desejo de não realização da audiência, quando o prazo da contestação iniciar-se-á a partir do protocolo da petição do réu na qual exterioriza o não interesse na realização da audiência.

É importante salientar que o juiz deverá ter o cuidado em designar a audiência de conciliação e mediação após o aditamento da petição inicial. Tal exigência tem sua razão de ser, pois o réu somente poderá participar de uma audiência de conciliação/mediação ou exercer o contraditório com plenitude depois que todos os argumentos que possam ser articulados pelo autor já estiverem inseridos no processo, especialmente aqueles que advêm com o aditamento da petição inicial.

A imediata citação-intimação do réu tem por finalidade permitir-lhe promover as medidas que entender necessárias contra a concessão da tutela antecipada, especialmente os recursos de embargos de declaração ou agravo de instrumento.

Aliás, conforme estabelece o art. 304 do novo C.P.C., se o réu, citado, não ingressar com recurso competente e cabível, a medida antecipada satisfativa tornar-se-á estável.

26.4. Consequências Jurídicas do não Aditamento da Petição Inicial

Estabelece o §2º do art. 303 do atual C.P.C. que não sendo realizado o aditamento a que se refere o inciso I do § 1º do artigo citado, o processo será extinto sem resolução do mérito.

TUTELA PROVISÓRIA

Este dispositivo traz um dever jurídico processual importante para o autor que é justamente o *aditamento* da petição inicial.

A necessidade de aditamento da petição inicial justifica-se pelo fato de que o pedido de *antecipação de tutela satisfativa* é um pedido, a princípio, delimitado e não completo, razão pela qual não pode prevalecer por si só de forma autônoma.

É certo que o autor poderá introduzir na própria petição inicial em que formula o pedido de tutela provisória todos os demais argumentos que possam justificar o pedido principal e final, requerendo a dispensa do aditamento da petição inicial, uma vez que conseguiu, não obstante a urgência, formular toda sua pretensão num único momento processual. Nesse sentido, é o teor do art. 303, §5º, do novo C.P.C., *in verbis: o autor indicará na petição inicial, ainda, que pretende valer-se do benefício previsto no caput deste artigo.*

Isso significa dizer que o autor, quando formular pedido de tutela antecipada satisfativa, deverá na mesma petição inicial informar ao juiz que pretende futuramente aditar a petição inicial no prazo de quinze dias ou outro prazo maior fixado pelo juiz, salvo se o autor expressamente afirmar que na petição inicial já se encontram todos os argumentos necessários para demonstrar a causa de pedir e o pedido final.

Se o autor não indicar, na petição inicial, que pretende valer-se do benefício previsto no art. 303, §5º, do novo C.P.C., deverá o juiz determinar a emenda da petição inicial, sob pena de seu indeferimento. Entendo que a indicação expressa do benefício previsto no art. 303, §5º, do novo C.P.C., caracteriza um pressuposto processual de validade da relação jurídica processual, pois as consequências jurídicas em face do réu diante de uma tutela antecipada antecedente e de uma tutela antecipada incidental são drásticas e diametralmente opostas. É que se na petição inicial somente foi formulado o pedido de tutela antecipada antecedente e o réu não agravar da decisão que a conceder, o processo será extinto, estabilizando-se os efeitos da tutela concedida. Caso contrário, não haverá essa extinção e essa estabilização. É certo que para alguns, se o autor não indicar na petição inicial que deseja se valer do aditamento da petição, isso significa que a tutela requerida é incidental e não antecedente.

Se no prazo de quinze dias ou outro maior deferido pelo juiz não for realizado o aditamento da petição inicial, o juiz proferirá de imediato decisão extinguindo o processo sem resolução de mérito. Se a medida antecipada já foi efetivada, responderá o autor por eventuais perdas e danos que porventura possa ter causado ao réu.

Contra essa decisão que extinguir o processo sem resolução de mérito, poderá o autor interpor recurso de apelação.

Nada impede que após a extinção do processo o autor renove sua pretensão em outra demanda, requerendo novamente a tutela provisória antecipada antecedente.

Porém, é importante ressaltar que o comportamento do autor em não aditar a petição inicial quando concedida a tutela provisória antecipada antecedente caracteriza, indubitavelmente, abandono da causa, razão pela qual se o autor der causa, por 3 (três) vezes, a sentença fundada em abandono da causa, não poderá propor nova ação contra o réu com o mesmo objeto, ficando-lhe ressalvada, entretanto, a possibilidade de alegar em defesa o seu direito, conforme estabelece o §3º do art. 486 do novo C.P.C.

26.5. Indeferimento da Tutela Provisória Antecipada – Consequências Jurídicas

Estabelece o §6º do art. 303 do novo C.P.C. que caso entenda que não há elementos para a concessão da tutela antecipada, o órgão jurisdicional determinará a emenda da petição inicial, em até cinco dias. Não sendo emendada neste prazo, a petição inicial será indeferida e o processo, extinto sem resolução de mérito.

Formulado pelo autor o pedido de tutela provisória antecipada satisfativa, poderá o juiz concedê-la ou não.

Se o juiz entender que não há elementos para a concessão de tutela antecipada, isto é, que o autor não demonstrou *a probabilidade do direito ou o perigo de dano ou o risco ao resultado útil do processo*, indeferirá o pedido liminarmente e determinará a emenda da petição inicial, a fim de que o autor indique com precisão a causa de pedir e o pedido final a ser formulado, no prazo de cinco dias.

Contra o indeferimento da tutela antecipada, poderá o autor promover o recurso de agravo de instrumento (art. 1.015, inc. I, do novo C.P.C.).

Se o autor não emendar a petição inicial no prazo de 5 (cinco) dias, ou não afirmar que todos os elementos já se encontram na petição inicial protocolizada, o juiz indeferirá a petição inicial e extinguirá o processo sem resolução de mérito.

TUTELA PROVISÓRIA

Contra a decisão que indeferir a petição inicial e extinguir o processo caberá recurso de apelação; porém, nada impede que o autor ingresse novamente com a demanda, inclusive formulando novamente o pedido de tutela antecipada se a urgência persistir.

27.
Estabilidade e Ultratividade
da Tutela Provisória Antecipada Satisfativa

Sobre a tutela provisória de mérito no direito italiano, anota Ítalo Augusto Andolina: *"O fenômeno da tutela provisória de mérito é representado significativamente por aqueles provimentos que, realizados com êxito num procedimento simplificado (portanto, sumário), resultam dotados de força executiva ultrativa, independentemente da sua eficácia como coisa julgada. Precursores desses procedimentos são aqueles 'temporários e urgentes'... no interesse da prole e dos cônjuges' que o presidente do tribunal pode realizar dentro do julgamento do juízo de separação, ex art. 708 c.p.c. ou aquele de divórcio ex art. 14. n. 898/1970, os quais, sendo destinados a antecipar a tutela de interesses particularmente relevantes, resultam, desde a sua pronúncia dotada de eficácia executiva, nos termos do que dispõe o art. 189 disp. att. c.p.c., a permanecer ainda depois da extinção do processo, atribuindo-lhe uma propensão a uma quase regulamentação da relação jurídica controvertida".* Analogamente acontece com aqueles provimentos que o presidente do tribunal pode pronunciar nos termos do art. 148 c.c. como tutela de direito à manutenção da prole que, sem ter atitude de julgado, são idôneos a fornecer uma regulamentação tedencialmente definitiva dos interesses em conflito. Para esses, a parte que resulta sucumbente poderá promover um juízo de cognição plena, sendo que na sua ausência, a eficácia (executiva) do provimento é destinada a protrair-se indefinidamente". Igualmente quando se trata de prover à administração dos alimentos, 'até que não sejam determinados definitivamente o modo e a medida' dos mesmos, o presidente* *do tribunal, nos termos do que dispõe o art. 446 c.c., pode ordenar 'um pagamento na via provisória' que, como é evidente, é por si só idôneo a compor os interesses em jogo de modo tendencialmente definitivo". Ainda o elenco de procedimentos proferidos na sequência a um procedimento sumário, munido de eficácia ultrativa, mas privado de atitude de julgado, pode prosseguir com o decreto de repressão à conduta anti-sindical, como previsto no art. 28 da Lei n. 300/70. Trata-se de um provimento idôneo a adquirir um regime de estabilidade dos efeitos destinados a permanecer até que não se consiga determinado êxito no juízo de oposição de cognição plena, que porém será apenas eventual.* [217]

Esses provimentos provisórios de mérito, destinados a assegurar uma tutela de urgência em consideração aos valores dos interesses substanciais em jogo, e sempre funcionais a um procedimento que se desenvolve em cognição plena, sem ser a esse instrumental, apresentam a característica de que a falta de instauração de tal juízo, ou a sua eventual extinção, não os privam de eficácia executiva.[218]

Conforme leciona Lea Querzola, *"A idoneidade de produzir efeitos independentemente da instauração ou da extinção de um juízo de mérito é reconhecida, pelos arts. 23 e 24 do d.lgs. n. 5 de 2003 e pelo art. 669 'octies' do c.p.c., 'aos provimentos de urgência e aos outros provimentos cautelares idôneos a antecipar os efeitos da decisão de mérito' (de 'sentença' de mérito fala o at. 669 'octies', porém a diferença me parece irrelevante para os meus fins)".* [219]

Por sua vez, no direito processual civil alemão também se encontra a possibilidade da concessão de uma tutela provisória sem caráter de *instrumentalidade* em relação a uma decisão definitiva. Na realidade, no ordenamento jurídico germânico o princípio da instrumentalidade aparece frequentemente débil e frágil; de fato, a causa de mérito deve ser iniciada dentro de um prazo peremptório fixado pelo juiz apenas se houver um depósito da demanda pela parte em tal sentido, como prevê o §926, inc. I, ZPO. Na realidade, isso se reverbera na jurisprudência numa tendência encontrada numa série de decisões no sentido de se atribuir ao requerente uma medida com efeitos idênticos àqueles que ele obteria pelo provimento pronunciado em via principal, tanto é que se concebeu, em alguns setores (por exemplo, nos direitos de concorrência), que a tutela provisória

---

[217] ANDOLINA, I. A., op. cit., p. 73.
[218] ANDOLINA, I. A., idem, ibidem.
[219] QUERZOLA, L., op. cit., p. 18.

e cautelar tenha praticamente suplantado o processo ordinário de cognição. Sob a onda desse fenômeno, há muito, boa parte da doutrina sublinha como isso vem se desenvolvendo de modo evidente para uma tendência da denominada *Befriedigungsverfügung*, o que significa uma forma de tutela que concede ao requerente isso que deveria ser a ele atribuído somente em sequência com a pronúncia do juízo de mérito; a tutela provisória, em substância, encerra a lide. De fato, a praxi reconhece nisso uma verdadeira e própria declaração escrita das partes (a denominada *Abschlusserklärung*) na qual elas entram em acordo expressamente para aceitar a decisão provisória como definitiva. Segundo Lea Querzola, *"se devêssemos avaliar a tendência em expansão, pela qual a medida provisória encerra o processo e a lide, baseando-me na garantia oferecida pela norma concreta, parece-me poder afirmar que, globalmente considerado, o sistema previsto pela ZPO é suficientemente balanceado: o juiz do provimento provisório, de fato, verifica a 'Glaubhaftmachung' (verossimilhança ou credibilidade) da pretensão substancial requerida pela parte, como previsto pelo §920, inc. II, ZPO; a instrução, pois, poderá ser também particularmente rica, sendo admitido todo elemento de prova (compreendido o interrogatório da parte e a declaração de juramento, igualmente escrita pela parte, por terceiro ou pelo defensor), com um único limite de que a prova deve ser realizada de uma só vez; na hipótese de o juiz entender por conceder o provimento tendo em vista que a parte não exauriu satisfatoriamente o ônus da prova, a lei impõe de todo modo ao beneficiário da medida a obrigação de prestar garantia idônea à tutela da contraparte, com o intuito de contrabalancear o eventual prejuízo derivante da execução da medida que deveria relevar-se sucessivamente infundada (ex, §921, inc. II, ZPO); além disso, a parte sucumbente na primeira fase provisória, dependendo se houve ou não contraditório no curso dessa, tem à sua disposição o instrumento de reclamação ou, de todo modo, aquele de oposição (previstos, respectivamente, nos §§ 567 e 924 ZPO) para dar curso a uma ulterior fase, de natureza impugnatória, tendo por objeto o provimento emitido. A doutrina analisada em relação a esse argumento não considerou em particular o problema da 'estabilidade' dos efeitos dos provimentos provisórios que se transformem, de fato, em definitivo, tendo em vista a questão das relações entre este último e a coisa julgada..."*.[220]

Essa nova moldura ultrativa da tutela provisória antecipatória foi adotada pelo novo C.P.C., como adiante veremos.

---

[220] QUERZOLA, L., idem, p. 87, 88 e 89.

Diz o art. 304 do novo C.P.C. que a tutela antecipada satisfativa, concedida nos termos do art. 303, torna-se estável se da decisão que a conceder não for interposto o respectivo recurso. Observe-se que essa estabilidade somente ocorre em relação à tutela antecipada antecedente e não para a tutela antecipada incidental ou para a tutela cautelar.

Entendo que essa estabilização somente ocorrerá quando a tutela antecipada for concedida pelo juízo de primeiro grau e não em grau superior, especialmente pelo que dispõe o art. 304, §4º, do novo C.P.C., a saber: *Qualquer das partes poderá requerer o desarquivamento dos autos em que foi concedida a medida, para instruir a petição inicial da ação a que se refere o § 2º, prevento o juízo em que a tutela antecipada foi concedida*. No caso, estará prevento o juízo que concedeu a tutela antecipada para analisar a demanda que visa justamente a sua modificação, alteração ou revogação. Porém, o legislador infraconstitucional não poderá criar nova competência originária para os Tribunais, salvo aquelas previstas na Constituição Federal ou nas Constituições Estaduais.

Além do mais, mesmo que se entendesse que o juízo de primeiro grau seria o competente para julgar a nova demanda autônoma, isso implicaria em estabelecer competência não prevista para aludido juízo, uma vez que seria incompreensível que um juiz de primeiro grau pudesse alterar ou modificar a tutela provisória concedida por um desembargador de tribunal de apelação, como se fosse uma espécie de juízo rescisório de decisão proferida em segundo grau de jurisdição.

Essa, sem dúvida, é uma importante inovação do atual C.P.C., com base nos princípios da celeridade processual, da economia processual e da efetividade da tutela jurisdicional.

O legislador transferiu para o réu uma importante responsabilidade, colocando em suas mãos o destino do processo. É certo, porém, que o réu poderá ter interesse na estabilização da tutela antecipada concedida, razão pela qual não ingressará com o recurso respectivo. Pense-se na hipótese de uma demanda de reconhecimento de paternidade com o pedido de antecipação de tutela de alimentos. O réu poderá achar interessante somente pagar alimentos sem que haja os demais efeitos jurídicos de um reconhecimento de paternidade.

Conforme estabelece o inc. II do §1º do art. 303 do novo C.P.C., uma vez concedida a tutela antecipada de natureza satisfativa, o réu será citado e intimado *imediatamente*, tanto para comparecer à audiência de conciliação ou mediação, como para interpor o respectivo recurso.

É importante salientar que a concessão da tutela antecipada antecedente, para efeito de estabilização, poderá ocorrer liminarmente (inaldita altera parte), ou após a justificação prévia.

Havendo impugnação parcial (agravo de instrumento) contra apenas parte da tutela que fora concedida, não haverá estabilização da outra parte da tutela que não foi objeto do recurso de agravo de instrumento.

Aliás, sustentar-se a estabilização parcial da tutela poderia ensejar uma situação de *litispendência indesejável*. Explico: suponha-se que ao autor formule dois pedidos distintos de tutela provisória antecipada antecedente (um referente ao pagamento de alimentos, outro em relação à guarda provisória da criança, numa relação jurídica que tem por objeto a guarda provisória cumulada com alimentos num pedido definitivo de investigação de paternidade). O juiz, ao analisar a pretensão formulada, concede ambos os pedidos, alimentos e guarda provisória. O réu ingressa com agravo de instrumento contra a decisão que concedeu a tutela antecipada referente ao pedido de 'guarda provisória' e não agrava em relação ao pedido de alimentos.

Tendo em vista que o réu agravou em relação à concessão da guarda provisória, o processo deverá seguir o seu caminho para análise do mérito da pretensão, qual seja, *investigação de paternidade*, uma vez que o juiz não poderá extinguir o processo sem resolução de mérito, conforme determina o art. 304, §1º, do novo C.P.C.

Porém, se se entender que houve *estabilização parcial* da tutela referente à guarda da criança, o réu somente poderá rever, modificar ou alterar a tutela concedida se interpuser, no prazo de 2 (dois) anos, a ação própria de que trata o §2º do art. 304 do novo C.P.C. Contudo, essa segunda demanda também terá por objeto (mérito) a questão da *investigação de paternidade*, uma vez que não se pode sustentar que a ação autônoma prevista no §2º do art. 304 do novo C.P.C. tenha por pretensão somente a concessão, modificação ou alteração da tutela provisória, uma vez que isso poderá ensejar nova estabilização de tutela ao *infinito*.

A demanda prevista no §2º do art. 304 do novo C.P.C., além de analisar a tutela antecipada que fora concedida anteriormente, em outro processo, também deverá resolver de forma definitiva o mérito que não fora decidido em face da extinção do anterior processo sem resolução de mérito.

Porém, se a parte ingressar com a demanda autônoma, o juiz deverá declarar a *litispendência*, uma vez que o mérito (investigação de paterni-

TUTELA PROVISÓRIA

dade) já é objeto do anterior processo que teve prosseguimento em face do recurso de agravo de instrumento interposto pelo réu. Assim, a parte encontrar-se-á numa situação sem saída, pois não mais poderá agravar da decisão que concedeu a tutela e nem poderá ingressar com ação autônoma para revê-la.

Para se evitar essa incongruência do sistema processual, é que se sustenta a impossibilidade de estabilização parcial de tutela provisória de urgência satisfativa.

Outra situação distinta ocorre quando o juiz concede parte da tutela requerida pelo autor, sem que o réu ingresse com o recurso de agravo contra a parte que lhe foi desfavorável. No mesmo exemplo acima citado, suponha-se que o autor formule dois pedidos distintos de tutela provisória antecipada antecedente (um referente ao pagamento de alimentos, outro em relação à guarda provisória da criança, numa relação jurídica que tem por objeto a guarda provisória cumulada com alimentos num pedido definitivo de investigação de paternidade). O juiz, ao analisar a pretensão formulada, concede apenas os alimentos, e nega a guarda provisória. O réu não ingressa com agravo de instrumento contra a decisão que concedeu a tutela antecipada referente ao pedido de 'alimentos'.

Em tese, nessa hipótese, haveria dois prazos para o aditamento da petição inicial. Um prazo de 15 (quinze) dias ou outro maior que o juiz fixar em relação à tutela concedida e outro prazo de 5 (cinco) dias em relação à tutela não concedida.

Em relação à duplicidade de prazo para o aditamento da petição inicial, entendo que em face da concessão de parte da tutela requerida, deverá prevalecer o prazo de 15 (quinze) dias ou outro maior que o juiz fixar.

É importante salientar que a não concessão de parte da tutela provisória requerida pelo autor poderá ensejar a interposição de agravo de instrumento pela parte autora em relação à tutela provisória antecipada antecedente não concedida.

Assim, como na situação anterior, entendo que nessa hipótese não caberá a ultratividade ou estabilização da tutela parcialmente concedida, uma vez que o art. 304 do novo C.P.C. não tratou dessa hipótese, mas, sim, da hipótese em que a tutela provisória antecipada antecedente é concedida de forma integral. É que a não concessão de parte da tutela impõe o prosseguimento do processo, justamente em face de que parte da tutela não foi concedida pelo juízo de primeiro grau. Note-se que o réu não está obrigado a interpor agravo de instrumento contra a parte da tutela que não foi concedida pelo juízo 'a quo'.

Por sua vez, se se entender que é possível a estabilização de tutela *parcialmente concedida*, como no exemplo acima mencionado, e a parte autora interponha recurso de agravo de instrumento contra a decisão que não concedeu a guarda provisória, duas situações poderão ocorrer: a) se quando da interposição do recurso de agravo o juiz já tiver proferido decisão de extinção do processo sem resolução de mérito, o agravo não poderá ser conhecido, justamente pelo processo ter sido extinto; nesse caso, a parte autora poderá ingressar com a ação autônoma prevista no art. 304, §2º, do novo C.P.C., visando à modificação da tutela antecipada que fora anteriormente concedida, para que seja também estendida ao pedido de guarda provisória; b) se não houve a decisão de extinção do processo, deverá o autor informar ao juiz de primeiro grau sua intenção de prosseguir com o processo pela análise do mérito, razão pela qual abre mão da estabilização parcial da tutela requerida, uma vez que interpôs ou irá interpor recurso de agravo de instrumento contra a decisão que negou parte da tutela de urgência solicitada (note-se que a estabilização da tutela é uma prerrogativa processual posta em favor do autor, razão pela qual poderá ele dela dispor). Deve-se ressaltar, segundo nosso entendimento, que a concessão da tutela pelo tribunal, quando da análise do recurso de agravo de instrumento, não enseja sua estabilização, uma vez que a estabilização da tutela somente ocorre se a decisão for proferida pelo juízo de primeiro grau.

Em ambas as hipóteses, e havendo o prosseguimento do processo, a parte autora deverá aditar a petição inicial no prazo de 15 (quinze) dias ou outro prazo maior que o juiz conceder.

Assim, concedida a tutela antecipada, o réu poderá adotar as seguintes previdências: a) citado, interpor recurso de agravo de instrumento contra a decisão concessiva da antecipação de tutela satisfativa; b) citado, não interpor o recurso de agravo de instrumento contra a tutela antecipada.

Se o réu, citado, interpor recurso de agravo de instrumento, o procedimento terá o seu percurso normal, com o aditamento da petição inicial e a designação da audiência de conciliação ou mediação.

Porém, se o réu, citado, não interpuser o recurso de agravo de instrumento contra a decisão liminar, também não poderá responder à demanda. É que, segundo preceitua o §1º do art. 304 do novo C.P.C., *o processo será*

TUTELA PROVISÓRIA

extinto, caso não seja interposto recurso de agravo de instrumento contra o deferimento da tutela antecipada.

Portanto, se o réu não interpuser recurso de agravo instrumento contra a decisão que conceder a tutela satisfativa antecedente com base na urgência, além de tornar essa *decisão estável e permitir sua ultratividade*, o processo será extinto, sem resolução de mérito.

O impedimento para a estabilização da tutela, em tese, deveria decorrer da interposição de recurso tanto pelo réu como pelo *assistente simples*, tendo em vista que nos termos do art. 121 do novo C.P.C., o assistente simples atuará como auxiliar da parte principal, exercendo os mesmos poderes e sujeitando-se aos mesmos ônus processuais que o assistido.

Além do mais, o parágrafo único do art. 121 do novo C.P.C., modificando o que até então previa o revogado C.P.C. de 1973, estabelece que sendo revel ou, *de qualquer outro modo, omisso* o assistido, o assistente será considerado seu *substituto processual*.

As principais alterações que se observam no instituto da assistência em relação ao C.P.C. de 1973 e o novo C.P.C. de 2015 diz respeito aos efeitos jurídicos em relação à revelia do assistido, quando pelo C.P.C. revogado o assistente seria considerado 'gestor de negócio' e agora, pelo novo C.P.C., é considerado 'substituto processual', razão pela qual o assistente simples atuará, em seu próprio nome, defendendo interesse alheio, no caso, do assistido. Outra alteração importante, é o acréscimo do texto '*ou, de qualquer modo, omisso*', indicando que o assistente poderá atuar de qualquer modo quando houver omissão do assistido, e não somente quando ele for revel.

É certo que os tribunais superiores, sob a égide do C.P.C. de 1973, não vinham admitindo recurso interposto somente pelo assistente simples, conforme se pode observar dos seguintes precedentes:

AGRAVO REGIMENTAL NO RECURSO ESPECIAL. PROCESSUAL CIVIL.

ADMINISTRATIVO. LICITAÇÃO. AÇÃO DE COBRANÇA. ESTADO DO PARANÁ ADMITIDO COMO ASSISTENTE SIMPLES. RECURSO INTERPOSTO APENAS PELO ASSISTENTE. NÃO CABIMENTO. RECURSO INCAPAZ DE INFIRMAR OS FUNDAMENTOS DA DECISÃO AGRAVADA. AGRAVO DESPROVIDO.

1. O Superior Tribunal de Justiça possui entendimento no sentido de que não se configura a legitimidade recursal do assistente simples para interpor recurso especial, quando a parte assistida desiste ou não interpõe o referido recurso. Isso, porque, nos termos dos arts. 50 e 53 do Código de Processo Civil, a assistência simples possui caráter de acessoriedade, de maneira que cessa a intervenção do assistente, caso o assistido não recorra ou desista do recurso interposto.

2. Agravo regimental desprovido.

(AgRg no REsp 1068391/PR, Rel. Ministra DENISE ARRUDA, PRIMEIRA TURMA, julgado em 05/11/2009, DJe 27/11/2009)

PROCESSO CIVIL – ASSISTÊNCIA SIMPLES – AUSÊNCIA DE RECURSO ESPECIAL DA ASSISTIDA – RECURSO INTERPOSTO EXCLUSIVAMENTE PELA ASSISTENTE.

1. É nítido o caráter secundário do assistente que não propõe nova demanda tampouco modifica o objeto do litígio. O direito em litígio pertence ao assistido e não ao interveniente. 2. Não se conhece do recurso especial interposto, tão-somente, pelo assistente simples. Ausente o recurso especial da assistida. Recurso especial não-conhecido.

(REsp 535.937/SP, 2ª Turma, Rel. Min. Humberto Martins, DJ de 10.10. 2006)

AGRAVO REGIMENTAL. RECURSO ESPECIAL. PROCESSO CIVIL. ASSISTÊNCIA SIMPLES. AUSÊNCIA DE RECURSO ESPECIAL DA ASSISTIDA. RECURSO INTERPOSTO EXCLUSIVAMENTE PELA ASSISTENTE. CARÁTER SECUNDÁRIO DA ASSISTÊNCIA.

Clarifica-se a circunstância de que o direito em litígio pertence ao assistido, e não ao interveniente. Vale aqui tomar de empréstimo as palavras de Hélio Tornaghi, no sentido de que 'a eficácia da sentença não depende da intervenção do terceiro como assistente. Dessarte, não há por que suspender o processo principal, o que até se prestaria a manobras meramente protelatórias' (cf. ob. cit., p. 228). É nítido o caráter secundário do assistente, que não propõe nova demanda, tampouco modifica o objeto do litígio.

Como precisamente definiu Hélio Tornaghi, 'a lei permite a assistência para ajudar o assistido a obter uma sentença favorável' (cf. Comentários ao Código de Processo Civil, Ed. RT, vol. I, p. 225). A partir da premissa de que a ora recorrente foi admitida no processo tão-somente como assistente simples e, ainda, que a Caixa Econômica Federal não interpôs agravo de instrumento para ver apreciado o recurso especial, afigura-se impossibilitado o conhecimento do presente recurso especial interposto de forma autônoma pela assistente-recorrente. Agravo regimental improvido."

(AgRg no REsp 695.965/SP, 2ª Turma, Rel. Min. Franciulli Netto, DJ de 27.6.2005).

EMENTA: AGRAVO REGIMENTAL EM RECURSO EXTRAORDINÁRIO. ASSISTENTE SIMPLES. POSIÇÃO ACESSÓRIA E DEPENDENTE. PRECEDENTES.

A jurisprudência do Supremo Tribunal Federal é no sentido de que a posição do assistente simples é acessória e dependente, limitando-se a auxiliar a parte principal. Precedentes. Agravo regimental a que se nega provimento.

(RE 414015 AgR, Relator(a): Min. ROBERTO BARROSO, Primeira Turma, julgado em 10/03/2015, ACÓRDÃO ELETRÔNICO DJe-058 DIVULG 24-03-2015 PUBLIC 25-03-2015).

Agora, como no p.u. do art. 121 do novo C.P.C. foi inserida a expressão *'de qualquer outro modo, omisso o assistido',* tudo leva a crer que o assistente poderá interpor recurso contra determinada decisão se houver omissão do assistido.

Porém, se se entender que a estabilização da tutela é um instituto que se dá em razão da disponibilidade do objeto do processo por parte do réu (similar ao reconhecimento do pedido), poderá ainda prevalecer a tese jurisprudencial impeditiva do recurso de agravo de instrumento interposto somente pelo assistido. É possível entender-se que o réu não agravou da decisão justamente pelo fato de que está de acordo com a tutela provisória antecipada concedida, uma vez que a sua concessão lhe é menos prejudicial do que se fosse para a análise do mérito da pretensão. Nessa hipótese, o assistente não poderia interpor o recurso de agravo de instrumento sem permissão do réu.

É importante salientar que o recurso indicado pelo legislador no art. 304 é justamente o recurso de agravo de instrumento previsto no art. 1.015, inc. I, do novo C.P.C.

Porém, outras hipóteses de impugnação poderão ser inseridas no âmbito de interpretação do termo 'recurso', como, por exemplo, o pedido de suspensão de tutela preventiva previsto no art. 4º da Lei n. 8.437/92.

O que o legislador exige é que a reação do réu à concessão da tutela antecipada antecedente seja por meio de 'recurso' e não outra forma de impugnação, como, por exemplo, antecipação de contestação, pedido de reconsideração e outras similares.

Parece-me que o legislador exige do réu uma atitude pró-ativa no sentido de que a antecipação de tutela possa ter a possibilidade efetiva de ser revista por um órgão jurisdicional 'ad quem'.

Se o legislador pretendesse que a impugnação à concessão da tutela antecipada antecedente fosse outra que não o 'recurso' correspondente, teria aguardado o prazo de contestação que terá início após a audiência de conciliação ou mediação para fazer referência à estabilização da tutela, salvo nas hipótese em que não será designada a referida audiência.

Não será possível a estabilização da tutela se o réu for citado por edital ou estiver preso, ou, ainda, se for incapaz sem representante legal ou se os seus interesses estiverem em conflito com o de seu representante legal. Nesses casos, será imperiosa a nomeação de curador especial para a realização da defesa, inclusive para a interposição do respectivo recurso contra a concessão da tutela antecipada.

Note-se que a estabilização da tutela não ocorrerá se o recurso for interposto por qualquer litisconsorte, inclusive proveniente de assistência simples ou litisconsorcial.

Se o réu impugnar parcialmente a decisão concessiva de tutela provisória de urgência antecipada antecedente, por meio de recurso respectivo, também não haverá a estabilização da tutela, pois o processo não poderá ser extinto sem resolução de mérito.

Contra a decisão de extinção do processo, em regra, não caberá recurso de apelação, pois o réu não terá interesse no recurso em face do que dispõe o §2º do art. 304 do novo C.P.C. Entendo que não haverá interesse no recurso de apelação no que concerne à análise da antecipação de tutela ou do mérito, pois esta análise deverá ocorrer na demanda autônoma que poderá ser proposta por qualquer das partes nos termos do §2º do art. 304 do novo C.P.C., a qualquer momento, inclusive no mesmo dia em que a demanda originária for extinta.

Poder-se-á pensar na possibilidade de recurso de apelação se a extinção do processo não observar o que dispõe o art. 304 do novo C.P.C., ou seja, quando a parte autora expressamente renunciar ao benefício da estabilização da tutela antecipada ou quando se tratar, por exemplo, de tutela antecipada de caráter incidental, ou, ainda, se o juiz aplicar a fungibilidade.

É importante salientar que sendo a estabilização dos efeitos da tutela um instituto jurídico processual em prol do autor, poderá ele abrir mão dessa prerrogativa, mesmo que sua petição inicial traga somente o pedido de tutela antecipada antecedente. O autor poderá ter interesse que a questão de mérito seja decidida na sua integralidade, pois a antecipação de tutela

TUTELA PROVISÓRIA

pode não lhe ser totalmente útil para a definição de sua situação jurídica (ex. tutelas declaratórias e constitutivas). Pode ocorrer que não seja suficiente para o autor a antecipação da tutela dos alimentos, com sua estabilização, pois deseja resolver em definitivo a questão do divórcio ou do reconhecimento da paternidade. Pode o autor desejar mais que uma estabilização de tutela, ou seja, poderá ter por objetivo a coisa julgada decorrente de uma decisão de mérito. Mas isso só é possível se o autor, juntamente com a inicial, afirmar expressamente que não deseja a estabilização dos efeitos da tutela antecipada. Essa renúncia deverá ocorrer na primeira manifestação do autor e não na fase de aditamento da petição inicial.

Não se justificaria extinguir o processo contra a manifestação expressa do autor, mesmo que o réu não recorra da concessão da tutela antecipada, somente para que no dia seguinte, ele, autor, tenha que promover nova demanda, para definir de uma vez por todas o mérito da pretensão principal, arcando com os custos processuais dessa nova demanda.

Tendo em vista que a decisão que extingue o processo por falta de recurso do réu se dá sem resolução de mérito, entendo que o réu, nesta hipótese, não estará sujeito ao pagamento das custas processuais e aos honorários de sucumbência, pois demonstrou que não houve intenção de contrapor-se à tutela concedida, bem como, demonstrou a intenção de solucionar a questão inserida na antecipação de tutela de forma, em princípio, definitiva. Trata-se de um incentivo ao réu para que evite dar prosseguimento a mais um processo no âmbito do Poder Judiciário, prolongando o conflito e dificultando ao máximo os interesses da parte autor. O máximo talvez que se possa pensar é somente no pagamento das custas processuais, por de certa forma o réu ter dado causa à propositura da demanda.

A questão de eventuais custas processuais e honorários de advogado deverá ser definida, se for o caso, no âmbito da ação autônoma que possa a vir a ser proposta nos termos do §2º do art. 304 do novo C.P.C.

Tendo em vista que a estabilização dos efeitos da tutela pode ocorrer também em relação à Fazenda Pública (numa perspectiva parecida com a demanda monitória contra a Fazenda Pública) é de se indagar da necessidade de reexame necessário, nos termos do art. 496 do novo C.P.C. Penso que não, pois o art. 496, inc. I, do novo C.P.C. preconiza que está sujeita ao duplo grau de jurisdição, não produzindo efeito, senão depois de confirmada pelo tribunal, a sentença proferida contra a União, os Estados, o Distrito Federal, os Municípios e suas respectivas autarquias e fundações de direito público. No caso, a decisão concessiva da tutela antecipada antecedente não proveio de uma sentença, mas, sim, de uma decisão interlocutória sujeita a recurso de agravo de instrumento. Além do mais, a sentença que extingue posteriormente o processo é sem resolução de mérito, portanto, nem contra e nem a favor da Fazenda Pública.

Portanto, a interposição de recurso de agravo de instrumento ou outro recurso equivalente por parte do réu, além de impedir a estabilidade da tutela antecipada satisfativa concedida, caracteriza um pressuposto processual para que o réu possa responder à demanda.

A tutela antecipada satisfativa, concedida nos termos do art. 304, tornar-se-á estável se da decisão o réu não interpuser recurso de agravo de instrumento.

Mas um problema poderá surgir: E se diante de determinada circunstância, o prazo para o aditamento da petição inicial por parte do autor (quinze dias ou outro que o juiz fixar) findar-se antes do prazo para que o réu interponha o recurso de agravo de instrumento, qual será a consequência jurídica? O juiz deverá extinguir o processo sem resolução de mérito, perdendo a eficácia a tutela concedida, pois o autor não aditou a petição inicial, ou o juiz deverá extinguir o processo sem resolução de mérito, mas com a estabilização dos efeitos da tutela concedida, tendo em vista que o réu não interpôs o recurso de agravo de instrumento. Parece-me que, nesse caso, o juiz deverá extinguir o processo sem resolução de mérito, perdendo a eficácia da tutela antecipada concedida, pois o autor teria, por dever legal processual, a obrigação de realizar o 'aditamento da petição inicial', uma vez que esse dever surge primeiro para o autor, ou seja, o prazo para o aditamento findou-se antes do prazo para a interposição do recurso respectivo. E se o autor aditar a petição inicial (uma vez que o seu prazo findou antes) e o réu, posteriormente, não recorrer. Nesse caso, o juiz deverá extinguir o processo sem resolução de mérito, mediante estabilização ou ultratividade dos efeitos da tutela concedida.

A estabilidade dos efeitos da tutela antecipada antecedente é provisória, pelo menos até que qualquer das partes proponha a demanda prevista no §2º do art. 304 do novo C.P.C. ou até que transcorra o prazo decadencial de dois anos estabelecido no §5º do mesmo dispositivo legal.

Essa sistemática processual também estava prevista no projeto originário do C.P.C. n. 2.046/10, mas dizia respeito apenas às medidas cautelares antecipadas e não às tutelas antecipadas satisfativas, justamente pelo

TUTELA PROVISÓRIA

fato de que no projeto originário não se autorizava a concessão de tutela satisfativa antecedente.

Estabelecia o art. 279 e 280, §1º, do Projeto originário n. 2.046/10:

> *Art. 279: A petição inicial da medida cautelar requerida em caráter antecedente indicará a lide, seu fundamento e a exposição sumária do direito ameaçado e do receio de lesão.*

> *Art. 280: O requerido será citado para, no prazo de cinco dias, contestar o pedido e indicar as provas que pretende produzir.*
>
> *§1º Do mandado de citação constará a advertência de que, não impugnada decisão ou medida liminar eventualmente concedida, esta continuará a produzir efeitos independente da formulação de um pedido principal pelo autor.*

Assim, percebe-se que no projeto originário, a falta de impugnação de decisão ou medida liminar concedendo tutela cautelar antecedente fazia com que esta medida produzisse seus efeitos independentemente da formulação de um pedido principal pelo autor. Nessa hipótese, o processo seria arquivado, permanecendo eficaz o efeito da cautelar concedida.

O §1º do art. 280 do projeto originário inseria em nosso ordenamento jurídico a teoria da *ultratividade* da medida cautelar concedida liminarmente ou por meio de decisão concessiva da tutela cautelar, mesmo que o autor não formulasse o pedido principal. Bastava, para isso, que o réu não impugnasse a decisão ou medida liminar eventualmente concedida.

Essa previsão de estabilização ou ultratividade da tutela cautelar encontra-se regulamentada pelo C.P.C. italiano, conforme se observa na seguinte lição de Lea Querzola: *"Em particular, o art. 23, inc. I, dedicado aos procedimentos cautelares 'ante causam', prevê que 'aos provimentos de urgência e aos outros provimentos cautelares idôneos a antecipar os efeitos da decisão de mérito' não se aplica a norma do art. 669 'octies' do código de rito (na formulação que a essa pertencia antes de ser modificado pela reforma introduzida pela L. n. 80 de 2005), em virtude da qual o provimento cautelar solicitado e concedido antes da instauração do juízo de mérito perde eficácia se este último não for instaurado no prazo peremptório de trinta dias ou em prazo diverso fixado pelo juiz, decorrente da 'pronúncia dell'ordinanza', se advinda em audiência, ou de outro modo pela sua comunicação.*

Na onda da mesma 'ratio' dessa disposição, o sucessivo inc. IV dispõe que a extinção do juízo de mérito antecipado não determina a ineficácia da medida cautelar obtida nos termos do inc. I.".[221]

Porém, Lea Querzola faz a seguinte crítica quanto à estabilização dos efeitos da tutela tipicamente cautelar: *"Analogamente se pode dizer, no meu sentir, a propósito de quanto sustento que o legislador haja atenuado, 'sem naturalmente romper-lo', o vínculo de instrumentalidade entre cautelar e mérito. Se não é ruptura aquela que consente de não fazer mais dependente um provimento 'cautelar' de um outro provimento 'principal', então não compreendo mais corretamente o termo instrumentalidade. A ruptura da relação de instrumentalidade é coessencialmente implicada pela eliminação de um termo peremptório, 'rectius' de qualquer termo, entre o qual instaurar o juízo principal".*[222]

Na realidade, se o requerido não se manifestasse sobre a concessão da medida cautelar antecedente ou não contestasse o pedido de cautelaridade, a medida cautelar concedida continuaria a produzir efeito independentemente da formulação do pedido principal pelo autor.

Os efeitos que continuariam a ser produzidos pela medida cautelar concedida seriam apenas de cautelaridade e não de satisfatividade do direito material.

Assim, se fosse concedida uma medida cautelar de arresto, o autor não teria a disponibilidade do bem, muito menos teria o seu eventual crédito satisfeito. Para que o autor obtivesse satisfatividade de seu direito material, seria necessário que ingressasse com o pedido principal.

O novo C.P.C., em seu art. 304, optou por uma via diversa, pois somente permitiu a *ultratividade* dos efeitos em relação à tutela de urgência de natureza satisfativa antecedente, o que parece mais correto, pois somente assim o autor poderá efetivamente usufruir de seu direito, ainda que provisoriamente, de maneira satisfativa.

27.1. Revisão da Estabilidade ou Ultratividade da Tutela Provisória Antecipada

Preconiza o §2º do art. 304 do novo C.P.C. que qualquer das partes poderá demandar a outra com o intuito de rever, reformar ou invalidar a tutela antecipada estabilizada nos termos do caput.

---

[221] QUERZOLA, L., op. cit., p. 5.
[222] QUERZOLA, L., idem. p. 11.

Trata-se de uma nova demanda, autônoma e independente daquela outra em que fora concedida a tutela antecipada antecedente. Nessa nova demanda, além de se poder rever, reformar ou invalidar a tutela antecipada, ingressar-se-á em definitivo no mérito da pretensão principal.

Muito embora o *caput* do art. 304 do novo C.P.C. estabeleça a *ultratividade e a estabilidade* da antecipação de tutela concedida de forma antecedente, isso não significa que a estabilização dessa tutela fará coisa julgada material e se tornará imutável.

Não fará coisa jugada, seja pelo fato de que a sentença do juiz que extingue o processo, nos termos do art. 304, §1º, é sem resolução de mérito, seja pelo fato de que o §6º do art. 304 expressamente afirma: A decisão que concede a tutela não fará coisa julgada, mas a estabilidade dos respectivos efeitos só será afastada por decisão que a revir, reformar ou invalidar, proferida em ação ajuizada por uma das partes, nos termos do § 2º deste artigo.

A questão da autoridade da 'ultratividade', mas sem formação de 'coisa julgada', do provimento antecipatório, já foi constatada no direito italiano. Segunda Lea Querzola: *"A disposição, no meu sentir, mais interessante e curiosa da inteira nova disciplina em matéria cautelar é aquela prevista, respectivamente, no art. 23, inc. 6, d.lgs. n. 5 de 2003, e art. 669 'octies', último inciso, c.pc., segundo os quais 'em nenhum caso a autoridade do provimento cautelar será invocável em diverso processo'... Sinteticamente, nota-se em primeira mão como a medida cautelar, à luz da reforma, é destinada a assumir uma maior estabilidade de efeitos, mas jamais a estabilidade da coisa julgada".*[223]

Na realidade, em que pese o processo originário seja extinto sem resolução de mérito pelo fato de que o réu não interpôs recurso de agravo contra a decisão concessiva da tutela antecipada, tal extinção não impede que qualquer das partes (autor ou réu) demande a outra com o intuito de rever, reformar ou invalidar a tutela antecipada satisfativa estabilizada nos termos do art. 304.

Nessa segunda demanda, que não comportará mais estabilização de tutela, poder-se-á alterar, revogar ou manter a tutela concedida, pelo menos até que haja decisão de mérito definitiva ou não.

Assim, o réu poderá, a qualquer tempo, demandar o autor para rever, reformar ou invalidar a tutela antecipada satisfativa estabilizada.

Nessa nova demanda, a decisão que ali for proferida poderá ensejar a coisa julgada material.

---

[223] QUERZOLA, L., idem., p. 34.

Também o autor poderá apresentar nova demanda para reformar ou dar nova conotação à tutela antecipada concedida em seu favor, ou mesmo para conseguir em definitivo uma decisão com efeito de coisa julgada material, desta vez incidindo sobre a pretensão de mérito.

Porém, enquanto não for proposta essa nova demanda, a tutela antecipada regularmente concedida continuará a produzir efeitos de ultratividade, mediante a estabilidade concedida pela norma jurídica. Nesse sentido preceitua o §3º do art. 304 do novo C.P.C.: a tutela antecipada conservará seus efeitos, enquanto não revista, reformada ou invalidada por decisão de mérito proferida na ação de que trata o §2º.

Porém, penso que este dispositivo disse menos do que deveria dizer, pois a tutela antecipada concedida no processo anterior poderá também ser revogada se houver decisão final, no novo processo, que reconheça a ilegitimidade passiva do réu, ou seja, decisão proferida sem resolução de mérito. Melhor seria se o legislador, ao invés de falar decisão de mérito, falasse decisão sobre o mérito.

Conforme estabelece o *caput* do art. 304 do novo C.P.C., a tutela antecipada satisfativa, concedida nos termos do art. 303, torna-se estável se da decisão que a conceder não for interposto o respectivo recurso. Essa estabilidade permanecerá até que seja proposta a demanda referida no §2º do art. 304 do novo C.P.C.

Portanto, a estabilidade da tutela antecipada satisfativa permanecerá até que seja proferida *decisão de mérito* em definitivo sobre a pretensão principal formulada em demanda autônoma.

Qualquer das partes poderá requerer o desarquivamento dos autos em que foi concedida a medida, para instruir a petição inicial da ação a que se refere o §2º do art. 304 do novo C.P.C., segundo prescreve o §4º do art. 304 do novo C.P.C.

O juízo que concedeu a tutela satisfativa tornar-se-á prevento para conhecer da nova demanda, segundo estabelece o §4º do art. 304 do novo C.P.C. Essa prevenção vem confirmar que a estabilização da tutela somente ocorrerá perante o juízo de primeiro grau e não perante o juízo de segundo grau, sob pena de supressão de instância e mácula aos preceitos constitucionais que definem a competência originária dos tribunais.

Importante salientar que o §2º do art. 304 do novo C.P.C. permite que a demanda em caráter definitivo possa ser ajuizada por qualquer das *partes*. Porém, como o dispositivo fala restritivamente em 'partes', não terá

TUTELA PROVISÓRIA

legitimidade para ajuizar a referida demanda o assistente que porventura teve participação no anterior processo.

Na hipótese de estabilização ou ultratividade dos efeitos da tutela antecipada de alimentos, na qual a pretensão principal seria o reconhecimento definitivo de paternidade, poderá o beneficiário dos alimentos promover a demanda indicada no §2º do art. 304 do novo C.P.C. para ver reconhecida a paternidade em definitivo, integrando-se a tutela antecipada no âmbito da sentença final. Também poderá o réu ingressar com a demanda indicada no aludido dispositivo visando à declaração definitiva de inexistência de paternidade, requerendo, antes mesmo da decisão final, a revogação ou modificação da tutela até então estabilizada. É certo que o art. 304, §3º, do novo C.P.C. estabelece que a tutela antecipada conservará seus efeitos enquanto não revista, reformada ou invalidada por decisão de mérito proferida na ação de que trata o § 2o. Porém, se a parte, ao propor a nova demanda, logo de plano demonstrar que não mais existe a *probabilidade do direito* ou o *perigo de dano* ou o *risco ao resultado útil do processo*, tal questão deverá ser avaliada por decisão interlocutória, antes mesmo da sentença final, uma vez que não se justifica a eficácia dos efeitos da tutela anteriormente concedida diante de fatos e circunstâncias que demonstrem a inconsistência ou incoerência da tutela deferida. Além do mais, o art. 304, §3º, do novo C.P.C. fala em decisão de mérito e não especificamente em 'sentença' de mérito.

27.2. Prazo Decadencial para Reforma ou Invalidação da Tutela Antecipada

Preceitua o §5º do art. 304 do novo C.P.C. que o direito de rever, reformar ou invalidar a tutela antecipada, previsto no §2º do referido dispositivo, extingue-se após dois anos, contados da ciência da decisão que extinguiu o processo, nos termos do §1º.

A fim de que a insegurança jurídica em relação à tutela satisfativa concedida de forma antecedente não perdure indefinidamente, o legislador optou por prescrever um prazo de natureza *decadencial* para que qualquer das partes possa ingressar com a demanda prevista no §2º do art. 304 do novo C.P.C.

O direito de rever, reformar ou invalidar a tutela antecipada extingue-se após dois anos, contados da ciência da decisão que extinguiu o processo.

Na verdade, o prazo de dois anos deve ser contado da ciência da decisão que determinou a extinção do processo.

Se não for proposta a demanda prevista no §2º do art. 302 do novo C.P.C. no prazo de dois anos a contar da ciência da extinção do processo, a estabilidade da tutela antecipada concedida torna-se definitiva, não podendo ser mais revista, nem por demanda autônoma, nem por demanda rescisória (que não cabe nessa hipótese). Poder-se-á dizer que a tutela estará *soberanamente estabilizada* em face do transcurso do prazo decadencial, assim como ocorre com a sentença transitada em julgado após o transcurso de dois anos para a interposição da demanda rescisória. Porém, é importante ressaltar que não se trata de coisa julgada, mas de instituto processual próprio de estabilização da decisão interlocutória concessiva da antecipação de tutela, estabilização essa decorrente da inércia jurídica da parte ré.

Inúmeras questões poderão surgir da aplicação dessa estabilização definitiva da tutela.

Pense-se na hipótese acima indicada, ou seja, da estabilização definitiva da concessão da tutela antecipada de alimentos na qual a pretensão fundamental seria o reconhecimento da paternidade; pense-se, também, na hipótese de estabilização da tutela antecipada de alimentos em demanda que tem por pretensão principal e final o divórcio ou a nulidade de casamento.

É importante salientar que o prazo decadencial para se promover a demanda autônoma de mérito somente atinge os efeitos jurídicos da tutela antecipada que fora concedida, e não propriamente a análise do mérito da pretensão principal. Por isso, não há e não pode haver impedimento jurídico para que qualquer das partes, mesmo após o transcurso do prazo de dois anos, possa ingressar com demanda de mérito para a definição da existência ou não da paternidade (de natureza declaratória) e de suas consequências jurídicas, como o uso do nome ou os direitos sucessórios.

A estabilização definitiva dos efeitos da tutela antecipada, na hipótese versada, não alcançou a pretensão de natureza declaratória (reconhecimento da paternidade), e nem poderia alcançar, pois a decisão que concedeu a tutela antecipada, com base na probabilidade da existência do direito, além de ser proveniente de cognição sumária, não adentrou no mérito da pretensão final, pois o processo foi extinto sem resolução de mérito.

Portanto, o transcurso do prazo de dois anos também não caracteriza impedimento para que qualquer das partes possa, além desse prazo,

TUTELA PROVISÓRIA

ingressar com demanda autônoma para o reconhecimento definitivo ou não da paternidade, pois, além de tudo, aludido direito fundamental não está sujeito a prazo decadencial.

Portanto, não sou adepto ao entendimento doutrinário que afirma que a estabilização da tutela antecipada também resolveu de forma definitiva a questão do reconhecimento da paternidade, do divórcio ou da anulação do casamento.

Porém, pode acontecer que na demanda de mérito proposta após dois anos do prazo decadencial haja decisão no sentido de que aquele que fora obrigado ao pagamento dos alimentos pela estabilização definitiva da tutela antecipada, não seja o pai do beneficiário desses alimentos. Nesse caso, teríamos alguém responsável pelo pagamento dos alimentos tão-somente pela estabilização da tutela antecipada, sem qualquer relação de parentesco.

Nesse caso, penso que a questão sobre a responsabilidade pelo pagamento dos alimentos está definitivamente estabilizada, em decorrência da inércia jurídica do réu, que além de não recorrer da decisão interlocutória concessiva da tutela antecipada, também não promoveu demanda autônoma de mérito para revogação da decisão, apesar de a norma processual lhe permitir que assim o fizesse no prazo de dois anos. Aplica-se, no caso, o adágio romano: "o direito não socorre os dorminhocos".

É certo que tal situação (pessoa obrigada a pagar alimentos sem ser o pai) pode causar certa perplexidade.

Para atenuar essa perplexidade, talvez uma solução fosse aplicar, por analogia, o preceito normativo previsto no art. 505, inc. I, do novo C.P.C., referente à coisa julgada e às situações de trato sucessivo. O referido preceito normativo preconiza:

> *Art. 505. Nenhum juiz decidirá novamente as questões já decididas relativas à mesma lide, salvo:*
> *I – Se, tratando-se de relação jurídica de trato continuado, sobreveio modificação no estado de fato ou de direito, caso em que poderá a parte pedir a revisão do que foi estatuído na sentença.*

No caso em análise, a obrigação pelo pagamento dos alimentos decorre da estabilização dos efeitos da tutela. Assim, havendo o transcurso do prazo decadencial para a propositura da demanda autônoma de revisão da tutela antecipada, a obrigação alimentar tornou-se definitiva pela estabilização da tutela.

Porém, como o pagamento de alimentos decorre de uma obrigação de trato sucessivo, havendo modificação do estado de fato ou de direito, poderá a parte pedir revisão daquilo que foi estatuído na decisão estabilizada, no caso, na antecipação de tutela. E a alteração jurídica ou de direito que fundamenta a modificação da tutela antecipada provém do reconhecimento por sentença transitada em julgado que o obrigado pelos alimentos *não é o pai.*

A aplicação analógica do art. 505, inc. II, do novo C.P.C. às decisões interlocutórias de antecipação de tutela estabilizada seria justificável, pois se a alteração do estado de fato ou de direito é motivo jurídico para afetar a sentença soberanamente julgada, não teria sentido que a mesma "ratio legis" não fosse adotada diante de uma decisão interlocutória estabilizada.

28.
Tutela Provisória – Cautelar Antecedente

A tutela jurídica normativa, que impõe legitimamente as regras da convivência social, não é suficiente para garantir a livre convivência. Por isso, ao lado dela encontra-se a tutela jurisdicional dos direitos, não tanto em função da exata interpretação do preceito normativo primário, mas, sim, na busca da aplicação do preceito secundário, o qual estabelece a sanção para a restauração, quando ainda isso possa ser possível, do direito ofendido. Porém, a tutela jurisdicional, ainda que possa ser perfeita, não é suficiente: *"requer sempre uma tutela cautelar, uma vez que a tutela jurisdicional, ainda que a mais célere, intervém normalmente com certo atraso ou, na melhor das hipóteses, a 'posteriori', ou seja, sucessivamente à violação da norma jurídica, quando já não é mais possível a 'restitutio in integrum'.* Por isso, ao lado da tutela jurídica normativa e jurisdicional também antigamente associava-se uma tutela cautelar, determinada não tanto pelo perigo nascente da lentidão do processo diretamente ao reconhecimento do próprio direito, quanto, ao invés, pela necessidade de um meio de tutela. Desde a Lei das XII tábuas (no direito romano) encontram-se normas que parecem refletir-se na proteção típica de tutela cautelar: a *addictus* e o *nexus*. De fato, a condição da *addictus* – que por sessenta dias era o devedor mantido em cárcere privado pelo credor por ordem do juiz – justificava-se por ser aquela de um sujeito constituído em garantia por um crédito, apesar de ele conservar todos os seus direitos (*status civitatis, status familiae*) e readquiria a plena liberdade uma vez extinto o débito. Não havendo o pagamento do débito, a medida cautelar transformava-se em medida executiva e, portanto, o devedor poderia ser vendido *extra Tiberium* e reduzido a escravo. Também a figura do *nexus* parece apresentar natureza cautelar, tendo em vista que se tratava de um penhor feito pelo devedor ou requerido por ele próprio que se colocava à sujeição material do credor. E uma vez extinto o débito, por meio de prestação de serviços, visualizava-se menos a garantia e mais o *nexus*.[224]

Não obstante seja possível perceber no Direito Romano uma certa característica própria de medidas cautelares, o certo é que a sistematização da tutela cautelar somente veio a ocorrer, na forma que se apresenta atualmente, no Século XX, mais precisamente em 1936, quando Piero Calamandrei publicou sua magnífica obra, intitulada *Introduzione allo Studio Sistemático dei Provimento Cautelari*, Padova, 1936.

A partir de Calamandrei passou-se a conceber a existência de três tipos de processos bem definidos = processo de conhecimento, processo de execução e processo cautelar.

O nosso C.P.C. revogado de 1973, de certa forma, manteve-se fiel à sistematização proposta por Calamandrei.

Sob a égide do C.P.C. de 1973, havia quatro Livros bem delineados, cada qual tratando de uma espécie de tutela jurisdicional e dos seus respectivos processos.

O Livro I do C.P.C. de 1973 tratava do processo de conhecimento.

O Livro II do C.P.C. de 1973 dizia respeito ao processo de execução.

O Livro III do C.P.C. de 1973 regulamentava o processo cautelar.

O Livro IV do C.P.C. de 1973 fazia referência aos procedimentos especiais.

Portanto, sob a égide do C.P.C. de 1973 havia três tipos autônomos de processos: processo de conhecimento, processo de execução e processo cautelar.

Porém, a partir de 2015, o sistema jurídico processual brasileiro transformou-se radicalmente.

O novo C.P.C. de 2015 não mais outorgou ao processo cautelar uma característica de processo autônomo, muito menos dedicou um livro exclusivo para as medidas cautelares.

A partir do novo C.P.C., o ordenamento jurídico processual brasileiro passou a ter apenas dois tipos de processo: o processo de conhecimento e o processo de execução.

---

[224] DINI, E. A., MAMMONE, G., op. cit., p. 3 e 4.

O legislador do novo C.P.C., na realidade, unificou todas as tutelas provisórias de caráter urgente, ou seja, a tutela antecipada urgente satisfativa e a tutela antecipada urgente cautelar.

Uma outra inovação importante que se observa no novo C.P.C, é que não há mais distinção entre medidas cautelares típicas ou nominadas, como, por exemplo, arresto, sequestro, busca e apreensão etc. e as medidas cautelares atípicas ou inominadas, quando o juiz poderia conceder outras medidas provisionais que não aquelas especificadas no C.P.C. de 1973.

O novo C.P.C. optou pela *unidade* das medidas cautelares.

Tal *unidade* das medidas cautelares, segundo leciona Ítalo Andolina, *"decorre diretamente da eficácia constitucional que a tutela cautelar vem dia a dia adquirindo, à medida que foi sendo conduzida ao nível da generalidade de tutela jurisdicional tout court. Sendo de fato, consubstancial à tutela jurisdicional, sua efetividade, é evidente reconhecer que o direito de agir em juízo para a tutela dos próprios direitos e interesses legítimos engloba necessariamente em seu interior igualmente o direito em ver preservada a utilidade e a integridade do resultado judicial (durante o tempo necessário à sua produção) e de obter então provimentos interinais que – variavelmente estruturados e modelados segundo diversificadas técnicas de conservação ou de antecipação – pareçam idôneos a colocar o bem controvertido à margem de um prejuízo de todo modo irreparável (ou grave).... Em conclusão: a unidade do procedimento é, antes de tudo, consequência direta da validade da Constituição (progressivamente) reconhecida à jurisdição cautelar; e é, por outro lado, e ao mesmo tempo, o veículo técnico, por meio do qual foi possível dar coerência à multiplicidade (e, até agora, diferenciadas) experiências procedimentais em matéria cautelar ao modelo constitucional de processo jurisprudencial"*.[225]

Modelo unitário é, todavia, não rígido, mas *flexível*.

Essa flexibilidade observa-se com a extinção dos requisitos específicos para a concessão da medida de tutela cautelar de arresto, requisitos esses previstos e indicados expressamente nos arts. 813 e 814 do C.P.C. de 1973. Esses dispositivos indicavam os fundamentos para o *periculum in mora* e para o *fumus boni iuris*. Assim, por exemplo, o arresto somente poderia ser concedido diante de prova literal de dívida líquida e certa.

---

[225] ANDOLINA, Italo Augusto. Unitarietà e flessibilità del nuovo modello procedimentale di tutela cautelare. *In: Scritti in onore di Elio Fazzalari*, III, Milano, 1993. pp. 601 a 609.

TUTELA PROVISÓRIA

Pelo novo C.P.C., o arresto poderá ser concedido independentemente de prova literal de dívida líquida e certa, justamente pela flexibilização das medidas cautelares.

A *unidade* e a *flexibilidade* do novo modelo de medidas cautelares permitem, portanto, a sua *expansividade*. Uma expansividade não ilimitada, mas limitada aos requisitos legais da probabilidade do direito (*fumus boni iuris*) e do perigo de dano ou do risco ao resultado útil do processo (*periculum in mora*).

Ao lado da tutela normativa ou primária, há a tutela jurisdicional dos direitos, não somente para a interpretação do preceito primário, mas também para a aplicação das sanções visando à reintegração do direito violado.

Mas a tutela jurisdicional, aquela resultante de um procedimento que se desenvolve através do tempo, pode frequentemente resultar inútil, em face da mudança da situação jurídica ou material subjacente, razão pela qual da necessidade de um provimento que cristalize as situações jurídicas ou de fato, que se apresentavam no momento da violação do direito, ou nela provoque uma mudança, para assegurar a concreta funcionalidade do futuro provimento jurisdicional. Disso resulta a necessidade de se acelerar o procedimento, recorrendo-se a medidas provisórias conservativas, denominadas de tutelas cautelares.[226]

Trata-se de medida interinal que tem por finalidade remover o temor de um dano que possa por em risco o resultado útil da tutela principal a ser prestada futuramente.

A tutela cautelar apresenta natureza preventiva e não repressiva, uma vez que atua *ante factum*, pressupondo um perigo de dano, e não *post factum*, ou seja, seguida à violação do dano.

Por isso, a tutela preventiva apresenta as seguintes características: a) prevenir uma lide, ao invés de somente reprimi-la; b) por em condição uma parte de não causar dano a outra, de modo que esta possa exercitar o seu direito. Afirma-se, ainda, que a tutela preventiva, entre outros, tem também o escopo de prevenir os danos que possam derivar da falta de celeridade do juízo ordinário: a ela, com base no escopo indicado, dá-se comumente o nome de *tutela cautelar*.[227]

---

[226] DINI, E. A., MAMMONE, G., op. cit., p. 14.
[227] DINI, E. A., MAMMONE, G., idem, p. 16 e 18.

Contudo, afirmam Enrico A. Dini e Giovanni Mammone: *"Não há necessidade, porém, de confundir tutela preventiva e tutela cautelar, já que também o nosso sistema processual em certos casos admite que o interesse para invocar a tutela jurisdicional possa nascer não da lesão de um direito, mas do perigo de lesão. Em tais casos a tutela intervém 'ante factum', e não 'post factum', com o escopo de evitar um dano que poderia verificar-se, mas que em efeito ainda não se produziu.... Em substância, entre tutela preventiva e tutela cautelar não existe uma relação de gênero e espécie...O fenômeno das relações entre as duas formas de tutela pode portanto ser descrito graficamente como dois círculos concêntricos: as partes não coincidentes representam aquelas formas de tutela preventiva e cautelar entre elas funcionalmente e estruturalmente diversas; a parte coincidente representa o complexo daqueles provimentos cautelares que absorvem também uma função seguramente preventiva, como é o caso da tutela de urgência"*.[228]

28.1. Discricionariedade do juiz para a efetivação da tutela provisória de natureza cautelar

Segundo estabelece o art. 297 do novo C.P.C., o juiz poderá determinar as medidas que considerar adequadas para efetivação da tutela provisória.

De fato *"nos provimento de urgência a discricionariedade concerne não somente à possibilidade ou probabilidade de se verificar a ocorrência de um evento danoso, ou a apreciação das circunstâncias, mas também a escolha do provimento, ou seja, do seu conteúdo, que, segundo a discrição do juiz, deve parecer o mais idôneo possível para assegurar os efeitos da decisão sobre o mérito, ou, melhor ainda, a assegurar o estado de fato ou de direito relativamente a uma situação controvertida"*.[229]

Pelo novo C.P.C., todas as medidas cautelares que possam ser concedidas pelo juiz apresentam a característica de medidas atípicas ou inominadas, uma vez que compete ao magistrado adotar a medida cautelar que seja mais conveniente para proteger a eficácia do pedido principal, desde que presentes os requisitos do *fumus boni iuris* e o *periculum in mora*.

Diante desse preceito normativo, o novo Código realçou a existência de um poder geral de cautela conferido ao juiz, poder esse que já se admitia implicitamente no art. 675 do Código do C.P.C. de 1939.

Aproximamo-nos, portanto, das grandes codificações europeias, adotando ostensivamente remédio processual similar ao *einstweilige verfügungen*

---

[228] DINI, E. A., MAMMONE, G., idem, p. 19.
[229] DINI, E. A., MAMMONE, G., idem, p. 72.

do direito austríaco e do alemão, do *contempt of Court*, dos ingleses, e dos *provvedimenti d'urgenza* dos italianos.

No direito alemão, o arresto seria o meio clássico de proteção jurisdicional provisória, transitória, pois era considerado uma medida de natureza urgente para a proteção de uma futura execução de uma sentença no processo principal, especialmente quando essa execução encontrava-se ameaçada por maquinações do devedor ou por sua fuga.[230]

Porém, o legislador alemão percebeu que seria extremamente restrita a concessão de tutela provisória de urgência somente para o procedimento executivo.

Assim, deu-se às medidas de urgência uma amplitude maior também para a regulação judicial que abrangesse relações de direito de qualquer espécie.

Sobre a concessão de medidas provisórios na ZPO germânica, anota Lea Querzola: *"No direito tedesco usa-se a expressão 'vorsoglicher Rechtsschutz' para indicar globalmente uma tutela jurisdicional, em via de princípio provisória e preventiva, em cujo âmbito ingressa, entre outras, a tutela cautelar...No código de processo civil tedesco, em particular, é possível individuar três grandes núcleos de medidas que, globalmente consideradas, compõem as novas medidas cautelares"*. A primeira diz respeito à medida cautelar de sequestro (*Arrest*) prevista no §916 e ss da ZPO. A segunda e terceira seriam as medidas provisórias (*einstweilige Verfügungen*) de que trata o §§ 935 ZPO (que contempla as *Sicherungsverfügungem*), tendo como sub-grupo a medida prevista no §940 ZPO, ou as medidas provisórias à tutela da paz jurídica (*die einstweilige Verfüngen zur Sicherung dês Rechtsfriedens*, ou, sinteticamente, *Regelungsverfügungen*).[231]

O §935 ZPO seria uma norma de cláusula geral que encontra limite ao não poder ser utilizada nas hipóteses em que seja necessário uma medida provisória típica para tutelar *ad hoc* um certo tipo de direito subjetivo e ou contra um certo tipo de perigo. A possível amplitude do conteúdo dessa medida é, pois, confirmada pela norma prevista no §938, inc. I, ZPO, que atribui textualmente ao juiz o poder de decidir discricionariamente qual medida será necessária a ser concedida em relação ao escopo pretendido; portanto, o juiz não está vinculado pela demanda da parte requerente na

---

[230] BAUR, Fritz. *Tutela jurídica mediante medidas cautelares*. Trad. Armindo Edgar Laux. Porto Alegre: Sergio Antonio Fabris Editor, 1985. p. 11.
[231] QUERZOLA, L., op. cit., p. 82 e 83.

escolha do conteúdo do provimento que considera mais idôneo a responder às exigências decorrentes da *fattispécie* concretamente apresentada.[232]

A possibilidade para expansão proporciona o próprio ZPO, quando no seu §940 admite medidas provisórias para regular situações transitórias: *"Os provimentos de urgência são admitidos também para o escopo de regular uma situação provisória referente a uma situação jurídica controvertida quando esta regulação se demonstra necessário, em particular no caso de relações jurídicas que duram no tempo para prevenir prejuízos consideráveis ou para impedir a ameaça de violência ou para outros motivos".*

Na realidade, o §940 ZPO permite à parte obter a pronúncia de um provimento provisório para regular uma relação jurídica controvertida com o fim de evitar graves impedimentos à realização do direito do requerente ou eventual recurso à violência. Analisando os pressupostos para a concessão das medidas em exame, *verfügungsanspruch* é, nesse caso, a afirmação da existência de uma relação jurídica controvertida, principalmente uma relação jurídica continuada, de duração no tempo (pense-se num contrato de locação, de trabalho subordinado, de sociedade para a gestão de um trabalho); o *verfügungsgrund* deve ser aplicado para apresentar uma disciplina provisória para uma relação jurídica controvertida com o intuito de evitar os *perigos* mencionados pela norma, no caso, a falta de realização do direito do requerente ou o recurso à violência.[233]

O conteúdo das medidas estabelecidas no §940 pode ser tanto conservativo quanto antecipatório.

Com isso, a conexão, característica para o arresto e a forma básica da medida cautelar, que há entre a garantia e a realização de uma pretensão litigiosa, acha-se abandonada a favor de uma cláusula geral outorgada ao juiz.[234]

Aliás, a discricionariedade na concessão de provimentos de urgência é expressamente reconhecida pelo §938 do Código de Processo Civil alemão, que assim dispõe:

"§938. Conteúdo do provimento de urgência.

(1) O tribunal determinará, 'discricionariamente' quais são as ordens necessárias para se conseguir o escopo.

---

[232] QUERZOLA, L., idem, p. 84.
[233] QUERZOLA, L., idem, p. 85.
[234] BAUR, Fritz, op. cit., p. 12.

(2) O provimento de urgência pode consistir em um sequestro, além da circunstância de que seja ordenado à contra-parte a proibição de determinado ato, em particular a alienação, a constituição de vínculo ou a constituição em penhora com referência a um bem imóvel ou a uma embarcação registrada ou a uma embarcação em construção registrada".

Segundo Galeno Lacerda, o poder cautelar geral possui natureza discricionária e, em regra, jurisdicional. A afirmação pode parecer estranha àqueles que, na esteira de determinada corrente administrativa, caracterizam como discricionária, apenas, a atividade administrativa, em oposição à jurisdicional, para eles sempre vinculada. A tese, porém, se acha superada pela melhor doutrina, segundo a qual a discrição pode e deve integrar também os critérios que informam a jurisdição, tendo-se em vista as condições peculiares da matéria jurisdicionável, como ocorre, por exemplo, no direito de família.

O mesmo acontece com o poder cautelar geral. Exatamente porque provém de norma amplíssima, que confia à consciência, à ponderação, à prudência do juiz o critério de, segundo seu justo arbítrio, motivado pela exigência e valoração dos fatos, determinar as medidas provisórias que julgar adequadas, não há como fugir à consideração de que estamos em presença, aqui, de um vastíssimo poder legal discricionário.

Para Galeno Lacerda, estamos em presença de autêntica norma em branco, que confere ao magistrado, dentro do estado de direito, um poder puro, idêntico ao do pretor romano, quando, no exercício do *imperium*, decretava os *interdicta*

Porém, para Calmon de Passos, falar-se em poder geral de cautela seria focalizar o problema de um ângulo inadequado. A lei, nesse passo, não amplia os poderes do juiz, deferindo-lhe algo que não teria, caso inexistisse o dispositivo, nem lhe atribui algo de especial e novo em termos de função jurisdicional. Do poder cautelar dispõe o juiz por força de sua função jurisdicional, porque ele é decorrência necessária desta, como o são o poder de certificar e o poder de atuar o direito. O de que cuida a lei é dos *fundamentos* invocáveis pelos interessados para o exercício de sua pretensão à cautela. Ele não dá ao magistrado o que não teria caso inexistisse a expressa autorização legal. Apenas explicita, para os juízes e para os interessados, a situação de fato que autoriza os primeiros a deferir a proteção cautelar e permite aos segundos pleiteá-la.

TUTELA PROVISÓRIA – CAUTELAR ANTECEDENTE

Diante desse poder geral de cautela, o juiz poderá determinar as medidas que considerar adequadas para a efetivação da tutela provisória.

Assim, o magistrado poderá determinar a busca e apreensão de coisas e de pessoas, arresto de coisas, exibição de documentos, restauração de fatos quando houver modificação dolosa de situações já consolidadas no processo, enfim, poderá valer-se de todas as medidas que já existiam sob a égide do C.P.C. de 1973 para a efetivação da tutela provisória cautelar.

Deve-se, porém, diferenciar a *tutela cautelar* das *medidas cautelares*.

A *tutela cautelar* é a prestação jurisdicional outorgada pelo juiz, sem caráter satisfativo, e que visa a resguardar a eficácia da prestação jurisdicional que será outorgada quando do julgamento final do pedido definitivo.

Já a *medida cautelar* é a exteriorização da tutela jurisdicional cautelar, mediante atos concretos para a efetivação da tutela antecipada cautelar. Sob a égide do C.P.C. de 1973, denominavam-se de medidas cautelares o arresto, sequestro, busca e apreensão, produção antecipada de provas etc.

De todo modo, é importante ressaltar que o magistrado deverá ter em mente que as medidas cautelares não poderão ter a conotação de *satisfatividade*, mesmo que provisórias e antecipadas, da pretensão que será formulada no pedido final.

Na realidade, se a concessão da medida antecipada tiver por finalidade, mesmo que de modo precário, a satisfação do interesse formulado na pretensão final, a antecipação de tutela terá natureza satisfativa e não cautelar.

Também não se deve confundir o *objeto da tutela cautelar* com sua *finalidade*.

A finalidade da tutela cautelar, conforme já se afirmou, é garantir a eficácia da tutela jurisdicional que será concedida por ocasião da análise do pedido final.

Por sua vez, o *objeto* da tutela antecipada cautelar, com base na urgência, é justamente a constatação da existência da *probabilidade do direito e do perigo de dano ou do risco ao resultado útil do processo*. Daí porque a *relação jurídica processual* que essencializa a pretensão de tutela cautelar não é a mesma que essencializa a pretensão final.

Muito embora o pedido de tutela de urgência cautelar antecedente seja formulado no mesmo processo em que será formulado posteriormente o pedido de tutela final, e dele seja dependente, isso não significa dizer que a relação jurídica processual envolvendo as duas pretensões seja idêntica. Tanto não é que o objeto da tutela cautelar antecedente, com base na urgência, é conferir segurança ao resultado útil do processo, enquanto que o objeto da tutela jurisdicional definitiva é outro. Por isso, ainda que seja extinta ou não conhecida a relação jurídica de natureza cautelar, isso não impede que o juiz conheça da relação jurídica principal. O inverso, porém, não é verdadeiro.

Outro aspecto importante a ser ressaltado, é que a *produção antecipada de provas*, sob a égide do novo C.P.C., está expressamente regulada no Capítulo XII, Seção II – Das Provas. Segundo estabelece o art. 381 do novo C.P.C., a produção antecipada da prova será admitida nos casos em que: I – haja fundado receio de que venha a tornar-se impossível ou muito difícil a verificação de certos fatos na pendência da ação; II – a prova a ser produzida seja suscetível de viabilizar a autocomposição ou outro meio adequado de solução de conflito; III – o prévio conhecimento dos fatos possa justificar ou evitar o ajuizamento de ação. Na petição, o requerente apresentará as razões que justificam a necessidade de antecipação de prova e mencionará com precisão os fatos sobre os quais a prova há de recair (art. 382 do novo C.P.C.). O procedimento para a produção antecipada de prova é o de jurisdição voluntária.

Muito embora o novo legislador tenha tratado da produção antecipada da prova no capítulo específico da prova, isso não significa dizer que a parte não possa requerer uma tutela provisória antecedente cautelar, com base na urgência, que vise à produção antecipada da prova, desde que presentes os requisitos da probabilidade do direito e do perigo de dano ou do risco ao resultado útil do processo.

Diante dessas circunstâncias, a produção antecipada de prova poderá ser requerida incidentalmente ou como tutela antecedente cautelar.

Porém, se a produção antecipada de prova for requerida com base no poder geral de cautela do juiz, e de forma antecedente, penso que, neste caso, ao contrário do que vinha decidindo a jurisprudência sob a égide do Código revogado, uma vez concluída a produção da prova, a parte autora terá o prazo de trinta dias para apresentar o pedido principal, sob pena de extinção do processo e perda da eficácia da prova produzida.

Assim, se a parte autora não deseja sofrer ônus processual , deverá requerer a produção antecipada de prova, nos termos do art. 382 do novo C.P.C., com base no procedimento de jurisdição voluntária e não com base no poder geral de cautela do juiz.

28.2. Sincretismo entre o pedido cautelar e o pedido final satisfativo

O Capítulo III do novo C.P.C. trata do procedimento da tutela provisória cautelar requerida em caráter antecedente.

Isso significa dizer que há dois momentos para se requerer a tutela cautelar, com base na urgência: a) antecedente ao pedido principal; b) incidentalmente no processo em que foi formulado o pedido principal.

Contudo, a redação originária do projeto de lei do Senado, n. 166/10, gerava certa dúvida sobre a possibilidade de outras medidas de urgência poderem também ser requeridas de forma antecedente.

O art. 286, em sua redação original constante do projeto de lei do Senado Federal, n. 166/10, assim estabelecia: *A petição inicial da medida requerida em caráter antecedente indicará a lide, seu fundamento e a exposição sumária do direito ameaçado e do receio de lesão.*

Note-se que na redação originária do art. 286 do projeto n. 166/10, a medida a ser requerida era de caráter geral, dando a impressão de que a tutela de urgência satisfativa também poderia vir a ser requerida antecedentemente ao pedido principal.

Agora, com a nova redação dada pelo art. 303 do novo C.P.C., não há dúvida de que o juiz poderá conceder tanto a tutela cautelar quanto a tutela satisfativa de forma antecedente.

O Capítulo III do novo C.P.C. trata especificamente do procedimento da tutela cautelar requerida em caráter antecedente.

O Código de 1973, quando mencionava a medida cautelar antecedente, queria dizer que o processo cautelar seria instaurado antes do processo principal.

O novo C.P.C., em face do *sincretismo existente entre tutela cautelar e tutela de conhecimento* ou de execução, indica que o pedido de tutela cautelar pode ser formulado no mesmo processo em que será introduzido, futuramente, o pedido da tutela principal, isto é, o processo será uno e indivisível.

O art. 308 do novo C.P.C. estabelece ainda que o pedido principal será apresentado nos mesmos autos em que veiculado o pedido de tutela cautelar, não dependendo do adiantamento de novas custas processuais.

Essa determinação normativa confirma a existência no novo C.P.C. do *sincretismo* entre tutela cautelar e tutela de conhecimento ou de execução, razão pela qual não haverá mais dois processos autônomos e distintos, mas apenas um processo com a formulação de dois pedidos distintos, ou

TUTELA PROVISÓRIA

seja, um pedido de medida urgência de natureza cautelar antecedente e um pedido principal.

Sendo apenas um processo com simultâneos pedidos, não haverá necessidade de novo pagamento de custas processuais pela formulação do pedido principal.

Estabelece o §1º do art. 308 do novo C.P.C. que o pedido principal pode ser formulado conjuntamente com o pedido de tutela cautelar.

O legislador permitiu que o requerente formule apenas o pedido de tutela cautelar em razão da grave urgência na formulação do pedido, para que depois, em momento oportuno, seja apresentado o pedido principal.

Porém, nada impede que na petição inicial a parte requerente formule, ao mesmo tempo, o pedido cautelar e o pedido principal.

Note-se que o legislador permitiu que os dois pedidos sejam formulados conjuntamente, porém, deverá obrigatoriamente o requerente, ao formular os pedidos conjuntamente, indicar em relação a cada pedido a causa de pedir próxima e remota, pois haverá autonomia entre a relação jurídica cautelar e a relação jurídica principal.

É certo que se a tutela provisória de urgência cautelar for requerida de forma incidental, não há previsão normativa sobre a sistemática do procedimento a ser adotado, ou seja, não há informação se o réu deverá contestar ou não em separado o pedido de tutela cautelar e se o juiz poderá proferir decisão específica no que concerne à relação jurídica cautelar.

Penso que havendo relação jurídica autônoma entre a pretensão de tutela principal e a pretensão de tutela cautelar, deve-se aplicar, por analogia, e no que for compatível, o disposto nos art. 305 a 310 do novo C.P.C.

Assim, concedida a tutela cautelar incidental, o réu deverá ser citado ou intimado (dependendo do estágio processual) para contestar a pretensão de cautelaridade no prazo de 5 (cinco) dias e não no prazo de 15 (quinze) dias.

O juiz poderá decidir a relação jurídica de cautelaridade na mesma decisão que decidir a lide principal. Porém, nada impede que o juiz decida a relação jurídica de cautelaridade por meio de decisão diversa da sentença final.

Na realidade, não teria sentido estabelecer uma forma de procedimento para o transcurso da relação jurídica processual cautelar antecedente diversa da relação jurídica cautelar incidental, salvo no que concerne à necessidade de formulação de petição exclusiva para inserir no processo a demanda principal.

Por sua vez, preconiza o §2º do art. 308 do novo C.P.C. que a causa de pedir poderá ser aditada no momento da formulação do pedido principal.

Se o requerente da medida cautelar antecedente optar por não formular o pedido principal conjuntamente, deverá aditar a causa de pedir da pretensão principal por ocasião da formulação do pedido principal, uma vez que, em tese, no processo apenas há descrição da causa de pedir da tutela cautelar.

28.3. Requisitos da Petição Inicial

A demanda cautelar, assim como toda e qualquer demanda, deverá ser instaurada mediante a apresentação de *petição inicial*. Peça escrita na qual pressupostos processuais, condições de análise do mérito e elementos da demanda devem estar presentes, bem definidos e corretamente demonstrados e fundamentados.

Quanto ao processo de cognição, os requisitos da petição inicial estão disciplinados no art. 319 do novo C.P.C., *in verbis*:

> *Art. 319. A petição inicial indicará:*
>
> *I – o juízo a que é dirigida;*
>
> *II – os nomes, os prenomes, o estado civil, a existência de união estável, a profissão, o número de inscrição no Cadastro de Pessoas Físicas ou no Cadastro Nacional da Pessoa Jurídica, o endereço eletrônico, o domicílio e a residência do autor e do réu;*
>
> *III – o fato e os fundamentos jurídicos do pedido;*
>
> *IV – o pedido com as suas especificações;*
>
> *V – o valor da causa;*
>
> *VI – as provas com que o autor pretende demonstrar a verdade dos fatos alegados;*
>
> *VII – a opção do autor pela realização ou não de audiência de conciliação ou de mediação.*

Sob a égide do Código revogado de 1973, os requisitos da petição inicial do processo cautelar eram regulados de modo *insatisfatório* em seu art. 801, *in verbis*:

> *Art. 801. O requerente pleiteará a medida cautelar em petição escrita, que indicará: I – a autoridade judiciária, a que for dirigida; II – o nome, o estado civil, a profissão e a residência do requerente e do requerido; III – a lide e seu fundamento; IV – a exposição sumária do direito ameaçado e o receio da lesão; V – as provas que serão produzidas.*

TUTELA PROVISÓRIA

Parágrafo único. Não se exigirá o requisito do nº III senão quando a medida cautelar for requerida em procedimento preparatório.

Diz-se que os requisitos da petição inicial indicados no art. 801 do C.P.C. 1973 seriam insatisfatórios, uma vez que não abrangiam, também, a inserção do valor da causa e o pedido de citação do réu.

Por isso, o art. 801 do C.P.C. de 1973 deveria ser interpretado conjuntamente com o art. 282 do mesmo estatuto processual.

O novo diploma legal, de forma ainda *mais insatisfatória*, indica como requisitos da petição inicial do pedido de tutela cautelar antecedente aqueles que estão previstos no art. 305 do novo C.P.C., que assim dispõe: *A petição inicial da ação que visa à prestação da tutela cautelar em caráter antecedente indicará a lide, seu fundamento e a exposição sumária do direito que se objetiva assegurar e o perigo de dano e o risco ao resultado útil do processo.*

Mas, na verdade, seja a inicial peça vestibular de uma demanda de conhecimento, ou de uma demanda executiva, ou, ainda, de uma pretensão de tutela cautelar antecipada, pouco importa, ela sempre e necessariamente deverá explicitar os elementos da causa (sujeitos, causa de pedir e pedido), evidenciar a regularidade dos pressupostos processuais e a existência das condições para análise de mérito.

Por conseguinte, em razão da omissão constante no art. 305 do novo C.P.C., deve este preceito normativo ser suprido pelas prescrições gerais pertinentes ao processo de conhecimento, que operam como diretrizes de ordem geral a todo processo civil brasileiro.

Tendo em vista que no novo C.P.C. existe um sincretismo entre o pedido cautelar e o pedido de tutela principal, havendo a unicidade processual, não obstante os pedidos possam ser formulados em momento distintos, os requisitos da petição inicial do pedido cautelar antecedente, além daqueles estabelecidos no art. 305 do novo C.P.C., são também os previstos no art. 319 do novo C.P.C., o qual se aplica de forma supletiva.

28.3.1. Indicação da *lide*

A petição inicial da demanda cautelar deverá indicar *a lide,* ou seja, *a controvérsia* que será objeto de análise da pretensão formulada com base no pedido principal, até para que o juiz, no momento de observar os requisitos da petição inicial do pedido de medida cautelar possa verificar, *in status assertionis,* se a parte requerente tem interesse processual na propositura da demanda cautelar, ou seja, se a medida cautelar apresentará *utilidade, necessidade e adequação.*

Justamente por ser um pedido de tutela cautelar antecedente é que se exige do requerente a precisa indicação da *lide e seu fundamento* que serão objeto do pedido principal.

A Jurisprudência tem entendido que em cautelar preparatória, quando não houver indicação da lide e seu fundamento, a inicial poderá ser emendada por determinação do juiz. Nesse sentido é o seguinte precedente do Superior Tribunal de Justiça:

> *I – Não há que falar em nulidade do julgamento, por ausência de manifestação de uma das partes, quanto aos documentos juntados pela outra, se tais foram desinfluentes ao deslinde da controvérsia, não servindo de fundamento para a decisão.*
>
> *II – Não basta que se suscite determinada questão para estar preenchido o requisito do prequestionamento, mister vê-la decidida pelas instâncias ordinárias. Se a parte entende que houve omissão do tema, porque imprescindível sua análise, em seu Recurso Especial deve alegar violação ao art. 535 do CPC, e não insistir no mérito (Súmula 211/STJ).*
>
> *III – Jurisprudência mais recente tem entendimento que, em cautelar preparatória, quando não há indicação da ação principal, a inicial pode ser emendada, por determinação do Juiz, mesmo após a contestação, se isto não alterar o pedido ou a causa de pedir, constituindo a omissão, mera irregularidade.*
>
> *IV – No âmbito do poder geral de cautela do Juiz está a faculdade de exigir caução como contra cautela, bem como indeferir pedido de substituição do seqüestro de bens por depósito em dinheiro.*
>
> *V – Para a comprovação do dissídio jurisprudencial, necessário se faz o confronto analítico, para aferir-se a identidade de bases fáticas, não sendo suficiente o mero transcrever de ementas.*
>
> *VI – Recurso não conhecido.*
>
> *(REsp 142.434/ES, Rel. Ministro WALDEMAR ZVEITER, TERCEIRA TURMA, julgado em 03/12/1998, DJ 29/03/1999, p. 163)*

28.3.2. *Periculum in mora* e *Fumus boni iuris*

A petição inicial de uma medida cautelar antecedente deverá indicar *a exposição sumária do direito que se objetiva assegurar* ou seja, o *'fumus boni iuris'*, assim como o *perigo de dano ou o risco ao resultado útil do processo*, ou seja, *'periculum in mora'.*

Em matéria cautelar a urgência não permite a realização de uma *plena cognitio*, ou seja, contenta-se com uma sumária cognição dos fatos para um cálculo de probabilidade sobre a existência do direito material. Portanto, para o juiz será suficiente uma probabilidade ou uma aparência do próprio direito, tendo em vista que o acertamento da existência do direito é função própria do ordinário juízo de cognição; tanto é verdade que quando a existência do direito for acertada, o procedimento cautelar valerá menos, tendo exaurido sua finalidade; em seu lugar ingressará o provimento definitivo que funcionará como causa extintiva da tutela cautelar, seja quando não reconheça o direito material, seja quando o reconheça, já que também nesta última hipótese o provimento cautelar cederá lugar ao provimento definitivo, sendo aquele emitido em via provisória, ou seja, até a emanação do provimento principal ou definitivo.[235]

Sabe-se, que sob a égide do C.P.C. de 1973 havia grande indagação doutrinária e jurisprudencial se o *periculum in mora* e o *fumus boni iuris* constituiriam condições da 'ação' ou se compunham o próprio mérito da demanda cautelar.

Para alguns doutrinadores, o *periculum in mora* e o *fumus boni iuris* seriam condições da ação cautelar, respectivamente, o interesse processual e a possibilidade jurídica do pedido.

GALENO LACERDA, por sua vez, identificara o *periculum in mora* como condição da ação cautelar ("interesse de agir" ou "interesse legítimo") e caracterizava o *fumus boni iuris* como mérito do processo cautelar.

MARCELO DE LIMA GUERRA[236] apresenta trabalho interessante sobre o mérito no processo cautelar, indagando se o *periculum in mora* e *fumus boni iuris* são condições ("específica" ou não) da ação cautelar ou se integram o mérito do processo cautelar. Segundo ele, com base na nossa tradição processual, onde se estabelece a distinção entre condições da ação, pressupostos processuais e mérito, não há como se inserir o *periculum in mora* e o *fumus boni iuris* como condições da ação ou condições especiais do processo cautelar, uma vez que sempre existindo esses requisitos, a decisão será de concessão da medida cautelar solicitada e não apenas o exame do pedido de tutela que através da ação é formulado. Para ele, o *fumus boni iuris* e o

---

[235] DINI, E. A., MAMMONE, G., op. cit., p. 297.
[236] GUERRA, Marcelo Lima. Condições da ação e mérito no processo cautelar. *in Revista de Processo*, São Paulo, R.T., n.78, p.191/203. Abril-junho, 1995.

periculum in mora situam-se no mérito do processo cautelar. Comungam desse entendimento, Donaldo Armelin, E. D. Moniz de Aragão, Manoel Antonio Teixeira Filho, Calmon de Passos.

Na realidade, pode-se afirmar que o mérito da demanda cautelar é composto pelo *pedido* e *pela causa de pedir*.

O *pedido* da demanda cautelar, por sua vez, divide-se em pedido *mediato* e pedido *imediato*.

O pedido *mediato* correspondente à *segurança* outorgada pela medida cautelar, isto é, à sua própria *finalidade*.

A *finalidade* da tutela cautelar é justamente garantir a eficácia da prestação que poderá vir a ser outorgada pela tutela jurisdicional satisfativa que será objeto do pedido principal, e, inclusive, algumas vezes servirá de meio para a manutenção do equilíbrio entre as partes da relação jurídica processual, quando diante de uma cautelar de antecipação de produção de prova.

O pedido *mediato*, representado pela segurança, nunca se altera.

Já o pedido *imediato* poderá modificar-se dependendo da necessidade da parte requerente, pois o pedido *imediato* corresponde à medida de urgência solicitada na demanda cautelar.

Observa-se diante dessa classificação que o *fumus boni iuris* e o *periculum in mora*, muito embora façam parte do mérito da demanda cautelar, não estão inseridos no pedido *mediato ou imediato*.

Na realidade, o *fumus boni iuris* e o *periculum in mora* são justamente a *causa de pedir* da demanda cautelar.

Em época mais recente, *causa petendi* é *"a locução que indica o fato ou conjunto de fatos que serve para fundamentar a pretensão (processual) do demandante: ex facto oritur ius – o fato gera o direito e impõem e juízo".*[237]

O fato jurídico integra o núcleo central da *causa petendi*.

A doutrina costuma distinguir entre causa de pedir *remota* e *próxima*.

Segundo José Rogério Cruz e Tucci, *"Petrus de Ferrariis, ao que parece, é que teria constatado pela vez primeira a distinção entre causa petendi remota e causa petendi próxima, depois repetida ininterruptamente pelas subseqüentes gerações de juristas... Excetuando-se a hipótese de co-propriedade, é certo que uma coisa não pode pertencer a mais de uma pessoa ao mesmo tempo, embora tal circunstância não sig-*

---

[237] Cruz e Tucci, José Rogério. *A causa petendi no processo civil*. 2. Ed. Coleção Estudos de Direito de Processo Enrico Tullio Liebman, vol. 27. São Paulo: Ed. Revista dos Tribunais, 2001. p. 24.

nifique necessariamente que seja do reivindicante. Daí por que – aduz Garrone – o réu de ter conhecimento do título (causa petendi remota) que fundamenta a pretensão reivindicatória do autor".[238]

É bem verdade que essa divisão de causa de pedir trouxe uma série de polêmicas na dogmática moderna.

Com efeito, *"desejamos apenas salientar que, da interpretação da locução 'fundamento da demanda', constante dos 'Motivos' do ZPO alemão, surgiram duas distintas orientações. De um lado, a denominada 'teoria da individualização', pela qual se entende suficiente, para a fundamentação da demanda, apenas a especificação da relação jurídica (causa petendi próxima) sobre a qual se escuda a pretensão; de outro, a chamada 'teoria da substanciação', segundo a qual a fundamentação da demanda corresponde essencialmente ao conjunto de fatos constitutivos e o fato contrário ao direito (causa petendi remota) que justificam a pretensão do autor contida em sua afirmação".*[239]

Reina na doutrina e na jurisprudência brasileira o reconhecimento da teoria da *substanciação*, isto é, a lei exige mais do que a simples alegação de existir a relação jurídica (teoria da individualização): a parte tem de expor os fatos (*da mihi factum*).[240]

E o art. 303 do novo C.P.C. também demonstra que adotou a teoria da *substanciação*.

Desta feita, a inicial deve expor não somente a *causa próxima* – os fundamentos jurídicos, a natureza do direito controvertido – como também a *causa remota* – o fato constitutivo do direito, em outras palavras, o *fato* (causa remota) e *os fundamentos jurídicos do pedido* (causa próxima).

Segundo anota José Rogério Cruz e Tucci, ao comentar o art. 810, IV, do C.P.C. de 1973 *"Já na órbita do processo cautelar, o art. 801, IV, ministra os elementos formativos do fundamento da demanda, ao reclamar do autor a 'exposição sumária do direito ameaçado e o receio de lesão (causa petendi remota), sendo que o direito de que decorre o efeito jurídico pretendido (causa petendi proxima) será deduzido em consonância com a espécie de medida cautelar aforada".*[241]

A causa de pedir da demanda cautelar está intimamente ligada com a situação de fato que gera o perigo de dano ou o risco ao resultado útil do processo.

---

[238] Cruz e Tucci, J. R., idem, p. 59.
[239] Cruz e Tucci, J. R., idem, ibidem.
[240] Cruz e Tucci, J. R., idem, p. 144.
[241] Cruz e Tucci, J. R., idem, p. 159.

Assim, por exemplo, no pedido de medida cautelar de arresto, a causa de pedir remota seria a exposição dos fatos que caracterizam risco de ineficácia prática da futura execução, gerando efetivamente perigo na demora da prestação da tutela jurisdicional executiva. Sendo que a causa de pedir próxima seria a indicação sumária do direito a que se visa a assegurar, ou seja, *o fumus boni iuris*.

Portanto, se a parte requerente não comprovar a existência do *periculum in mora* ou do *fumus boni iuris*, o juiz não apenas conhecerá da pretensão cautelar antecedente formulada, mas julgará improcedente o pedido formulado.

28.4. Princípio da *Fungibilidade* entre o Pedido Cautelar e o Pedido de Natureza Satisfativa

Preceitua o parágrafo único do art. 303 do novo C.P.C. que caso entenda que o pedido a que se refere o 'caput' tem natureza antecipada, o juiz observará o disposto no art. 303.

Este preceito mantém no nosso ordenamento jurídico, conforme já o fizera o art. 273, §7º, do C.P.C. de 1973, o *princípio da fungibilidade* entre o pedido de tutela cautelar e o pedido de tutela satisfativa.

Assim, se o juiz entender que o pedido de tutela cautelar antecedente fundado na urgência tem, na verdade, natureza de pedido antecedente de tutela satisfativa, bastará que o juiz aplique a fungibilidade e conheça do pedido como tal, aplicando ao caso o disposto no art. 303 do novo C.P.C.

A questão que se colocava em relação ao princípio da fungibilidade sob a égide do C.P.C. de 1973 é se a fungibilidade poderia ser concedida diante de *erro grosseiro* e como critério de *mão dupla*.

Entendia-se que não se deveria aplicar o *princípio da fungibilidade* entre tutela cautelar e tutela satisfativa caso a parte requerente cometesse erro grosseiro, especialmente quando requeresse como tutela antecedente uma medida de arresto, sequestro etc ao invés de uma tutela antecipada de caráter satisfativo.

Dinamarco, por sua vez, entendia que era possível aplicar o princípio da fungibilidade também como critério de mão dupla, ou seja, quando a parte, ao requerer uma tutela antecipada satisfativa, na verdade tinha por pretensão uma medida cautelar.

Pelo novo C.P.C não haverá mais espaço para essas indagações.

TUTELA PROVISÓRIA

É que, sendo o pedido de tutela cautelar ou o pedido de tutela satisfativa antecedente formulado no mesmo processo em que será formulado o pedido principal, não há mais motivo para se falar em erro grosseiro como critério para se afastar o princípio da fungibilidade.

Outrossim, muito embora o p.u. do art. 305 do novo C.P.C. somente explicite a fungibilidade do pedido de cautelar para o pedido de tutela satisfativa, o inverso também será possível, determinando o juiz que se aplique o disposto no art. 305 *caput* do novo C.P.C.

Porém, a parte deverá ficar muito atenta à aplicação da fungibilidade pelo juiz, especialmente pela distinção dos efeitos jurídicos decorrentes da concessão de uma medida cautelar e da concessão de uma tutela antecipada. Na cautelar não haverá estabilização da tutela como ocorre com a antecipação de tutela.

Por isso, contra a decisão do juiz que aplicar a fungibilidade caberá, no meu modo de pensar, o recurso de agravo de instrumento nos termos do art. 1.015, inc. I, do novo C.P.C.

Poder-se-ia indagar se o princípio da fungibilidade aplica-se também em relação à tutela provisória de urgência satisfativa e a tutela provisória de evidência.

Tenho para mim que se não há elementos para a concessão de uma tutela provisória de urgência satisfativa, por faltar, por exemplo, o 'periculum in mora', poderá o juiz, desde que presentes os demais requisitos, conceder uma tutela provisória de evidência, aplicando o princípio da fungibilidade entre as tutelas.

Da mesma forma, se a parte requerer uma tutela provisória de evidência, mas não preencher todos os requisitos exigidos para tal fim, poderá o juiz, de ofício, conceder uma tutela de urgência antecipada satisfativa, desde que a parte tenha demonstrado na sua petição a existência da probabilidade do direito e o perigo de dano ou o risco ao resultado útil do processo.

28.5. Tutela Cautelar – citação do réu e prazo para contestar

Estabelece o art. 304 do novo C.P.C. que o réu será citado para, no prazo de cinco dias, contestar o pedido e indicar as provas que pretende produzir.

O art. 802 do C.P.C. de 1973 prescrevia: *o requerido será citado, qualquer que seja o procedimento cautelar, para, no prazo de 5 (cinco) dias, contestar o pedido, indicando as provas que pretende produzir.*

Portanto, o novo C.P.C. manteve o mesmo critério, ou seja, formulado o pedido de tutela cautelar antecedente com base na urgência, o requerido será citado para no prazo de 5 (cinco) dias contestar o pedido, devendo indicar as provas que pretende produzir.

O art. 304 do novo C.P.C. vem consolidar no âmbito da tutela cautelar o princípio do *contraditório* estabelecido na Constituição Federal, o que significa dizer que o contraditório deve existir em todo o arco do procedimento, seja para que a parte se manifeste sobre o pedido principal, seja para que se manifeste sobre o pedido de tutela de urgência antecedente.

Observa-se, ainda, conforme já teve oportunidade de anotar Ovídio A. Baptista da Silva, que o Código evitou tratar a defesa do demandado como 'resposta do réu', à semelhança do que o fez quando da contestação do pedido principal. É que não cabe no processo cautelar nem reconvenção e nem declaratória incidental, reduzindo-se, portanto, a resposta praticamente apenas à contestação, a não ser, naturalmente, a possibilidade de arguições das exceções processuais, cuja proponibilidade é possível no pedido de tutela cautelar.[242]

O prazo de 5 (cinco) dias para contestar o pedido de concessão ou não de medida liminar cautelar, contava-se, de acordo com o que estabelecia o §2º do art. 280 do Projeto n. 2.046/10, da seguinte maneira:

> *§2º Conta-se o prazo a partir da juntada aos autos do mandado:*
> *I – de citação devidamente cumprido;*
> *II – da intimação do requerido de haver-se efetivado a medida, quando concedida liminarmente ou após justificação prévia.*

Este dispositivo do projeto repetiu, parcialmente, o que já estabelecia o art. 802, *parágrafo único*, incisos I e II do C.P.C. de 1973:

> *"Art. 802. O requerido será citado, qualquer que seja o procedimento cautelar, para, no prazo de 5 (cinco) dias, contestar o pedido, indicando as provas que pretende produzir.*
> *Parágrafo único. Conta-se o prazo, da juntada aos autos do mandado:*
> *I – de citação devidamente cumprido;*
> *II – da execução da medida cautelar, quando concedida liminarmente ou após justificação prévia".*

---

[242] BAPTISTA DA SILVA, Ovídio Araújo. *Comentários ao código de processo civil*. Vol. XI – arts. 796-889 – Do processo cautelar. Porto Alegre: Letras Jurídicas Editora Ltda., 1985. p. 189.

Porém, o art. 306 do novo C.P.C. não indicou o momento processual que desencadeia a contagem do prazo de cinco dias para que o requerido conteste o pedido de tutela cautelar.

Assim, o prazo de cinco dias para constar o pedido de tutela cautelar antecedente é contado da data da juntada aos autos do mandado de citação devidamente cumprido.

Contudo, esta afirmação disse menos do que deveria dizer.

O prazo de cinco dias não se conta apenas da juntada do mandado de citação devidamente cumprido, mas também da juntada da carta precatória, carta rogatória, carta de ordem.

Além do mais, de acordo com o que estabelece o art. 246 do novo C.P.C., a citação será feita: I – pelo correio; II – por oficial de justiça; III – pelo escrivão ou chefe de secretaria, se o citando comparecer em cartório; IV – por edital; V – por meio eletrônico, conforme regulado em lei.

É importante salientar que também se aplica à citação do pedido de medida cautelar antecedente o disposto no art. 231 do novo C.P.C., *in verbis*:

Art. 231. Salvo disposição em sentido diverso, considera-se dia do começo do prazo:

I – a data de juntada aos autos do aviso de recebimento, quando a citação ou a intimação for pelo correio;

II – a data de juntada aos autos do mandado cumprido, quando a citação ou a intimação for por oficial de justiça;

III – a data de ocorrência da citação ou da intimação, quando ela se der por ato do escrivão ou do chefe de secretaria;

IV – o dia útil seguinte ao fim da dilação assinada pelo juiz, quando a citação ou a intimação for por edital;

V – o dia útil seguinte à consulta ao teor da citação ou da intimação ou ao término do prazo para que a consulta se dê, quando a citação ou a intimação for eletrônica;

VI – a data de juntada do comunicado de que trata o art. 232 ou, não havendo esse, a data de juntada da carta aos autos de origem devidamente cumprida, quando a citação ou a intimação se realizar em cumprimento de carta;

VII – a data de publicação, quando a intimação se der pelo Diário da Justiça impresso ou eletrônico;

VIII – o dia da carga, quando a intimação se der por meio da retirada dos autos, em carga, do cartório ou da secretaria.

O §2º, inc. II, do art. 280 do projeto n. 2.046/10 aduzia que na hipótese de o juiz ter concedida liminarmente ou após justificação prévia a medida cautelar, o prazo de cinco dias para a contestação do pedido contar-se-ia da intimação do requerido de haver-se efetivado a medida.

Comentando o inc. II, parágrafo único, do art. 802 do C.P.C. de 1973, o saudoso Ovídio A. Baptista da Silva fazia a seguinte advertência:

> *"(...). Nas hipóteses previstas pelo parágrafo único, inciso II, do art. 802, porém, podem surgir graves dificuldades.*
>
> *Se a liminar foi concedida sem audiência do réu, conta-se o prazo para contestação, diz este preceito, a partir da juntada aos autos do mandado de execução da liminar. Está claro que o legislador subentendeu, aqui, a execução com intimação do demandado, de tal modo que esta ciência haverá de dispensar o ato formal de citação. Sendo assim, nascem os problemas: a) se, como seguidamente acontece, a execução da medida cautelar se dá sem a intimação do réu, como se há de contar o prazo para a defesa? São comuns no foro as liminares, por exemplo de sustação de protesto, que se executam por intimação ao cartório de protesto de títulos para que não o faça. Se tal mandado for juntado aos autos, sem dele haver o réu tomado 'ciência formal', parece evidente que o prazo não poderá ter seu curso iniciado a contar dessa juntada.*
>
> *Pontes de Miranda (Comentários, 71) entende que o art. 802, parágrafo único, inc. II, firmou-se em presunção de que houve conhecimento do ocorrido com o mandado de execução da medida cautelar.*
>
> *Se o Código supôs a ciência do demandado, para elevar o mandado de execução à categoria eficacial de citação, então é porque se exige, sempre, a ciência do réu. Esta é a lição de Barbosa Moreira (o novo processo civil brasileiro, II/179) que, com toda razão, afirma que tal dispositivo não torna supérflua a citação que tanto é necessária que o art. 811 atribui ao autor responsabilidade por perdas e danos se, obtida liminarmente a medida cautelar, não promover ele a citação do réu em cinco (5) dias. É idêntica a lição de Galeno Lacerda (Comentários, 327): 'Só prevalece o prazo de cinco dias a contar da data de juntada do mandado executório de liminar, 'se o réu tiver ciência dessa execução, certificada pelo oficial de justiça'; b) (...)".*[243]

O projeto originário do novo C.P.C., atento às críticas de Ovídio A. B. da Silva, Pontes de Miranda, Galeno Lacerda, Barbosa Moreira, corrigiu o dispositivo para expressamente consignar que o requerido deveria ser

---

[243] BAPTISTA DA SILVA, O. A., op. cit., p. 191 e 192

TUTELA PROVISÓRIA

expressamente intimado da efetivação da medida para que o prazo para contestação pudesse ser contado.

Porém, essa previsão normativa não foi encampada pelo novo C.P.C.

Diante do princípio da *eventualidade*, o requerido da tutela cautelar deverá indicar na contestação quais serão as provas que pretende produzir, justamente para refutar a existência do *fumus boni iuris* e do *periculum in mora*, ou seja, refutar a existência do direito que se pretende tutelar bem como a ocorrência do perigo de dano ou risco ao resultado útil do processo.

As provas que poderão ser indicadas são todas aquelas que não sejam proibidas pelo ordenamento jurídico, inclusive prova pericial.

É importante salientar que as provas que poderão ser indicadas pelo requerido são aqueles que visam a atacar o *fumus boni iuris* e o *periculum in mora*, sendo-lhe oportunizado em outro momento processual a indicação das provas para contradizer o pedido principal.

28.6. Tutela Cautelar – Revelia

Preceitua o art. 307 do novo C.P.C. que não sendo contestado o pedido, os fatos alegados pelo autor presumir-se-ão aceitos pelo réu como ocorridos, caso em que o juiz decidirá dentro de cindo dias.

O *§1º do art. 280 do projeto n. 2.046/10* prescrevia que do *mandado de citação constará a advertência de que, não impugnada decisão ou medida liminar eventualmente concedida, esta continuará a produzir efeitos independentemente da formulação de um pedido principal pelo autor.*

Assim, no projeto originário eventual falta de contestação da concessão da tutela cautelar acarretava a *estabilidade* da medida cautelar que fosse concedida, até que qualquer das partes ingressasse com nova demanda para rediscutir a questão.

Na realidade, nos termos do projeto n. 2.046/10, se o requerido não se manifestasse sobre a concessão da medida cautelar antecedente ou não contestasse o pedido de cautelaridade, a medida cautelar concedida continuaria a produzir efeito independentemente da formulação do pedido principal pelo autor.

Evidentemente, os efeitos que continuariam a ser produzidos pela medida cautelar concedida seriam apenas os de cautelaridade e não os de satisfatividade do direito material.

Assim, se fosse concedida uma medida cautelar de arresto, o autor não teria a disponibilidade do bem, muito menos teria o seu eventual crédito satisfeito. Para que o autor obtivesse satisfatividade de seu direito material seria necessário que ingressasse com o pedido principal.

Talvez seja por isso que o novo C.P.C., no art. 307, não mais preveja a estabilização da medida cautelar concedida, assim como o fez com a antecipação de tutela satisfativa.

O atual C.P.C., nos termos do art. 304, somente prevê a estabilidade para a tutela provisória antecipada satisfativa com fundamento na urgência, quando não houver recurso de agravo contra a sua concessão, e não mais para a tutela provisória antecipada cautelar.

Em relação à tutela cautelar antecipada, o novo C.P.C., diante da não contestação do pedido cautelar, reconhece a ocorrência da revelia, ou seja, a presunção de veracidade dos fatos alegados pelo requerente da medida cautelar, devendo o juiz decidir no prazo de cinco dias.

Não sendo contestado o pedido, segundo preceitua o art. 307 do novo C.P.C., os fatos alegados pelo autor presumir-se-ão aceitos pelo réu como ocorridos, caso em que o juiz decidirá dentro de cindo dias.

Este dispositivo estende os efeitos da revelia também quando não haja contestação ao pedido de medida cautelar incidental

Aliás, essa regra já era prevista no art. 803 e *parágrafo único* do C.P.C. de 1973.

Assim, se não for contestado o pedido de concessão de medida cautelar antecedente no prazo de cinco dias, os fatos alegados pelo requerente presumir-se-ão aceitos pelo requerido como verdadeiros, caso em que o juiz decidirá dentro de cinco dias.

É importante salientar que o novo C.P.C. prevê outras hipóteses em que se aplicam as penas de revelia, como, por exemplo:

Inc. II do §1º do art. 76, in verbis:

Art. 76. Verificada a incapacidade processual ou a irregularidade da representação da parte, o juiz suspenderá o processo e designará prazo razoável para que seja sanado o vício.

§ 1º Descumprida a determinação, caso o processo esteja na instância originária:

(...).

II – o réu será considerado revel, se a providência lhe couber;

§3º do art. 313, in verbis:

No caso de morte do procurador de qualquer das partes, ainda que iniciada a audiência de instrução e julgamento, o juiz determinará que a parte constitua novo

TUTELA PROVISÓRIA

mandatário, no prazo de 15 (quinze) dias, ao final do qual extinguirá o processo sem resolução de mérito, se o autor não nomear novo mandatário, ou ordenará o prossegui-mento do processo à revelia do réu, se falecido o procurador deste.

A revelia, evidentemente, somente se aplica aos fatos (*periculum in mora*) e não aos fundamentos jurídicos (*fumus boni iuris*).

Além do mais, nos termos do art. 345 do novo C.P.C., a revelia não produzirá os efeitos mencionados no art. 344, se: I – havendo pluralidade de réus, algum deles contestar a ação; II – o litígio versar sobre direitos indisponíveis; III – a petição inicial não estiver acompanhada de instrumento que a lei considere indispensável à prova do ato; IV – as alegações de fato formuladas pelo autor forem inverossímeis ou estiverem em contradição com prova constante dos autos.

Sobre a questão da revelia no processo cautelar, assim já se pronunciou o S.T.J.:

1. Não obstante seja pacífico que "o rigor excessivo não se coaduna com os princípios da efetividade do processo e da instrumentalidade das formas, além de revelar verdadeira violação aos princípios constitucionais do devido processo legal e do acesso à justiça" (REsp 671.986/RJ, 1ª Turma, Rel. Min. Luiz Fux, DJ de 10.10.2005), a aplicação do princípio da instrumentalidade das formas deve ocorrer de modo prudente, para se evitar que a supressão de algum ato processual possa ensejar violação de princípios maiores, constitucionalmente assegurados.

2. Na hipótese, devido à ausência de mandato na ação cautelar, revela-se inviável considerar-se o comparecimento espontâneo da ré (ora recorrente) àquele processo, em virtude da retirada, pelo advogado, dos autos relativos ao processo principal, mesmo que a estes tenham sido apensados os autos da ação cautelar. Como bem ressalta a recorrente, deve ser considerada como termo inicial, para fins de incidência do art. 214, § 1º, do CPC, a data de juntada do mandato nos autos da ação cautelar, razão pela qual se revela tempestiva a defesa apresentada, sendo descabida a aplicação do instituto da revelia. Ressalte-se que a existência de prejuízo é manifesta, tendo em vista que, decretada a revelia, a demanda cautelar foi julgada procedente.

3. Desse modo, afastado o decreto de revelia, impõe-se a anulação das decisões proferidas no presente feito, com a devolução dos autos às instâncias ordinárias.

4. Recurso especial provido.

(REsp 684.437/DF, Rel. Ministra DENISE ARRUDA, PRIMEIRA TURMA, julgado em 06/09/2007, DJ 15/10/2007, p. 227)

Outro aspecto importante a ser salientado em relação ao art. 307 do novo C.P.C., diz respeito ao fato de que não contestado o pedido, o juiz *decidirá* dentro de cinco dias.

Questão interessante diz respeito à natureza jurídica da decisão referida no art. 307 do novo C.P.C. Teria ela natureza de sentença ou natureza de decisão interlocutória.

O art. 203, §1º, do novo C.P.C., preconiza que, ressalvadas as disposições expressas dos procedimentos especiais, sentença é o pronunciamento por meio do qual o juiz, com fundamento nos arts. 485 e 487, põe fim à fase cognitiva do procedimento comum, bem como extingue a execução.

No caso, a decisão proferida na relação jurídica cautelar não põe fim à fase cognitiva do procedimento comum, pois essa prerrogativa é da decisão que será proferida quando da análise do pedido principal.

Como a decisão na cautelar não põe fim à fase cognitiva do procedimento comum, pois há no processo a relação jurídica principal a ser decidida, essa decisão terá natureza interlocutória, podendo ser interposto contra ela o recurso de agravo de instrumento, nos termos do art. 1.015, inc. I, do novo C.P.C.

Porém, poderá ocorrer que o juiz não conceda liminarmente a tutela cautelar, razão pela qual o autor não terá a obrigação de ingressar com o pedido principal no prazo de trinta dias. Poderá ocorrer, ainda, que antes de se ingressar com o pedido principal, o juiz profira decisão, nos termos do art. 307, concedendo a medida cautelar. Penso que ainda assim a decisão terá natureza interlocutória, sujeita a recurso de agravo de instrumento. Tal solução se justifica, uma vez que o processo deverá permanecer em primeiro grau justamente para que a parte autora ingresse com o pedido principal no prazo de trinta dias.

Porém, se no processo houver somente o pedido de tutela cautelar, não concedida liminarmente, penso que a decisão final proferida nos termos do art. 307 e que julgar improcedente este pedido terá natureza de sentença, pois, pelas vias transversas haverá a extinção da fase cognitiva do procedimento comum e, por consequência lógica, a processo será extinto. Nessa hipótese, o recurso cabível será o de apelação.

28.7. Contestação e Procedimento Comum

Estabelece o parágrafo único do art. 307 do novo C.P.C. que contestado o pedido no prazo legal, observar-se-á o procedimento comum.

TUTELA PROVISÓRIA

Já o §1º do art. 281 do projeto n. 2.046/10 estabelecia que contestado o pedido no prazo legal, *o juiz designaria audiência de instrução e julgamento, caso houvesse prova a ser nela produzida.*

Havendo contestação, não se aplicarão os efeitos da revelia, passando o processo a seguir o rito do procedimento comum.

Contudo, uma advertência deve ser feita em relação a este dispositivo, uma vez que não mais existem dois processos distintos, ou seja, um processo cautelar antecedente e um processo principal.

Pelo novo C.P.C., haverá dois pedidos (cautelar antecedente e principal) no mesmo processo, razão pela qual o juiz deverá estar atento a essa significativa modificação procedimental.

Assim, se houver em razão da sumariedade procedimental para análise do pedido de tutela de urgência cautelar antecedente necessidade de imediata designação de audiência de instrução e julgamento, tal fato ensejará a possibilidade de existência de duas audiências com a mesma finalidade, ou seja, uma para a comprovação dos requisitos do pedido cautelar, outra para a produção de prova da pretensão vinculada ao pedido principal.

Agora, se for possível a unificação das audiências para um mesmo momento processual, assim deverá agir o magistrado em homenagem ao princípio da econômica processual.

O §2º do art. 281 do projeto n. 2.046/10 trazia uma outra hipótese de *ultratividade* da medida cautelar, a saber: *Concedida a medida em caráter liminar e não havendo impugnação, após sua efetivação integral, o juiz extinguirá o processo, conservando a sua eficácia.*

Este §2º do art. 281 seria um complemento ao disposto no §1º do art. 280, justificando o porquê da necessidade de se advertir o requerido da importância de impugnar a medida cautelar que fora concedida liminarmente.

Portanto, concedida a medida em caráter liminar e não havendo impugnação, após sua efetivação integral, o juiz *extinguiria o processo*, conservando a sua eficácia.

Evidentemente, se não houvesse impugnação da medida cautelar, o requerido tornar-se-ia revel, motivo pela qual o autor da medida estaria dispensado de ingressar com o pedido principal para que a medida cautelar continuasse a ter eficácia, conforme estabelecia o §1º do art. 280.

O disposto no §2º do art. 281 do projeto originário n. 2.046/10 determinava a *extinção do processo*, razão pela qual a decisão do juiz, nessa hipótese, teria *caráter de sentença*, pois iria extinguir o processo, uma vez que o requerido, em face de sua revelia, confessou a matéria de fato.

Muito embora extinto o processo, em razão do princípio da *ultratividade*, a eficácia da medida concedida liminarmente continuaria a gerar efeitos, pelo menos até que qualquer das partes propusesse a demanda autônoma principal, nos termos do §4º do art. 282 do Projeto.

Porém, conforme se afirmou, esta normatização não foi adotada pelo novo C.P.C., pois a *ultratividade* ficou restrita apenas à concessão de tutela provisória antecipada ou satisfativa de urgência antecedente.

28.8. Efetivação da Tutela Cautelar – Prazo para Apresentação do Pedido Principal

Preceitua o art. 308 do novo C.P.C. que efetivada a tutela cautelar, o pedido principal terá de ser formulado pelo autor no prazo de trinta dias. Nesse caso, será apresentado nos mesmos autos em que veiculado o pedido de tutela cautelar, não dependendo do adiantamento de novas custas processuais.

O art. 282 do projeto originário n. 2.046/10 estabelecia que *o pedido principal deveria ser apresentado pelo requerido no prazo de trinta dias ou em outro prazo que o juiz fixar.*

O art. 289 da redação originária do projeto de lei do Senado n. 166/10 estabelecia que impugnada a medida liminar, o pedido principal deveria ser apresentado pelo requerente no *prazo de um mês* ou em outro prazo que o juiz fixasse, de acordo com a complexidade da causa. Assim, analisando o juiz o requisito do *'fumus boni iuris'*, ou seja, os fundamentos de fato e de direito em relação ao pedido principal, poderia prorrogar o prazo para a propositura do pedido principal para além dos 30 (trinta) dias estabelecidos no art. 282 do projeto originário do novo C.P.C. Também poderia o juiz reduzir o prazo para a apresentação do pedido principal, caso entendesse que a causa de pedir desse pedido não apresentava maiores complexidades, bem como que a permanência da eficácia da medida cautelar concedida poderia causar danos irreparáveis ao requerido.

Essa possibilidade de o juiz fixar o prazo para a propositura da demanda principal encontra-se inserida no §926 do Código de Processo Civil alemão, que assim dispõe: *"Se não se encontra pendente a causa de mérito, mediante requerimento, o tribunal competente para o arresto deve ordenar sem tratativa oral que a parte, que tenha obtido a ordem de arresto, proponha ação judiciária dentro*

TUTELA PROVISÓRIA

de um determinado prazo. Se esta ordem não for obedecida, mediante requerimento, deve ser declarado revogado o arresto com sentença definitiva".

O novo C.P.C. não possibilitou ao juiz fixar outro prazo além daquele estabelecido no próprio art. 308 do novo C.P.C., ou seja, prazo de *trinta dias*.

Houve uma alteração significativa feita pelo novo C.P.C. em relação à redação originária do projeto quanto ao prazo para se apresentar o pedido principal.

Contando-se o prazo em meses, conforme estabelecia o projeto originário n. 166/10, o prazo terminaria no mesmo dia correspondente ao mês subsequente.

Por sua vez, contando-se o prazo em dias, nos termos do art. 308 do novo C.P.C., aplica-se a regra do art. 219 do novo C.P.C., ou seja, *"na contagem do prazo em dias, estabelecido pela lei ou pelo juiz, computar-se-ão somente os úteis"*.

Assim, ao contrário da contagem do prazo em meses, se a contagem for em dias, somente serão contados os dias *úteis*.

O art. 806 do C.P.C. de 1973 trazia regra similar à do art. 308 do novo C.P.C., a saber: *Cabe à parte propor a ação, no prazo de 30 (trinta) dias, contados da data da efetivação da medida cautelar, quando esta for concedida em procedimento preparatório.*

O art. 806 do C.P.C. de 1973 estabelecia apenas o prazo de 30 (trinta) dias para que a parte autora ingressasse com o processo principal, não permitindo que o juiz fixasse outro prazo.

Outro aspecto importante a ser salientado é que o art. 806 do C.P.C. de 1973 estabelecia que o prazo de 30 (trinta) dias contava-se da data da efetivação da medida cautelar.

Quanto ao momento da efetivação da medida cautelar para fins de iniciação do prazo de 30 (trinta) dias para a propositura do processo principal, a doutrina matinha certa divergência, ora afirmando que seria: da intimação da decisão, do cumprimento do mandado pelo oficial de justiça, da juntada do mandado cumprido.

Desde logo foi afastada a primeira alternativa.

O C.P.C. de 1973 exigia mais que a notificação, ou seja, exigia a *efetivação* da medida, e esta, é claro, não se tornaria efetiva pela simples intimação da decisão concessiva da medida cautelar.

Segundo Galeno Lacerda, também seria inviável computar-se o prazo a partir da data do cumprimento do mandado pelo oficial de justiça, pois seria necessário também a ciência do requerente de que a medida fora efetivada.

Apesar das oscilações jurisprudenciais a respeito do tema, a solução doutrinária parecia simples: tudo dependeria do fato, ou não, da ciência da efetivação da medida, pelo requerente, antes da juntada do mandado.

Se o requerente soubesse do cumprimento do mandado, porque pagou, por exemplo, as custas ao oficial de justiça depois daquele ato, o prazo correria a partir da respectiva juntada, termo que "processualizava" a medida no feito cautelar. Se esse pagamento não se realizou porque o interessado usufruía, por exemplo, da justiça gratuita ou porque antecipado o pagamento das custas (nas precatórias, p.ex.) ou por qualquer outro motivo, a fluência do prazo correria não da data da juntada, mas da intimação a *posteriori*.

O S.T.J., por sua vez, pacificou entendimento diverso dessa corrente doutrinária, afirmando que existindo restrição ao direito do requerido em face da efetivação da medida cautelar, desde o primeiro ato de efetiva restrição conta-se o prazo para se propor a ação principal, não importando que a medida compreenda outros atos, efetuados em dias subsequentes. É relevante, para fluência do prazo, o momento em que efetivada a medida e não aquele em que se juntou aos autos o mandado de intimação. Nesse sentido eis o seguinte precedente:

> *1. Interpretando o artigo 806 do CPC o prazo de trinta dias para o ajuizamento da ação principal é contado a partir da data da efetivação da medida liminar e não da sua ciência ao requerente da cautelar.*
>
> *2. Em caso de descumprimento do prazo, ocorre a extinção da Ação Cautelar, sem julgamento de mérito. Precedentes.*
>
> *3. Agravo regimental não provido.*
>
> (AgRg no Ag 1319930/SP, Rel. Ministro MAURO CAMPBELL MARQUES, SEGUNDA TURMA, julgado em 07/12/2010, DJe 03/02/2011)

O art. 308 do novo C.P.C. manteve o entendimento do S.T.J., pois *o* pedido principal terá de ser formulado pelo autor no prazo de trinta dias contado da *efetivação* da medida cautelar e não da juntada aos autos da intimação dessa efetivação. Note-se que no âmbito da tutela antecipada antecedente a situação é diversa, pois a demanda principal deverá ser promovida no prazo de quinze dias ou outro que o juiz fixar; porém, o prazo não se conta da efetivação da tutela antecipada, mas, sim, da data da intimação do autor da concessão da medida.

Já o art. 282 do projeto originário n. 2.046/10, ao estabelecer que o pedido principal deveria ser apresentado pelo requerido no prazo de trinta dias ou em outro prazo que o juiz fixasse, implicava na afirmação de que o prazo de trinta dias ou outro que o juiz fixasse somente começaria a correr após a devida intimação do requerente da concessão da medida cautelar antecedente, e não mais da simples efetivação da medida.

Essa conclusão decorreria do fato de que o requerente da medida cautelar somente estaria obrigado a oferecer o pedido principal no mesmo processo caso o requerido ingressasse com impugnação da medida, impugnação essa que deveria ser levada ao conhecimento do requerente.

Tendo em vista que a efetivação da medida cautelar muitas vezes restringe interesses do réu, na contagem do prazo de trinta dias deve levar-se em consideração o primeiro dia da restrição, ainda que essa restrição seja parcial.

Trata-se de prazo com natureza *decadencial*.

28.9. Apresentação do Pedido Principal – Designação de Audiência de Conciliação ou Mediação

Estabelece o §3º do art. 308 do novo C.P.C. que apresentado o pedido principal, as partes serão intimadas para a audiência de conciliação ou de mediação na forma do art. 334, por seus advogados ou pessoalmente, sem necessidade de nova citação do réu.

Se a parte autora formular o pedido principal no prazo de trinta dias após a efetivação da tutela cautelar, o juiz designará audiência de conciliação ou mediação, nos termos do art. 334 do novo C.P.C., que assim dispõe:

> *Art. 334. Se a petição inicial preencher os requisitos essenciais e não for o caso de improcedência liminar do pedido, o juiz designará audiência de conciliação ou de mediação com antecedência mínima de 30 (trinta) dias, devendo ser citado o réu com pelo menos 20 (vinte) dias de antecedência.*
>
> *§ 1º O conciliador ou mediador, onde houver, atuará necessariamente na audiência de conciliação ou de mediação, observando o disposto neste Código, bem como as disposições da lei de organização judiciária.*
>
> *§ 2º Poderá haver mais de uma sessão destinada à conciliação e à mediação, não podendo exceder a 2 (dois) meses da data de realização da primeira sessão, desde que necessárias à composição das partes.*

§ 3º A intimação do autor para a audiência será feita na pessoa de seu advogado.

§ 4º A audiência não será realizada:

I – se ambas as partes manifestarem, expressamente, desinteresse na composição consensual;

II – quando não se admitir a autocomposição.

§ 5º O autor deverá indicar, na petição inicial, seu desinteresse na autocomposição, e o réu deverá fazê-lo, por petição, apresentada com 10 (dez) dias de antecedência, contados da data da audiência.

§ 6º Havendo litisconsórcio, o desinteresse na realização da audiência deve ser manifestado por todos os litisconsortes.

§ 7º A audiência de conciliação ou de mediação pode realizar-se por meio eletrônico, nos termos da lei.

§ 8º O não comparecimento injustificado do autor ou do réu à audiência de conciliação é considerado ato atentatório à dignidade da justiça e será sancionado com multa de até dois por cento da vantagem econômica pretendida ou do valor da causa, revertida em favor da União ou do Estado.

§ 9º As partes devem estar acompanhadas por seus advogados ou defensores públicos.

§ 10. A parte poderá constituir representante, por meio de procuração específica, com poderes para negociar e transigir.

§ 11. A autocomposição obtida será reduzida a termo e homologada por sentença.

§ 12. A pauta das audiências de conciliação ou de mediação será organizada de modo a respeitar o intervalo mínimo de 20 (vinte) minutos entre o início de uma e o início da seguinte.

Assim, se o requerido já se encontrar representado no processo, a sua intimação dar-se-á na pessoa de seu advogado para o comparecimento na audiência de conciliação ou mediação, caso contrário sua intimação deverá ser pessoal.

Como o requerido já foi citado para contestar a medida cautelar que fora concedida anteriormente, não haverá mais necessidade de sua citação para comparecimento na audiência de conciliação ou mediação, sendo suficiente a sua intimação na pessoa de seu advogado.

Também o autor será intimado para comparecer à audiência de conciliação ou mediação na pessoa de seu advogado.

Na audiência de conciliação ou mediação as partes devem ser acompanhadas por seus advogados ou por defensores públicos, podendo a parte

TUTELA PROVISÓRIA

constituir representante, devidamente credenciado, com poder para transigir.

Porém, o juiz não designará a audiência de conciliação se: I – ambas as partes manifestarem, expressamente, desinteresse na composição consensual; II – no processo em que não se admita a autocomposição.

Estabelece o *§4º do art. 308 do novo C.P.C. que não havendo autocomposição, o prazo para a contestação será contado na forma do art. 335.*

Estabelece o art. 335 do novo C.P.C.:

> Art. 335. O réu poderá oferecer contestação, por petição, no prazo de 15 (quinze) dias, cujo termo inicial será a data:
>
> I – da audiência de conciliação ou de mediação, ou da última sessão de conciliação, quando qualquer parte não comparecer ou, comparecendo, não houver autocomposição;
>
> II – do protocolo do pedido de cancelamento da audiência de conciliação ou de mediação apresentado pelo réu, quando ocorrer a hipótese do art. 334, § 4º, inciso I;
>
> III – prevista no art. 231, de acordo com o modo como foi feita a citação, nos demais casos.
>
> § 1º No caso de litisconsórcio passivo, ocorrendo a hipótese do art. 334, § 6º, o termo inicial previsto no inciso II será, para cada um dos réus, a data de apresentação de seu respectivo pedido de cancelamento da audiência.
>
> § 2º Quando ocorrer a hipótese do art. 334, § 4º, inciso II, havendo litisconsórcio passivo e o autor desistir da ação em relação a réu ainda não citado, o prazo para resposta correrá da data de intimação da decisão que homologar a desistência.

Diante da consagração do princípio do contraditório, que deve nortear todo arco do procedimento e da relação jurídica processual, não seria concebível que o autor formulasse o pedido principal de tutela satisfativa sem que fosse oportunizado ao réu falar sobre esse novo pedido e sobre esse novo objeto do processo.

Contudo, como o réu já foi citado para contestar o pedido formulado a título de medida cautelar antecedente, não haverá necessidade de nova citação, bastando para tanto apenas a sua intimação pessoal, se for o caso, ou a sua intimação por meio de advogado constituído para comparecer à audiência de conciliação, se for o caso.

Evidentemente, se o réu não contestar o pedido de natureza satisfativa, salvo em se tratando de processo de execução, sofrerá as penas da revelia.

É importante salientar que mesmo tendo sido declarado o requerido revel, por não impugnar o pedido de medida cautelar antecedente, tal efeito, em face do princípio do Contraditório, não se estende ao pedido principal, o qual de certa forma desencadeia no mesmo processo uma nova relação jurídica processual, com uma nova causa de pedir e um novo pedido.

Daí por que a revelia, em relação à medida cautelar, ficará restrita apenas a este procedimento, pois a confissão de fato somente ficará circunscrita aos requisitos exigidos para a concessão da medida cautelar. Nesse sentido já me manifestei em outra oportunidade, comentando o art. 803 do C.P.C. de 1973:

> *"A revelia também poderá ser reconhecida no processo cautelar, conforme previsão expressa do art. 803 do CPC, in verbis: 'Não sendo contestado o pedido, presumir-se-ão aceitos pelo requerido, como verdadeiros, os fatos alegados pelo requerente (arts. 285 e 319); caso em que o juiz decidirá dentro em (5) dias'.*
>
> *Ressalte-se, contudo, que o efeito da revelia desencadeado no processo cautelar diz respeito apenas à matéria de fato delimitada no âmbito da tutela preventiva, não contaminando o processo principal a ser proposto ou já em andamento...".*[244]
>
> *Outrossim, "a contestação apresentada ao pedido cautelar envolvendo fatos conexos aos que serão articulados no processo principal impede a decretação dos efeitos da revelia no processo principal, quando ausente, neste, a resposta ao pedido".*[245]

Nesse sentido já se manifestou o antigo Tribunal de Alçada Cível de São Paulo, na Ap n. 630390-0, rel. Juiz Antonio Rigolin, in RT, vol. 744, p. 238, in verbis:

> *"A revelia só pode ensejar a consequência da presunção de veracidade dos fatos afirmados na inicial na hipótese de inexistir no contexto dos autos qualquer indicação em contrário, assim, inocorre tal efeito, quando houve contestação na ação cautelar cuja matéria abrange , também, as questões atinentes à ação principal".*

---

[244] SOUZA, Artur César. *Contraditório e revelia – perspectiva crítica dos efeitos da revelia em face da natureza dialética do processo.* São Paulo: Editora Revista dos Tribunais, 2003. p. 217.

[245] SOUZA, A. C., idem, p. 217.

TUTELA PROVISÓRIA

28.10. Tutela Cautelar – Hipóteses de Cessação da Eficácia

Segundo estabelece o art. 669 – *octies* do atual C.P.C. italiano, a decisão que acolher a medida cautelar, quando a demanda tenha sido proposta antes do início da causa de mérito, deve fixar um prazo peremptório não superior a sessenta dias para o início do juízo de mérito, salvo a aplicação do último inciso do art. 669– *novies*. Na falta de fixação do prazo por parte do juiz, a causa de mérito deve ser iniciada dentro do prazo peremptório de sessenta dias. Se o procedimento de mérito não for iniciado no prazo peremptório de que trata o art. 669– *octies* do atual C.P.C.italiano, ou se sucessivamente ao seu início se extingue, o provimento cautelar perde sua eficácia.

Em relação ao regime de estabilidade do provimento cautelar no direito italiano, anotam Enrico A. Dini e Giovanni Mammone: *"Quanto ao regime de estabilidade do provimento cautelar, a existência, pelo menos até a entrada em vigor da lei n. 353/1990 – de uma inexplicável lacuna legislativa sobre o específico ponto havia induzido a doutrina e a jurisprudência a resolver de vários modos a questão, sustentando-se por parte de alguns a caducidade da medida cautelar por efeito da pronúncia da sentença de mérito* (Andrioli, Montesano, Tommaseo etc), *atribuindo outros, ao invés, estabilidade ao provimento cautelar até a passagem em julgado da relativa sentença de mérito com base na extensão analógica ao inteiro âmbito da tutela cautelar do art. 683, inc. 2º, do C.P.C. italiano, que, como é notório, disciplinava a eficácia do sequestro no sentido de que este perderia a eficácia somente quando com sentença passada em julgado fosse acertada a inexistência do direito acautelando ou fosse rejeitada a instância de convalidação. A ausência de uma específica norma sobre o ponto teria induzido a excluir que se poderia resolver a questão de modo satisfatório com solução unívoca, válida indistintamente para todas as medidas cautelares, onde se considere, de um lado, a excepcionalidade do disposto no art. 683, inc. 2º, do C.P.C. italiano e, de outro, a consequência de fazer assumir ao provimento cautelar uma autoridade bem maior que a decisão de primeiro grau, se esta última não exauriu a específica função instrumental.*

A recente reforma legislativa há, na nossa visão, acentuado a provisoriedade do provimento cautelar.

Antes de tudo, o art. 669, 'novies', do C.P.C. italiano procurou disciplinar de forma exaustiva as várias hipóteses de ineficácia do provimento cautelar, preenchendo a lacuna normativa: a ineficácia da medida cautelar decorre ora da inatividade da parte interessada ora do êxito do juízo de mérito, prevendo-se, em particular, que a sentença de primeiro grau, imediatamente executável por força do art. 282 do C.P.C.

italiano, acerte a inexistência do direito acautelando, determinando a extinção do provimento cautelar precedentemente emitido. Tudo isso em obséquio coerente ao princípio de que o acertamento consequente a uma cognição ordinária não pode não prevalecer sobre aquele efetuado em sede de cognição sumária".[246]

Em relação ao direito processual brasileiro, preconiza o art. 309 do novo C.P.C. que cessa a eficácia da tutela concedida em caráter antecedente, se: I – o autor não deduzir o pedido principal no prazo legal; II – não for efetivada dentro de 30 (trinta) dias; III – o juiz julgar improcedente o pedido principal formulado pelo autor ou extinguir o processo sem resolução de mérito.

O art. 284 do projeto originário n. 2.046/10 estabelecia:

> *Art. 284. Cessa a eficácia da medida concedida em caráter antecedente, se:*
> *I – tendo o requerido impugnado a medida liminar, o requerente não deduzir o pedido principal no prazo do 'caput' do art. 282;*
> *II – o juiz julgar improcedente o pedido apresentado pelo requerente ou extinguir o processo em que esse pedido tenha sido veiculado sem resolução de mérito.*

A redação originária do art. 291 do Projeto de Lei do Senado n. 166/10, assim aduzia:

> *Art. 291. Cessa a eficácia da medida concedida em caráter antecedente, se:*
> *I – tendo o requerido impugnado a medida liminar, o requerente não deduzir o pedido principal no prazo legal;*
> *II – não for efetivada dentro de um mês;*
> *III – o juiz julgar improcedente o pedido apresentado pelo requerente ou extinguir o processo em que esse pedido tenha sido veiculado sem resolução de mérito.*
> *Parágrafo único. Se por qualquer motivo cessar a eficácia da medida, é vedado à parte repetir o pedido, salvo sob novo fundamento.*

Segundo estabelece o inc. I do art. 309 do novo C.P.C., havendo demanda que tenha por pedido inicial a concessão de medida cautelar antecedente, sendo esta deferida liminarmente, o autor deverá formular o pedido principal no prazo de trinta dias contado da efetivação da medida cautelar

---

[246] DINI, E. A., MAMMONE, G., op. cit., p. 52 e 53.

Não sendo o pedido principal formulado no prazo de trinta dias, cessa automaticamente, independentemente de requerimento da parte (Pontes de Miranda, *Comentários*, 81), a eficácia da medida cautelar concedida.

Este dispositivo, conforme já observara Ovídio Baptista da Silva, tem visível compromisso com a doutrina italiana de Calamandrei que é aceita pelo atual C.P.C., segundo a qual a finalidade da tutela cautelar é justamente proteger a prestação de tutela advinda do pedido principal, de modo que se este não for formulado no prazo legal, deixa de ter razão a tutela de urgência concedida.

As prescrições contidas no inc. I do art. 309 do novo C.P.C. apresentam nítido caráter sancionatório aplicado ao litigante que, obtendo a medida liminar, não se interessa por ingressar com o pedido de tutela satisfativa do direito ou interesse de natureza material.

Sob a égide do C.P.C. de 1973, havia certa concordância doutrinária de que a perda da eficácia ficava restrita apenas às medidas cautelares que importassem em *constrições de bens*, tais como o arresto, o sequestro, a busca e apreensão, ou a caução eventualmente imposta ao réu. Igualmente, perderia a eficácia as medidas cautelares proibitivas que impunham ao demandado uma abstração, ou que exigissem dele um determinado comportamento.

O inc. II do art. 309 do novo C.P.C. estabelece que também cessará a eficácia da tutela cautelar concedida anteriormente se essa não for efetivada dentro de trinta dias.

O art. 284 do projeto originário n. 2.046/10 não previu esse motivo como critério de cessação da eficácia da medida cautelar concedida.

A não repetição dessa hipótese seria muito razoável, pois na maioria das vezes a efetivação da medida não se dá por responsabilidade do autor, mas, sim, pela ineficiência do Poder Judiciário ou por prática abusiva do requerido.

Porém, o novo C.P.C. inseriu novamente essa hipótese como motivo de cessação da eficácia da tutela cautelar anteriormente concedida.

Assim, se a medida cautelar concedida não for efetivada dentro de trinta dias contados da data da sua concessão, cessará sua eficácia.

Porém, essa cessação somente ocorrerá se a não efetivação deu-se por culpa do requerente da medida, como, por exemplo, deixar de pagar as custas do oficial de justiça para a realização do arresto; caso contrário, não cessará a eficácia da medida anteriormente concedida.

O inc. III do art. 309 do novo C.P.C. prevê também como hipótese de cessação da eficácia da medida cautelar quando o juiz julgar improcedente o pedido principal formulado pelo autor ou extinguir o processo sem resolução de mérito.

Quando o juiz julgar improcedente o pedido apresentado pelo requerente ou extinguir o processo em que esse pedido tenha sido veiculado, sem resolução de mérito, cessará a eficácia da medida cautelar concedida.

Contudo, não serão somente nesses casos que se poderá considerar cessada a eficácia da medida cautelar.

Em tese, não poderá prevalecer o exercício de uma cognição sumária, como é o caso da concessão de tutela cautelar urgente, diante de uma cognição exauriente que em tese ocorre quando o juiz julga improcedente o pedido principal formulado pelo autor ou quando extingue a fase cognitiva do procedimento comum sem resolução de mérito.

Porém, poderá o juiz manter a eficácia da medida cautelar concedida, diante da circunstância do caso, desde que expressamente deixe tal fato consignado na decisão que extinguiu a fase cognitiva do procedimento comum com ou sem resolução de mérito, pelo menos até que seja apreciado eventual recurso contra a sua decisão.

Estabelece o parágrafo único do art. 309 do novo C.P.C. que se por qualquer motivo cessar a eficácia da tutela cautelar, é vedado à parte renovar o pedido, salvo sob novo fundamento.

A análise desse dispositivo recomenda verificar se havendo a cessação da medida cautelar, justamente pelo fato de que o autor não formulou o pedido principal no prazo legal, tal decisão, que obviamente extinguirá o processo em que foi formulado o pedido de cautelar antecedente, produzirá *coisa julgada formal ou material*.

Em regra, somente haverá espaço para a coisa julgada material em casos excepcionais, como na hipótese em que o juiz reconhece de imediato, quando da análise do pedido cautelar, a prescrição e a decadência.

É importante salientar que o mérito da tutela cautelar, salvo no tocante à prescrição e à decadência, não se confunde com o mérito da tutela principal.

Ao apreciar o mérito do pedido de tutela de urgência de natureza cautelar antecedente, o juiz não estabelece qualquer juízo de definitividade em relação à matéria que será objeto do pedido principal, formulada no mesmo processo, limitando-se a verificar a existência dos pressupostos

TUTELA PROVISÓRIA

necessários para a concessão da tutela cautelar, ou seja, "fumus boni juris" e o "periculum in mora".

Se durante o transcurso do processo houver modificação do *periculum in mora* ou do *fumus boni iuris*, o juiz poderá revogar a medida cautelar concedida.

Essa possibilidade de revogação ou modificação da medida permite concluir que efetivamente a tutela cautelar está sujeita à Cláusula *'rebus sic stantibus'*.

Em relação à questão, anotam Enrico A. Dini e Giovanni Mammone: *"O primeiro inciso do art. 669 'decies' prevê que 'no curso da instrução o juiz instrutor da causa de mérito pode, mediante pedido da parte, modificar ou revogar por 'ordinanza' o provimento cautelar ainda que emitido anteriormente à causa se se verificarem mudanças nas circunstâncias'. Já se chamou ao debate antecedente à lei 353 em matéria de revogação e modificação do provimento cautelar e a lacuna da precedente normativa (cfr. §133). Aqui parece contudo suficiente referir que a solução acolhida pelo art. 669 'decies' recebeu uma orientação jurisprudencial desenvolvida a propósito dos provimentos de urgência sob o vigor da precedente disciplina, segundo o qual, em razão da instrumentalidade da tutela, a mudança das circunstâncias sobre o 'periculum in mora' ou sobre o prejuízo iminente e irreparável do direito em contestação ou, também, sobre o 'fumus' do próprio direito poderia conduzir à revogação da medida cautelar. Considerando-se, em substância, que, no momento próprio em que o juiz instrutor ou o pretor teriam adquirido no curso da instrução ulterior e diversos elementos de valoração, o 'periculum' não era mais aquele projetado em sede de procedimento ditado de diversas condições. Concluiu-se, portanto, que era conforme à própria natureza provisória do provimento cautelar a sua revogação no curso da causa de mérito por obra do instrutor, tanto no caso em que o provimento fosse emitido durante a causa ou quando fosse antes dela".*[247]

28.11. Decisão que Decreta a Ineficácia da Tutela Cautelar – Coisa Julgada Formal ou Material

O fato de a medida cautelar antecedente poder ser modificada ou revogada a qualquer momento na pendência do processo em que seja veiculado o pedido principal, não significa dizer que, uma vez extinto esse processo, a decisão ali proferida não fará, pelo menos, coisa julgada formal.

---

[247] DINI, E.A.; MAMMONE, G., op. cit., 520.

A prova de que a decisão que decide pela ineficácia da medida cautelar faz coisa julgada formal, encontra-se na própria redação do parágrafo único do art. 307 do novo C.P.C.: *Se por qualquer motivo cessar a eficácia da medida, é vedado à parte renovar o pedido, salvo sob novo fundamento.*

Essa possibilidade de se repropor a medida cautelar por novo fundamento também se verifica no processo civil espanhol. No direito processual civil espanhol, quando o juiz rejeita a instância cautelar, a parte poderá promovê-la novamente, quando se verificar mudança das circunstâncias, conforme estabelece o art. 736, inc. 2, da Ley de Enjuiciamiento Civil.

O novo Código, assim como já o fazia o de 1973, proíbe a reiteração do pedido cautelar, salvo por novo fundamento.

Sabido é que a coisa julgada, mesmo formal, como fato impeditivo de outra demanda, pressupõe identidade dos três elementos essenciais da relação jurídica: pessoas, objeto e causa.

Os fundamentos integram a causa de pedir.

Logo, se o Código permite a renovação do pedido por outro fundamento, cogita, na verdade, de outra ação, de outra demanda cautelar, diversa da anterior pelo fator causal. Em tais circunstâncias, não haveria razão, mesmo, para proibi-la.

Porém, há vozes que dizem que a normatização contida no art. 307, p.u., do atual C.P.C. vai além da coisa julgada formal, ingressando no campo da coisa julgada material. É que se a norma preconiza que a parte não poderá repetir o pedido, a não ser por novo fundamento, isso significa dizer que houve coisa julgada material, uma vez que a exigência de novo fundamento caracteriza a propositura de demanda diversa daquela anteriormente extinta.

28.12. Tutela Cautelar – Efeitos do reconhecimento da prescrição e decadência

Estabelece o art. 310 do novo C.P.C. que o indeferimento da tutela cautelar não obsta a que a parte formule o pedido principal, nem influi no julgamento desse, salvo se o motivo do indeferimento for o reconhecimento da decadência ou da prescrição.

Este dispositivo demonstra a nítida autonomia existente entre o pedido (mérito) da tutela cautelar antecedente e o pedido (mérito) da tutela de natureza satisfativa.

TUTELA PROVISÓRIA

Porém, essa autonomia não significa *independência teleológica*, como se a tutela cautelar tivesse uma finalidade *stante* em si.

A finalidade da tutela cautelar apresenta uma natureza distinta da tutela satisfativa. Enquanto que no pedido de natureza satisfativa requer-se uma pretensão com conteúdo declaratório, constitutivo ou condenatório, ou, ainda, de execução por meio de atos coativos, a finalidade da cautelar é justamente garantir a eficácia da pretensão formulada no pedido principal.

Lenta e não sem recuos mostrou-se a doutrina italiana sobre essa questão, ou seja, sobre a fixação da autonomia da função cautelar.

Os legisladores alemães e austríacos aduziram que a medida cautelar seria um apêndice da execução; posteriormente, surge a magnífica obra de Piero Calamandrei, em 1936, na qual se sugere um procedimento autônomo da cautelar, muito embora Allorio e Redenti apresentem pensamento diverso.

Deve-se, contudo, a Carnelutti a tomada efetiva de posição sobre a matéria. Demonstram-se os caracteres distintivos entre os procedimentos e se conclui que o processo cautelar seria um *tertium genus* em face do processo de conhecimento e de execução.

Sobre a proposta de ser a tutela cautelar um *tertium genus*, anota Lea Querzola: *"é oportuno recordar que a configurabilidade da tutela cautelar como categoria autônoma em relação à cognição e execução não foi sempre pacífica... É notória a posição de Alorio que, reconhecendo no acertamento e na execução os escopos fundamentais do processo, considerava um engano a enucleação de um 'tertium genus', cujo conteúdo, substancialmente, poderia reconduzir-se ou reduzir-se agilmente às primeiras duas atividades"*.[248]

É certo que a autonomia adquirida pelo processo cautelar e o poder geral de cautela atribuído ao juiz têm levantado a indagação sobre a existência de um *direito substancial de cautela*, ou seja, sobre a existência ou não de um direito material à proteção, quando houver uma situação de ameaça ou de risco.

Afirma Ovídio A.B. da Silva: *"Decididamente, pois, quando estamos a tratar de 'pretensão à segurança', ao contrário do que visava Calamandrei, temos em vista não, propriamente, assegurar a eficácia de um futuro provimento principal, a que o cautelar deve estar indissoluvelmente ligado, mas assegurar uma situação de direito subjetivo da parte, eventualmente ameaçada de dano iminente e irreparável. Se, com*

---

[248] QUERZOLA, L., op. cit., p. 119.

TUTELA PROVISÓRIA – CAUTELAR ANTECEDENTE

tal proteção assegurativa, protegermos, também, a 'seriedade' da justiça, assegurando a eficácia de uma decisão principal, então ocorrerá uma duplicidade de função, na proteção cautelar; nesses casos, provavelmente, faríamos da ação cautelar, que pode perfeitamente prescindir do chamado processo principal, uma medida preparatória e, como tal, ligada ao processo...

Ninguém nega que a proteção cautelar seja instrumental por natureza, pois que há um inafastável sentido de 'transitividade' na ideia de assegurar. Quem assegura, assegura alguma coisa. Nossa inconformidade não é quanto a isso. Afirmamos, tão-só, que a 'pretensão à segurança', assim como a 'pretensão à declaração' é uma situação jurídica que se destina a proteger uma 'situação reconhecida como digna de proteção pela ordem jurídica', seja ela um direito subjetivo, ou uma pretensão, ou uma ação. A proteção cautelar é instrumental de um direito ou de uma pretensão que são assegurados por ela. A dependência, ou acessoriedade se se quiser, estabelece-se no plano do direito material e não no plano do direito processual".[249]

Conforme ensina Kazuo Watanabe: "(...) *Mais abrangente é a teoria de Ovídio Baptista da Silva, que estabelece os seguintes pressupostos para a tutela cautelar: a) iminência de dano irreparável; b) temporariedade; c) sumariedade da cognição judicial (fumus boni iuris); d) 'situação acautelanda'; e) interditalidade da sentença cautelar.*

O primeiro pressuposto consiste na existência de estado perigoso 'capaz de ameaçar seriamente a incolumidade de um determinado direito da parte, seja por ato voluntário da outra parte, seja em decorrência até mesmo de ato de terceiro ou de algum fato natural'. É nesse requisito, precisamente, que sua teoria se mostra mais ampla do que as demais, pois seu entendimento é no teor de que a 'proteção cautelar não se destina a servir de 'instrumento' para proteção da tutela jurisdicional comum, como supõe a doutrina dominante, mas se orienta, indiscutivelmente, para a salvaguarda dos direitos subjetivos, ou de outras situações igualmente protegidas pelo direito objetivo', podendo ter lugar a proteção 'nos casos em que se indique', precisamente, a situação objetiva para cuja proteção se pede a medida cautelar'. Dá o nome de 'situação acautelanda' às 'variadas situações que se possam mostrar carentes de proteção cautelar', integrada por direito subjetivos, pretensões, ações e 'até as simples exceções'".[250]

---

[249] BAPTISTA DA SILVA, Ovídio Araújo. *A ação cautelar nominada no direito brasileiro – de acordo com a Constituição de 1988.* 4 ed., Rio de Janeiro: Editora Forense, 1992. p. 97-99.

[250] WATANABE, Kazuo. *Da cognição no processo civil.* 2. ed. Atualizada. Campinas: Bookseller, 2000. p. 134 e 135.

NELSON NERY JÚNIOR sustenta que no caso da tutela cautelar há um processo, sendo que não existe necessariamente um direito material em sua base. Assim, para ele, não se aplica o disposto no art. 75 do C.C.b., sendo que nem sempre às ações correspondem direito que por meio delas estão sendo assegurados. Dá o exemplo da ação declaratória negativa, onde se declara que não há direito algum. Por outro lado, sustenta o aludido processualista que a ação cautelar realmente é autônoma e vê também nela um direito material à cautela, um direito substancial à cautela, em oposição à tese de alguns processualistas, que crêem não tutelar o processo cautelar direito algum. Crê ele que o processo cautelar tutela um interesse, porque, quando eu peço uma cautelar, afirmo haver um perigo de dano, ou que alguma coisa me autoriza a pensar que devo receber uma cautela, porque aparentemente devo ter algum direito, que está sendo ameaçado, mas que não está sendo afirmado no processo cautelar. Nesse sentido, o processo cautelar não visa à proteção de um direito, mas sim de um interesse que ambas as partes o têm.

Lembra WATANABE que a cognição pode ser examinada, ainda, como uma técnica processual a ser utilizada de diferentes modos na concepção de procedimento diferenciados e ajustados às variadas exigências do direito material posto em juízo. A utilização da expressão "direito material posto em juízo" não pretende firmar a ideia da existência de um *direito substancial de cautela* (controvérsia doutrinária clássica em matéria de processo cautelar).

Assim, WATANABE não amadureceu, em face da dificuldade da questão, sua ideia sobre direito substancial cautelar.

Os que negam o direito substancial de cautela fundam-se na inexistência de obrigação correlata para o devedor. O que justifica a concessão da medida cautelar não é o direito material de proteção, mas o risco processual de ineficácia do provimento final.

Para os que admitem a existência do direito material à segurança, a aparência de um direito (*fumus boni iuris*) e o risco da demora geram uma pretensão à segurança.

Naquela perspectiva é a lição de Piero Calamandrei:

> "*A instrumentalidade como caráter típico dos procedimentos cautelares.*
>
> *Essas considerações permitem compreender aquela que, ao que me parece, é a nota verdadeiramente típica dos procedimentos cautelares: os quais não são nunca o fim em*

si próprios, mas são infalivelmente predispostos à emanação de um ulterior procedimento definitivo, do qual estes preventivamente asseguram o proveito prático. Estes nascem, por assim dizer, a 'serviço de um procedimento definitivo', com a função de predispor o terreno e de preparar os meios mais adequados para o seu êxito. Essa relação de 'instrumentalidade', que liga infalivelmente cada procedimento cautelar ao procedimento definitivo em previsão do qual este é emanado, é o caráter que mais claramente distingue o procedimento cautelar da denominada declaração com dominante função executiva: esta nasce, como se viu, na esperança de que um sucessivo procedimento não sobrevenha a impedir-lhe de tornar-se definitivo; aquele nasce em previsão, e aliás, 'na espera', de um sucessivo procedimento definitivo, na falta do qual não somente não aspira a tornar-se definitivo, mas está absolutamente destinado a desaparecer por falta de uma finalidade.

Há, portanto, nos procedimentos cautelares, mais do que o objetivo de aplicar o direito, a finalidade imediata de assegurar a eficácia do procedimento definitivo que servirá por sua vez a exercer o direito. A tutela cautelar é, em comparação ao direito substancial, uma tutela 'mediata': mais do que fazer justiça, serve para garantir o eficaz funcionamento da justiça. Se todos os procedimentos jurisdicionais são um instrumento de direito substancial que, através destes, se cumpre, nos procedimentos cautelares verifica-se uma instrumentalidade qualificada, ou seja, elevada, por assim dizer, ao quadrado: estes são de fato, infalivelmente, um meio predisposto para o melhor resultado do procedimento definitivo, que por sua vez é um meio para a aplicação do direito; são portanto, em relação à finalidade última da função jurisdicional, 'instrumento do instrumento'."[251]

Assim, a teoria dominante ante nós, fiel à doutrina de Calamandrei e Chiovenda observa que a medida cautelar tem por fim assegurar o êxito e a eficácia do resultado útil do processo, sendo sua característica mais marcante, portanto, o 'carattere di strumentalità' em relação ao provimento principal. Assim, a tutela cautelar não visa a proteger um direito da parte (nem mesmo uma denominada *situação acautelanda*), e sim um 'direito do Estado' em preservar o *imperium iudicis*, de modo que a seriedade e a eficiência da função jurisdicional não se transformem numa simples ilusão. Trata-se, portanto, de uma proteção do processo e não do direito.

---

[251] CALAMANDREI, Piero. *Introdução ao estudo sistemático dos procedimentos cautelares.* Campinas: Servanda, 2000. p. 41 e 42.

Segundo anotam Enrico A. Dini e Giovanni Mammone: *"Enquanto quase todos os escritores sobre a matéria estão de acordo ao reconhecer a natureza acessória própria dos provimentos cautelares, em relação aos provimentos definitivos, nem todos concordam com a forma de se indicar tal característica. Há quem fala de 'subsidiaridade'*(Diana), *quem de auxiliaridade protetiva* (Fietta), *quem de preordenação-antecipatória* (Lancellotti), *quem de instrumentalidade cautelar* (Novelli), *quem de complementaridade* (Liebman), *quem de ligação-funcional* (Andrioli); *a maioria, sob a orientação de Calamandrei, prefere a expressão 'instrumentalidade' que, talvez melhor que todas as outras, melhor designa a relação intercorrente entre o provimento cautelar e aquele definitivo"*.[252]

O conceito de *instrumentalidade* importa na interdependência que existe entre o provimento cautelar e o provimento definitivo, razão pela qual não seria admissível que o provimento cautelar possa considerar-se independente no confronto com o provimento definitivo.

Na realidade, muito embora o provimento cautelar apresente autonomia procedimental, ele é dependente funcionalmente do provimento principal. Conforme leciona Lea Querzola: *"O provimento cautelar tradicionalmente entendido é dependente 'funcionalmente' de um provimento principal que deve ser pronunciado em um juízo que, geralmente, será instaurado 'cronologicamente' num prazo peremptório, sob pena de ineficácia da medida provisória obtida. Eliminar o 'nexo cronológico', e consentir à medida cautelar, a este ponto e, portanto, não mais provisória, produzir seus efeitos independentemente de um provimento posterior, que poderá nunca mais advir, significa cancelar o nexo funcional"*.[253]

Os provimentos cautelares pressupõem um procedimento por meio do qual se possa realizar a plena cognição do direito, e visam a eliminar todo obstáculo que insira em perigo o acerto da atuação do próprio direito, assegurando a eficácia do provimento definitivo. Esses provimentos nascem *"a serviço de um provimento definitivo, preparando-lhe a estrada, predispondo os meios para que ele possa conseguir seu escopo... O escopo portanto dos provimentos cautelares é aquele de prevenir o dano derivante dos atrasos que impedem a obtenção de um provimento definitivo e, consequentemente, prevenir os inconvenientes derivantes de uma justiça que poderia acarretar um retardo, podendo nesse meio tempo o provimento definitivo tardiamente emanado demonstrar-se em prática de todo inútil... Em todos os casos, o provimento cautelar tem caráter de instrumentalidade presu-*

---

[252] DINI, E. A., MAMMONE, G., op. cit., p. 38 e 39
[253] QUERZOLA, L., op. cit., p. 10 e 11

mida, porque o requisito de urgência e do 'periculum in mora' é valorado em seguido à presunção de que o provimento definitivo deva ser emanado em sentido favorável a quem pede a medida cautelar. Se de fato o juiz concede o sequestro conservativo, o faz na presunção de que o crédito do requerente subsista; se o presidente do tribunal assegura provisoriamente o filho à mãe e não ao pai, o faz com base em valoração de elementos à sua disposição (idade do filho, moralidade de ambos os genitores, possibilidade de educá-lo, ensiná-lo etc). Por isso, a instrumentalidade própria dos provimentos cautelares em alguns casos será do tipo presumido, no sentido de antecipar a previsão dos efeitos do provimento definitivo".[254]

Porém, não obstante a interdependência que existe entre o provimento cautelar e o provimento definitivo, não se podendo nem mais falar em autonomia do processo cautelar em relação ao processo principal (pois ambas as pretensões são formuladas num mesmo processo), é possível ainda afirmar que haverá autonomia procedimental (de relação jurídica) entre a pretensão cautelar e a pretensão definitiva. De fato, a relação jurídica de natureza cautelar decorre de uma pretensão de natureza cautelar que não tende a um juízo definitivo, nem mesmo a uma execução satisfativa, mas apenas a garantir a futura atuação de outra pretensão jurisdicional definitiva.

Em que pese a demanda cautelar seja subsidiária da definitiva, é em relação a ela autônoma, porque os pressupostos e as condições para sua concessão não são iguais àqueles da pretensão principal.

A relação jurídica de natureza cautelar, em que pese sua rapidez, não visa ao acertamento do direito material, mas à criação de uma situação jurídica que possa permitir a futura realização do bem controvertido e termina com um provimento que não tem relação como o julgado substancial.

Nesse sentido, aliás, já se manifestou o S.T.J.:

> *Processual civil – ação cautelar – garantia e eficácia do processo principal.*
>
> *i – não tem as medidas cautelares a função de proteger o direito da parte mas, tão só, de garantir a eficácia e a utilidade do processo principal ante a iminencia de situação de perigo ou risco da parte que venha a sair vitoriosa no julgamento da lide.*
>
> *ii – pedido indeferido.*
>
> *(Pet 324/SP, Rel. Ministro WALDEMAR ZVEITER, TERCEIRA TURMA, julgado em 25/08/1992, DJ 16/11/1992, p. 21132).*

---

[254] DINI, E. A., MAMMONE, G., op. cit., p. 39 e 42.

Diante dessa autonomia entre a tutela cautelar e a tutela satisfativa, eventual indeferimento da medida cautelar antecedente não obsta que o autor, no mesmo processo, deduza o pedido principal, nem influi no julgamento deste, conforme estabelece o art. 310 do novo C.P.C.

O dispositivo, contudo, não estabelece qual o prazo para que o autor possa formular o pedido principal, o que poderá ensejar a paralisação do processo por tempo indefinido.

Deveria o legislador também estabelecer um prazo, assim como o fez quando a medida cautelar é deferida.

No caso, não se pode permitir que o processo permaneça paralisado por tempo indeterminado, a critério do autor.

Diante dessa ausência de prazo, parece perfeitamente aplicável à hipótese o art. 485, inc. III, do novo C.P.C., que assim dispõe:

> *"Art. 485. O juiz não resolverá o mérito quando:*
> *(...).*
> *III – por não promover os atos e as diligências que lhe incumbir, o autor abandonar a causa por mais de 30 (trinta) dias".*

Portanto, se indeferida a medida cautelar, o autor deverá apresentar no mesmo processo o pedido principal no prazo de trinta dias, caso contrário o juiz determinará a extinção do processo sem resolução de mérito.

É certo que, em que pese a extinção do processo em que fora inserido o pedido cautelar, nada impede que o autor, antes da ocorrência da prescrição ou decadência, promova a demanda principal em outro processo distinto e autônomo.

Essa me parece a solução mais plausível com o sincretismo existente entre cautelar e demanda principal, especialmente pelo fato de que ambas são analisadas no mesmo processo. Parece-me que o legislador, muito embora tenha mantido a autonomia das relações jurídicas processuais (cautelar e demanda principal), não teve por intenção afastá-las de uma íntima relação de interdependência, razão pela qual fora extinto o processo cautelar como processo autônomo.

Porém, para aqueles que não adotarem essa opção hermenêutica, é possível pensar então no prosseguimento do processo somente com a demanda cautelar, aguardando-se a boa vontade da parte autora em apresentar a petição inicial da demanda principal. Porém, poderá ocorrer que a parte autora não apresente esse pedido até o momento da decisão a ser proferida no processo sobre a tutela cautelar. Nesse caso, o juiz deverá decidir somente a demanda cautelar. Se a decisão final conceder a demanda cautelar, terá a parte autora o prazo de trinta dias para apresentar o pedido principal, contado da efetivação da medida. Daí por que entendo que o recurso contra essa decisão será de agravo de instrumento.

Contudo, se o juiz negar a demanda cautelar, tal decisão, em tese, decidirá a fase cognitiva do procedimento comum, razão pela qual o recurso cabível contra essa decisão será o de apelação.

Por uma questão de economia processual, o juiz, ao analisar o pedido de medida cautelar antecedente, poderá decretar a prescrição da pretensão ou a decadência do direito, proferindo nesse caso uma decisão de natureza nitidamente satisfativa. Tanto é que, conforme estabelece o art. 310 do novo C.P.C., tal reconhecimento impede que o autor formule o pedido principal no mesmo ou em outro processo, uma vez que o juiz, ao indeferir o pedido de tutela cautelar em face da prescrição ou decadência, profere uma decisão de natureza satisfativa e definitiva.

A sentença que reconhecer a prescrição ou decadência fará coisa julgada material, uma vez que resolve e declara em definitivo as questões concernentes ao direito material.

Uma indagação pode surgir em relação a essa questão.

Se o juiz, ao analisar o pedido de medida cautelar, rejeitar a alegação de prescrição ou decadência, essa matéria poderá ser renovada quando do julgamento do pedido principal?

Sob a égide do art. 810 do C.P.C. de 1973, o Simpósio de Curitiba dos Tribunais de Alçada decidiu que a alegação da decadência ou da prescrição rejeitada no procedimento cautelar, poderia ser reexaminada na ação principal (Conclusão n. 69).

Galeno Lacerda divergia dessa tese, aduzindo que, em face da economia processual não se poderia mais voltar a conhecer da decretação da prescrição ou decadência caso ela fosse rechaçada na cautelar, a não ser que o juiz não a conhecesse por falta de prova ou relegasse sua análise para o processo principal.

O novo C.P.C., ao sincretizar num mesmo processo o pedido de cautelaridade e o de tutela principal, permite afirmar que uma vez analisada a

TUTELA PROVISÓRIA

prescrição ou decadência quando do pedido de cautelar antecedente, tal questão, se não houver insurgência das partes, tornar-se-á preclusa, seja em razão do seu acolhimento, seja em razão do seu indeferimento.

28.13. Tutela Cautelar, Litisconsórcio e Intervenção de Terceiro

Segundo estabelece o art. 117 do novo C.P.C., os litisconsortes serão considerados, em suas relações com a parte adversa, como litigantes distintos, exceto no litisconsórcio unitário, caso em que os atos e as omissões de um não prejudicarão os outros, mas os poderão beneficiar.

Assim, havendo litisconsórcio unitário, o ato de qualquer dos litisconsortes, tendo em vista que compromete a sorte da relação jurídica processual que é comum a todos, compromete a todos os litisconsortes, salvo se os prejudicar.

Da mesma forma, se a tutela cautelar for requerida apenas por um dos litisconsortes unitários, aos demais a decisão será aplicada, se a todos beneficiar.

Por sua vez, em se tratando de litisconsórcio passivo necessário, não poderá ser requerida a tutela cautelar antecedente, sem que todos os litisconsortes estejam presentes na relação jurídica processual. Não havendo a integração do litisconsorte passivo necessário na demanda, a decisão que conceder a medida cautelar será:

I – Nula, se a decisão deveria ser uniforme em relação a todos que deveriam ter integrado o processo;

II – Ineficaz, nos outros casos, apenas para os que não foram citados.

Nos casos de litisconsórcio passivo necessário, o juiz determinará ao autor que requeira a citação de todos que devam ser litisconsortes, dentro do prazo que assinar, sob pena de extinção do processo.

Se for o caso de litisconsórcio facultativo não unitário, deve-se atentar para o fato de que, embora exista unidade formal de processo, há pretensões e litígios autônomos e distintos. Isso importa em se ter como viável a cautelar pertinente apenas a um dos litisconsortes ou só a determinado bem ou parte do bem litigioso, quando existente referida espécie de litisconsórcio.

Tendo em vista que a tutela cautelar – antecedente ou incidental – é requerida numa pretensão que terá uma relação jurídica processual autônoma e diversa da relação jurídica processual em que será analisada a pretensão de direito material (não obstante as duas relações estarem inseridas no mesmo plano processual), é possível que surja alguma hipótese de intervenção de terceiro no âmbito da relação jurídica de natureza cautelar.

Sobre a questão da intervenção de terceiro no âmbito da tutela cautelar, assim se manifesta Lea Querzola: *"Com referência à tutela cautelar propriamente dita, já se afirmou que a melhor tutela para o terceiro consistiria propriamente em se permitir a sua participação ativa no procedimento cautelar em que possa ser extraída a medida contra ele prejudicial; porém, isso na prática demonstra-se difícil, considerada a própria natureza da tutela de urgência, que requer, por definição, uma rápida decisão, por vezes sem contraditório prévio, e que pode justificar-se pelo efeito surpresa. Segundo parte da doutrina, dever-se-ia, indubitavelmente, excluir--se a plena transposição dos típicos institutos do processo ordinário de cognição, buscando-se, na medida do possível, proceder a uma cuidadosa adaptação que leve em consideração no âmbito do processo cautelar a ausência da função de 'acertamento' dos direitos e a celeridade que nele deve prevalecer em seu desenvolvimento. A intervenção de terceiro, portanto, poderia ser restrita àqueles terceiros que possam assumir numa linha de fato um prejuízo dos efeitos materiais-executivos pelo provimento cautelar solicitado, e não, ao contrário, em relação àqueles terceiros cujo interesse derive somente da exigência de participação para o acertamento da situação acautelanda. Essa impostação parece-me um pouco restrita, tendo em vista que é preferível concordar com aquela doutrina que sustenta que o terceiro possa fazer valer em sede cautelar todas as posições jurídicas subjetivas que sejam suscetíveis de tutela diante da autoridade jurisdicional ordinária, com a exclusão de meros simples interesses e daquelas situações em relação às quais se busca observar o defeito absoluto de jurisdição. Colocando a reflexão em momento antecedente à emissão do provimento, pode--se aduzir que um eficaz remédio seria consistir na previsão do dever de provocar o contraditório dos terceiros que poderiam ser eventual coenvolvidos, ainda que reflexamente, pelo provimento, mesmo que em sede de sumária informação. Certo é que, de acordo com um ponto de vista mais geral, aquele assumido pela doutrina que de forma profunda se ocupa do tema, podem-se individuar três níveis de tutela do terceiro: um anterior à emanação do provimento, um sucessivo à emanação do provimento mas anterior à sua execução, enfim, um (aquele menos satisfativo) sucessivo à própria execução".*[255]

---

[255] QUERZOLA, L., op. cit., p. 141 e 142.

No que concerne à intervenção de terceiro no âmbito do novo C.P.C. brasileiro, há previsão das seguintes hipóteses: a) assistência; b) denunciação da lide; c) chamamento ao processo; d) incidente de desconsideração da personalidade jurídica; e) *amicus curiae*.

Segundo estabelece o art. 119 do novo C.P.C., *pendendo causa entre 2 (duas) ou mais pessoas, o terceiro juridicamente interessado em que a sentença seja favorável a uma delas poderá intervir no processo para assisti-la.*

Muito embora nosso entendimento seja de que a decisão proferida na relação jurídica processual cautelar não apresenta natureza jurídica de *sentença*, pois não se enquadra na definição de sentença contida no art. 203, §1º, do novo C.P.C., a expressão 'sentença' indicada no art. 119 do novo C.P.C. não diz respeito à decisão a ser proferida na relação jurídica cautelar, mas, sim, à relação jurídica da demanda principal.

Porém, como o art. 119 do novo C.P.C. permite que o interessado possa intervir no 'processo' para assistir uma das partes, entendo que estando a demanda cautelar inserida no mesmo processo em que foi ou será inserida a demanda principal, é possível a intervenção de assistente simples ou litisconsorcial na relação jurídica processual cautelar em face da unidade *processual* existente.

O reforço da tese de participação do assistente na relação jurídica de natureza cautelar se dá inclusive pelo que dispõe o p.u. do art. 119 do novo C.P.C., a saber: *A assistência será admitida em qualquer procedimento e em todos os graus de jurisdição, recebendo o assistente o processo no estado em que se encontre.*

No âmbito do processo civil italiano, anotam Enrico A. Dini e Giovanni Mammone: "*Conforme aquilo que já expusemos sobre a precedente disciplina, em linha teórica é sem dúvida admissível a intervenção de terceiro no procedimento cautelar, em atenção de que diante da regulação do instituto não se encontra no âmbito dos procedimentos cautelares elemento algum incompatível com a normativa geral. Não existem, portanto, obstáculos à intervenção voluntária, por provocação da parte ou por ordem do juiz sob o plano conceitual, com a cautela de que eventual chamada de terceiro deverá ser realizada sem formalidade, com respeito à liberdade de forma que caracteriza o procedimento cautelar*".[256]

Conforme Oberto (*Il nuovo processo cautelare*) e Verde(*Commento ao codice di procedura civile*) a falta de explícitas disposições à questão consente ao

---

[256] DINI, E. A., MAMMONE, G., op. cit., p. 473.

juiz examinar, caso por caso, se a intervenção de terceiro é útil aos fins do procedimento e se é compatível com a exigência de celeridade que o distingue.[257]

Portanto, não há dúvida de que é possível o instituto da assistência no procedimento processual em que se pretende a concessão de tutela provisória de urgência cautelar.

A grande indagação que se poderia fazer é se seria possível ao *assistente simples* ingressar com uma tutela provisória de urgência cautelar *antecedente ou incidental* em favor do assistido, como no caso, por exemplo, do sublocatário em favor do locatário.

Em relação ao requerimento de tutela provisória de urgência cautelar *incidental*, não se verifica impedimento para que o assistente possa solicitá-la, justamente pelo que dispõe o art. 121 do novo C.P.C.: *O assistente simples atuará como auxiliar da parte principal, exercerá os mesmos poderes e sujeitar-se-á aos mesmos ônus processuais que o assistido.*

Se a parte principal tem o poder de formular pedido de tutela cautelar incidental, tal prerrogativa estende-se igualmente ao assistente interveniente.

A problemática surge no âmbito da tutela provisória de urgência cautelar *antecedente*.

Na realidade, o assistente simples somente poderá ingressar com medida cautelar antecedente em favor do assistido se o fizer como *substituto processual*, ou seja, agindo em nome próprio defender interesse de outrem, e jamais em seu próprio interesse na relação jurídica que diz respeito a outrem.

Segundo estabelece o art. 18 do novo C.P.C. *ninguém poderá pleitear direito alheio em nome próprio, salvo quando autorizado pelo ordenamento jurídico.*

Assim, se o interesse demonstrado pelo assistente enquadrar-se, não mais em autorização legal (art. 6º do C.P.C. de 1973), mas, sim, em autorização prevista no ordenamento jurídico, poderá, sim, ingressar com medida cautelar em favor do assistido.

Já no que concerne à *assistência qualificada*, prevista no art. 124 do novo C.P.C., ou seja, aquela que resulta de duplo vínculo jurídico do assistente com ambas as partes (ex. fiador), não há impedimento para que o assistente atue em nome próprio e no seu próprio interesse, requerendo tutela

---

[257] DINI, E. A., MAMMONE, G., idem, p. 473.

TUTELA PROVISÓRIA

provisória de urgência cautelar antecedente ou incidental, pois nessa hipótese será considerado litisconsorte da parte assistida.

Nos termos do art. 125 do novo C.P.C., será admitida a *denunciação da lide ou 'chiamata in garanzia'*, nas seguintes hipóteses: I – ao alienante imediato, no processo relativo à coisa cujo domínio foi transferido ao denunciante, a fim de que possa exercer os direitos que da evicção lhe resultam; II – àquele que estiver obrigado, por lei ou pelo contrato, a indenizar, em ação regressiva, o prejuízo de quem for vencido no processo.

Se o denunciante for vencido na ação principal, o juiz passará ao julgamento da denunciação da lide. Se o denunciante for vencedor, a ação de denunciação não terá o seu pedido examinado, sem prejuízo da condenação do denunciante ao pagamento das verbas de sucumbência em favor do denunciado.

Nessa espécie de intervenção, o terceiro é citado para participar *ad coadjuvandum*.

Na realidade, a listisdenunciação tem por objetivo a condenação do terceiro na hipótese de o denunciado perder a demanda para o seu adversário.

Percebe-se, portanto, que a cognição a ser exercida pelo juiz na denunciação da lide é exauriente e de natureza satisfativa.

Diante da natureza jurídica da cognição exercida na denunciação da lide, pode-se afirmar que tal instituto não deve ser admitido na relação jurídica de natureza cautelar, uma vez que a cognição que o juiz ali deve exercer possui natureza sumária e não satisfativa.

Se aquele que deve intervir na denunciação da lide desejar participar da relação jurídica de natureza cautelar, poderá fazê-lo na condição de assistente, seja como assistente voluntário ou mediante o instituto da assistência provocada.

Em relação à intervenção de terceiro, denominada de *chiamata in garanzia* (nossa denunciação da lide), nos procedimentos de urgência no processo civil italiano, eis a lição de Enrico A. Dini e Giovanni Mammone: *"Penso que la chiamata in garanzia (art. 106 cod. pr. civ.) não possa ser admitida, porque incompatível com a urgência que é ínsita neste procedimento, tanto mais que poderia haver como consequência também o exame do mérito...E sobre o ponto também a Corte de Cassação (denuncia de obra nova) estabeleceu que não é configurável, em razão de sua estrutura, a possibilidade da chamada em causa de um terceiro na fase cautelar, mas só na de mérito (Cass. 7 dicembre 1968, n. 3925, in*

Giust. Civ. 1969, I, pág. 1750; Cass 16 luglio 1969, n. 2629, in Giust. Civ. Mass., 1969, pag. 1349)".[258]

Estabelece o art. 130 do novo C.P.C. que é admissível o *chamamento ao processo*, requerido pelo réu: I – do afiançado, na ação em que o fiador for réu; II – dos demais fiadores, na ação proposta contra um ou alguns deles; III – dos demais devedores solidários, quando o credor exigir de um ou de alguns o pagamento da dívida comum.

A sentença de procedência valerá como título executivo em favor do réu que satisfizer a dívida, a fim de que possa exigi-la, por inteiro, do devedor principal, ou, de cada um dos codevedores, a sua quota, na proporção que lhes tocar.

No chamamento ao processo ocorre um verdadeiro litisconsórcio passivo entre aquele que chama e aquele que é chamado, uma vez que tal espécie de intervenção decorre da responsabilidade solidária constituída em favor do autor.

Percebe-se, portanto, que a cognição a ser exercida pelo juiz no chamamento ao processo é exauriente e de natureza satisfativa.

Diante da natureza jurídica da cognição exercida no chamamento ao processo, pode-se afirmar que tal instituto não deve ser admitido na relação jurídica de natureza cautelar, uma vez que a cognição que o juiz ali deve exercer possui natureza sumária e não satisfativa.

Segundo estabelece o art. 133 do novo C.P.C., o *incidente de desconsideração da personalidade jurídica* será instaurado a pedido da parte ou do Ministério Público, quando lhe couber intervir no processo.

O incidente de desconsideração é cabível em todas as fases do processo de conhecimento, no cumprimento de sentença e na execução fundada em título executivo extrajudicial (art. 134 do novo C.P.C.).

Dispensa-se a instauração do incidente se a desconsideração da personalidade jurídica for requerida na petição inicial, hipótese em que será citado o sócio ou a pessoa jurídica (§2º do art. 134 do novo C.P.C.).

Tendo em vista que o incidente de desconsideração da personalidade jurídica pode ser instaurado em todas as fases, não da relação jurídica do procedimento comum, mas do processo de conhecimento, e sendo a relação jurídica cautelar uma fase do processo de conhecimento e não do procedimento comum, é possível a sua instauração no âmbito do procedimento de natureza cautelar.

---

[258] DINI, E. A., MAMMONE, G., idem., p. 370.

TUTELA PROVISÓRIA

Na realidade, poderá haver necessidade de se pleitear a desconsideração da personalidade jurídica logo com a petição inicial que dá ensejo ao pedido de tutela provisória de urgência cautelar antecedente, quando, então, será dispensada a instauração do incidente, conforme estabelece o §2º do art. 134 do novo C.P.C. Isso pode ocorrer quando se está diante de uma dívida de crédito contraída pelos sócios, mas que os bens existentes são somente da sociedade, a qual está dilapidando seu patrimônio, havendo elementos configuradores para a desconsideração da personalidade jurídica.

Nos termos do art. 138 do novo C.P.C., o juiz ou o relator, considerando a relevância da matéria, a especificidade do tema objeto da demanda ou a repercussão social da controvérsia, poderá, por decisão irrecorrível, de ofício ou a requerimento das partes ou de quem pretenda manifestar-se, solicitar ou admitir a participação de pessoa natural ou jurídica, órgão ou entidade especializada, com representatividade adequada, no prazo de 15 (quinze) dias de sua intimação. Trata-se da intervenção do denominado *amicus curiae*.

Tendo em vista a importância da participação do *amicus curiae* no processo, não se vê qualquer impedimento para que tal intervenção se dê no âmbito da relação jurídica de natureza cautelar.

É evidente, contudo, como a tutela de cautelaridade exige uma manifestação rápida e urgente do juiz, muitas vezes, *inaldita altera parte*, eventual intervenção do *amicus curiae* não pode por em risco o próprio escopo da tutela de urgência.

Por fim, é importante salientar que a *oposição* deixou de ser um instituo vinculado à intervenção de terceiro, para ser enquadrada como causa a ser inserida num processo comum de procedimento especial (art. 682 a 686 do novo C.P.C.).

Sobre o tema, eis algumas decisões proferidas sob a égide do C.P.C. de 1973:

> *Processo civil. Recurso especial. Ação cautelar. Produção antecipada de prova. Denunciação da lide. Assistência.*
>
> *– Não cabe denunciação da lide em medida cautelar de produção antecipada de prova. Precedente.*
>
> *– É admissível a intervenção de terceiro em ação cautelar de produção antecipada de prova, na forma de assistência provocada, pois visa garantir a efetividade do princípio do contraditório, de modo a assegurar a eficácia da prova produzida perante aquele que será denunciado à lide, posteriormente, no processo principal.*

– *Recurso especial a que se conhece pelo dissídio e, no mérito, nega-se provimento.* (REsp 213.556/RJ, Rel. Ministra NANCY ANDRIGHI, TERCEIRA TURMA, julgado em 20/08/2001, DJ 17/09/2001, p. 161)

CIVIL E PROCESSUAL CIVIL. OPOSIÇÃO EM AÇÃO CAUTELAR DE ARRESTO. IMPOSSIBILIDADE. VIA IMPRÓPRIA. ISENÇÃO DE CUSTAS. AUSÊNCIA DE PREVISÃO LEGAL.

1. A oposição é instituto de intervenção de terceiros que tem natureza jurídica de ação judicial de conhecimento, o que aponta para sua incompatibilidade com o processo cautelar de arresto diante da disparidade dos procedimentos.

2. A oposição é facultativa, uma vez que os efeitos da sentença proferida no processo de regra não atingem a terceiros (inteligência do art. 472, cpc), mostrando-se possível que o opositor pode aguardar o trânsito em julgado da sentença para ajuizar ação contra o devedor.

3. Doutrina.

3.1. "Não se confunde com os embargos de terceiros, em que há apenas um pedido para livrar-se o bem de terceiro de eventual constrição injusta. o pressuposto para a oposição é que exista controvérsia sobre a titularidade da coisa ou do direito deduzido em juízo. conseguintemente, não cabe oposição na fase de cumprimento da sentença por execução forçada, no processo de execução, no processo cautelar e no processo de desapropriação. havendo penhora, arresto ou seqüestro de bem de terceiro cabem embargos de terceiro, e não oposição" (Marinoni, Luiz Guilherme. Código de Processo Civil: Comentado Artigo por Artigo / Luiz Guilherme Marinoni, Daniel Mitidiero. – 4. Ed. Rev. Atual. e Ampli. – São Paulo: Editora Revista dos Tribunais, 2012, P. 142).

3.2. Humberto Theodoro Júnior in Curso de Direito Processual Civil, 32ª ed., Vol. II, p. 357: "a oposição, todavia, não tem maior pertinência com a matéria de segurança discutida no processo cautelar. O que justifica a oposição em processo alheio é o interesse do terceiro opoente em obter uma sentença em seu favor que, no mérito, exclua o direito tanto do autor como do réu sobre o bem litigioso (art. 56). Só, portanto, o processo principal de conhecimento é que se pode aceitar, com propriedade, a intervenção de terceiro a título de oposição, posto que na ação cautelar nem mesmo se chega a apreciar o mérito da causa".

4. Não há previsão legal que isente a conab do pagamento de custas processuais.

5. Recurso conhecido e improvido.

(TJ-DF – APC: 20120111967753 DF 0054705-56.2012.8.07.0001, Relator: JOÃO EGMONT, Data de Julgamento: 10/07/2013, 5ª Turma Cível, Data de Publicação: Publicado no DJE : 18/07/2013 . Pág.: 110)

TUTELA PROVISÓRIA

PROCESSUAL CIVIL. OPOSIÇÃO EM AÇÃO CAUTELAR. IMPOSSIBI-LIDADE. EXTINÇÃO DO PROCESSO SEM JULGAMENTO DE MÉRITO.

1. Correta a extinção da oposição, sem julgamento de mérito, ajuizada em face de ação cautelar. A oposição deve ser proposta contra autor e réu ao mesmo tempo, e não contra apenas um deles. Ademais, o autor de cautelar não pode ser opoente. A oposição pressupõe a existência de um terceiro, estranho à lide, que reclama o direito sobre a coisa controversa na ação formada entre o autor e réu.

2. Apelo a que se nega provimento.

3. Sentença confirmada.

4. Peças liberadas pelo Relator em 06/08/99 para publicação do acórdão.

(TRF-1 – AC: 22836 PA 95.01.22836-3, Relator: JUIZ LUCIANO TOLEN-TINO AMARAL, Data de Julgamento: 06/08/1999, PRIMEIRA TURMA, Data de Publicação: 23/08/1999 DJ p.196)

AGRAVO DE INSTRUMENTO – BEM MÓVEL – BUSCA E APREEN-SÃO – CHAMAMENTO AO PROCESSO OU DENUNCIAÇÃO DA LIDE INCABIMENTO – AGRAVANTE QUE RECEBEU E PERMANECE COM O VEÍCULO QUE A AGRAVADA ESTÁ PRETENDENDO A BUSCA E APREENSÃO – AUSÊNCIA DOS REQUISITOS PARA A INTERVENÇÃO DE TERCEIRO. Agravo de Instrumento improvido.

(TJ-SP – AI: 430818720098260000 SP 0043081-87.2009.8.26.0000, Rela-tor: Jayme Queiroz Lopes, Data de Julgamento: 21/07/2011, 36ª Câmara de Direito Privado, Data de Publicação: 26/07/2011)

28.14. As medidas cautelares são apenas aquelas especificas no novo C.P.C.?

Muito embora a tutela provisória de urgência cautelar esteja regulada no Título II do novo C.P.C., o certo é que permissivo legal para a concessão de medidas cautelares não está restrito ao novo C.P.C.

Há legislação esparsa que autoriza ao juiz conceder medidas cautelares, como é o caso da Lei 8.397, de 6 de janeiro de 1992, que trata da Medida Cautelar Fiscal.

Também a Lei do Divórcio, em seu art. 7º, §1º, permite que o juiz conceda medida cautelar de separação de *corpus*, não obstante põe--se em dúvida que essa medida tenha efetivamente natureza de medida cautelar.

28.15. Tutela Cautelar – Fraude à Execução

A instauração de processo no qual se requeira a concessão de tutela antecedente cautelar, com base na urgência, é suficiente para caracterização da *fraude à execução?*

Estabelece o art. 792, inc. I, do novo C.P.C. que se considera *fraude à execução*, a alienação ou oneração de bem, quando sobre ele pender ação fundada em direito real ou com pretensão reipersecutória, desde que a pendência do processo tenha sido averbada no respectivo registro público, se houver.

Portanto, se o pedido principal de uma determinada demanda tiver por objeto a pretensão fundada em direito real ou reipersecutória, a eventual postulação de uma demanda cautelar antecedente, com base na urgência, poderá ensejar, na hipótese de alienação ou oneração de bens, a *fraude à execução,* desde que a pendência do processo tenha sido averbada no respectivo registro público, se houver.

Também se considera *fraude à execução* quando ao tempo da alienação ou oneração tramitava contra o devedor ação capaz de reduzi-lo à insolvência (inc. IV do art. 792 do novo C.P.C).

Assim, se a concessão de uma tutela cautelar antecedente, com base na urgência, puder reduzir o requerido à insolvência, a alienação do bem após a efetivação da tutela cautelar poderá ser considerada em fraude à execução.

Pense-se na hipótese em que o juiz concede uma tutela cautelar antecedente, com base na urgência, consistente na apreensão de todos os caminhões de uma empresa de transporte, com objetivo de resguardar a futura execução que será promovida pelo credor, requerente da cautelar. Evidentemente, esta demanda cautelar, pelo grau de amplitude de sua concessão, poderá reduzir o devedor à insolvência, hipótese em que, se houver alienação de veículos, tal alienação poderá ser considerada em fraude à execução.

28.16. Quando se encerra a relação jurídica referente à tutela jurisdicional cautelar?

Segundo a estrutura procedimental estabelecida pelo novo C.P.C., haverá um só processo para a formalização do pedido da tutela jurisdicional cautelar (antecipada ou incidental) e do pedido final satisfativo.

Porém, não obstante a existência de um só processo, não se pode negar que haverá duas relações jurídicas processuais diversas e bem definidas para cada um dos pedidos (tutela cautelar e tutela final satisfativa).

TUTELA PROVISÓRIA

A comprovação da existência de duas relações jurídicas processuais para cada um dos pedidos se dá pelo teor do disposto nos arts. 306 e 308 do novo C.P.C.

Segundo preceitua o art. 306 do novo C.P.C., o réu, na tutela cautelar requerida de forma antecedente, será citado para, no prazo de cinco dias, contestar o pedido e indicar as provas que pretende produzir (evidentemente, essas provas são em relação à pretensão de natureza cautelar).

Note-se que a citação do réu é para contestar, no prazo de cinco dias, a pretensão formulada pelo autor em relação à tutela jurisdicional cautelar e não em face da tutela jurisdicional satisfativa definitiva.

A contestação do réu no que concerne ao pedido principal apresentado posteriormente ocorrerá, em regra, após a realização da audiência de conciliação ou mediação, no prazo de quinze dias, nos termos do art. 334 do novo C.P.C.

Há, portanto, prazos distintos para a contestação da pretensão de tutela de urgência cautelar e para a pretensão de tutela satisfativa de caráter definitivo.

Se não for contestado pelo réu o pedido de tutela de urgência cautelar, presumir-se-ão ocorridos os fatos alegados pelo autor, concernentes ao *periculum in mora* (art. 307 do novo C.P.C.).

Contestado o pedido no prazo legal, observar-se-á o procedimento comum.

Portanto, o juiz deverá proferir uma decisão específica em relação à pretensão de tutela cautelar e outra decisão concernente à tutela satisfativa final.

Em razão da sumariedade, não apenas material, mas também procedimental formal da relação jurídica processual da tutela cautelar de urgência, a decisão a ser proferida nessa hipótese será, em tese, mais célere do que aquela que será objeto da pretensão da tutela satisfativa.

Em razão disso, pode-se afirmar que haverá duas sentenças no mesmo processo?

No sistema alemão, o Código de Processo Civil da Alemanha, no §303 permite a prolação de uma *sentença interlocutória*, quando uma questão incidental está madura para a decisão. Preceitua o referido parágrafo: *"Se uma questão incidental encontra-se madura para a decisão, esta última pode ser pronunciada com sentença interlocutória"*.

Porém, no sistema Brasileiro, a resposta mais consentânea com a estrutura procedimental adotada pelo novo C.P.C. é no sentido de que não haverá duas sentenças, uma para cautelar e outra para a demanda principal, no mesmo processo.

Na realidade, a decisão que encerrará a relação jurídica processual concernente à tutela de urgência cautelar terá natureza interlocutória, ensejando, inclusive, recurso de agravo de instrumento, nos termos do art. 1.015, inc. I., do C.P.C., a saber:

> *"Art. 1.015. Cabe agravo de instrumento contra as decisões interlocutórias que versarem sobre:*
> *I – Tutelas provisórias".*

No caso, a decisão proferida nos termos do art. 309 do novo C.P.C. versa, indubitavelmente, sobre tutela provisória, no caso específico, sobre tutela antecipada cautelar, razão pela qual, além de ser uma decisão de natureza interlocutória, estará sujeita ao recurso de agravo de instrumento.

Contudo, poderá ocorrer, como já acontecia sob a égide do C.P.C. de 1973, que o juiz profira uma única decisão para a pretensão de tutela cautelar antecipada e para a pretensão da tutela satisfativa final. Nessa hipótese, em razão do princípio da unirrecorribilidade das decisões, o recurso cabível será o de apelação.

28.17. É cabível tutela jurisdicional cautelar com referência à Ação Rescisória?

Sob a égide do C.P.C. de 1973, havia certa indagação, tanto na doutrina quanto na jurisprudência, sobre a possibilidade de se promover tutela de urgência para se suspender a eficácia da sentença transitada em julgado.

O Supremo Tribunal Federal (PET – Plenário n. 143/DF, Relator Min. Oscar Correa), por exemplo, afirmou inicialmente que "não haveria medida preventiva contra a coisa julgada". Contra a coisa julgada apenas caberia a ação rescisória, sabidamente sem efeito suspensivo.

Aliás, esse era o teor da Súmula 234 do extinto Tribunal Federal de Recursos: *"Não cabe medida cautelar em ação rescisória para obstar os efeitos da coisa julgada".*

Galeno Lacerda, por sua vez, criticava as teses radicais dos acórdãos do Supremo e do Tribunal Federal de Recursos, que impediam a possibilidade de se conceder tutelas de urgência para suspender a eficácia da sentença transitada em julgado. A coisa julgada, segundo ele, não constituiria presunção absoluta em prol do vencedor. Em sistemas que adotam a revisão, ou a ação rescisória, como o nosso, tal presunção assume caráter relativo, enquanto não expirado o prazo de decadência.

Talvez diante das críticas de Galeno Lacerda, o Supremo Tribunal Federal altera sua postura e passa a admitir a concessão de medida cautelar em ação rescisória com o fim de suspender a eficácia de sentença transitada em julgado. Nesse sentido é a decisão proferida na PET n. 2402/RS, Segunda Turma, Rel. Min. Carlos Velloso:

> I – *Medida Cautelar deferia para o fim de ser concedido efeito suspensivo à ação rescisória proposta perante o TRT 4ª Região, ali julgada improcedente, posteriormente julgada procedente pelo Tribunal Superior do Trabalho, cujo trânsito em julgado foi obstado pela interposição de recurso extraordinário.*
>
> II – *Fumus boni iuris e periculum in mora ocorrentes.*
>
> III – *Decisão concessiva da cautelar referendada pela Turma*

Posteriormente, a Lei 8.437, de 30.6.92, em seu art. 4-A, acrescido pelo art. 7º da Med. Provisória n. 1.774-20, de 14.12-98, estabeleceu que nas ações rescisórias propostas pela União, Estados, Distrito Federal e Municípios, bem como pelas autarquias e fundações instituídas pelo Poder Público, caracterizada a plausibilidade jurídica da pretensão, poderia o tribunal, a qualquer tempo, conceder medida cautelar para suspender os efeitos da sentença rescindenda.

Contudo, o art. 7º da Med. Provisória n. 1.774-20, de 14.12.98 não foi repetido nas medidas provisórias subsequentes, como é o caso da M.P. n. 2.109-49.

É certo que a Medida Provisória n. 2.180/35 estabeleceu em seu art. 15: *Aplica-se à ação rescisória o poder geral de cautela.*

Os tribunais continuaram a conceder medidas cautelares para a suspensão da eficácia da sentença transitada em julgada quando sujeita à ação rescisória.

Porém, a jurisprudência passou a indagar se a natureza da tutela de urgência visando à suspensão de sentença transitada em julgado seria mesmo cautelar, pois esse tipo de decisão tinha por objetivo antecipar alguns dos efeitos materiais da tutela satisfativa que deveria ser outorgada na ação rescisória.

Por isso, em algumas decisões, o S.T.J. passou a entender que a suspensão dos efeitos de uma sentença transitada em julgado, quando sujeita à ação rescisória, deveria ser postulada, não por meio de medida cautelar, mas, sim, através de tutela antecipada. Nesse sentido, eis os seguintes precedentes:

> *Processo civil. Atribuição de efeito suspensivo a ação rescisória.*
>
> *1. antecipação da tutela. A partir da lei 8.952, de 1994, a atribuição de efeito suspensivo a ação rescisoria deve ser requerida, nos respectivos autos, como antecipação da tutela, e não mais por meio de ação cautelar. 2. cabimento. A regra do art. 489 do cpc cede sempre que, sem a atribuição de efeito suspensivo a ação rescisoria, se possa prever que o acórdão, mesmo se o pedido for julgado procedente, não terá utilidade. Recurso especial não conhecido.*
>
> *(REsp 81529/PI, Rel. Ministro ARI PARGENDLER, SEGUNDA TURMA, julgado em 16/10/1997, DJ 10/11/1997, p. 57734).*

> *Processual Civil. Ação Rescisória. Tutela antecipatória para conferir efeito suspensivo à sentença rescindenda. Cabimento. 'Fungibilidade' das medidas urgentes. Fumus boni iuris.*
>
> *Inocorrência. Violação a literal disposição de lei. Interpretação controvertida nos Tribunais.*
>
> *– Cabe medida cautelar em ação rescisória para atribuição de efeito suspensivo à sentença rescindenda.*
>
> *– Se o autor, a título de antecipação de tutela requer providência de natureza cautelar, pode o juiz, presentes os respectivos pressupostos, deferir a medida cautelar em caráter incidental no processo ajuizado, em atendimento ao princípio da economia processual.*
>
> *– Não há o fumus boni iuris, requisito da suspensão da execução da sentença rescindenda, se a ação rescisória se funda em ofensa a literal disposição de lei e a sentença se baseou em texto legal de interpretação controvertida nos Tribunais.*
>
> *(REsp 351.766/SP, Rel. Ministra NANCY ANDRIGHI, TERCEIRA TURMA, julgado em 06/05/2002, DJ 26/08/2002, p. 214)*

29
Tutela Provisória Contra a Fazenda Pública

No Livro Complementar do novo C.P.C., (Lei 13.105/2015) – *Disposições Finais e Transitórias* – encontra-se a normatização contida no art. 1.059, que assim dispõe: *À tutela provisória requerida contra a Fazenda Pública aplica-se o disposto nos <u>arts. 1º a 4º da Lei nº 8.437, de 30 de junho de 1992</u>, e no <u>art. 7º, § 2º, da Lei nº 12.016, de 7 de agosto de 2009</u>.*

Por sua vez, estabelecem os arts. 1º a 4º da Lei n. 8.437, de 30 de junho de 1992, e o art. 7º, §2º, da Lei n. 12.016, de 7 de agosto de 2009:

Lei 8.437/92:

Art. 1º Não será cabível medida liminar contra atos do Poder Público, no procedimento cautelar ou em quaisquer outras ações de natureza cautelar ou preventiva, toda vez que providência semelhante não puder ser concedida em ações de mandado de segurança, em virtude de vedação legal.

§ 1º Não será cabível, no juízo de primeiro grau, medida cautelar inominada ou a sua liminar, quando impugnado ato de autoridade sujeita, na via de mandado de segurança, à competência originária de tribunal.

§ 2º O disposto no parágrafo anterior não se aplica aos processos de ação popular e de ação civil pública.

§ 3º Não será cabível medida liminar que esgote, no todo ou em qualquer parte, o objeto da ação.

TUTELA PROVISÓRIA

§ 4º Nos casos em que cabível medida liminar, sem prejuízo da comunicação ao dirigente do órgão ou entidade, o respectivo representante judicial dela será imediatamente intimado. (Incluído pela Medida Provisória nº 2,180-35, de 2001)

§ 5º Não será cabível medida liminar que defira compensação de créditos tributários ou previdenciários. (Incluído pela Medida Provisória nº 2, 180-35, de 2001)

Art. 2º No mandado de segurança coletivo e na ação civil pública, a liminar será concedida, quando cabível, após a audiência do representante judicial da pessoa jurídica de direito público, que deverá se pronunciar no prazo de setenta e duas horas.

Art. 3º O recurso voluntário ou ex officio, interposto contra sentença em processo cautelar, proferida contra pessoa jurídica de direito público ou seus agentes, que importe em outorga ou adição de vencimentos ou de reclassificação funcional, terá efeito suspensivo.

Art. 4º Compete ao presidente do tribunal, ao qual couber o conhecimento do respectivo recurso, suspender, em despacho fundamentado, a execução da liminar nas ações movidas contra o Poder Público ou seus agentes, a requerimento do Ministério Público ou da pessoa jurídica de direito público interessada, em caso de manifesto interesse público ou de flagrante ilegitimidade, e para evitar grave lesão à ordem, à saúde, à segurança e à economia públicas.

§ 1º Aplica-se o disposto neste artigo à sentença proferida em processo de ação cautelar inominada, no processo de ação popular e na ação civil pública, enquanto não transitada em julgado.

§ 2º O Presidente do Tribunal poderá ouvir o autor e o Ministério Público, em setenta e duas horas. (Redação dada pela Medida Provisória nº 2, 180-35, de 2001)

§ 3º Do despacho que conceder ou negar a suspensão, caberá agravo, no prazo de cinco dias, que será levado a julgamento na sessão seguinte a sua interposição. (Redação dada pela Medida Provisória nº 2, 180-35, de 2001)

§ 4º Se do julgamento do agravo de que trata o § 3º resultar a manutenção ou o restabelecimento da decisão que se pretende suspender, caberá novo pedido de suspensão ao Presidente do Tribunal competente para conhecer de eventual recurso especial ou extraordinário. (Incluído pela Medida Provisória nº 2, 180-35, de 2001)

§ 5º É cabível também o pedido de suspensão a que se refere o § 4o, quando negado provimento a agravo de instrumento interposto contra a liminar a que se refere este artigo. (Incluído pela Medida Provisória nº 2, 180-35, de 2001)

§ 6º A interposição do agravo de instrumento contra liminar concedida nas ações movidas contra o Poder Público e seus agentes não prejudica nem condiciona o julgamento do pedido de suspensão a que se refere este artigo. (Incluído pela Medida Provisória nº 2, 180-35, de 2001)

§ 7º O Presidente do Tribunal poderá conferir ao pedido efeito suspensivo liminar, se constatar, em juízo prévio, a plausibilidade do direito invocado e a urgência na concessão da medida. (Incluído pela Medida Provisória nº 2, 180-35, de 2001)

§ 8º As liminares cujo objeto seja idêntico poderão ser suspensas em uma única decisão, podendo o Presidente do Tribunal estender os efeitos da suspensão a liminares supervenientes, mediante simples aditamento do pedido original. (Incluído pela Medida Provisória nº 2, 180-35, de 2001)

§ 9º A suspensão deferida pelo Presidente do Tribunal vigorará até o trânsito em julgado da decisão de mérito na ação principal. (Incluído pela Medida Provisória nº 2, 180-35, de 2001)

Lei 12.016/09:

Art. 7º (...).

§ 2º Não será concedida medida liminar que tenha por objeto a compensação de créditos tributários, a entrega de mercadorias e bens provenientes do exterior, a reclassificação ou equiparação de servidores públicos e a concessão de aumento ou a extensão de vantagens ou pagamento de qualquer natureza.

Os arts. 1º a 4º da Lei n. 8.437, de 30 de junho de 1992, e o art. 7º, §2º, da Lei n. 12.016, de 7 de agosto de 2009, têm por finalidade impedir, delimitar ou restringir a concessão de medidas liminares em procedimento de tutelas cautelares ou em quaisquer outras ações de natureza cautelar ou preventiva, como, por exemplo, demandas em que haja pedido de concessão de tutela provisória de urgência antecipada ou de evidência.

Questão que se coloca é se diante do princípio constitucional de que a lei não poderá excluir da apreciação do Poder Judiciário lesão ou ameaça de lesão a direito, poder-se-ia considerar constitucional uma lei que proíbe o Poder Judiciário conceder liminares contra a Fazenda Pública em tutela provisória de urgência ou de evidência.

A questão foi definida pelo Supremo Tribunal Federal na Medida Cautelar proferida na Ação Direta de Constitucionalidade n. 4, *in verbis:*

TUTELA PROVISÓRIA

1. Dispõe o art. 1º da Lei nº 9.494, da 10.09.1997: "Art. 1º. Aplica-se à tutela antecipada prevista nos arts. 273 e 461 do Código de Processo Civil, o disposto nos arts 5º e seu parágrafo único e art. 7º da Lei nº 4.348, de 26 de junho de 1964, no art. 1º e seu § 4º da Lei nº 5.021, de 09 de junho de 1966, e nos arts. 1º, 3º e 4º da Lei nº 8.437, de 30 de junho de 1992."

2. Algumas instâncias ordinárias da Justiça Federal têm deferido tutela antecipada contra a Fazenda Pública, argumentando com a inconstitucionalidade de tal norma. Outras instâncias igualmente ordinárias e até uma Superior – o S.T.J. – a têm indeferido, reputando constitucional o dispositivo em questão.

3. Diante desse quadro, é admissível Ação Direta de Constitucionalidade, de que trata a 2ª parte do inciso I do art. 102 da C.F., para que o Supremo Tribunal Federal dirima a controvérsia sobre a questão prejudicial constitucional. Precedente: A.D.C. n 1. Art. 265, IV, do Código de Processo Civil.

4. As decisões definitivas de mérito, proferidas pelo Supremo Tribunal Federal, nas Ações Declaratórias de Constitucionalidade de lei ou ato normativo federal, produzem eficácia contra todos e até efeito vinculante, relativamente aos demais órgãos do Poder Judiciário e ao Poder Executivo, nos termos do art. 102, § 2º, da C.F.

5. Em Ação dessa natureza, pode a Corte conceder medida cautelar que assegure, temporariamente, tal força e eficácia à futura decisão de mérito. E assim é, mesmo sem expressa previsão constitucional de medida cautelar na A.D.C., pois o poder de acautelar é imanente ao de julgar. Precedente do S.T.F.: RTJ-76/342.

6. Há plausibilidade jurídica na argüição de constitucionalidade, constante da inicial ("fumus boni iuris"). Precedente: ADIMC – 1.576-1.

7. Está igualmente atendido o requisito do "periculum in mora", em face da alta conveniência da Administração Pública, pressionada por liminares que, apesar do disposto na norma impugnada, determinam a incorporação imediata de acréscimos de vencimentos, na folha de pagamento de grande número de servidores e até o pagamento imediato de diferenças atrasadas. E tudo sem o precatório exigido pelo art. 100 da Constituição Federal, e, ainda, sob as ameaças noticiadas na inicial e demonstradas com os documentos que a instruíram.

8. Medida cautelar deferida, em parte, por maioria de votos, para se suspender, "ex nunc", e com efeito vinculante, até o julgamento final da ação, a concessão de tutela antecipada contra a Fazenda Pública, que tenha por pressuposto a constitucionalidade ou inconstitucionalidade do art. 1º da Lei nº 9.494, de 10.09.97, sustando-se, igualmente "ex nunc", os efeitos futuros das decisões já proferidas, nesse sentido.

(ADC 4 MC, Relator(a): Min. Sydney Sanches, Tribunal Pleno, julgado em 11/02/1998, DJ 21-05-1999 PP-00002 EMENT VOL-01951-01 PP-00001) .

No voto do Ministro Relator, Ministro Sidney Sanches, ficou assim consignado: *"Uma tal providência, tal como naqueloutras não o foi, não pode ser acoimada de inconstitucional, por ofensa direta ao conteúdo do art. 5º, inciso XXXV, da Carta de 1988.*

Citando Galeno Lacerda, para quem 'desde que não vedado o direito à ação principal, nada impede coíba o legislador, por interesse público, a concessão de liminares', o eminente Ministro Moreira Alves, em seu voto no julgamento da prefalada ADIN 223, firmou que 'o proibir-se, em certos casos, por interesse público, a antecipação provisória da satisfação do direito material lesado ou ameaçado não exclui, evidentemente, da apreciação do Poder Judiciário, a lesão ou ameaça ao direito, pois ela se obtém normalmente na satisfação definitiva que é proporcionada pela ação principal, que, esta sim, não pode ser vedada para privar-se o lesado ou ameaçado de socorrer-se do Poder Judiciário'.

Entendimento semelhante já firmara o eminente Ministro Marco Aurélio, Relator da ADIN n. 1.576-1, em seu voto. É conferir: 'De qualquer modo, a legislação comum submete-se aos ditames constitucionais. Proceda-se, então, ao devido cotejo: de um lado, tem-se que o artigo 1º da medida provisória em análise não afasta do crivo do Poder Judiciário lesão ou ameaça de lesão a direito. Na hipótese, cuida-se, apenas, de proibição de vir a ser antecipada, em certos casos, a prestação jurisdicional'.

Da doutrina, importa trazer à colação o lúcido entendimento do Prof. J. J. Calmon de Passos: 'Sempre sustentei que a garantia constitucional disciplinada no inciso XXXV do art. 5º da Constituição Federal (a lei não excluirá da apreciação do Poder Judiciário lesão ou ameaça a direito) diz respeito apenas à tutela definitiva, aquela que se institui com a decisão transitada em julgado, sendo a execução provisória e a antecipação da tutela problemas de política processual, que o legislador pode conceder ou negar, sem que com isso incida em inconstitucionalidade. Vetar liminares neste ou naquele processo jamais pode importar inconstitucionalidade, pois configura interferência no patrimônio ou na liberdade dos indivíduos, com preterição, mesmo que em parte, das garantias do devido processo legal, de base também constitucional..."

Assim, na decisão proferida pelo S.T.F., na ADC n. 4, ficou evidenciado que não seria inconstitucional lei que proibisse, genericamente, a concessão de medidas liminares em geral.

Porém, posteriormente o próprio S.T.F. passou a mitigar esse entendimento, afirmando que o juiz tem o livre convencimento para conceder medidas liminares diante de casos concretos e com base na máxima da proporcionalidade e da razoabilidade, como acontece, por exemplo, nas questões de natureza previdenciária. Além do mais, a ADC n. 4 não

TUTELA PROVISÓRIA

se aplica a todos os casos de concessão de tutela de urgência contra a Fazenda Pública. Nesse sentido, são os seguintes precedentes do Egrégio Tribunal:

1. Não desrespeita a autoridade da ADC 4 decisões que garante a continuidade de candidato em concurso público, mesmo que a participação no certame implique direito a percepção de vencimentos.

2. Agravo regimental desprovido.

(Rcl 5069 AgR-segundo, Relator(a): Min. Teori Zavascki, Tribunal Pleno, julgado em 19/06/2013, ACÓRDÃO ELETRÔNICO DJe-125 DIVULG 28-06-2013 PUBLIC 01-07-2013).

1. É inadmissível o prosseguimento de reclamação contra decisão definitiva, ainda que nela se confirme o que tinha constituído efeito da tutela inicialmente requerida.

2. Agravo regimental ao qual se nega provimento.

(Rcl 7399 AgR, Relator(a): Min. Cármen Lúcia, Tribunal Pleno, julgado em 06/02/2013, ACÓRDÃO ELETRÔNICO DJe-049 DIVULG 13-03-2013 PUBLIC 14-03-2013) .

EMENTA Processual Civil e Previdenciário. Agravo regimental. Reclamação. ADC nº 4/DF. Policial militar reformado. Auxílio-invalidez. Antecipação de tutela. Natureza previdenciária. Súmula nº 729/STF. Recurso não provido. 1. Não tem êxito o agravo interno que deixa de atacar especificamente os fundamentos da decisão singular (art. 317, § 1º, RISTF). 2. Não é possível, em sede de agravo regimental, inovar nas razões da reclamação. 3. A decisão proferida na ADC nº 4/DF-MC não alcança a tutela antecipada deferida em causas de natureza previdenciária (Súmula STF nº 729). 4. Negado provimento ao agravo regimental.

(Rcl 4559 AgR, Relator(a): Min. Dias Toffoli, Tribunal Pleno, julgado em 06/02/2013, ACÓRDÃO ELETRÔNICO DJe-051 DIVULG 15-03-2013 PUBLIC 18-03-2013)

I – A decisão proferida pela Corte na ADC 4-MC/DF, Rel. Min. Sidney Sanches, não veda toda e qualquer antecipação de tutela contra a Fazenda Pública, mas somente as hipóteses taxativamente previstas no art. 1º da Lei 9.494/1997. II – Ausência de identidade material entre o caso aludido e a decisão tida como afrontada. III – A sentença de mérito prejudica a reclamação que se fundamenta na afronta à decisão da ADC 4-MC/DF. IV – A reclamação não é sucedânea ou substitutivo de recurso próprio para conferir

eficácia à jurisdição invocada nos autos dos recursos interpostos da decisão de mérito e da decisão em execução provisória. V – Agravo regimental improvido.
(Rcl 5207 AgR, Relator(a): Min. Ricardo Lewandowski, Tribunal Pleno, julgado em 14/10/2009, DJe-204 DIVULG 28-10-2009 PUBLIC 29-10-2009 EMENT VOL-02380-01 PP-00153 LEXSTF v. 31, n. 371, 2009, p. 161-166).

Importante ressaltar a seguinte decisão monocrática proferida pelo Ministro Luiz Fux na AC 3991 MC/DF:

> *(...).*
> *No julgamento da ADC 4, este Tribunal julgou procedente a ação, para declarar a constitucionalidade do art. 1º da Lei nº 9.494/97, a qual disciplinou a questão pertinente à antecipação da tutela relativamente aos órgãos e entidades do Poder Público.*
> *Não obstante a declaração de constitucionalidade do referido dispositivo legal, o Supremo Tribunal Federal assentou que o ordenamento positivo brasileiro não impede a concessão de tutela antecipada contra o Poder Público. Uma vez atendidos os pressupostos legais fixados no art. 273, I e II, do CPC, na redação dada pela Lei nº 8.952/94, e observadas as restrições estabelecidas na Lei nº 9.494/97 (art. 1º), tornar-se-á lícito ao magistrado deferir a tutela antecipatória requerida contra a Fazenda Pública (Rcl 2.202, rel. Min. Celso de Mello, publicado em DJe de 23/5/2013).*
> *Com efeito, na referida ação declaratória de constitucionalidade, discutiu-se a possibilidade de deferimento de antecipação de tutela em face da Fazenda Pública nos casos de reclassificação ou equiparação, concessão de aumento, extensão de vantagens pecuniárias, outorga ou acréscimo de vencimentos, pagamento de vencimentos e vantagens pecuniárias a servidor público, ou exaustão, total ou parcial, do objeto de demanda respeitante a qualquer de tais situações...*

O art. 1º da Lei n. 8.437/92 preconiza que não será cabível medida liminar contra atos do Poder Público, no procedimento cautelar ou em quaisquer outras ações de natureza cautelar ou preventiva, toda vez que providência semelhante não puder ser concedida em ações de mandado de segurança, em virtude de vedação legal.

E o art. 7º, §2º, da Lei n. 12.016 de 2009 (Lei do Mandado de Segurança individual e coletivo) estabelece as hipóteses legais em que não se poderá conceder liminar em ação de mandado de segurança, a saber: *não será concedida medida liminar que tenha por objeto a compensação de créditos tributários, a entrega de mercadorias e bens provenientes do exterior, a reclassificação ou equi-*

TUTELA PROVISÓRIA

paração de servidores públicos e a concessão de aumento ou a extensão de vantagens ou pagamento de qualquer natureza.

Portanto, há impedimento para concessão de tutela provisória de urgência ou de evidência nas seguintes hipóteses: a) compensação de crédito tributário; b) entrega de mercadorias e bens provenientes do exterior; c) reclassificação ou equiparação de servidores públicos; d) concessão de aumento ou a extensão de vantagens ou pagamento de qualquer natureza.

É importante salientar que o S.T.F. já afirmou que a proibição de concessão de tutela antecipada não se aplica à questão previdenciária, *in verbis*:

EMENTA: – 1. *Reclamação. Decisão reclamada que não esgotou, desde logo, na tutela antecipada, todo o objeto da ação ordinária.*

2. *Decisão na ADC-4 não se aplica em matéria de natureza previdenciária.*

3. *O disposto nos arts. 5º, e seu parágrafo único, e 7º, da Lei nº 4348/1964, e no art. 1º e seu parágrafo 4º da Lei nº 5021, de 9.6.1966, não concernem a benefício previdenciário garantido a segurado, mas, apenas, a vencimentos e vantagens de servidores públicos.*

4. *Relativamente aos arts. 1º, 3º e 4º da Lei nº 8437, de 30.6.1992, que o art. 1º da Lei nº 9494/1997 manda, também, aplicar à tutela antecipada, por igual, não incidem na espécie aforada no Juízo requerido.*

5. *A Lei nº 8437/1992 dispõe sobre a concessão de medidas cautelares contra atos do Poder Público.*

6. *Em seu art. 1º, interdita-se deferimento de liminar, "no procedimento cautelar ou em quaisquer outras ações de natureza cautelar ou preventiva, toda vez que providência semelhante não puder ser concedida em ações de mandado de segurança, em virtude de vedação legal".*

7. *Ocorrência de evidente remissão às normas acima aludidas, no que respeita a vencimentos e vantagens de servidores públicos, que prosseguiram, assim, em vigor.*

8. *A inteligência desse dispositivo completa-se com o que se contém, na mesma linha, no art. 3º da Lei nº 8437/1992.*

9. *Não cabe emprestar ao § 3º do art. 1º do aludido diploma exegese estranha a esse sistema, conferindo-lhe, em decorrência, autonomia normativa a fazê-lo incidir sobre cautelar ou antecipação de tutela acerca de qualquer matéria.*

10. *Agravo regimental negado provimento.*

(Rcl 1831 AgR, Relator(a): Min. NÉRI DA SILVEIRA, Tribunal Pleno, julgado em 07/03/2002, DJ 12-04-2002 PP-00055 EMENT VOL-02064-01 PP-00073)

Em relação ao aumento ou a extensão de vantagens ou pagamento de qualquer natureza, eis o teor da seguinte decisão monocrática proferida pelo Ministro Luiz Fux:

Despacho: Trata-se de mandado de injunção coletivo, com pedido de antecipação de tutela de mérito, impetrado por entidades associativas de magistrados contra omissão dos Exmos. Srs. Presidentes da Câmara dos Deputados e do Senado Federal, em que os Impetrantes sustentam que a inércia das Casas Legislativas na apreciação do Projeto de Lei nº 7.749/10, encaminhado pela Presidência deste STF, frustra o direito de seus substituídos processuais à revisão geral anual de seus subsídios, assegurada pelo art. 37, X, da Constituição Federal.

Dito projeto propõe a revisão do subsídio dos Ministros do Supremo Tribunal Federal – com os seus consectários para os membros do Poder Judiciário da União – num total de 14,79%, que corresponderia à variação acumulada do IPCA de 2009, somada à sua então projeção para 2010 e ao resíduo correspondente à diferença entre o índice de correção previsto no Projeto de Lei nº 5.921/09 e aquele efetivamente estabelecido na Lei nº 12.041/09, dele resultante.

Pretendem os Impetrantes, com esteio no caráter mandamental atualmente reconhecido pela Corte ao remédio constitucional manejado, a determinação da norma aplicável à revisão geral anual de seus substituídos processuais, para que possam, por via própria, postular eventual indenização pela omissão do Estado.

Postulam, ainda, a concessão de tutela antecipada, de modo a que seja fixado prazo exíguo – sugerido em 30 (trinta) dias – para que o Congresso Nacional conclua o processo legislativo, sob pena de, vencido o prazo, seja determinada a implementação da revisão tal como prevista no indigitado projeto de lei.

É o sucinto relatório. Decido.

Primeiramente, indefiro o pedido de tutela antecipada, tendo em vista o disposto no art. 1º da Lei nº 9.494/97, verbis:

Art. 1º Aplica-se à tutela antecipada prevista nos arts. 273 e 461 do Código de Processo Civil o disposto nos arts. 5º e seu parágrafo único e 7º da Lei nº 4.348, de 26 de junho de 1964, no art. 1º e seu § 4º da Lei nº 5.021, de 9 de junho de 1966, e nos arts. 1º, 3º e 4º da Lei nº 8.437, de 30 de junho de 1992.

O art. 5º, parágrafo único, da Lei nº 4.348/64 foi sucedido, como é cediço, pelo art. 7º, § 2º, da Lei nº 12.016/09 (que disciplina o mandado de segurança, cujo rito é, no que cabe, reproduzido para o mandado de injunção), em textual:

§ 2º Não será concedida medida liminar que tenha por objeto a compensação de créditos tributários, a entrega de mercadorias e bens provenientes do exterior, a reclassificação ou equiparação de servidores públicos e a concessão de aumento ou a extensão de vantagens ou pagamento de qualquer natureza.

O pedido de tutela antecipada formulado na exordial dirige-se, ao final, a aumento do valor nominal do subsídio dos Ministros do Supremo Tribunal Federal, ocasionando um efeito cascata sobre os subsídios do Poder Judiciário da União e, ademais, impacto sobre as remunerações de todo o funcionalismo público no país, na medida em que se elevará o limite remuneratório máximo dos membros e servidores do Poder Judiciário dos Estados, bem assim do Ministério Público, dos Defensores Públicos e Procuradores. Ainda que se trate de correção monetária, como se alega na peça vestibular, certo é que, inegavelmente, cuida-se de aumento de despesas com pessoal.

Assinale-se que a vedação legal à antecipação de tutela contra a Fazenda Pública, nas hipóteses previstas em lei, é constitucional, conforme já decidido pelo STF em sede de controle abstrato (ADC nº 4/MC, Rel. Min. Sydney Sanches). Demais disso, a jurisprudência da Corte reconhece a aplicabilidade da norma legal em comento para os casos de reposição de perda do poder aquisitivo (Rcl 2005, Rel. Min. Joaquim Barbosa; Rcl 2087, Rel. Min. Ellen Gracie; Rcl 1980, Rel. Min. Gilmar Mendes etc.).

Notifiquem-se as autoridades impetradas para a prestação de informações. Após, dê-se vista à Procuradoria Geral da República.

Publique-se.

Brasília, 5 de setembro de 2011.

Ministro Luiz Fux

Relator

A proibição contida no art. 7º, §2º, da Lei n. 12.016 de 2009 somente terá eficácia se a pretensão formulada na tutela provisória for o objeto principal da pretensão final. Nesse sentido foi o voto proferido pelo Ministro Teori Albino Zavascki, na Reclamação n. 5069, a saber:

(...).

1. Não vingam os argumentos da agravante. O provimento judicial reclamado garantiu, por meio de antecipação da tutela, a participação da candidata no certame. E o Juízo reclamado fez constar de sua decisão que, caso a candidata concluísse o curso com aproveitamento, fosse efetuada "(...) sua classificação e subsequente promoção a sargento, com o pagamento de todos os auxílios, ajudas de custo e verbas a que tem direito". Ora, fica claro que os pagamentos que a agravante considera indevidos, porquanto deferidos em decisão antecipatória, não constituem objeto principal da demanda, que visava à continuidade de participação no certame. Assim, a percepção dos vencimentos caracteriza-se como efeito secundário da decisão, o que em nenhum momento desrespeita a decisão tomada no julgamento da ADC 4. Além dos precedentes citados pelo Ministro Ayres Britto para negar seguimento à reclamação, a garantia de participação no mesmo concurso público objeto da presente causa, com pagamento de vencimentos, já foi objeto de deliberação pelo Pleno da Corte: "ANTECIPAÇÃO DE TUTELA. Concessão contra a Fazenda Pública. Cargo público. Concurso público de Admissão ao Estágio de Adaptação à Graduação de Sargentos. Inscrição de candidato. Garantia em igualdade de condições dos demais, quanto às fases subseqüentes e matrícula no curso, em caso de aprovação. Decisão liminar não compreendida pelo art. 1º da Lei nº 9.494/97. Ofensa à autoridade da decisão proferida na ADC nº 4. Não ocorrência. Reclamação inviável. Seguimento negado. Agravo improvido. Precedentes. Não ofende a decisão liminar proferida na ADC nº 4, a antecipação de tutela que garante a inscrição de candidato em concurso público, ainda que da aprovação lhe resultem vantagens financeiras."

(Rcl 5042-AgR, Rel. Min. Cezar Peluso, DJe de 6/02/2009, Ementário 2347-1).

Ainda sobre a questão, eis a seguinte decisão monocrática do S.T.J., da lavra da Relatora Ministra Regina Helena Costa:

RECURSO ESPECIAL Nº 1.562.151 – CE (2015/0260857-5)
RELATORA : MINISTRA REGINA HELENA COSTA
RECORRENTE : FAZENDA NACIONAL
RECORRIDO : FUNDAÇÃO EDSON QUEIROZ
ADVOGADO : TALITA LIMA AMARO E OUTRO(S)
DECISÃO
Vistos.
Trata-se de Recurso Especial interposto pela FAZENDA NACIONAL, contra acórdão prolatado, por unanimidade, pela 2ª Turma do Tribunal Regional Federal da 5ª Região no julgamento de remessa necessária, assim ementado (fl. 191e):

TRIBUTÁRIO. APREENSÃO DE MERCADORIAS IMPORTADAS COMO MEIO DE COBRANÇA DE II, IPI, PIS-IMPORTAÇÃO E COFINS-IMPORTAÇÃO. ALEGAÇÃO DE LIBERAÇÃO CONDICIONADA AO PAGAMENTO DE TRIBUTOS NÃO COMPROVADA. SÚMULA 323 DO SUPREMO TRIBU-

NAL FEDERAL. CONCESSÃO PARCIAL DA SEGURANÇA. APELAÇÃO DA FAZENDA NÃO CONHECIDA. PRINCÍPIO DA CONGRUÊNCIA.

1. Caso em que o Juiz de piso concedeu parcialmente a segurança em caráter preventivo, entendendo que não houve comprovação do ato coator, mas que há afirmação da impetrada no sentido de que pode vir a acontecer a alegada retenção de mercadoria com a liberação condicionada ao pagamento de tributos.

2. Diante da ausência de recurso do impetrante, e da apresentação de apelação pela Fazenda Nacional que não merece ser conhecida, por ser incongruente, eis que se insurge contra sentença diversa daquela constante dos autos, resta apenas apreciar a remessa oficial.

3. De fato, não parece razoável a retenção de mercadorias importadas, em virtude tão somente de não recolhimento dos tributos devidos. É que, consoante é ressabido, a Fazenda Pública dispõe de instrumentos próprios e adequados, instituídos em lei, para a satisfação de seus créditos, não lhe sendo lícito utilizar-se de medidas restritivas, como a apreensão de produtos importados, para coagir o devedor à quitação do débito.

4. Ademais, é oportuno destacar que o col. STF firmou entendimento de que: "é inadmissível a apreensão de mercadorias como meio coercitivo para pagamento de tributos" (súmula 323). Sendo assim, mantém-se a concessão parcial e preventiva da segurança.

5. Remessa oficial improvida. Apelação da Fazenda não conhecida.

Opostos embargos de declaração, foram rejeitados (fls. 213/217e).

Com amparo no art. 105, III, a, da Constituição da República, aponta-se ofensa aos dispositivos a seguir relacionados, alegando-se, em síntese, que:

Art. 535, II, do Código de Processo Civil "Com efeito, a eg. Turma omitiu-se ao deixar de aplicar os arts. 50 e 51 do Decreto-Lei n. 37/66 e art. 571 do Regulamento Aduaneiro, aprovado pelo Decreto n. 6759/2009. A Fazenda Nacional, ora recorrente, alertou em seus embargos declaratórios que o acórdão foi omisso quanto ao fato de que não houve ilegalidade no desembaraço aduaneiro, já que a apreensão das mercadorias, na presente hipótese, teve a finalidade de que fossem cumpridas as formalidades legais e regulamentares para o encerramento do ato de desembaraço aduaneiro, conforme arts. 50 e 51 do Decreto-Lei n. 37/66 e art. 571 do Regulamento Aduaneiro, aprovado pelo Decreto n. 6759/2009. Da leitura do v. acórdão proferido por ocasião do julgamento dos embargos de declaração, verifica-se que o mesmo, ignorando as razões da ora recorrente, persistiu na omissão, recusando-se a apreciar a questão relativa à aplicação dos artigos aqui cogitados, sob o fundamento de que se estaria a pretender reexame da matéria já decidida. Os embargos declaratórios deveriam ter sido conhecidos e providos para que fosse espancada a indigitada omissão e se pudesse delinear, explicitamente, um posicionamento acerca da matéria em questão. Data venia, a omissão perpetrada pelo v. acórdão confi-

gura deficiência na entrega da prestação jurisdicional, como tem considerado em casos análogos o Col. STF, bem assim violação ao art. 535, inciso II, do CPC, nos termos da reiterada orientação do Colendo Superior Tribunal de Justiça" (fls. 232/233e); Arts. 50 e 51, ambos do Decreto n. 37/1966, e 571, do Decreto n. 6.759/2009 – "A Fazenda Nacional, ora recorrente, defende que não houve ilegalidade no desembaraço aduaneiro, já que a apreensão das mercadorias, na presente hipótese, teve a finalidade de que fossem cumpridas as formalidades legais e regulamentares para o encerramento do ato de desembaraço aduaneiro, conforme arts. 50 e 51 do Decreto – Lei n. 37/66 e art. 571 do Regulamento Aduaneiro, aprovado pelo Decreto n. 6759/2009" (fls. 234/235e); e Art. 7º, § 2º, da Lei n. 12.016/2009 – "Ao entender que a apreensão de mercadorias representou, no presente caso, meio coercitivo de cobrar impostos, o acórdão regional findou por contrariar não apenas os dispositivos da legislação federal acima noticiados, como também violou o art. 7º., parágrafo 2º da Lei nº 12.016/09, pois há expressa proibição legal para a concessão de medida liminar para entrega de mercadorias provenientes do exterior, não incidindo na hipótese a Súmula 323 do STF" (fl. 235e, destaque do original).

Com contrarrazões (fls. 241/276e), o recurso foi admitido (fl. 281e).

O Ministério Público Federal manifestou-se às fls. 310/317e pelo desprovimento do recurso.

Feito breve relato, decido.

Nos termos do art. 557, caput, do Código de Processo Civil, combinado com o art. 34, XVIII, do Regimento Interno desta Corte, o Relator está autorizado, por meio de decisão monocrática, a negar seguimento a recurso ou a pedido manifestamente inadmissível, improcedente, prejudicado ou em confronto com súmula ou jurisprudência dominante da respectiva Corte ou Tribunal Superior.

A Recorrente sustenta a existência de omissão no acórdão recorrido não suprida no julgamento dos embargos de declaração, porquanto não teria se pronunciado a respeito de questão essencial ao adequado deslinde da controvérsia.

Ao prolatar o acórdão recorrido, o Tribunal de origem enfrentou a controvérsia apresentada nos seguintes termos (fls. 189/190e):

Consoante ensaiado no relatório, trata-se de apelação e remessa oficial em face de sentença que concedeu parcialmente a segurança em caráter preventivo, entendendo que não houve comprovação do ato coator, mas que há afirmação da impetrada no sentido de que pode vir a acontecer a alegada retenção de mercadoria com a liberação condicionada ao pagamento de tributos.

Diante da ausência de recurso do impetrante, e da apresentação de apelação pela Fazenda Nacional que não merece ser conhecida, por ser incongruente, eis que se insurge contra sentença diversa daquela constante dos autos, resta apenas apreciar a remessa oficial.

De fato, não parece razoável a retenção de mercadorias importadas, em virtude tão somente de não recolhimento dos tributos devidos. É que, consoante é ressabido, a Fazenda Pública dispõe de instrumentos próprios e adequados, instituídos em lei, para a satisfação de seus créditos, não lhe sendo lícito utilizar-se de medidas restritivas, como a apreensão de produtos importados, para coagir o devedor à quitação do débito.

Ademais, é oportuno destacar que o col. STF firmou entendimento de que: "é inadmissível a apreensão de mercadorias como meio coercitivo para pagamento de tributos" (súmula 323).

Na hipótese, não verifico omissão acerca de questão essencial ao deslinde da controvérsia e oportunamente suscitada, tampouco de outro vício a impor a revisão do julgado.

Com efeito, haverá contrariedade ao art. 535 do Código de Processo Civil quando a omissão disser respeito ao pedido, e não quando os argumentos invocados não restarem estampados no julgado, como pretende a parte Recorrente.

O procedimento encontra amparo em reiteradas decisões no âmbito desta Corte Superior, de cujo teor merece destaque a dispensa ao julgador de rebater, um a um, os argumentos trazidos pelas partes (v.g. Corte Especial, EDcl nos EDcl nos EREsp 1284814/PR, Rel. Min. Napoleão Nunes Maia Filho, DJe de 03.06.2014; 1ª Turma, EDcl nos EDcl no AREsp 615.690/SP, Rel. Min. Sérgio Kukina, DJe de 20.02.2015; e 2ª Turma, EDcl no REsp 1.365.736/PE, Rel. Min. Humberto Martins, DJe de 21.11.2014).

E depreende-se da leitura do acórdão recorrido que a controvérsia foi examinada de forma satisfatória, mediante apreciação da disciplina normativa e cotejo ao firme posicionamento jurisprudencial aplicável ao caso.

No que se refere à questão da alegada proibição legal à concessão de medida liminar para a entrega da mercadoria proveniente do exterior, observo que a insurgência carece de prequestionamento, uma vez que não foi analisada pelo Tribunal de origem.

Com efeito, o prequestionamento significa o prévio debate da questão no Tribunal a quo, à luz da legislação federal indicada, com emissão de juízo de valor acerca dos dispositivos legais apontados como violados.

Na hipótese dos autos, o Tribunal de origem não analisou, ainda que implicitamente, a aplicação do suscitado art. 7º, § 2º, da Lei n. 12.016/09.

É entendimento pacífico desta Corte que a ausência de enfrentamento da questão objeto da controvérsia pelo Tribunal a quo impede o acesso à instância especial, porquanto não preenchido o requisito constitucional do prequestionamento, nos termos da Súmula 282 do Colendo Supremo Tribunal Federal: "É inadmissível o recurso extraordinário, quando não ventilada, na decisão recorrida, a questão federal suscitada.

Nesse sentido:

ADMINISTRATIVO, PROCESSUAL CIVIL E CONSUMIDOR. AGRAVO REGIMENTAL NO RECURSO ESPECIAL. ENSINO SUPERIOR. PRETENSÃO DE DEVOLUÇÃO DAS TAXAS DE DIPLOMA. PRAZO PRESCRICIONAL. FATO DO SERVIÇO. ARTIGO 2º DA LEI N. 9.870/1999. AUSÊNCIA DE PREQUESTIONAMENTO. SÚMULA N. 282 DO STF.

1. No caso, não há se falar em violação do art. 26, inciso II, do Código de Defesa do Consumidor, porquanto inaplicável o prazo decadencial a que alude este artigo, uma vez que não se trata de responsabilidade do fornecedor por vícios aparentes ou de fácil constatação existentes em produto ou serviço, mas de danos causados por fato do serviço, consubstanciado pela cobrança indevida da taxa de diploma, razão pela qual incide o prazo qüinqüenal previsto no art. 27 do CDC.

2. O artigo 2º da Lei n. 9.870/1999 não foi apreciado pelo Tribunal de origem, carecendo o recurso especial do requisito do prequestionamento, nos termos da Súmula n. 282 do STF.

3. Agravo regimental não provido.

(AgRg no REsp 1327122/PE, Rel. Ministro BENEDITO GONÇALVES, PRIMEIRA

TURMA, julgado em 08/04/2014, DJe 15/04/2014, destaque meu).
ADMINISTRATIVO. SERVIDOR PÚBLICO FEDERAL. ENQUADRAMENTO.

LICENÇA-PRÊMIO NÃO GOZADA. CÔMPUTO COMO TEMPO EFETIVO DE EXERCÍCIO. LEI 11.091/05. POSSIBILIDADE. PRECEDENTES. SÚMULA 83 DO STJ. FUNDAMENTO DA DECISÃO AGRAVADA NÃO ATACADO. SÚMULA 182 DO STJ. PREQUESTIONAMENTO. AUSÊNCIA.

1. A orientação do STJ é de que, se a licença-prêmio não gozada foi computada como tempo efetivo de serviço, para fins de aposentadoria, conforme autorização legal, não pode ser desconsiderada para fins do enquadramento previsto na Lei 11.091/05.

2. É inviável o agravo que deixa de atacar os fundamentos da decisão agravada. Incide a Súmula 182 do STJ.

3. Fundamentada a decisão agravada no sentido de que o acórdão recorrido está em sintonia com o atual entendimento do STJ, deveria a recorrente demonstrar que outra é a positivação do direito na jurisprudência do STJ.

4. A tese jurídica debatida no Recurso Especial deve ter sido objeto de discussão no acórdão atacado. Inexistindo esta circunstância, desmerece ser conhecida por ausência de prequestionamento. Súmula 282 do STF.

TUTELA PROVISÓRIA

5. Agravo Regimental não provido.

(AgRg no REsp 1.374.369/RS, Rel. Ministro HERMAN BENJAMIN, SEGUNDA

TURMA, julgado em 18/06/2013, DJe 26/06/2013, destaque meu).

Por fim, firmou-se nesta Corte o entendimento segundo o qual o recurso especial, interposto com fundamento nas alíneas a e/ou c, do inciso III, do art. 105, da Constituição da República, não merece prosperar quando o acórdão recorrido encontrar-se em sintonia com a jurisprudência desta Corte, a teor da Súmula 83, verbis:

Não se conhece do recurso especial pela divergência, quando a orientação do Tribunal se firmou no mesmo sentido da decisão recorrida.

Cumpre sublinhar que o alcance de tal entendimento aos recursos interpostos com fundamento na alínea a, do permissivo constitucional, decorre do fato de que a aludida divergência diz respeito à interpretação da própria lei federal (v.g.: AgRg no AREsp 322.523/RJ, 1ª T., Rel. Min. Sérgio Kukina, DJe de 11.10.2013; e AgRg no REsp 1.452.950/PE, 2ª T., Rel. Min. Humberto Martins, DJe de 26.08. 2014).

Anote-se que, para a aplicação do entendimento previsto na Súmula 83/STJ, basta que o acórdão recorrido esteja de acordo com a orientação jurisprudencial firmada por esta Corte, sendo prescindível a consolidação do entendimento em enunciado sumular ou a sujeição da matéria à sistemática dos recursos repetitivos, nos termos do art. 543-C, do Código de Processo Civil, com trânsito em julgado (AgRg no REsp 1.318.139/SC, 2ª T., Rel. Min. Humberto Martins, DJe de 03.09.2012).

Na hipótese dos autos, verifico que o acórdão recorrido adotou entendimento consolidado nesta Corte, segundo o qual não é permitida a retenção de mercadorias importadas, ou a exigência de caução liberatória, como forma de coação ao pagamento de tributos, devendo o Fisco, para tanto, valer-se da lavratura de auto de infração, para posterior lançamento, e eventual execução fiscal.

Nesse sentido:

TRIBUTÁRIO – IMPOSTO DE IMPORTAÇÃO – QUESTIONAMENTO QUANTO À CLASSIFICAÇÃO TARIFÁRIA – LIBERAÇÃO DA MERCADORIA CONDICIONADA À PRESTAÇÃO DE GARANTIA – ILEGITIMIDADE – APLICAÇÃO ANALÓGICA DA SÚMULA 323 DO STF.

1. O Fisco não pode utilizar-se da retenção de mercadoria importada como forma de impor o recebimento da diferença de tributo ou exigir caução para liberar a mercadoria. Aplicação analógica da Súmula 323 do STF.

2. *Recurso especial provido.*
(REsp 1.333.613/RS, Rel. Ministra ELIANA CALMON, SEGUNDA TURMA, julgado em 15/08/2013, DJe de 22/08/2013).

ADMINISTRATIVO. INSCRIÇÃO NO CNPJ CONDICIONADA À REGU-LARIZAÇÃO DE PENDÊNCIAS FISCAIS. IN/SRF Nº 27/98 E 54/98. ILEGA-LIDADE.

1. Conforme orientação assentada na jurisprudência do STF (súmulas 70, 323 e 547) e do STJ, é ilegítima a criação de empecilhos ou sanções de natureza administra-tiva como meio coercitivo para pagamento de tributos, em substituição das vias próprias, nomeadamente as da Lei 6.830/80 (Lei de Execução Fiscal).

2. *Recurso especial a que se nega provimento.*
(REsp 662.972/RS, Rel. Ministro TEORI ALBINO ZAVASCKI, PRIMEIRA

TURMA, julgado em 12/09/2006, DJ 05/10/2006).

Isto posto, com fundamento no art. 557, caput, do Código de Processo Civil, NEGO SEGUIMENTO ao Recurso Especial.

Publique-se e intimem-se.

Brasília (DF), 02 de fevereiro de 2016.

MINISTRA REGINA HELENA COSTA

Relatora

(Ministra REGINA HELENA COSTA, 11/02/2016)

O art. 1º, §1º, da Lei n. 8.437/92 estabelece outra restrição para concessão de medida cautelar e sua liminar, nos seguintes termos: não será cabível, no juízo de primeiro grau, medida cautelar inominada ou a sua liminar, quando impugnado ato de autoridade sujeita, na via de mandado de segurança, à com-petência originária de tribunal.

Todas as vezes que o juiz de primeiro grau se deparar com um pedido de tutela cautelar, inclusive sua concessão liminar, que tenha por objeto ato impugnado de autoridade sujeita, na via de mandado de segurança, à compe-tência originária do tribunal, não poderá conceder referida tutela em decor-rência de proibição expressa contida no §1º do art. 1º da Lei n. 8.437/92.

Tenho para mim que é possível a interpretação extensiva do referido dis-positivo para abranger também a concessão de tutela antecipada antecedente ou incidental, uma vez que ubi eadem ratio ibi eadem legis dispositio.

Sobre a proibição de concessão de tutela antecipada prevista no art. 1º, §1º, da Lei n. 8.437/91, eis o teor da decisão proferida pela Ministra Carmen Lúcia:

DECISÃO

RECLAMAÇÃO. USURPAÇÃO DA COMPETÊNCIA DO SUPREMO TRI-BUNAL FEDERAL PREVISTA NO ART. 102, INC. I, ALÍNEA D, DA CONS-TITUIÇÃO DA REPÚBLICA. AÇÃO ORDINÁRIA AJUIZADA NA JUSTIÇA FEDERAL DO MARANHÃO CONTRA ACÓRDÃO DO TRIBUNAL DE CON-TAS DA UNIÃO. INTERPRETAÇÃO DO § 1º DO ART. 1º DA LEI N. 8.437/1992. NÃO OCORRÊNCIA DA USURPAÇÃO ALEGADA. RECLAMAÇÃO À QUAL SE NEGA SEGUIMENTO.

Relatório

1. Reclamação ajuizada pela União, em 2.9.2010, com pedido de medida liminar, contra decisão do juízo da 3ª Vara Federal da Seção Judiciária do Maranhão que, ao deferir a antecipação da tutela na Ação Ordinária n. 2009.37.00.006936-9, teria usurpado a competência do Supremo Tribunal Federal prevista no art. 102, inc. I, alínea d, da Constituição da República.

O caso

2. Em setembro de 2009, Raimundo Azevedo Costa ajuizou a Ação Ordinária n. 2009.37.00.006936-9, com pedido de antecipação de tutela, contra a Fundação Nacional de Saúde e a União (fls. 10-28).

Relatou que se aposentou por tempo de serviço, com proventos integrais, em 1998 e que, em 2003, foi instaurado processo administrativo no Tribunal de Contas da União, que, em 2008, por meio de sua Segunda Câmara, considerou ilegal sua aposentadoria.

Em cumprimento à decisão do Tribunal de Contas, a Fundação Nacional de Saúde determinou o retorno de Raimundo Azevedo Costa ao trabalho, que se deu em março de 2009.

Raimundo Azevedo Costa argumentou, na petição inicial daquela ação ordinária, que o acórdão do Tribunal de Contas seria nulo em razão de contrariedade aos princípios do contraditório, da ampla defesa, da segurança jurídica, da boa-fé e da razoabilidade.

Requereu a concessão de tutela antecipada para que fosse suspensa a eficácia do Acórdão n. 3629/2008 da Segunda Câmara do Tribunal de Contas da União, o que foi deferido, em 10.6.2010, pelo juízo da 3ª Vara Federal do Maranhão (fls. 29-32).

Contra essa decisão a União ajuíza a presente reclamação.

3. Alega a União que haveria usurpação da competência do Supremo Tribunal Federal estabelecida no art. 102, inc. I, alínea d, da Constituição da República.

Salienta que o "demandante [teria] buscado] ver suspenso acórdão do Tribunal de Contas da União por meio de liminar em ação de rito ordinário, o que [seria] vedado pelo art. 1º, caput e § 1º, da Lei n. 8.437/1992" (fl. 3).

Afirma que "o magistrado da 3ª Vara da Seção Judiciária do Maranhão, apesar de competente para julgar ações de rito ordinário contra a União, não poderia deferir a liminar requerida nos autos do processo em referência, visto que o autor, em seu pedido, insurgia-se diretamente contra ato específico do Tribunal de Contas da União, qual seja, o Acórdão n. 3.629/2008, e não em desfavor da Fazenda Pública" (fl. 4).

Pondera que a ação ordinária estaria revestida de "demanda puramente mandamental [e que] o decisório do TCU atacado est[aria] sujeito, na via do mandado de segurança, à competência originária do Supremo Tribunal Federal" (fl. 4).

Assim, conclui que seria "inviável, portanto, a manutenção da decisão liminar que suspende o ato mencionado, haja vista a incompetência do juízo singular neste caso" (fl. 4).

A fumaça do bom direito estaria presente "considerando-se a vedação prevista no art. 10, caput e § 1", da Lei nº 8.437/1992, quanto ao deferimento de tutela liminar pelo juízo de primeiro grau quando existe providência semelhante impossibilitada na via da ação mandamental" (fl. 7).

O perigo da demora seria inequívoco, uma vez que teria sido "determinada a continuidade de pessoa na situação de aposentada, quando deveria estar em atividade, visto que o benefício foi concedido ilegalmente" (fl. 8).

Requer medida liminar para que "sejam suspensos tanto o curso da Ação de Rito ordinário nº 2009.37.00.006936-9 quanto os efeitos da decisão por meio da qual o juízo da 3ª Vara da Seção Judiciária do Maranhão concedeu a tutela antecipada ao autor" (fl. 9).

No mérito, pede "sejam anulados todos os atos praticados pelo juízo incompetente [e,] subsidiariamente, sejam os autos remetidos à Suprema Corte, tramitando-se como ação mandamental" (fl. 9, grifos no original).

Examinados os elementos havidos nos autos, DECIDO.

4. A reclamação é instrumento constitucional processual posto no sistema como dupla garantia formal da jurisdição: primeiro, para o jurisdicionado que tenha recebido resposta a pleito formulado judicialmente e que vê a decisão proferida afrontada, fragilizada e despojada de seu vigor e de sua eficácia; segundo, para o Supremo Tribunal Federal (art. 102, inc. I, alínea l, da Constituição da República) ou para o Superior Tribunal de Justiça (art. 105, inc. I, alínea f, da Constituição), que podem ter as suas respectivas competências enfrentadas e menosprezadas por outros órgãos do Poder Judiciário e a autoridade de suas decisões mitigada em face de atos reclamados.

Busca-se, por ela, fazer que a prestação jurisdicional mantenha-se dotada de seu vigor jurídico próprio ou que o órgão judicial de instância superior tenha a sua competência resguardada.

TUTELA PROVISÓRIA

Ela não se presta a antecipar julgados, a atalhar julgamentos, a fazer sucumbir decisões sem que se atenha à legislação processual específica qualquer discussão ou litígio a ser solucionado juridicamente.

5. *A Reclamante argumenta, em síntese, que o juízo da 3ª Vara Federal do Maranhão teria usurpado a competência do Supremo Tribunal Federal prevista no art. 102, inc. I, alínea d, da Constituição da República.*

Sustenta que, em razão do que dispõe o art. 1º, § 1º, da Lei 8.437/1992, o juízo da 3ª Vara Federal do Maranhão não poderia ter deferido o pedido de antecipação de tutela na Ação Ordinária n. 2009.37.00.006936-9 e, ao fazê-lo, teria usurpado a competência do Supremo Tribunal.

A Reclamante interpreta mal o § 1º do art. 1º da Lei 8.437/1992, que dispõe:

"Art. 1º Não será cabível medida liminar contra atos do Poder Público, no procedimento cautelar ou em quaisquer outras ações de natureza cautelar ou preventiva, toda vez que providência semelhante não puder ser concedida em ações de mandado de segurança, em virtude de vedação legal.

§ 1º Não será cabível, no juízo de primeiro grau, medida cautelar inominada ou a sua liminar, quando impugnado ato de autoridade sujeita, na via de mandado segurança, à competência originária de tribunal" (grifos nossos).

Esse dispositivo, em combinação com o art. 1ª da Lei 9.494/1997, desautoriza o deferimento de antecipação de tutela em ações ordinárias ajuizadas contra ato administrativo do qual fosse cabível também mandado de segurança de competência originária de tribunal.

No entanto, isso não implica dizer que nessas hipóteses não seria cabível a ação ordinária em si, mas apenas o deferimento da antecipação de tutela.

A Reclamante confunde a competência do juízo federal para conhecer de ação ordinária ajuizada contra a União (art. 109, inc. I, da Constituição da República) e a competência do Supremo Tribunal para conhecer de mandado de segurança impetrado contra ato do Tribunal de Contas da União (art. 102, inc. I, alínea d, da Constituição da República).

Convivem, no ordenamento jurídico brasileiro, a ação de mandado de segurança e a ação ordinária. Aquele que se sente prejudicado por ato administrativo pode utilizar-se tanto de uma como de outra, desde que atento ao rito diferenciado de cada qual.

Se o autor optar por ajuizar ação ordinária no juízo de primeiro grau, não pode o Supremo alterar o rito e a parte ré dessa ação para transformá-la em mandado de segurança de sua competência originária.

Eventual descumprimento do que disposto no art. 1º, § 1º, da Lei n. 8.437/1992 por parte do juízo de primeiro grau que defere, em ação ordinária, antecipação de tutela pode ser atacado pelas vias próprias, mas não resulta na incompetência daquele juízo para conhecer daquela ação ordinária.

Assim, não usurpa a competência do Supremo Tribunal para conhecer de mandado de segurança contra ato do Tribunal de Contas da União (art. 102, inc. I, alínea d, da Constituição da República) o deferimento de antecipação de tutela em ação ordinária ajuizada contra a União.

6. Ressalte-se, ademais, que os precedentes trazidos pela própria Reclamante (Recurso Especial 730.947/AC e Suspensão de Tutela Antecipada 145/PE) reforçam o que acima exposto.

No Recurso Especial 730.947/AC, a Quinta Turma do Superior Tribunal de Justiça, por meio do voto da Relatora Laurita Vaz, assentou:

"Ora, de acordo com o regramento constitucional e legal, os atos administrativos emanados dos Tribunais podem ser impugnados judicialmente pela vias da ação constitucional do mandado de segurança ou da ação ordinária.

Aliás, vale ressaltar que, em recente julgado proferido no CC n.º 99.545/DF, na Sessão de Julgamento do dia 13/05/2009, a Terceira Seção se manifestou no sentido da possibilidade da utilização das duas modalidades de ações judiciais para impugnar atos administrativos emanados dos Tribunais.

Ressaltou-se que na tutela de interesses contra atos administrativos oriundos de Tribunais, a vedação contida no ordenamento jurídico não se referia ao não cabimento da ação ordinária, mas sim, a teor da Lei n.º 8.437/1992, à impossibilidade de deferimento, no juízo de primeiro grau, de medida cautelar inominada ou a sua liminar, quando impugnado ato de autoridade sujeita, na via de mandado segurança, à competência originária de tribunal" (Resp 730.947/AC, Rel. Min. Laurita Vaz, Quinta Turma, DJ 3.8.2009, grifos nossos).

A Suspensão de Tutela Antecipada 145/PE, ajuizada pelo Tribunal de Contas da União, foi deferida pela então Presidente, Ministra Ellen Gracie, em 28.9.2007, para suspender a execução de decisão proferida em agravo de instrumento em trâmite no Tribunal Regional Federal da 5ª Região, nos seguintes termos:

"O Tribunal de Contas da União é o órgão competente para apurar os coeficientes de participação, com base nos dados fornecidos pelo Instituto Brasileiro de Geografia e Estatística – IBGE. E, se esse ato de apuração emana de órgão sujeito, na via do mandado de segurança, à competência originária desta Corte (CF, art. 102, I, d), manifesta é a impossibilidade da concessão da tutela antecipada requerida pelo Município de Jataúba/PE em primeiro grau de jurisdição (Lei 8.437/92, art. 1º, § 1º).

É dizer, no presente caso, encontra-se devidamente demonstrada a ocorrência de grave lesão à ordem pública, considerada em termos de ordens jurídico-constitucional e jurídico-processual" (DJ 4.10.2007, grifos nossos).

TUTELA PROVISÓRIA

Após essa decisão, o Tribunal Regional Federal da 5ª Região passou a remeter ao Supremo Tribunal os agravos de instrumento interpostos contra decisões de deferimento de antecipação de tutela em ações ordinárias ajuizadas contra o Tribunal de Contas da União.

Nesses agravos de instrumento, autuados como petições, os Ministros do Supremo Tribunal declinaram de sua competência para conhecer dos agravos de instrumento e determinaram a remessa dos autos ao Tribunal Regional Federal da 5ª Região.

Na Petição 4.135/PE, o Ministro Eros Grau, Relator, interpretou o que asseverado pela Ministra Ellen naquela suspensão de tutela antecipada:

"6. A decisão não afirma, em nenhum momento, a competência do Supremo Tribunal Federal para julgamento de toda e qualquer ação proposta contra o Tribunal de Contas da União. Refere-se, apenas, à impossibilidade de o magistrado de primeiro grau deferir tutelas de urgência nas hipóteses previstas no art. 1º, § 1º, da Lei n. 8.437/92. Essa vedação não implica a incompetência da Justiça Federal para julgamento das demandas ajuizadas pelo rito ordinário.7. Não há falar-se na competência do Supremo Tribunal Federal para julgamento do presente feito. A ação não se enquadra em nenhuma das hipóteses enumeradas taxativamente nos incisos do art. 102 da Constituição do Brasil. Nego processamento à presente Petição com fundamento no art. 21, § 1º do RISTF. Remetam-se os autos ao Tribunal Regional Federal da 5ª Região para que proceda como entender de direito" (DJ 11.6.2008).

Nesse mesmo sentido foram decididas, monocraticamente, as Petições 4.353/PE (Ministro Presidente, DJ 4.8.2008), 4.359/PE (Ministro Presidente, DJ 6.8.2008), 4.410/PE (Rel. Min. Cezar Peluso, DJ 22.9.2008), 4.317/PE (de minha relatoria, DJ 6.6.2008) e 4.305/PE (Rel. Min. Celso de Mello, DJ 26.3.2009).

7. Ademais, é evidente a intenção da Reclamante de fazer uso desta ação como sucedâneo recursal, o que não é admitido pelo Supremo Tribunal Federal, sendo exemplo disso: Rcl 7.971-AgR/PA, de minha relatoria, Tribunal Pleno, DJ 11.12.2009; Rcl 5.207-AgR/PI, Rel. Min. Ricardo Lewandowski, Tribunal Pleno, DJ 29.10.2009; Rcl 6.109-ED/TO, Rel. Min. Celso de Mello, Tribunal Pleno, DJ 13.3.2009; Rcl 4.37-AgR/SC, Rel. Min. Celso de Mello, Tribunal Pleno, DJ 20.2.2009; Rcl 4.003-AgR/RJ, Rel. Min. Celso de Mello, Tribunal Pleno, DJ 6.3.2009; Rcl 3.954-AgR/CE, Rel. Min. Cezar Peluso, Tribunal Pleno, DJ 7.11.2008; Rcl 5.684-AgR/PE, Rel. Min. Ricardo Lewandowski, Tribunal Pleno, DJ 15.8.2008; Rcl 5.828/SP, de minha relatoria, decisão monocrática, DJ 4.3.2008; Rcl 5.830/GO, de minha relatoria, decisão monocrática, DJ 26.2.2008; Rcl 5.494-MC/ES, Rel. Min. Celso de Mello, DJ 28.9.2007; Rcl 4.703/SC, de minha relatoria, Primeira Turma, DJ 23.3.2007; Rcl 4.499-MC/BA, Rel. Min. Celso de Mello, decisão monocrática, DJ 5.9.2006; Rcl 4.154/SC, Rel.

TUTELA PROVISÓRIA CONTRA A FAZENDA PÚBLICA

Min. Sepúlveda Pertence, decisão monocrática, DJ 31.3.2006; Rcl 2.680/MG, Rel. Min. Gilmar Mendes, decisão monocrática, DJ 15.12.2005; Rcl 1.852-AgR/RN, Rel. Min. Maurício Corrêa, decisão monocrática, DJ 8.3.2002; Rcl 1.852/RN, Rel. Min. Maurício Corrêa, decisão monocrática, DJ 4.6.2001; Rcl 603/RJ, Rel. Min. Carlos Velloso, decisão monocrática, DJ 12.2.1999; e Rcl 724-AgR/ES, Rel. Min. Octavio Gallotti, decisão monocrática, DJ 22.5.1998.

8. Pelo exposto, nego seguimento à presente reclamação (art. 38 da Lei n. 8.038/1990 e art. 21, § 1º, do Regimento Interno do Supremo Tribunal Federal).

Publique-se.

Brasília, 9 de setembro de 2010.

Ministra CÁRMEN LÚCIA

Relatora

30.
Direito Comparado

Diante da nova estrutura processual estabelecida para a concessão de tutelas provisórias, é necessário transitar-se no âmbito do direito comparado, a fim de se confrontar a metodologia do atual C.P.C. brasileiro com os demais códigos de processo civil internacionais.

30.1 Código de Processo Civil italiano

Art. 186-bis (ordem para pagamento de somas não contestadas)
Sob requerimento da parte, o juiz instrutor pode dispor, até o momento da definição das conclusões, o pagamento das somas não contestadas pela parte contrária. Se o requerimento é efetivado fora da audiência, o juiz dispõe sobre o comparecimento das partes e assina o prazo para a notificação.

A decisão constitui título executivo e conserva a sua eficácia no caso de extinção do processo.

A decisão está sujeita à disciplina das decisões revogáveis previstas nos artigos 177, primeiro e segundo incisos e 178, primeiro inciso.

Art. 186-ter. (Requerimento de injunção)
Até o momento da definição das conclusões, quando presente os pressupostos de que trata o art. 633, inciso primeiro, n. 1), e inciso segundo, e

TUTELA PROVISÓRIA

o disposto no art. 634, a parte pode requerer ao juiz instrutor, em qualquer estado do processo, o deferimento de uma ordem de injunção de pagamento ou de custódia. Se o requerimento for formulado fora da audiência o juiz dispõe sobre o comparecimento das partes e assina o prazo para a notificação.

A decisão deve conter o provimento previsto no art. 641, ultimo inciso, sendo declarada provisoriamente executiva sempre que presentes os pressupostos estabelecidos no art. 642, também, quando a contraparte não seja considerada contumaz, nos termos do art. 648, inciso primeiro. A provisoriedade executiva não pode ser nunca disposta quando a contraparte desconheça a escritura privada produzida contra a lei ou tenha proposto querela de falso documental contra o ato público.

A decisão está sujeita à disciplina das decisões revogáveis nos termos dos arts. 177 e 178, primeiro inciso.

Se o processo se extingue, a decisão que nele ainda não tenha eficácia, adquire tal requisito nos termos do art. 653, inciso primeiro.

Se a parte contra a qual é pronunciada a injunção for contumaz, a decisão deve ser notificada nos termos e para os efeitos do art. 644. Em tal caso, a decisão deve também conter expressamente a advertência de que, se a parte não se constituir dentro do prazo de vinte dias da notificação, tornar-se-á a decisão executiva nos termos do art. 647.

A decisão declarada executiva constitui título para a inscrição da hipoteca judicial.

Art. 186-quater. (Decisão sucessiva ao encerramento da instrução).

Exaurida a instrução, o juiz instrutor, a pedido da parte que propôs a demanda de condenação ao pagamento de somas ou à custódia, ou, ainda, à liberação de bens, pode dispor por decisão o pagamento, ou a custódia ou a liberação, nos limites da prova produzida. Com a decisão o juiz dispõe sobre as despesas processuais.

A decisão é titulo executivo. Essa é revogável com a sentença que define o julgamento.

Se, depois da pronúncia da decisão, o processo se extingue, a decisão adquire a eficácia da sentença impugnável 'sull'oggetto dell'instanza.

A decisão adquire a eficácia de sentença impugnável 'sull'oggetto del''istanza' se a parte intimada não se manifestar dentro do prazo de trinta dias de sua pronúncia em audiência ou da comunicação, com recurso notificado à outra parte e protocolizado na secretaria, a vontade de que seja pronunciada a sentença.

Art. 669-bis (Forma da demanda): A demanda propõe-se com a petição depositada na secretaria do juízo competente.

Art. 669-ter (Competência anterior à causa)
Antes do início da causa de mérito, a demanda será proposta no juízo competente para conhecer o mérito.

Se competente para a causa de mérito é o juiz de paz, a demanda será proposta no tribunal.(Obs. A palavra pretor foi substituída pela palavra tribunal em razão do DLGS. 19 de febbraio 1998, n. 51).

Se o juiz italiano não é competente para conhecer a causa de mérito, a demanda será proposta perante o juiz que seria competente em razão da matéria ou valor, do lugar em que deverá ser executado o provimento cautelar.

Em seguida à apresentação da petição inicial, o secretario formará os autos de ofício e o apresentará sem demora ao presidente do Tribunal, o qual designará o magistrado que deverá presidir o procedimento.

Art. 669 – quater (Competência no curso da causa).
Quando já existir a causa pendente para análise do mérito, a demanda deve ser proposta perante o mesmo juízo.

Se a causa está pendente no Tribunal, a demanda será proposta perante o instrutor ou, se este ainda não foi designado, ou o juízo é incerto ou suspenso, a presidente deverá prover a questão de acordo com o último inciso do artigo 669-ter.

Se a causa está pendente diante do juiz de paz, a demanda será proposta no tribunal.

Na pendência dos prazos para propor impugnação, a demanda se propõe perante o juiz que pronunciou a sentença.

Se a causa está pendente perante um juiz estrangeiro, e o juiz italiano não é competente para conhecer a causa de mérito, aplica-se o terceiro inciso do artigo 669-ter.

O terceiro inciso do artigo 669-ter aplica-se também no caso em que a ação civil foi exercitada ou transferida para o processo penal, salvo a aplicação do inciso segundo do artigo 316 do Código de Processo Penal.

TUTELA PROVISÓRIA

Art. 669 –quinquies. (Competência no caso de cláusula compromissória, de compromisso ou de pendência de juiz arbitral).

Se a controvérsia é objeto de cláusula compromissória ou já está sob a competência de árbitros ainda que não rituais, ou se está pendente em juízo arbitral, a demanda será proposta perante o juiz que seria competente para conhecer do mérito da causa.

Art. 669 – sexie (Procedimento).

O juiz, ouvidas as partes, omitida toda formalidade não essencial ao contraditório, procede de modo que entenda mais oportuno aos atos de instrução indispensáveis em relação aos pressupostos e aos fins do procedimento requerido, e provê com 'ordinanza' o acolhimento ou a rejeição da demanda.

Quando a convocação da parte contrária puder prejudicar a concessão do provimento, provê com decreto motivado o pedido onde se necessita de sumárias informações. Em tal caso fixa, com o mesmo decreto, a audiência de comparecimento das partes em juízo, num prazo não superior a quinze dias, assinalando ao mesmo instante um prazo peremptório não superior a oito dias para a notificação do recurso e do decreto. Em tal audiência, o juiz, mediante 'ordinanza', confirma, modifica ou revoga os provimentos emanados com o decreto.

No caso de a notificação dever ser efetuada no exterior, os prazos referidos no inciso precedentes serão triplicados.

Art. 669 – septies (Provimento negativo).

A 'ordinanza' de incompetência não preclui a interposição de nova demanda.

A 'ordinanza' de rejeição não preclui a interposição de demanda para o provimento cautelar quando se verificarem mudanças das circunstâncias ou venham deduzidas novas razões de fato ou de direito.

Se a 'ordinanza' de incompetência ou de rejeição é pronunciada antes do início da causa de mérito, com essa o juiz deve decidir definitivamente sobre as despesas do procedimento cautelar.

A condenação nas despesas é imediatamente executável.

Art. 669 – octies (Provimento de acolhimento).

A 'ordinanza' de acolhimento, nas hipóteses em que a demanda foi proposta antes do início da causa de mérito, deve-se fixar um prazo peremptório não superior a sessenta dias para o início do juízo de mérito, salvo a aplicação do último inciso do artigo 669 – novies.

Na falta de fixação do prazo por parte do juiz, a causa de mérito deve ser iniciada no prazo peremptório de sessenta dias.

O prazo decorre da pronuncia da 'ordinanza' se advinda em audiência ou, em caso contrário, da sua comunicação.

Para as controvérsias individuais relativas às relações de trabalho por dependência das administrações públicas, excluída aquelas devidas à jurisdição do juiz administrativo, o prazo decorre do momento em que a demanda judiciária torna-se admissível ou, no caso de falta de apresentação do pedido para tentativa de conciliação, decorrido trinta dias.

No caso em que a controvérsia seja objeto de compromisso ou de cláusula compromissória, a parte, nos termos do inciso precedente, deve notificar a outra por meio de um ato em que declara a própria intenção de promover o procedimento arbitral, propõe a demanda e procede, quando possível, à nomeação dos árbitros.

As disposições deste artigo e do primeiro inciso do artigo 669-novies não se aplicam aos provimentos de urgência expedidos nos termos do art. 700 e em relação aos provimentos cautelares idôneos a antecipar os efeitos da sentença de mérito previstos no código civil ou em leis especiais, também aos provimentos emitidos em seguida à denunciação de obra nova ou dano eminente nos termos do artigo 688. Contudo, qualquer das partes pode iniciar o juízo de mérito.

O juiz, quando expede um dos provimentos do sexto inciso antes do início da causa de mérito, provê sobre as despesas do procedimento cautelar.

A extinção do processo principal não determina a ineficácia das medidas previstas no inciso sexto, mesmo quando seu pedido foi apresentado durante o processo.

A autoridade do provimento cautelar não é invocável em processo diverso.

Art. 669 – novies (Ineficácia do provimento cautelar).
Se o procedimento de mérito não é iniciado no prazo peremptório estabelecido no artigo 669 –octies, ou se sucessivamente ao seu início é extinto, o provimento cautelar perde sua eficácia.

Em ambos os casos o juiz que há emitido o provimento, sob recurso da parte interessada, 'convocate le parti con decreto in calce al ricorso',

TUTELA PROVISÓRIA

declara, se não houver contestação, com 'ordinanza' com eficácia executiva, que o provimento tornou-se ineficaz e determina as disposições necessárias para restaurar a situação precedente. Em caso de contestação a secretaria judiciária à qual pertence o juiz que emitiu o provimento cautelar decide por meio de sentença provisoriamente executiva, salvo a possibilidade de emanar no curso da causa os provimentos previstos no artigo 669 – decies.

O provimento cautelar perde, por outro lado, sua eficácia se não for prestada a caução do artigo 669-undecies, ou se com sentença, ainda que não passada em julgado, for declarada a inexistência do direito a cautelar para o qual foi concedida. Em tal caso, os provimentos estabelecidos no inciso precedente são pronunciados na mesma sentença ou, na sua falta, com 'ordinanza' em seguida a recurso interposto perante o juiz que emitiu o provimento.

Se a causa de mérito é devolvida à jurisdição de um juiz estrangeiro, ou a árbitro italiano ou estrangeiro, o provimento cautelar, além dos casos previstos no primeiro e no terceiro inciso, perde também a sua eficácia:

Se a parte que o havia pedido não apresenta demanda de executoriedade na Itália da sentença estrangeira ou do laudo arbitral, dentro dos prazos eventualmente previstos, sob pena de decadência legal ou de convenção internacional.

Se são pronunciados sentença estrangeira, ainda que não passada em julgado, ou laudo arbitral que declaram inexistente o direito para o qual o provimento foi concedido. Para a declaração de ineficácia do provimento cautelar e para as disposições de restauração aplicam-se o segundo inciso do presente artigo.

Art. 669-decies (Revogação e modificação).
Salvo se foi proposta reclamação nos termos do artigo 669-terdecies, no curso da instrução o juiz instrutor da causa de mérito pode, mediante pedido da parte, modificar ou revogar mediante 'ordinanza' o provimento cautelar, ainda que se emitido anteriormente à causa, se se verificarem mudanças nas circunstâncias ou se se alegarem fatos anteriores cujo conhecimento se adquire sucessivamente ao provimento cautelar. Em tal caso, o requerente deve apresentar prova de quando e onde teve conhecimento dos fatos anteriores.

Quando o juízo de mérito ainda não tenha sido iniciado ou tenha sido declarado extinto, a revogação ou modificação da 'ordinanza' de acolhi-

DIREITO COMPARADO

mento, exaurida eventual fase de reclamação proposta nos termos do artigo 669-terdecies, pode ser requerida ao juiz que há concedido a cautelar, se se verificarem mudanças nas circunstâncias ou se se alegarem fatos anteriores de que se teve conhecimento após a concessão do provimento cautelar. Em tal caso, o requerente deve fornecer prova do momento em que e em onde adquiriu o conhecimento dos fatos anteriores.

Se a causa de mérito é devolvida à jurisdição estrangeira ou ao árbitro, ou se a ação civil foi exercitada ou transferida para o processo penal, os provimentos previstos no presente artigo devem ser solicitados ao juiz que determinou o provimento cautelar.

Art. 669 – undecies (caução)

Com o deferimento do provimento ou de confirmação ou com o provimento de modificação, o juiz pode impor ao requerente, avaliada em toda circunstâncias, uma caução para eventual ressarcimento de danos.

Art. 669 – duodecies (efetivação).

Salvo quanto ao disposto nos artigos 677 e seguintes em relação aos sequestros, a efetivação das medidas cautelares que tenham por objeto somas de dinheiro ocorre nas formas dos artigos 491 e seguintes no que for compatível, enquanto que a efetivação das medidas cautelares que tenham por objeto obrigação de depósito, liberação, fazer ou não fazer, ocorre sob controle do juiz que proferiu o provimento cautelar o qual determina também as modalidades de efetivação e, onde surjam dificuldade, ou contestação, dá com a 'ordinaza' os provimentos oportunos, ouvidas as partes. Toda outra questão será proposta no juízo de mérito.

Art. 669-terdecies (reclamação contra os provimentos cautelares).

Contra a 'ordinanza' que concede ou nega o provimento cautelar, é admitida reclamação no prazo peremptório de quinze dias do pronunciamento em audiência ou da comunicação ou notificação se anteriores.

A reclamação contra os provimentos do juiz singular do tribunal propõe-se ao colegiado, do qual não pode fazer parte o juiz que expediu o provimento reclamado. Quando o provimento cautelar for emitido pela Corte de apelo, a reclamação propõe-se à outra seção da mesma Corte, ou, em sua falta, à Corte de apelo mais vizinha.

O procedimento é disciplinado pelos artigos 737 e 738.

TUTELA PROVISÓRIA

As circunstâncias e os motivos sobrevindos ao momento da proposição da reclamação devem ser propostas, em respeito ao princípio do contraditório, no respectivo procedimento. O tribunal pode sempre recolher novas informações e adquirir novos documentos. Não é consentido a remissão ao primeiro juízo.

O colégio, convocada as partes, pronuncia, não além de vinte dias do depósito do recurso, 'ordinanza' não impugnável com à qual confirma, modifica ou revoga o provimento cautelar.

A reclamação não suspende a execução do provimento; todavia, o presidente do tribunal ou da Corte investidos pela reclamação, quando por motivos supervenientes, o provimento possa provocar graves danos, pode dispor com 'ordinanza' não impugnável a suspensão da execução ou subordiná-la à prestação de caução.

Art. 669 – quaterdecies (âmbito de aplicação).
As disposições da presente seção aplicam-se aos provimentos previstos nas seções II, III e V deste capítulo, também, enquanto compatível, aos outros provimentos cautelares previstos no código civil e pela legislação especial. O artigo 669-septies aplica-se também aos provimentos de instruções preventivas previstos na seção IV deste capítulo.

Art. 700 (Condições para a concessão).
Foras dos casos regulados nas precedentes seções deste capítulo, quem tenha motivo de temer que durante o tempo necessário para fazer valer o seu direito na via ordinária, este esteja ameaçado por um prejuízo eminente e irreparável, pode pedir com recurso ao juiz os provimento de urgência, que apareçam, segundo as circunstâncias, mais idôneos à assegurar provisoriamente os efeitos da decisão sobre o mérito.

30.2. Código de Processo Civil português

Artigo 362.º Âmbito das providências cautelares não especificadas
1 – Sempre que alguém mostre fundado receio de que outrem cause lesão grave e dificilmente reparação ao seu direito, pode requerer a providência conservatória ou antecipatória concretamente adequada a assegurar a efetividade do direito ameaçado.

DIREITO COMPARADO

2 – O interesse do requerente pode fundar-se num direito já existente ou em direito emergente de decisão a proferir em ação constitutiva, já proposta ou a propor.

3 – Não são aplicáveis as providências referidas no n.º 1 quando se pretenda acautelar o risco de lesão especialmente prevenido por alguma das providências tipificadas no capítulo seguinte.

4 – Não é admissível, na dependência da mesma causa, a repetição de providência que haja sido julgada injustificada ou tenha caducado.

Artigo 363.º Urgência do procedimento cautelar

1 – Os procedimentos cautelares revestem sempre caráter urgente, precedendo os respetivos atos qualquer outro serviço judicial não urgente.

2 – Os procedimentos instaurados perante o tribunal competente devem ser decididos, em 1ª instância, no prazo máximo de dois meses ou, se o requerido não tiver sido citado, de 15 dias.

Artigo 364.º Relação entre o procedimento cautelar e a ação principal

1 – Exceto se for decretada a inversão do contencioso, o procedimento cautelar é dependência de uma causa que tenha por fundamento o direito acautelado e pode ser instaurado como preliminar ou como incidente de ação declarativa ou executiva.

2 – Requerido antes de proposta a ação, é o procedimento apensado aos autos desta, logo que a ação seja instaurada e se a ação vier a correr noutro tribunal, para aí é remetido o apenso, ficando o juiz da ação com exclusiva competência para os termos subsequentes à remessa.

3 – Requerido no decurso da ação, deve o procedimento ser instaurado no tribunal onde esta corre e processado por apenso, a não ser que a ação esteja pendente de recurso; neste caso a apensação só se faz quando o procedimento estiver findo ou quando os autos da ação principal baixem à 1ª instância.

4 – Nem o julgamento da matéria de facto, nem a decisão final proferida no procedimento cautelar, têm qualquer influência no julgamento da ação principal.

5 – Nos casos em que, nos termos de convenções internacionais em que seja parte o Estado Português, o procedimento cautelar seja dependência de uma causa que já foi ou haja de ser intentada em tribunal estrangeiro, o requerente deve fazer prova nos autos do procedimento cautelar

TUTELA PROVISÓRIA

da pendência da causa principal, através de certidão passada pelo respetivo tribunal.

Artigo 365.º Processamento

1 – Com a petição, o requerente oferece prova sumária do direito ameaçado e justifica o receio da lesão.

2 – É sempre admissível a fixação, nos termos da lei civil, da sanção pecuniária compulsória que se mostre adequada a assegurar a efetividade da providência decretada.

3 – É subsidiariamente aplicável aos procedimentos cautelares o disposto nos artigos 293.º a 295.º.

Artigo 366.º Contraditório do requerido

1 – O tribunal ouve o requerido, exceto quando a audiência puser em risco sério o fim ou a eficácia da providência.

2 – Quando seja ouvido antes do decretamento da providência, o requerido é citado para deduzir oposição, sendo a citação substituída por notificação quando já tenha sido citado para a causa principal.

3 – A dilação, quando a ela haja lugar nos termos do artigo 245.º, nunca pode exceder a duração de 10 dias.

4 – Não tem lugar a citação edital, devendo o juiz dispensar a audiência do requerido, quando se certificar que a citação pessoal deste não é viável.

5 – A revelia do requerido que haja sido citado tem os efeitos previstos no processo comum de declaração.

6 – Quando o requerido não for ouvido e a providência vier a ser decretada, só após a sua realização é notificado da decisão que a ordenou, aplicando-se à notificação o preceituado quanto à citação.

7 – Se a ação for proposta depois de o réu ter sido citado no procedimento cautelar, a proposição produz efeitos contra ele desde a apresentação da petição inicial.

Artigo 367.º Audiência final

1 – Findo o prazo da oposição, quando o requerido haja sido ouvido, procede-se, quando necessário, à produção das provas requeridas ou oficiosamente determinadas pelo juiz.

2 – A falta de alguma pessoa convocada e de cujo depoimento se não prescinda, bem como a necessidade de realizar qualquer diligência pro-

DIREITO COMPARADO

batória no decurso da audiência, apenas determinam a suspensão desta na altura conveniente, designando-se logo data para a sua continuação.

Artigo 368.º Deferimento e substituição da providência
1 – A providência é decretada desde que haja probabilidade séria da existência do direito e se mostre suficientemente fundado o receio da sua lesão.
2 – A providência pode, não obstante, ser recusada pelo tribunal quando o prejuízo dela resultante para o requerido exceda consideravelmente o dano que com ela o requerente pretende evitar.
3 – A providência decretada pode ser substituída por caução adequada, a pedido do requerido, sempre que a caução oferecida, ouvido o requerente, se mostre suficiente para prevenir a lesão ou repará-la integralmente.
4 – A substituição por caução não prejudica o direito de recorrer do despacho que haja ordenado a providência substituída, nem a faculdade de contra esta deduzir oposição, nos termos do artigo 370.º

Artigo 369.º Inversão do contencioso
1 – Mediante requerimento, o juiz, na decisão que decrete a providência, pode dispensar o requerente do ónus de propositura da ação principal se a matéria adquirida no procedimento lhe permitir formar convicção segura acerca da existência do direito acautelado e se a natureza da providência decretada for adequada a realizar a composição definitiva do litígio.
2 – A dispensa prevista no número anterior pode ser requerida até ao encerramento da audiência final; tratando-se de procedimento sem contraditório prévio, pode o requerido opor-se à inversão do contencioso conjuntamente com a impugnação da providência decretada.
3 – Se o direito acautelado estiver sujeito a caducidade, esta interrompe-se com o pedido de inversão do contencioso, reiniciando-se a contagem do prazo a partir do trânsito em julgado da decisão que negue o pedido.

Artigo 370.º Recursos
1 – A decisão que decrete a inversão do contencioso só é recorrível em conjunto com o recurso da decisão sobre a providência requerida; a decisão que indefira a inversão é irrecorrível.
2 – Das decisões proferidas nos procedimentos cautelares, incluindo a que determine a inversão do contencioso, não cabe recurso para o Supremo

TUTELA PROVISÓRIA

Tribunal de Justiça, sem prejuízo dos casos em que o recurso é sempre admissível.

Artigo 371.º Propositura da ação principal pelo requerido
1 – Sem prejuízo das regras sobre a distribuição do ónus da prova, logo que transite em julgado a decisão que haja decretado a providência cautelar e invertido o contencioso, é o requerido notificado, com a advertência de que, querendo, deve intentar a ação destinada a impugnar a existência do direito acautelado nos 30 dias subsequentes à notificação, sob pena de a providência decretada se consolidar como composição definitiva do litígio.
2 – O efeito previsto na parte final do número anterior verifica-se igualmente quando, proposta a ação, o processo estiver parado mais de 30 dias por negligência do autor ou o réu for absolvido da instância e o autor não propuser nova ação em tempo de aproveitar os efeitos da propositura da anterior.
3 – A procedência, por decisão transitada em julgado, da ação proposta pelo requerido determina a caducidade da providência decretada.

Artigo 372.º Contraditório subsequente ao decretamento da providência
1 – Quando o requerido não tiver sido ouvido antes do decretamento da providência, é-lhe lícito, em alter nativa, na sequência da notificação prevista no n.º 6 do artigo 366.º:
a) Recorrer, nos termos gerais, do despacho que a decretou, quando entenda que, face aos elementos apurados, ela não devia ter sido deferida;
b) Deduzir oposição, quando pretenda alegar factos ou produzir meios de prova não tidos em conta pelo tribunal e que possam afastar os fundamentos da providência ou determinem a sua redução, aplicando-se, com as adaptações necessárias, o disposto nos artigos 367.º e 368.º
2 – O requerido pode impugnar, por qualquer dos meios referidos no número anterior, a decisão que tenha invertido o contencioso.
3 – No caso a que se refere a alínea *b)* do n.º 1, o juiz decide da manutenção, redução, revogação da providência anteriormente decretada, cabendo recurso desta decisão, e, se for o caso, da manutenção ou revogação da inversão do contencioso; qualquer das decisões constitui complemento e parte integrante da inicialmente preferida.

DIREITO COMPARADO

Artigo 373.º Caducidade da providência

1 – Sem prejuízo do disposto no artigo 369.º, o procedimento cautelar extingue-se e, quando decretada, a providência caduca:

a) Se o requerente não propuser a ação da qual a providência depende dentro de 30 dias contados da data em que lhe tiver sido notificado o trânsito em julgado da decisão que a haja ordenado;

b) Se, proposta a ação, o processo estiver parado mais de 30 dias, por negligência do requerente;

c) Se a ação vier a ser julgada improcedente, por decisão transitada em julgado;

d) Se o réu for absolvido da instância e o requerente não propuser nova ação em tempo de aproveitar os efeitos da proposição da anterior;

e) Se o direito que o requerente pretende acautelar se tiver extinguido.

2 – Quando a providência cautelar tenha sido substituída por caução, fica esta sem efeito nos mesmos termos em que o ficaria a providência substituída, ordenando-se o levantamento daquela.

3 – A extinção do procedimento ou o levantamento da providência são determinados pelo juiz, com prévia audiência do requerente, logo que se mostre demonstrada nos autos a ocorrência do facto extintivo.

Artigo 374.º Responsabilidade do requerente

1 – Se a providência for considerada injustificada ou vier a caducar por facto imputável ao requerente, responde este pelos danos culposamente causados ao requerido, quando não tenha agido com a prudência normal.

2 – Sempre que o julgue conveniente em face das circunstâncias, pode o juiz, mesmo sem audiência do requerido, tornar a concessão da providência dependente da prestação de caução adequada pelo requerente.

Artigo 375.º Garantia penal da providência

Incorre na pena do crime de desobediência qualificada todo aquele que infrinja a providência cautelar decretada, sem prejuízo das medidas adequadas à sua execução coerciva.

Artigo 376.º Aplicação subsidiária aos procedimentos nominados

1 – Com exceção do preceituado no n.º 2 do artigo 368.º, as disposições constantes deste capítulo são aplicáveis aos procedimentos cautelares

TUTELA PROVISÓRIA

regulados no capítulo subsequente, em tudo quanto nele se não encontre especialmente prevenido.

2 – O disposto no n.º 2 do artigo 374.º apenas é aplicável ao arresto e ao embargo de obra nova.

3 – O tribunal não está adstrito à providência concretamente requerida, sendo aplicável à cumulação de providências cautelares a que caibam formas de procedimento diversas o preceituado nos n.os 2 e 3 do artigo 37.º

4 – O regime de inversão do contencioso é aplicável, com as devidas adaptações, à restituição provisória da posse, à suspensão de deliberações sociais, aos alimentos provisórios, ao embargo de obra nova, bem como às demais providências previstas em legislação avulsa cuja natureza permita realizar a composição definitiva do litígio.

30.3. Código de Processo Civil alemão

§940. Provimento de urgência sobre o regulamento de uma situação provisória
Os provimentos de urgência são admissíveis com o fim de regular uma situação provisória sobre determinada relação jurídica controvertida quando este regulamento for necessário, em particular nos casos de relações jurídicas que duram no tempo para prevenir prejuízos consideráveis ou para impedir a ameaça de violência ou para outros motivos.

30.4. Código de Processo Civil espanhol

Art. 70. Medidas urgentes em questões não 'repartidos').
Os Juízes Decanos e os Presidentes de Tribunais e Audiências poderão, a pedido da parte, adotar medidas urgentes nos 'assuntos não repartidos' quando, se não o fizerem, puder por em risco algum direito ou produzir--se algum prejuízo grave ou irreparável.

Art. 721. Necessidade de requerimento da parte.
1. Sob sua responsabilidade, todo autor, principal ou reconvencional, poderá solicitar ao tribunal, conforme o disposto neste título, a adoção de medidas cautelares que considere necessárias para assegurar a efetividade da tutela judicial que puder ser outorgada na sentença 'estimatória' que se ditar.

DIREITO COMPARADO

2. As medidas cautelares previstas neste Título não poderão em nenhum caso ser deferida de ofício pelo tribunal, sem prejuízo do que se disponha para os processos especiais. Tampouco poderá ser concedida medidas mais gravosas daquelas solicitadas.

Art. 722. Medidas cautelares em procedimento arbitral e litígios estrangeiros.
Poderá pedir ao Tribunal medidas cautelares quem acredite ser parte de um processo arbitral pendente na Espanha; ou, se for o caso, haver requerido a formalização judicial a que se refere o artigo 15 da lei de arbitragem n. 60/2003, de 23 de dezembro; ou no caso de uma arbitragem institucional, haver apresentado a devida solicitação ou encargo à instituição correspondente segundo o seu Regulamento.

Sem prejuízo das regras especiais previstas nos Tratados e Convênios ou em normas comunitárias que sejam de aplicação, também se poderá solicitar de um Tribunal espanhol por quem acredite ser parte de um processo jurisdicional ou arbitral que se siga em um país estrangeiro a adoção de medidas cautelares se se verificarem os pressupostos legalmente previstos, salvo o caso em que para conhecer da questão principal fossem exclusivamente competentes os Tribunais espanhóis.

Art. 723. Competência.
1. Será tribunal competente para conhecer das solicitações sobre medidas cautelares aquele que esteja conhecendo do assunto em primeira instância ou, se o processo ainda não houver sido iniciado, o que seja competente para conhecer da demanda principal.

2. Para conhecer das solicitações relativas a medidas cautelares que se formulem durante a apreciação da segunda instância ou de um recurso extraordinário por infração processual ou de cassação, será competente o tribunal que conheça do fato em segunda instância ou de referidos recursos.

Art. 724. Competência em casos especiais.
Quando as medidas cautelares forem solicitadas estando pendente um processo arbitral ou a formalização judicial de arbitragem, será competente o tribunal do lugar em que o laudo deva ser executado, e, em sua falta, o lugar onde as medidas devam produzir sua eficácia.

O mesmo se observará quando o processo se siga perante um tribunal estrangeiro, salvo o que estabeleçam os tratados.

Art. 725. Exame de ofício da competência. Medidas cautelares por prevenção.

1. quando as medidas cautelares forem requeridas anteriormente à demanda principal, não se admitirá declinatória fundada na falta de competência territorial, porém, o tribunal examinará de ofício sua jurisdição, sua competência objetiva e a territorial. Se se considerar que carece de jurisdição ou de competência objetiva, mediante prévia oitiva do Ministério Público ou do requerente das medidas cautelares, ditará auto abstendo-se de conhecer e recomendando às partes que usem de seu direito perante quem seja competente, se a abstenção não se fundar na falta de jurisdição dos tribunais espanhóis. O mesmo ocorrerá quando a competência territorial do tribunal não possa fundar-se em nenhum dos foros legais, imperativos ou não, que resultem aplicável em atenção ao que o requerente pretenda reclamar no juízo principal. Não obstante, quando o foro legal aplicável seja dispositivo, o tribunal não declinará de sua competência se as partes acordaram em submeter expressamente a questão principal à sua jurisdição.

2. Nos casos referidos no inciso anterior, se o tribunal considerar-se territorialmente incompetente, poderá, não obstante, quando as circunstâncias do caso aconselharem, ordenar por prevenção aquelas medidas cautelares que resultem mais urgentes, remetendo posteriormente os autos ao tribunal que resulte competente.

Art. 726. Características das medidas cautelares.

1. O tribunal poderá conceder como medida cautelar, em relação aos bens e direitos do demandado, qualquer atuação, direta ou indireta, que reúna as seguintes características:

a) Ser exclusivamente conducente a fazer possível a efetividade da tutela judicial que puder ser outorgada em eventual sentença estimatória, de modo que não possa ver-se impedida ou dificultada por situações produzidas durante a pendência do processo correspondente.

b) Não ser suscetível de substituição por outra medida igualmente eficaz, que garanta os efeitos do inciso anterior, porém menos gravosa ou prejudicial para o demandado.

2. Com o caráter temporário, provisório, condicionado e suscetível de modificação e nos termos previstos nesta Lei para as medidas cautelares, o tribunal poderá deferir como tais as que consistam em ordens e proibições de conteúdo similar ao que se pretenda no processo, sem prejulgar a sentença que em definitivo será editada.

Art. 727 (...).

Art. 728. Perigo de demora processual. Aparência do bom direito. Caução.
1. Somente poderão ser deferidas medidas cautelares se quem as solicita justifica, que, no caso em questão, poderão produzir-se durante a pendência do processo, se não se adotar as medidas solicitadas, situações que impeçam ou dificultem a efetividade da tutela que puder ser outorgada em uma eventual sentença estimatória.

Não se deferirão medidas quando por meio delas se pretendam alterar situações de fato já consolidadas no tempo em razão de consentimento do requerente, salvo se este justificar pormenorizadamente as razões pelas quais ditas medidas não foram solicitadas até então.

2. O requerente de medidas cautelares também deverá apresentar com seu requerimento os dados, argumentos e justificações documentais que possam produzir no tribunal, sem que ocorra um prejulgamento de fundo sobre o assunto, um juízo provisório e indiciário favorável ao fundamento de sua pretensão. Na falta de justificação documental, o requerente poderá oferecê-la através de outros meios de prova, que deverá indicar no mesmo requerimento.

3. Salvo havendo expressa disposição em contrário, o requerente da medida cautelar deverá prestar caução suficiente para responder, de maneira rápida e efetiva, pelos danos e prejuízos que a adoção da medida cautelar puder causar no patrimônio do demandado.

O tribunal determinará a caução atendendo à natureza e ao conteúdo da pretensão e à valoração que realize, segundo o inciso anterior, sobre o fundamento de solicitação da medida.

A caução a que se refere o parágrafo anterior poderá outorgar-se por meio de qualquer das formas previstas no parágrafo segundo do inciso 3 do art. 529.

Nos procedimentos em que se requer uma liminar em defesa dos interesses coletivos e dos interesses difusos dos consumidores e usuários, o Tribunal poderá dispensar o requerente da medida do dever de prestar caução, atendidas as circunstâncias do caso, assim como a entidade econômica e a repercussão social dos distintos interesses afetados.

Art. 730. Momento para requerer as medidas cautelares.
1. As medidas cautelares serão requeridas, ordinariamente, junto com a demanda principal.

TUTELA PROVISÓRIA

2. Poderão também ser requeridas medidas cautelares antes da demanda se quem nesse momento as pede alega e comprova razões de urgência e necessidade.

Neste caso, as medidas que tiverem sido deferidas ficarão sem efeito se a demanda não for proposta perante o mesmo Tribunal que a conheceu no prazo de vinte dias seguinte à sua adoção. O Secretário Judicial, de ofício, determinará mediante decreto que se levantem ou revoguem os atos de cumprimento que houverem sido realizados; condenará o requerente nas custas e declarará que é responsável pelos danos e prejuízos que tenha produzido ao sujeito em relação ao qual as medidas foram adotadas.

3. O requisito temporal a que se refere o inciso anterior não prevalecerá nos casos de formalização judicial de arbitragem ou de arbitragem institucional. Neles, para que a medida cautelar se mantenha, será suficiente que a parte beneficiada por ela realize todas as atuações tendentes a por em marcha o procedimento arbitral.

4. Posteriormente à apresentação da demanda ou pendente recurso, somente poderá ser requerida a adoção de medidas cautelares quando a petição se baseie em fatos e circunstâncias que justifiquem seu requerimento nesses momentos.

Este requerimento será regulado nos termos das disposições deste capítulo.

Art.731. Acessoriedade das medidas cautelares. Execução provisória e medidas cautelares.

1. Não se manterá uma medida cautelar quando o processo principal haja terminado, por qualquer causa, salvo em se tratando de sentença condenatória ou 'auto equivalente', em cujo caso deverão manter-se as medidas deferidas até que transcorra o prazo a que se refere o art. 548 da presente Lei.

Transcorrido o referido prazo, e se não for requerida a execução, serão levantadas as medidas que tiverem sido adotadas.

Tampouco poderá manter-se uma medida cautelar se o processo restar suspenso durante mais de seis meses por causa imputável ao requerente da medida.

2. Quando despachada a execução provisória de uma sentença, será levantada as medidas cautelares deferidas e que guardem relação com a referida execução.

DIREITO COMPARADO

Art. 732. Requerimento das medidas cautelares.

1. O requerimento de medidas cautelares deverá ser formulado com clareza e precisão, justificando pormenorizadamente a ocorrência dos pressupostos legalmente exigidos para sua adoção.

2. Acompanharão o requerimento os documentos que o sustentem, ou se oferecerá a prática de outros meios para a comprovação dos pressupostos que autorizam a adoção de medidas cautelares.

Quando as medidas cautelares forem requeridas em relação a processos iniciados por demandas em que se pretenda a proibição ou cessação de atividades ilícitas, também poderá ser proposto ao Tribunal que, em caráter urgente e sem dar traslado do requerimento escrito, requeira as informações ou ordene as investigações que o requerente não possa aportar ou levar a cabo e que resultem necessárias para resolver o pedido.

3. Em petição escrita deverá ser oferecida a prestação de caução, especificando de que tipo ou tipos deverão ser produzidas e qual a justificação do importe que se propõe.

Art. 733. Audiência do requerido. Exceções.

1. Como regra geral, o tribunal analisará a petição de medidas cautelares mediante prévia audiência do requerido.

2. Não obstante do disposto no inciso anterior, quando o requerente assim o peça e comprove que concorrem razões de urgência ou que a audiência prévia pode comprometer o bom fim da medida cautelar, o tribunal poderá deferi-la sem mais trâmites mediante auto, no prazo de cinco dias, dando suas razões em separado sobre a ocorrência dos requisitos da medida cautelar e as razões que aconselharam seu deferimento sem oitiva do requerido.

Contra o auto que defere medidas cautelares sem previa audiência do requerido não caberá recurso algum e será observado o disposto no capítulo III deste título. O auto será notificado às partes sem demora e, não sendo isso possível, imediatamente depois da execução das medidas.

Art. 734. 'vista' para a audiência das partes

1. Recebido o requerimento, o Secretário judicial, mediante diligência, salvo os casos do parágrafo segundo do artigo anterior, no prazo de cinco dias, contados da notificação daquele ao requerido, convocará as partes para uma audiência, que se celebrará dentro dos dez dias seguintes sem

TUTELA PROVISÓRIA

necessidade de seguir a ordem dos assuntos pendentes quando assim o exija a efetividade da medida cautelar.

2. Na audiência, requerente e requerido poderão expor o que convenha para seu direito, servindo-se das provas que disponham, as quais serão admitidas ou realizadas desde que sejam pertinentes em razão dos pressupostos das medidas cautelares.

Também poderão requerer, quando seja necessário para comprovar questões relevantes, que se proceda ao reconhecimento judicial, que, se se considerar pertinente e não puder praticar-se no ato da audiência, se levará acabo no prazo de cinco dias.

Também se poderão formular alegações relativas ao tipo e à quantia da caução.

E quem dever sofrer a medida cautelar poderá requerer ao tribunal que, em substituição dessa, aceite caução substitutiva, conforme previsto no art. 746 desta Lei.

3. Contra as resoluções do tribunal sobre o desenvolvimento da audiência, sobre conteúdo e prova proposta não caberá recurso algum, sem prejuízo de que, mediante protesto oportuno, possam ser alegadas as infrações que se houverem produzidas na interposição de recurso contra o auto que resolva sobre as medidas cautelares.

Art. 735. Auto deferindo medidas cautelares.
1. Encerrada a audiência, o tribunal, no prazo de cinco dias, decidirá mediante auto sobre o requerimento de medidas cautelares.

2. Se o tribunal estimar que concorrem todos os requisitos estabelecidos e considerar comprovado, à vista das alegações e das justificações, o perigo da demora, atendido a aparência do bom direito, acolherá o requerimento das medidas, fixará com toda precisão a medida ou medidas cautelares deferidas e precisará o regime a que hão de ser submetidas, determinando, no caso, a forma, quantia e tempo em que deva prestar-se caução pelo requerente.

Contra o auto que deferir medidas cautelares caberá recurso de apelação, sem efeito suspensivo.

Art. 736. Auto denegatório das medidas cautelares. Reiteração do requerimento se mudam as circunstâncias.
1. Contra o auto denegatório de medida cautelar somente caberá recurso de apelação, ao qual se dará uma tramitação preferencial. As cus-

tas serão impostas em conformidade com os critérios estabelecidos no art. 394.

2. Mesmo que denegada a petição de medidas cautelares, o requerente poderá reproduzir seu pedido se se alterarem as circunstâncias existentes no momento do requerimento.

Art. 737. Prestação de caução.

A prestação de caução será sempre prévia a qualquer ato de cumprimento de medida cautelar adotada.

O tribunal decidirá, mediante providência, sobre a idoneidade e suficiência do importa da caução.

Art. 738. Execução da medida cautelar.

1. Deferida a medida cautelar e prestada a caução, proceder-se-á, de ofício, o seu imediato cumprimento empregando para isso os meios que forem necessários, inclusive os previstos para a execução das sentenças.

2. Se o deferimento disser respeito ao embargo preventivo, proceder-se--á conforme o disposto nos arts. 584 e seguintes para os embargos decretados no processo de execução, porém sem que o devedor esteja obrigado à declaração de bens de que dispõe o art. 589. As decisões sobre melhora, redução ou modificação do embargo preventivo haverão de ser adotadas, em cada caso, pelo tribunal.

Se o deferimento disser respeito à administração judicial, proceder-se--á conforme os arts. 630 e seguintes.

Se se trata de anotação preventiva, proceder-se-á conforme as normas do Registro correspondente.

3. Os depositários, administradores judiciais ou responsáveis pelos bens ou direitos sobre os quais recaiu uma medida cautelar somente poderão aliená-los mediante prévia autorização por meio de providência do tribunal e se concorrem circunstâncias tão excepcionais que resulte mais gravosa para o patrimônio do demandado a conservação que a alienação.

Art. 739. Oposição à medida cautelar

Nos casos em que a medida cautelar for deferida sem prévia audiência do requerido, poderá este formular oposição no prazo de vinte dias, contado da notificação do auto que deferiu a medida cautelar.

Art. 740. Causas de oposição. Oferecimento de caução substitutiva.

Aquele que formule oposição à medida cautelar poderá arguir como causa todo os fatos e razões que se oponham à procedência do pedido, requisitos, alcance, espécie e demais circunstâncias da medida ou medidas efetivamente deferidas, sem limitação alguma.

Também poderá oferecer caução substitutiva, com base no disposto no capítulo deste título.

Art. 741. Traslado da oposição ao requerente, comparecimento em audiência e decisão.

1. Da petição de oposição se dará traslado pelo Secretário judicial ao requerente, procedendo-se, em seguida, conforme estabelece o art. 734.

2. Celebrada a audiência, o tribunal, no prazo de cinco dias, decidirá em forma de auto sobre a oposição.

Se mantiver as medidas cautelares deferidas, condenará o opositor às custas da oposição.

Se levantar as medidas cautelares, condenará o autor às custas e ao pagamento dos danos e prejuízos que estas tenham produzido.

3. O auto em que se decida sobre a oposição será apelável sem efeito suspensivo.

Art. 742. Execução de danos e prejuízos.

Uma vez transitado o auto que acolha a oposição, proceder-se-á, mediante requerimento do demandado e de acordo com os trâmites previstos nos art. 712 e seguintes, à determinação dos danos e prejuízos que, no caso, houver produzido a medida cautelar revogada; e, uma vez determinados, se requererá o pagamento ao requerente da medida, procedendo-se de imediato, se não os pagar, a sua execução forçada.

Art. 743. Possível modificação das medidas cautelares.

As medidas cautelares poderão ser modificadas alegando-se e provando-se fatos e circunstâncias que não puderam ser levados em conta ao tempo de sua concessão ou dentro do prazo para se opor a elas.

A solicitação de modificação será analisada e resolvida conforme o previsto nos arts. 734 e seguintes.

DIREITO COMPARADO

Art. 744. Levantamento da medida após prolação de sentença ainda não transitada.

1. Absolvido o demandado em primeira instância, o Secretario judicial ordenará o imediato levantamento das medidas cautelares adotadas, salvo que o recorrente solicite a sua manutenção ou adoção de alguma medida distinta. Nesse caso, tal fato será levado ao conhecimento do tribunal, sendo que este, ouvida a parte contrária, atendidas as circunstâncias do caso e o prévio aumento do importe da caução, resolverá o requerimento efetuado pelo recorrente, mediante auto.

2. Se o acolhimento da demanda for parcial, o tribunal, após audiência da parte contrária, decidirá mediante auto sobre a manutenção, levantamento ou modificação das medidas cautelares deferidas.

Art. 745. Levantamento das medidas após sentença absolutória transitada em julgado.

Transitada em julgado a sentença absolutória, seja em substância ou no aspecto processual, se levantarão de ofício pelo Secretário judicial todas as medidas cautelares adotadas e se procederá conforme o disposto no art. 742 em relação aos danos e prejuízos que houverem sofrido o demandado.

O mesmo se ordenará nos casos de renúncia da ação ou desistência da instância.

Art. 746. Caução substitutiva.

1. Aquele frente a quem se houver requerido ou deferido medidas cautelares poderá requerer ao tribunal que aceite, em substituição às medidas, a prestação de caução suficiente, a juízo do tribunal, para assegurar o efetivo cumprimento da sentença estimatória que se ditar.

2. Para decidir sobre a petição de aceitação de caução substitutiva, o tribunal examinará o fundamento do pedido de medidas cautelares, a natureza e conteúdo da pretensão de condenação e à aparência jurídica favorável que possa apresentar a posição do demandado. Também levará em conta o tribunal a possibilidade de a medida cautelar restringir ou dificultar a atividade patrimonial ou econômica do demandado de modo grave e desproporcional em relação à segurança que aquela medida representaria para o requerente.

TUTELA PROVISÓRIA

Art. 747. Pedido de caução substitutiva.

1. O pedido da prestação de caução substitutiva da medida cautelar poderá ser formulado conforme o previsto no art. 734 ou, se a medida cautelar já houver sido adotada, no trâmite da oposição ou mediante escrito motivado, ao qual poderá acompanhar os documentos que se estime convenientes sobre sua solvência, as consequências da adoção da medida e a mais precisa valoração do perigo de demora processual.

Mediante prévio traslado do escrito ao requerente da medida cautelar, por cinco dias, o Secretário judicial convocará as partes a uma audiência sobre a solicitação de caução substitutiva, conforme o disposto no art. 734. Celebrada a audiência, resolverá o Tribunal mediante auto o que estime procedente, no prazo de outros cinco dias.

2. Contra o auto que resolver aceitar ou rechaçar a caução substitutiva não caberá qualquer recurso.

3. A caução substitutiva de medida cautelar poderá outorgar-se em qualquer das formas previstas no parágrafo segundo do inciso 3 do art. 529.

ANEXO

DISPOSIÇÃO SOBRE TUTELA PROVISÓRIA NO NOVO C.P.C.

LIVRO V – DA TUTELA PROVISÓRIA

TÍTULO I – DISPOSIÇÕES GERAIS

Art. 294. A tutela provisória pode fundamentar-se em urgência ou evidência.

Parágrafo único. A tutela provisória de urgência, cautelar ou antecipada, pode ser concedida em caráter antecedente ou incidental.

Art. 295. A tutela provisória requerida em caráter incidental independe do pagamento de custas.

Art. 296. A tutela provisória conserva sua eficácia na pendência do processo, mas pode, a qualquer tempo, ser revogada ou modificada.

Parágrafo único. Salvo decisão judicial em contrário, a tutela provisória conservará a eficácia durante o período de suspensão do processo.

TUTELA PROVISÓRIA

Art. 297. O juiz poderá determinar as medidas que considerar adequadas para efetivação da tutela provisória.

Parágrafo único. A efetivação da tutela provisória observará as normas referentes ao cumprimento provisório da sentença, no que couber.

Art. 298. Na decisão que conceder, negar, modificar ou revogar a tutela provisória, o juiz motivará seu convencimento de modo claro e preciso.

Art. 299. A tutela provisória será requerida ao juízo da causa e, quando antecedente, ao juízo competente para conhecer do pedido principal.

Parágrafo único. Ressalvada disposição especial, na ação de competência originária de tribunal e nos recursos a tutela provisória será requerida ao órgão jurisdicional competente para apreciar o mérito.

TÍTULO II – DA TUTELA DE URGÊNCIA

CAPÍTULO I – DISPOSIÇÕES GERAIS

Art. 300. A tutela de urgência será concedida quando houver elementos que evidenciem a probabilidade do direito e o perigo de dano ou o risco ao resultado útil do processo.

§ 1º Para a concessão da tutela de urgência, o juiz pode, conforme o caso, exigir caução real ou fidejussória idônea para ressarcir os danos que a outra parte possa vir a sofrer, podendo a caução ser dispensada se a parte economicamente hipossuficiente não puder oferecê-la.

§ 2º A tutela de urgência pode ser concedida liminarmente ou após justificação prévia.

§ 3º A tutela de urgência de natureza antecipada não será concedida quando houver perigo de irreversibilidade dos efeitos da decisão.

Art. 301. A tutela de urgência de natureza cautelar pode ser efetivada mediante arresto, sequestro, arrolamento de bens, registro de protesto contra alienação de bem e qualquer outra medida idônea para asseguração do direito.

Art. 302. Independentemente da reparação por dano processual, a parte responde pelo prejuízo que a efetivação da tutela de urgência causar à parte adversa, se:

I – a sentença lhe for desfavorável;

II – obtida liminarmente a tutela em caráter antecedente, não fornecer os meios necessários para a citação do requerido no prazo de 5 (cinco) dias;

III – ocorrer a cessação da eficácia da medida em qualquer hipótese legal;

IV – o juiz acolher a alegação de decadência ou prescrição da pretensão do autor.

Parágrafo único. A indenização será liquidada nos autos em que a medida tiver sido concedida, sempre que possível.

CAPÍTULO II – DO PROCEDIMENTO DA TUTELA ANTECIPADA REQUERIDA EM CARÁTER ANTECEDENTE

Art. 303. Nos casos em que a urgência for contemporânea à propositura da ação, a petição inicial pode limitar-se ao requerimento da tutela antecipada e à indicação do pedido de tutela final, com a exposição da lide, do direito que se busca realizar e do perigo de dano ou do risco ao resultado útil do processo.

§ 1º Concedida a tutela antecipada a que se refere o *caput* deste artigo:

I – o autor deverá aditar a petição inicial, com a complementação de sua argumentação, a juntada de novos documentos e a confirmação do pedido de tutela final, em 15 (quinze) dias ou em outro prazo maior que o juiz fixar;

II – o réu será citado e intimado para a audiência de conciliação ou de mediação na forma do art. 334;

III – não havendo autocomposição, o prazo para contestação será contado na forma do art. 335.

§ 2º Não realizado o aditamento a que se refere o inciso I do § 1º deste artigo, o processo será extinto sem resolução do mérito.

§ 3º O aditamento a que se refere o inciso I do § 1º deste artigo dar-se-á nos mesmos autos, sem incidência de novas custas processuais.

TUTELA PROVISÓRIA

§ 4º Na petição inicial a que se refere o *caput* deste artigo, o autor terá de indicar o valor da causa, que deve levar em consideração o pedido de tutela final.

§ 5º O autor indicará na petição inicial, ainda, que pretende valer-se do benefício previsto no *caput* deste artigo.

§ 6º Caso entenda que não há elementos para a concessão de tutela antecipada, o órgão jurisdicional determinará a emenda da petição inicial em até 5 (cinco) dias, sob pena de ser indeferida e de o processo ser extinto sem resolução de mérito.

Art. 304. A tutela antecipada, concedida nos termos do art. 303, torna-se estável se da decisão que a conceder não for interposto o respectivo recurso.

§ 1º No caso previsto no *caput*, o processo será extinto.

§ 2º Qualquer das partes poderá demandar a outra com o intuito de rever, reformar ou invalidar a tutela antecipada estabilizada nos termos do *caput*.

§ 3º A tutela antecipada conservará seus efeitos enquanto não revista, reformada ou invalidada por decisão de mérito proferida na ação de que trata o § 2º.

§ 4º Qualquer das partes poderá requerer o desarquivamento dos autos em que foi concedida a medida, para instruir a petição inicial da ação a que se refere o § 2º, prevento o juízo em que a tutela antecipada foi concedida.

§ 5º O direito de rever, reformar ou invalidar a tutela antecipada, previsto no § 2º deste artigo, extingue-se após 2 (dois) anos, contados da ciência da decisão que extinguiu o processo, nos termos do § 1º.

§ 6º A decisão que concede a tutela não fará coisa julgada, mas a estabilidade dos respectivos efeitos só será afastada por decisão que a revir, reformar ou invalidar, proferida em ação ajuizada por uma das partes, nos termos do § 2º deste artigo.

CAPÍTULO III – DO PROCEDIMENTO DA TUTELA CAUTELAR REQUERIDA EM CARÁTER ANTECEDENTE

Art. 305. A petição inicial da ação que visa à prestação de tutela cautelar em caráter antecedente indicará a lide e seu fundamento, a exposição

ANEXO – DISPOSIÇÃO SOBRE TUTELA PROVISÓRIA NO NOVO C.P.C.

sumária do direito que se objetiva assegurar e o perigo de dano ou o risco ao resultado útil do processo.

Parágrafo único. Caso entenda que o pedido a que se refere o *caput* tem natureza antecipada, o juiz observará o disposto no art. 303.

Art. 306. O réu será citado para, no prazo de 5 (cinco) dias, contestar o pedido e indicar as provas que pretende produzir.

Art. 307. Não sendo contestado o pedido, os fatos alegados pelo autor presumir-se-ão aceitos pelo réu como ocorridos, caso em que o juiz decidirá dentro de 5 (cinco) dias.

Parágrafo único. Contestado o pedido no prazo legal, observar-se-á o procedimento comum.

Art. 308. Efetivada a tutela cautelar, o pedido principal terá de ser formulado pelo autor no prazo de 30 (trinta) dias, caso em que será apresentado nos mesmos autos em que deduzido o pedido de tutela cautelar, não dependendo do adiantamento de novas custas processuais.

§ 1º O pedido principal pode ser formulado conjuntamente com o pedido de tutela cautelar.

§ 2º A causa de pedir poderá ser aditada no momento de formulação do pedido principal.

§ 3º Apresentado o pedido principal, as partes serão intimadas para a audiência de conciliação ou de mediação, na forma do art. 334, por seus advogados ou pessoalmente, sem necessidade de nova citação do réu.

§ 4º Não havendo autocomposição, o prazo para contestação será contado na forma do art. 335.

Art. 309. Cessa a eficácia da tutela concedida em caráter antecedente, se:

I – o autor não deduzir o pedido principal no prazo legal;

II – não for efetivada dentro de 30 (trinta) dias;

III – o juiz julgar improcedente o pedido principal formulado pelo autor ou extinguir o processo sem resolução de mérito.

Parágrafo único. Se por qualquer motivo cessar a eficácia da tutela cautelar, é vedado à parte renovar o pedido, salvo sob novo fundamento.

TUTELA PROVISÓRIA

Art. 310. O indeferimento da tutela cautelar não obsta a que a parte formule o pedido principal, nem influi no julgamento desse, salvo se o motivo do indeferimento for o reconhecimento de decadência ou de prescrição.

TÍTULO III – DA TUTELA DA EVIDÊNCIA

Art. 311. A tutela da evidência será concedida, independentemente da demonstração de perigo de dano ou de risco ao resultado útil do processo, quando:

I – ficar caracterizado o abuso do direito de defesa ou o manifesto propósito protelatório da parte;

II – as alegações de fato puderem ser comprovadas apenas documentalmente e houver tese firmada em julgamento de casos repetitivos ou em súmula vinculante;

III – se tratar de pedido reipersecutório fundado em prova documental adequada do contrato de depósito, caso em que será decretada a ordem de entrega do objeto custodiado, sob cominação de multa;

IV – a petição inicial for instruída com prova documental suficiente dos fatos constitutivos do direito do autor, a que o réu não oponha prova capaz de gerar dúvida razoável.

Parágrafo único. Nas hipóteses dos incisos II e III, o juiz poderá decidir liminarmente.

REFERÊNCIAS BIBLIOGRÁFICAS

ANDOLINA, Ítalo Augusto. crisi del giudicato e nuovi strumenti alternativi di tutela giurisdizionale. La (nuova) tutela provvisoria di merito e le garanzie costituzionali del giusto processo., *In: Revista de Processo,* São Paulo, Ano 32, n. 150, ago/2007.

___.__ Il tempo e il processo. *In. Il tempo e il proceso – scritti scelti di italo andolina a cura di Giovanni Raiti,* Vol. I., Torino: G. Giappichelli Editore.

___.__ Unitarietà e flessibilità del nuovo modello procedimentale di tutela cautelare. *In: Scritti in onore di Elio Fazzalari,* III, Milano, 1993.

ARMELIN, Donaldo. A tutela jurisdicional cautelar. *In: Revista da Procuradoria Geral do Estado de São Paulo.,* São Paulo, n. 23, jun. 1985.

BALENA, Giampiero. *Istituzioni di diritto processuale civile – i princìpi.* Primo Volume. Seconda Edizione. Bari: Cacucci Editore, 2012.

BAPTISTA DA SILVA, Ovídio Araújo. *A ação cautelar nominada no direito brasileiro – de acordo com a Constituição de 1988.* 4 ed., Rio de Janeiro: Editora Forense, 1992.

___.__ *Comentários ao código de processo civil.* Vol. XI – arts. 796-889 – Do processo cautelar. Porto Alegre: Letras Jurídicas Editora Ltda., 1985.

BARBOSA MOREIRA. José Carlos. *Temas de direito processual.* Oitava Série. São Paulo: Editora Saraiva, 2004.

BARTOLME, Plácido Fernandez-Viagas. *El derecho a un proceso sin dilaciones indebidas.* Madrid: Civitas, 1994.

BAUR, Fritz. *Tutela jurídica mediante medidas cautelares.* Trad. Armindo Edgar Laux. Porto Alegre: Sergio Antonio Fabris Editor, 1985.

BODART. Bruno Vinícius da Rós. *Tutela de evidência – teoria da cogniçção, análise econômica do direito processual e considerações sobre o projeto do novo C.P.C.* São Paulo: Revista dos Tribunais, 2014.

CALAMANDREI, Piero. *Introdução ao estudo sistemático dos procedimentos cautelares.* Campinas, 2000.

CARNELUTTI, Francesco. *Teoria geral do direito*. Trad. A. Rodrigues Queiro – assistente da faculdade de direito de Coimbra. Rio de Janeiro: Âmbito Cultural, 2006.

CARRATA, Antonio. *La tutela sommaria in Europa – studi*. Napoli: Jovene Editore, 2012.

COMOGLIO, Luigi Paolo; FERRI, Corrado; TARUFFO, Michele. *Lezioni sul processo civile – il processo ordinário di cognizione*. Bologna: Il Mulino, 2006.

CRUZ E TUCCI, José Rogério. *A causa petendi no processo civil*. 2. Ed. Coleção Estudos de Direito de Processo Enrico Tullio Liebman, vol. 27. São Paulo: Ed. Revista dos Tribunais, 2001.

___.___ *Tempo e processo*. São Paulo: Ed. R.T., 1997.

CUNHA DE SÁ, Fernando Augusto. *Abuso de direito*. Coimbra: Almedina, 1997.

DE PAOLIS, Maurizio. *Eccessiva durata del processo: risarcimento del dano*. II ed. Republica de San Marino, 2012.

DINAMARCO. Cândido Rangel. *Nova era do processo civil*. São Paulo: Malheiros, 2003.

DINI, Enrico A.; MAMMONE, Giovanni. *I provvedimenti d'urgenza – nel diritto processaule civile e nel diritto del lavoro*. Sesta Edizione. Milano: Dott. A. Giuffrè Editore, 1993

FUX, Luiz. *Curso de direito processual civil*. 2ª ed. Rio de Janeiro: Editora Forense, 2004.

GARCIA, José Antonio Tomé. *Protección procesal de los derechos humanos ante los tribunales ordinarios*. Madrid: Montecorvo, 1987.

GUERRA, Marcelo Lima. Condições da ação e mérito no processo cautelar. *in Revista de Processo*, São Paulo, R.T., n.78, p.191/203. Abril-junho, 1995.

GUILLÉN, Victor Fairén. *Lo 'sumário' y lo 'plenario' en los procesos civiles y mercantiles españoles: pasado y presente*. Madrid: Colegio de Registradores de la Propriedad y Mercantiles de España, 2006.

LOPES DA COSTA. Alfredo de Araújo. *Medidas preventivas – medidas de conservação*. 2ª Ed. Belo Horizonte: Livraria Bernardo Álvares Editora, 1958.

MARGUÉNAUD, Jean-Pierre. *La Cour européenne des droits de l'homme*. Pariz: Daloz, 1997.

MARINONI. Luiz Guilherme. *A antecipação da tutela*. 7. Ed. São Paulo: Editora Malheiros, 2002.

MARTINS, Rui Cunha. *O ponto cego do direito – the brasilian lessons*. Rio de Janeiro: Lúmen Júris, 2010.

OTEIZA, Eduardo. Las medidas anticipativas frente al dilema sobre la efectividad del proceso judicial en el pensamiento de italo andolina. *In: Il tempo e il processo – scritti scelti di italo andolina a cura di Giovanni Raiti*, Vol. I. Torino: G. Giappichelli Editore.

PASTORE. Baldassare. *Giudizio, prova, ragion pratica*. Un approccio ermeneutico. Milano: Dott. A. Giuffrè Editore, 1996.

PISANI, Andrea Proto. *Lezioni di diritto processuale civile*. Terza Edizione. Napoli: Casa Editrice Dott. Eugenio Jovene, 1999.

QUERZOLA, Lea. *La tutela anticipatoria fra procedimento cautelare e gioudizio di*

REFERÊNCIAS BIBLIOGRÁFICAS

merito. Seminário Giuridico della Università di Bologna CCXXXI. Bologna: Bonomia University Press, 2006.

RIBEIRO, Darci Guimarães. *Da tutela jurisdicional às formas de tutela*. Porto Alegre: Editora Livraria do Advogado, 2010.

___.___ Provvedimenti d'urgenza. In: *Enc. Giur.*, XXV, Roma, 1991.

SANCHES-CRUZAT. M. Bandres. *El tribunal europeu de los derechos del hombre*. Barcelona: Bosch, 1983.

SILVA, Ovídio Araújo Baptista. *Comentários ao código de processo civil*. V. XI – arts. 796-889 – do processo cautelar. Porto Alegre: Letras Jurídicas Editora, 1985.

SOUZA, Artur César. *Contraditório e revelia – perspectiva crítica dos efeitos da revelia*

em face da natureza dialética do processo. São Paulo: Editora Revista dos Tribunais, 2003.

TARUFFO, Michelle. Idee per una teoria della decisione giusta. *In: Notiziario giuridico telematico. www.notiziario giuridico.it/micheletaruffo.html*

___.___ *La prueba de los hechos*. Madrid: Editorial Trotta, 2002.

___.___ *Páginas sobre justicia civil – processo y derecho*. Madrid: Marcila Pons, 2009.

VERDE, Felippo. *I provvedimenti cautelari – la nuova disciplina*. Padova: CEDAM, 2006.

WATANABE, Kazuo. *Da cognição no processo civil*. 2. ed. 2. Tiragem. Campinas: Bookseller, 2000.

ÍNDICE

PREFÁCIO	9
PREFÁCIO DA 2ª EDIÇÃO	17
AVREVIATURAS	21
1. O TEMPO E O PROCESSO	33
2. RAZOÁVEL DURAÇÃO DO PROCESSO	39
3. DA TUTELA JURISDICIONAL	53
4. DA TUTELA PROVISÓRIA	61
5. DA TUTELA DE EVIDÊNCIA	65
6. DA TUTELA DE URGÊNCIA	105
7. FUNDAMENTO DA TUTELA PROVISÓRIA – *URGÊNCIA E EVIDÊNCIA*	121
8. EXTENSÃO E LIMITES PARA A CONCESSÃO DE TUTELA PROVISÓRIA – PRETENSÃO DECLARATÓRIA E CONSTITUTIVA	125
9. TUTELA PROVISÓRIA DE URGÊNCIA SATISFATIVA OU CAUTELAR – *ANTECEDENTE OU INCIDENTAL*	133
10. TUTELA PROVISÓRIA ANTECIPADA – PAGAMENTO DE CUSTAS E HONORÁRIOS	139

TUTELA PROVISÓRIA

11. EFICÁCIA DA TUTELA PROVISÓRIA ANTECIPADA
OU INCIDENTAL — 141

12. ATIPICIDADE DAS MEDIDAS PARA EFETIVAÇÃO DA TUTELA
PROVISÓRIA — 145

13. PRINCÍPIO DA MOTIVAÇÃO DA TUTELA PROVISÓRIA — 149

14. RECURSO CABÍVEL CONTRA O DEFERIMENTO
OU INDEFERIMENTO DA TUTELA PROVISÓRIA — 157

15. JUÍZO COMPETENTE PARA CONHECER DA TUTELA PROVISÓRIA — 161

16. PROCESSO ÚNICO PARA DIVERSOS PEDIDOS – *SINCRETISMO* — 165

17. REQUISITOS DA TUTELA PROVISÓRIA COM BASE NA URGÊNCIA — 169

18. DA IRREPARABILIDADE DO DANO — 185

19. DA CONTRACAUTELA NA TUTELA DE URGÊNCIA — 191

20. DA CAUÇÃO SUBSTITUTIVA — 197

21. LIMINAR — 199

22. IRREVERSIBILIDADE DOS EFEITOS DA TUTELA — 205

23. CONCESSÃO *EX-OFFICIO* DE TUTELA PROVISÓRIA
ANTECIPADA (SATISFATIVA) OU CAUTELAR — 211

24. RESPONSABILIDADE CIVIL PELOS DANOS – EFETIVAÇÃO
DA MEDIDA DE URGÊNCIA — 219

25. TUTELA PROVISÓRIA ANTECIPADA OU SATISFATIVA
COM BASE NA URGÊNCIA — 233

26. ADITAMENTO DA PETIÇÃO INICIAL – INSERÇÃO DO PEDIDO
PRINCIPAL — 237

ÍNDICE

27. ESTABILIDADE E ULTRATIVIDADE DA TUTELA PROVISÓRIA ANTECIPADA SATISFATIVA 245

28. TUTELA PROVISÓRIA – CAUTELAR ANTECEDENTE 267

29. TUTELA PROVISÓRIA CONTRA A FAZENDA PÚBLICA 331

30. DIREITO COMPARADO 355

ANEXO – DISPOSIÇÃO SOBRE TUTELA PROVISÓRIA NO NOVO C.P.C. 379

REFERÊNCIAS BIBLIOGRÁFICAS 385

TÍTULOS DA COLEÇÃO

DAS NORMAS FUNDAMENTAIS DO PROCESSO CIVIL: Uma análise luso-brasileira contemporânea

RESOLUÇÃO DE DEMANDAS REPETITIVAS: Notificação da ação individual, incidente de resolução de demandas repetitivas, recurso especial e extraordinário repetitivo

TUTELA PROVISÓRIA: Tutela de urgência e tutela de evidência

RECURSO EXTRAORDINÁRIO E RECURSO ESPECIAL: Pressupostos e requisitos de admissibilidade

RECURSOS: Teoria Geral

DISPOSIÇÕES FINAIS e DIREITO TRANSITÓRIO

DO CUMPRIMENTO DE SENTENÇA E DA EXECUÇÃO

DA PROVA

SENTENÇA – COISA JULGADA

DA COMPETÊNCIA JURISDICIONAL

DOS PROCEDIMENTOS ESPECIAIS

DO PROCESSO DE INVENTÁRIO

DA INTERVENÇÃO DE TERCEIRO

AÇÃO RESCISÓRIA